Vorwort

Das in Deutschland geltende Weinrecht ist ein ungewöhnlich komplexes Regelungsgebilde. Die Europäische Union, der Bund und die Länder sind Rechtsetzungsorgane, die beiden letzten in Ausführung des EG-Rechts oder soweit dieses für ergänzende Bestimmungen Raum läßt.

Das Weinrecht vereinigt Elemente des Lebensmittelrechts, des Wettbewerbsrechts, des Verwaltungsrechts, des Agrarrechts sowie des Wirtschaftsrechts. An der faktischen Durchsetzung der Normen über Herstellung, Bezeichnung, Vermarktung und Überwachung von Wein sind die Vollzugsbehörden der weinbautreibenden Bundesländer in oft nahezu rechtsergänzender Weise beteiligt.

In allen sechs eigenständigen Weingesetzen, die den verstreuten städtischen, polizeirechtlichen und landesherrlichen Bestimmungen folgten (1892, 1901, 1909, 1930, 1971, 1994), ist Wein aus dem allgemeinen Lebensmittelrecht herausgelöst und als „Lebensmittel eigener Art" anerkannt.

Wein ist nicht nur ein Konsumartikel wie andere, er ist ein hochwertiges Kultgetränk, und der Winzer ist letztlich nicht nur Erzeuger, sondern auch Landschaftspfleger (man denke sich an den Hängen von Mittelrhein und Mosel die Weinberge weg!).

Keine andere Rechtsmaterie ist in neuerer Zeit derart häufigen Änderungen unterworfen. Sie sind durch veränderte Marktbedingungen (EG, zunehmende Bedeutung der Drittlandweine), neue Technologien, andere Erwartungen des Verbrauchers und modernisierte Absatzvorstellungen von Produzenten und Vermarktern bedingt. Dadurch ist das Weinrecht für den Weintrinker, oft selbst für den Weinfachmann unübersichtlich geworden.

Dieses Taschenbuch soll daher nicht schwierige Detailfragen der Auslegung beantworten (hierfür steht mein umfassender Weinrecht-Kommentar aus dem Deutschen Fachverlag in Frankfurt am Main zur Verfügung). Vielmehr soll es ein Weinlexikon sein, das über die rechtsberatende Funktion hinaus auch der nicht juristisch geschulte Weinfreund mit Nutzen lesen kann. Wie oft begegnen ihm auf dem Etikett einer Weinflasche, in einer Zeitungsanzeige, in einem Magazin, auf einer Preisliste oder bei einer Weinprobe, öffentlich oder im Freundeskreis, Begriffe, deren Bedeutung er nicht kennt. Was sie besagen, hierüber gibt „Wein und Recht von A bis Z“, das erste Lexikon dieser Art, in 569 Stichworten allgemeinverständlich Auskunft.

So wird ein möglichst breites Spektrum der Weinrechtswelt entworfen und auch der Hintergrund juristischer Normen (Weinbau, Kellerwirtschaft, Marketing) kurz erläutert. Ohne ihn zu kennen, lassen sich die verflochtenen Regelungen nicht verstehen. Ergänzend werden die wichtigsten Rebsorten (soweit ihr Anteil an der bestockten Rebfläche in Deutschland mehr als 1% beträgt) vorgestellt. Hinweise für die Weinverkostung runden die Informationen ab.

Gestreift werden auch die Weiterverarbeitungserzeugnisse des Weines wie Perlwein, Likörwein, Schaumwein, Branntwein, weinhaltige Getränke, aromatisierte Getränke, alkoholfreier Wein, ebenso Traubensaft und weinähnliche Getränke.

Auf Zitate der vielfältigen Gesetzesbestimmungen (einzelne Artikel oder Paragraphen) wird der besseren Lesbarkeit wegen verzichtet. Statt dessen sind eine Übersicht der einschlägigen Gesetze und Verordnungen der EG und des Bundes sowie die Texte von Weingesetz, Weinverordnung und Wein-Überwachungsverordnung im Anhang abgedruckt.

Wein ist ein Medium der Besinnlichkeit wie der Fröhlichkeit und seit der biblischen Zeit verehrt von Menschen, die er erfreut und tröstet. Gerade sein besonderer Wert und seine Anfälligkeit für Irreführungen und Verfälschungen, vor denen es zu schützen gilt, machen es notwendig, daß auch der nüchterne Jurist sich mit ihm befaßt. Eine „Auslese“ aus diesem Rechtsgebiet bietet der dtv-Ratgeber nach aktuellstem Stand.

Wörrstadt/Rheinhessen, im Herbst 1998
Prof. Dr. Hans-Jörg Koch

Inhaltsübersicht

Stichwortübersicht

(Die im folgenden aufgeführten Begriffe sind in der alphabetischen Reihenfolge erläutert. Wenn bei einem Stichwort durch → auf ein anderes verwiesen wird, findet sich die Erläuterung dort.)

Quellenhinweise

Die Graphiken und Übersichten auf Seiten 9, 93 und 109 wurden mit freundlicher Genehmigung des Deutschen Weininstituts in Mainz aus dem im Jahre 1994 von ihm herausgegebenen „Seminar-Handbuch Deutsche Weine" entnommen (Seiten 21, 44, 48, teilweise leicht abgeändert).

Das „Muster-Etikett mit Anmerkungen" auf Seite 48 entstammt, etwas gekürzt, dem weingastronomischen Führer „Einkehr beim Rheinhessenwein" von Hans-Jörg Koch (3. Auflage, Alzey 1995, Seiten 143 ff.).

Abkürzungsverzeichnis

ABl.	Amtsblatt
alc.	Alkohol
A.P.Nr.	Amtliche Prüfungsnummer
BA	Beerenauslese
b.A.	bestimmtes Anbaugebiet
ca.	circa
CO_2	Kohlendioxid
DLG	Deutsche Landwirtschaftsgesellschaft
EG	Europäische Gemeinschaft
EuGH	Gerichtshof der Europäischen Gemeinschaften
EWG	Europäische Wirtschaftsgemeinschaft
g/l	Gramm pro Liter
i.d.F.	in der Fassung
i.S.	im Sinne
i.w.S.	im weiteren Sinne
Jh.	Jahrhundert
l	Liter
LMBG	Lebensmittel- und Bedarfsgegenständegesetz
LMKV	Lebensmittelkennzeichnungs-Verordnung
mg/l	Milligramm pro Liter
Q.b.A.	Qualitätswein bestimmter Anbaugebiete
RTK	Rektifiziertes Traubenmostkonzentrat
s.	siehe
s.a.	siehe auch
sog.	sogenannte
TBA	Trockenbeerenauslese
u.a.	unter anderem
VO	Verordnung
% vol	Volumenprozent
WeinG	Weingesetz
WeinÜbVO	Wein-Überwachungsverordnung
WeinVO	Weinverordnung
z.B.	zum Beispiel

A

Abbeeren → Entrappen.

Abendmahlswein. Der Begriff ist im Weinrecht nicht definiert, jedoch als „an den Verbraucher gerichtete Empfehlung für die Verwendung des Weines", nämlich „zu religiösen Zwecken" erlaubt. Sein Begriffsinhalt bestimmt sich nach dem Herkommen der protestantischen Religionsgemeinschaften. Spezielle Regelungen fehlen, so daß jeder Wein zur Feier des Abendmahles verwendet werden darf. Anders beim → Meßwein der katholischen Religionsgemeinschaften.

Die Angabe „Abendmahlswein" darf nur dann auf Etikett oder Preisliste verwendet werden, wenn die betreffende religiöse Einrichtung ihr schriftliches Einverständnis hierzu erteilt hat. Die Benutzung der Angabe ist auf den geschäftlichen Verkehr mit religiösen Einrichtungen beschränkt, also auf die unmittelbare Lieferung an die Pfarrämter usw. Im öffentlichen wie privaten weltlichen Verkehr (Abgabe an Einzelhandel oder Verbraucher) darf ein Wein nicht als „Abendmahlswein" bezeichnet werden.

Abfüller. Bei Wein jeder → Qualitätstufe muß auf dem →Etikett angegeben werden, wer für die → Abfüllung verantwortlich ist. Dadurch sollen der → Überwachung Nachprüfungen ermöglicht werden.

Verantwortlicher Abfüller ist, wer entweder auf eigene Rechnung die Abfüllung vornimmt oder auf eigene Rechnung in einem Fremdbetrieb in Abwesenheit die Abfüllung vornehmen läßt (sog. Lohnabfüllung). Anzugeben ist der Name oder Firmenname des Abfüllers sowie der Name der Gemeinde oder des Ortsteils und des Mitgliedstaates, in der (in dem) der Abfüller seinen Hauptsitz hat.

Dem Namen oder Firmennamen des Abfüllers sind wahlweise die Begriffe „Abfüller...", „abgefüllt durch..." voranzustellen oder (bei Lohnabfüllung hinzuzufügen „abgefüllt für..." (keine Lohnabfüllung wenn der Winzer verantwortlich im Fremdbetrieb die Abfüllung beaufsichtigt).

Unter bestimmten Voraussetzungen sind anstelle dieser Regel-Angaben die engeren Begriffe → „Erzeugerabfüllung“ oder →„Gutsabfüllung“ erlaubt.

Ausnahmsweise darf der Abfüller statt mit Namen mit einer Kennziffer (Code) angegeben werden: Wenn in der Etikettierung der Name oder Firmenname eines anderen an der Vermarktung Beteiligten angeführt wird. Als Kennziffer wird dann die Betriebsnummer der → Qualitätsweinprüfung verwendet und der Name des Bundeslandes in amtlich vorgeschriebener Abkürzung vorangestellt: BW = Baden-Württemberg (BWB = Baden, BWW = Württemberg), By = Bayern, BE = Berlin, BB = Brandenburg, HB = Bremen, HH = Hamburg, HE = Hessen, MV = Mecklenburg-Vorpommern, NI = Niedersachsen, NW = Nordrhein-Westfalen, RP = Rheinland-Pfalz, SL = Saarland, SN = Sachsen, ST = Sachsen-Anhalt, SH = Schleswig Holstein, TH = Thüringen. Diesen Länder-Abkürzungen ist der Buchstabe „D“ (= Deutschland) voranzustellen.

Der andere an der Vermarktung Beteiligte muß, wenn der Abfüller mit Kennziffer angegeben wird, als solcher deutlich erkennbar sein. Zu diesem Zweck sind Begriffe wie „Winzer“, geerntet durch...“, „Weinhändler...“, „Vertrieb durch...“ zu verwenden.

Wird der Wein nicht in der Gemeinde abgefüllt, in der der Abfüller seinen Hauptsitz hat, und auch nicht in einer Gemeinde in der Umgebung des Hauptsitzes (worunter man im Weinrechtsvollzug einen Umkreis von 15 km Luftlinie versteht), dann muß auch diese andere Gemeinde angegeben werden.

Der Abfüllort muß nicht angegeben werden, wenn der Abfüller durch Kennziffer ausgewiesen ist (s. a. → Korkbrand). Hingegen ist die Angabe des Abfüllortes durch eine Kennziffer vorgeschrieben bei sog. „Euroblends“. Das sind → Tafelweine, die bezeichnet sind als „Verschnitt von Weinen aus verschiedenen Ländern der Europäischen Gemeinschaft“, ebenso bei Tafelwein, der nicht im Land des Traubenwachstums bereitet wurde („In ... aus in ... geernteten Trauben hergestellter Wein“). Für die in diesen Fällen vorgeschriebene Angabe des Hauptsitzes des Abfüllers oder Versenders ist der Buchstabe „D“ mit nachfolgender Schlüsselnummer des Gemeindeverzeichnisses zu benutzen.

Der Mitgliedstaat kann bei voller Angabe des Abfüllers mit der amtlichen Bezeichnung („Deutschland“) nach dem Gemeindenamen hinzugefügt werden oder durch den vorangestellten Buchstaben „D“ vor der durch Bindestrich getrennten Postleitzahl des Hauptsitz-Ortes („Weingut Karl Müller, D–55234 Winzerhausen)“.

Abfüllung. Nach dem → Ausbau im Faß oder Tank wird der Wein auf Flaschen gefüllt. Wieviel Zeit man ihm läßt, um bis dahin im Großbehälter zu reifen, ist eine Entscheidung zwischen Qualitätsdenken und Marktsituation (vgl. unter → Primeur). Zumindest für die Vermarktung von → Qualitätswein mit Prädikat bestehen indessen gesetzliche → Vermarktungssperren zeitlicher Art.

In modernen Kellereien erfolgt die Abfüllung maschinell in einem Arbeitsgang mit der nachfolgenden Verkorkung und Etikettierung auf der Abfüllstraße. Bei geführten Betriebsbesichtigungen läßt sich dies anschaulich vermitteln.

Abgang → Schwund.

Absatzförderung → Deutscher Weinfonds.

Abstich. Trennung des jungen Weines nach der → Gärung vom Bodensatz im Faß, dem → Trub, und Umfüllung in einen anderen Lagerbehälter.

Früher geschah dies, nachdem der Zapfen aus dem Zapfspundloch des Holzfasses herausgenommen und rasch der Ansteckhahn hineingesteckt worden war. Alsdann wurde der Wein in einen niedrigen Holzbottich abgelassen und in vorbereitete, gereinigte und geschwefelte Fässer umgefült. Heute benutzt man hierzu Kunststoffschläuche und, sobald der Eigendruck nachläßt, die Weinpumpe. Die so geleerten Fässer werden vom Bodensatz und anderen Anhaftungen gesäubert (→ Hygienische Anforderungen).

Der Abstich hat Mengenverlust zur Folge. Dieser Schwund wird durch → Auffüllwein wieder ersetzt. Nach dem ersten Abstich wird der Wein meistens geschwefelt (→ Schwefelung), nach dem zweiten Abstich erfolgt eine → Schönung.

Äpfelsäure. → Entsäuerung.

Affentaler. Ein roter Qualitätswein oder Qualitätswein mit Prädikat der Rebsorte → Blauer Spätburgunder aus den Gemeinden Altschweier, Bühl, Eisental und Neusatz der Stadt Bühl, der Gemeinde Bühlertal sowie der Gemeinde Neuweier der Stadt Baden-Baden. Die vorgeschriebene Bezeichnung lautet „Affentaler Spätburgunder Rotwein".

alc. → Alkoholgehalt.

Alkoholfreier Wein. Unter dieser Bezeichnung wird ein Getränk vermarktet, das aus Wein hergestellt ist, dem aber der Alkohol (→ Alkoholgehalt) durch thermische Prozesse oder Extraktion mit flüssigem Kohlendioxid nachträglich bis auf weniger als 0,5% vol, also fast völlig, entzogen wurde („Entgeistung"). Ein solches Erzeugnis ist kein „Wein", schmeckt auch nicht so und darf darum auch nur als „Alkoholfreier Wein" bezeichnet werden (nach dem Weingesetz 1971 als „Entalkoholisierter Wein"). Obwohl alkoholfreier Wein kein Erzeugnis i. S. des Weinrechts ist, enthält die Weinverordnung Bestimmungen über seine Herstellung und Bezeichnung. Dies geschieht zum Schutz des Begriffes „Wein" und als Ausnahme vom Nachmachungsverbot, also aus Gründen des Verbraucher- und Herstellerschutzes sowie im Interesse einer wirksamen Überwachung. Im übrigen gelten für dieses „rechtliche Zwittergetränk" die Vorschriften des LMBG.

Obligatorische Angaben bei alkoholfreiem Wein: Die Verkehrsbezeichnung („alkoholfreier Wein"); Name, Firma oder Anschrift des Herstellers, des Verpackers oder eines in der EG niedergelassenen Verkäufers; das Verzeichnis der Zutaten einschließlich der Zusatzstoffe, wenn das Getränk einen Alkoholgehalt von weniger als 1,2% vol hat; das Mindesthaltbarkeitsdatum; das Wort „geschwefelt", wenn das Getränk mehr als 50 mg/l SO_2 enthält (dann auch Angabe des Schwefeldioxids im Zutatenverzeichnis); die Füllmenge nach Volumen; die Loskennzeichnung.

Wahlweise Angaben bei alkoholfreiem Wein: Die weinrechtlich erlaubten → Geschmacksangaben; seit 20. Juni 1997 als Hinweis auf die Herkunft der zur Herstellung verwendeten Erzeugnisse (Weine) das aus dem Namen des Herkunftslandes abgeleitete Eigenschaftswort („deutscher alkoholfreier Wein"), wobei aber – anders bei Wein

– das Produkt ausschließlich aus dem genannten geographischen Raum stammen muß; ein Markenname; die Bezeichnung „Weingut" in der Herstellerangabe; die Angabe „light", wenn die Bestimmungen der Nährwert-Kennzeichnungs-Verordnung eingehalten sind; erläuternde Angaben zum angewandten Entalkoholisierungsverfahren; Hinweise auf die Farbe des Getränkes.

Verbotene Angaben bei alkoholfreiem Wein: Die Angabe einer Rebsorte (anders bei → alkoholreduziertem Wein) sowie des Jahrgangs; weintypische Prädikatsbegriffe, nämlich Kabinett, Spätlese, Auslese, Beerenauslese, Trockenbeerenauslese, Eiswein (siehe bei diesen Stichworten), auch wenn sie in Verbindung mit anderen Worten gebraucht werden (wie z. B. „hergestellt aus Spätlese"), engere Herkunftsangaben. Es gilt das Irreführungsverbot des LMBG.

Die Herstellung solcher Getränke war früher auf den Export in die ehemaligen Prohibitionsländer beschränkt. Auf dem Inlandsmarkt war sie gering. Nur in Hessen existierte ein Hersteller, der nach einem seit 1908 patentierten Verfahren alkohlfreien Wein zur Ausfuhr produzierte.

Zu vermehrtem Interesse an solchen Produkten führten die von den USA ausgehende Antialkohol-Kampagne (→ Warning Label), das veränderte Gesundheits- und Fitneßbewußtsein, die Forderung nach weitgehendem Alkoholverzicht im Straßenverkehr und hohe Alkoholsteuern in wichtigen Exportländern (Großbritannien, Skandinavien). Seit 1996/97 stagniert der Absatz bei ca. 5 Millionen Flaschen.

Alkoholgehalt. Der natürliche Alkoholgehalt eines Weines ist der Gesamtalkoholgehalt eines Erzeugnisses vor jeder → Anreicherung. Er ist zwar kein absolut endgültiger Maßstab für die Qualität, aber doch ein sehr maßgeblicher Faktor, nämlich Ausdruck der Traubenreife. Durch die Festsetzung von Mindestalkoholgehalten werden dem Verbraucher Gütegarantien gegeben und die Qualitätsstufen gegeneinander abgegrenzt (→Qualitätswein, → Qualitätswein mit Prädikat, → Tafelwein).

In engen Grenzen darf ein durch natürliche Umstände zu niedriger Alkoholgehalt erhöht werden (→ Anreicherung).

Zu unterscheiden ist der natürliche Alkoholgehalt (das → Mostgewicht) bei der → Traubenlese von dem schließlich – möglicherweise nach Anreicherung – tatsächlich vorhandenen Alkoholgehalt des Weines in der Flasche. Dieser muß seit 1988 in Volumenprozenten (% vol: so die im EG-Recht vorgeschriebene Abfolge der Symbole) auf dem → Etikett der Weinflasche angegeben werden (verboten in Alkoholgraden oder in Gramm pro Liter). Die Angabe (z. B. 11,5% vol) besagt, wieviel Milliliter Alkohol in 100 ml Wein enthalten sind. Die ausgewiesene Zahl ist auf halbe oder ganze Prozent abgerundet, kann also vom tatsächlichen Analysenwert nach oben oder unten um höchstens 0,5% vol abweichen. Der Angabe hinzugefügt werden dürfen (keine Pflicht) Hinweise wie „vorhandener Alkohol" oder „alc.".

Weitere den Alkoholgehalt betreffende Begriffe sind der potentielle Alkoholgehalt (das ist der Alkohol, der durch vollständiges Vergären der in den Trauben oder im Traubenmost enthaltenen Zukkers gebildet werden kann) und der Gesamtalkoholgehalt (das ist die Summe aus potentiellem und vorhandenem Alkoholgehalt).

Wird Wein der Alkohol entzogen, so erhält man → Alkoholfreien oder → Alkoholreduzierten Wein.

Alkoholische Gärung. Im Traubenmost wird der Traubenzucker durch die Tätigkeit der Weinhefen in Äthylalkohol und Kohlendioxid (CO_2) umgewandelt (Gärgase!).

Alkoholreduzierter Wein. Ein durch teilweise Entalkoholisierung von Wein oder durch Vermischen von → alkoholfreiem Wein mit Wein hergestelltes Getränk, früher „teilentalkoholisierter Wein" benannt, welche Verkehrsbezeichnung als sprachlich zu kompliziert empfunden wurde.

Alkoholreduzierter Wein ist kein Erzeugnis i. S. des Weinrechts, sondern untersteht dem Lebensmittelrecht (Zusatzstoffe, Kennzeichnung). Er ist als Ausnahme von dem Verbot, mit Wein verwechselbare Getränke herzustellen, zugelassen, darf aber „weintypische Angaben" grundsätzlich nicht tragen. Soweit sich weinrechtliche Bestimmungen mit alkoholreduzierten Getränken befassen, geschieht dies zur Abgrenzung von Wein und damit zum Schutz des Verbrauchers. Wegen der Herstellungsverfahren siehe unter → Alkoholfreier Wein entsprechend. Wasser darf nicht zugesetzt werden.

Der Mindestalkoholgehalt beträgt mehr als 0,5% vol. Der höchstzulässige Alkoholgehalt wurde ab 29. Mai 1993 von weniger als 2% vol auf weniger als 4% vol erhöht, um unter Berücksichtigung der Erwartungen des Verbrauchers an Geschmack und Qualität die Marktchancen des Produktes zu verbessern („light-Welle"), ohne die Grenze zu Wein zu verwischen.

Während die Bezeichnungsregeln grundsätzlich dieselben sind wie für → entalkoholisierten Wein (Verkehrsbezeichnung „alkoholreduzierter Wein" ist vorgeschrieben), ist der Hinweis auf eine Rebsorte bei alkoholreduziertem Wein erlaubt. Die Verschnitt-Bezeichnungsbestimmungen für Wein gelten jedoch nicht, das Erzeugnis muß ausschließlich aus der angegebenen Rebsorte hergestellt sein.

Altersangaben → Branntwein.

Amtliche Prüfungsnummer. Sie wird einem Wein zugeteilt, der von der Prüfungsbehörde als → Qualitätswein (ohne oder mit Prädikat) anerkannt worden ist (→ Qualitätsweinprüfung).

Die amtliche Prüfungsnummer (erlaubte und übliche Abkürzung, auch auf dem Etikett: A. P. Nr.) setzt sich zusammen aus diesem Wort (ausgeschrieben oder abgekürzt), der (unveränderlichen) Betriebsnummer (bestehend aus der Nummer der Prüfstelle, der Nummer des Abfüllortes und der Kennziffer des Abfüllbetriebes) und Antragsnummer und -jahr.

Beispiel: Bei der A. P. Nr. 4 725 012 1 98 wäre sonach 4 = Kennziffer der Prüfstelle, 725 = Ort (Firmensitz) des Abfüllers, 012 = Kennziffer des Abfüllbetriebes, 1 = Antragsnummer (Partie) des Betriebes und 98 = Jahr der Antragstellung.

Die amtliche Prüfungsnummer ist der „Paß" des Qualitätsweines. Sie gibt dem Verbraucher die Garantie staatlich geprüfter Qualität und der Weinkontrolle einen Ansatzpunkt zur Rücküberprüfung der Identität eines Weines. Die A. P. Nr. muß deshalb auf dem → Etikett dort stehen, wo auch die anderen vorgeschriebenen Angaben angebracht sind. Ohne sie darf ein Qualitätswein nicht in den Verkehr gebracht werden.

Analysenbuch. Es ist i. w. S. ein Teil der → Weinbuchführung und von demjenigen zu führen, der die für Erzeugnisse vorgeschriebenen analytischen Untersuchungen durchführt (→ Qualitätsprüfung). Das Analysenbuch muß die Art der Untersuchung, den Auftraggeber, das analytische Untersuchungsergebnis und die dabei festgestellten sensorischen Merkmale, Zeitpunkt und Inhalt des Beratungsvorschlages, Art und Menge der zu verwendenden Behandlungsstoffe sowie Name und Unterschrift des die Untersuchung Durchführenden (Weinchemiker) enthalten.

Das Analysenbuch muß 5 Jahre in den Geschäftsräumen aufbewahrt werden.

Analysenwerte. Sie werden auf dem Befund eines Weinlabors mit dem Antrag auf Erteilung der → Amtlichen Prüfungsnummer der Qualitätsprüfbehörde mitgeteilt.

Auf dem → Etikett der Weinflasche dürfen Analysenwerte nur ausnahmsweise stehen: Bezüglich des → Alkoholgehaltes und des im Wein enthaltenen Restzuckers (→ Restsüße) auf dem Teil des Etikettes, der auch die übrigen obligatorischen Angaben enthält, und hinsichtlich bestimmter, für den → Diabetiker wichtigen Werte auf dem sog. Rückenetikett. Sonst sind sie nur auf Preislisten und Weinkarten erlaubt, wo meistens außer vorhandenem Alkoholgehalt und Restzucker noch die Säurewerte vermerkt sind. Auch der Gehalt an schwefliger Säure (→ Schwefelung) darf auf dem Etikett nicht angegeben werden. Die EG erwägt, zur Angabe aller Zutaten bei alkoholischen Getränken (einschließlich Wein) zu verpflichten.

Anbaueignung → Anbauregelung.

Anbaufläche → Anbaugebiet, → Anbaustopp.

Anbaugebiet. Das deutsche Weinanbaugebiet ist im Weingesetz in 13 „bestimmte Anbaugebiete" für → Qualitätswein b. A. eingeteilt. Es sind dies folgende geographische Räume:

Ahr, Baden, Franken, Hessische Bergstraße, Mittelrhein, Mosel-Saar-Ruwer, Nahe, Pfalz (bis Ende 1992: Rheinpfalz), Rheingau, Rheinhessen, Saale-Unstrut, Sachsen, Württemberg.

Diese Anbaugebiete sind durch Rechtsverordnungen der weinbautreibenden Länder genau abgegrenzt.

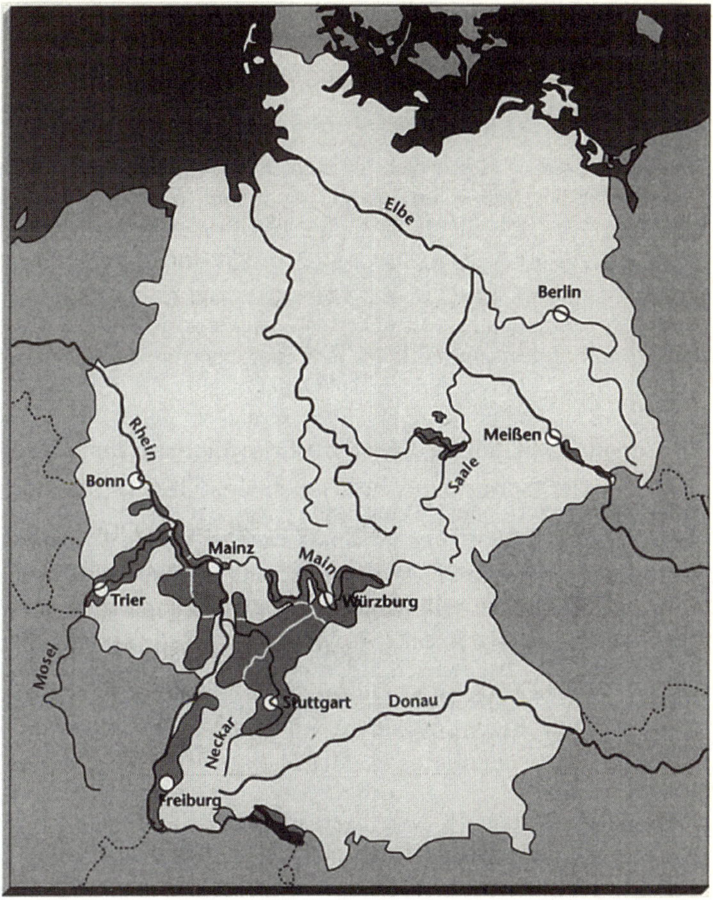

Der Name des Anbaugebietes, aus dem ein Qualitätswein b. A. stammt, muß auf dem → Etikett angegeben werden. Ein beispielsweise mit dem Namen „Franken" versehener Wein darf keinen Anteil aus einem der anderen deutschen Anbaugebiete oder gar ausländischen Wein enthalten.

Für → Tafelwein dürfen die Namen der Anbaugebiete nicht benutzt werden.

Die Herstellung von Qualitätswein b. A. muß bis zur → Anreicherung und → Entsäuerung in dem bestimmten Anbaugebiet (oder mit behördlicher Genehmigung in dessen unmittelbarer Nähe) erfolgen (nicht auch die Abfüllung).

Anbauregelung. Wein darf grundsätzlich (ausgenommen für Zwecke der Destillation) nur aus solchen inländischen Weintrauben erzeugt werden, die auf als „weinbauwürdig" amtlich anerkannten Rebflächen geerntet wurden. Diese Beschränkung dient der Qualitätssicherung (wie auch die → Ertragsregulierung).

Die Neuanpflanzung von Reben ist genehmigungspflichtig. EG-Recht und Bundesrecht regeln die Anforderungen an Anbaueignung und sonstige Voraussetzungen der Genehmigung. Es wird besonders darauf abgestellt, ob zu erwarten ist, daß auf dem Grundstück in den jeweiligen Anbaugebieten die für diese aufgeführten „Vergleichsrebsorten" bei herkömmlichen Anbaumethoden im zehnjährigen Durchschnitt einen Weinmost ergeben, der bestimmte, in der Anlage zur Weinverordnung enthaltene → Mindestmostgewichte erreicht. Die Landesregierungen können zusätzliche Voraussetzungen für die Anbaueignung festlegen. Auch muß die Vermarktung der auf dem Grundstück und den sonstigen Grundstücken des Winzerbetriebes erzeugten Weinen gewährleistet sein (z. B. Mitgliedschaft in einem zur Übernahme der Erträge bereiten und fähigen Erzeugerzusammenschluß, Abschluß von auf mindestens 5 Jahre befristeten Lieferverträgen, überwiegende Möglichkeit der Direktvermarktung).

Einstweilen ist jedoch jede Neuanpflanzung (auch wenn die genannten Voraussetzungen erfüllt sind) durch EG-Recht untersagt (Anbaustopp, befristet bis 31. August 2000). Nur wenn die Nachfrage in einem Mitgliedstaat die Erzeugung wegen der qualitativen Merkmale weit überschreitet, kann die Kommission der EG Ausnahmen von dem Anbaustopp gestatten (was wiederholt geschehen ist).

Das Anbauverbot soll eine Ausweitung der Rebfläche verhindern und zur Sanierung des Weinmarktes beitragen. Solche Verbote gab es aus ähnlichen, aber auch aus protektionistischen Gründen schon früh, so in der Lex Domitian (91 n. Chr.) für Germanien oder in Verordnungen der Kurpfalz aus dem 18. Jh., erneuert vom Reichsnährstand („Wo der Pflug kann gehen soll kein Weinstock stehen").

Nicht genehmigungs-, wohl aber meldepflichtig ist hingegen die Wiederbepflanzung, die ein Recht hierauf voraussetzt. Dieses Recht besteht, wenn auf der betreffenden Rebfläche zulässigerweise Reben zur Erzeugung von Wein angepflanzt waren, diese Fläche gerodet worden ist (→ Rodung) und dies sowie die Wiederbepflanzung fristgemäß gemeldet wurden, ferner die Fläche in der Abgrenzung des Rebenaufbauplanes enthalten ist, hierfür klassifizierte Rebsorten gepflanzt werden und die Wiederbepflanzung innerhalb von acht Wirtschaftsjahren nach dem Jahr der Rodung geschieht.

Das Wiederbepflanzungsrecht darf seit 1991 von einer gerodeten Fläche auf eine andere übertragen werden, und zwar sowohl innerhalb desselben Betriebes als auch aufgrund von Regelungen der hierzu ermächtigten Länder zwischen verschiedenen Betrieben (Flächenprinzip statt Betriebsprinzip; Verkauf von Wiederbepflanzungsrechten). Materielle Voraussetzungen für die Genehmigung einer solchen Übertragung sind: Die gerodete und die andere Fläche müssen innerhalb desselben → Anbaugebietes gelegen sein, die andere Fläche muß in unmittelbarem Zusammenhang mit zulässigerweise mit Reben bepflanzten oder vorübergehend nicht bepflanzten Flächen stehen und sie muß außerdem mindestens genau so „weinbauwürdig“ sein wie die gerodete Fläche. Von einer → Steillage darf ein Wiederbepflanzungsrecht nicht auf eine → Flachlage übertragen werden, teilweise (z. B. Rheinland-Pfalz) auch grundsätzlich nicht auf eine frostgefährdete Lage.

Rodungen, Neuanpflanzungen und Wiederbepflanzung sind der Landesbehörde zu melden.

Gesetzwidrige Anpflanzungen sind grundsätzlich zu entfernen (→ Rodung). Wäre dies im Einzelfall eine unbillige Härte, kann die zuständige Behörde Ausnahmen zulassen. Erzeugnisse aus solchen verbotenen Anpflanzungen sind bis zum 31. August des auf die Ernte folgenden Jahres zu destillieren, was durch Vorlage einer zollamtlichen Bescheinigung nachzuweisen ist.

Anbaustopp → Anbauregelung.

Anhänger → Etikett.

Anreicherung. Darunter versteht man den Zusatz von Zucker, konzentriertem Most oder rektifiziertem Traubenmostkonzentrat vor der Gärung des Traubenmostes, um den → Alkoholgehalt zu erhöhen. Ebenso wie die → Entsäuerung, der → Verschnitt und die → Süßung ist die Anreicherung eine in engen Grenzen erlaubte kellertechnische Maßnahme der Verbesserung von Most oder Wein, der infolge ungünstiger Witterung in bestimmten Jahren und Orten naturbedingte Mängel aufweist (zuwenig Zucker, zuviel Säure).

Denn in den nördlichsten Weinanbaugebieten der Welt wachsen nicht in jedem Jahr reife Trauben. Auch können Fäulnis, Frühfröste und andere Umstände die Lese noch nicht reifer Trauben bedingen. Solches Lesegut ist zur Weinbereitung durchaus geeignet, wäre aber ohne Ausgleich der fehlenden Elemente schlecht haltbar, Krankheiten ausgesetzt und wegen einseitig hervortretender Säure nicht harmonisch (→ Weinansprache).

Auch um die Existenz vieler Weinanbaugebiete in auch landschaftlich erhaltungswürdigen Regionen (z. B. an der Mosel) zu sichern, ist es gerechtfertigt, diese Weine genuß- und damit verkaufsfähig zu machen. Entsprechend ist in südlichen Weinbauländern der Zusatz von Säure erlaubt, die den dort erzeugten Weinen fehlt.

Mittel der Anreicherung sind die Zugabe von Saccharose (→ Zuckerung), konzentriertem Traubenmost oder → rektifiziertem Traubenmostkonzentrat sowie die teilweise Konzentrierung. Bei welchen Weinen (Qualitäts- oder Tafelwein) diese Maßnahmen erlaubt sind und unter welchen Voraussetzungen, ist gesetzlich ausführlich und differenziert regelt, um die Anreicherung auf das unbedingt notwendige Maß zu beschränken und Mißbräuche auszuschließen.

Zunächst muß ein bestimmter natürlicher Mindestalkoholgehalt (→ Alkoholgehalt, → Mostgewicht) erreicht werden. Er beträgt bei Tafelwein in der → Weinbauzone A = 5% vol (44° Oechsle) und in der Weinbauzone B = 6% vol (50° Oechsle), bei Qualitätswein b. A. in der Weinbauzone A = 6,5% vol (53° Oechsle) und in der Weinbauzone B = 7,5% vol (60° Oechsle), → Oechsle.

Sodann sind relative Grenzwerte festgesetzt. Der Alkoholgehalt darf bei Tafelwein und Qualitätswein in der Weinbauzone A nur um 3,5% vol (28 g/l) und in der Weinbauzone B nur um 2,5% vol

(20 g/l) erhöht werden. In Jahren mit außergewöhnlichen Witterungsbedingungen können diese Grenzwerte heraufgesetzt werden auf 4,5% vol (Weinbauzone A) bzw. 3,5% vol (Weinbauzone B).

Schließlich sind absolute obere Grenzwerte für den durch Anreicherung erreichbaren → Gesamtalkohol festgelegt:

- für Tafelwein:
  Weinbauzone A: Rotwein = 12,0% vol (95 g/l), andere Weine = 11,5% vol (91 g/l). Weinbauzone B: Rotwein = 12,5% vol (99 g/l), andere Weine = 12,0% vol (95 g/l).
- für Qualitätswein:
  Weinbauzone A: Rotwein = 13,0% vol (103 g/l), andere Weine = 12,5% vol (99 g/l). Weinbauzone B: Rotwein = 13,5% vol (107 g/l), andere Weine = 13,0% vol (103 g/l).

Als Verfahren der Anreicherung sind erlaubt:

- bei Tafelwein:
  Bei frischen Weintrauben, teilweise gegorenem Traubenmost, Jungwein die Zugabe von Saccharose (→ Zuckerung), konzentriertem Traubenmost oder → rektifiziertem Traubenmostkonzentrat (RTK), bei Traubenmost außerdem die teilweise Konzentrierung, bei zur Gewinnung von Tafelwein geeignetem Wein und Tafelwein nur die teilweise → Konzentrierung durch Kälte.
- bei Landwein und Qualitätswein:
  Zugabe von Saccharose sowie (bedingt durch ein Urteil des EuGH von 1989) von rektifiziertem Traubenmostkonzentrat. Die Zulassung des Verfahrens der Konzentrierung auch für Landwein und Qualitätswein wird in anderen Ländern zurückhaltend geprüft (bedenkliche Annäherung an „Fabrikation“). Jedes der erlaubten Verfahren darf nur einmal und nur ausschließlich angewendet werden. Es darf daher weder abschnittsweise noch (z. B.) sowohl Saccharose als auch RTK zugesetzt werden.

Seit 1. April 1985 nicht mehr gestattet ist die sog. Naßzuckerung, das ist der Zusatz von in Wasser gelöstem Zucker. Entwürfe für eine Änderung der Weinmarktordnung hatten ein Verbot der Zuckerung als Mittel der Anreicherung vorgesehen. Nach letztem Entwurfsstand (Juli 1998) soll die Zuckerung jedoch nicht nur erlaubt bleiben, sondern sogar in allen → Weinbauzonen erlaubt sein.

Unzulässig angereicherte Erzeugnisse sind nicht verkehrsfähig (für die Grenzwerte ist bei Qualitätswein auf den Zeitpunkt des Antrags zur Erteilung der A.P.Nr. abzustellen), eine Herabsetzung überhöhter Werte durch → Verschnitt (sog. Rückverbesserung) daher zulässig.

Anschnitt. Wenn die Reben geschnitten werden (im Winter, bis spätestens März) entscheidet der Winzer, wieviele „Augen" er an der Fruchtrute beläßt. Der richtige „Anschnitt" (so heißt dieser Vorgang fachlich) entscheidet über Quantität und Qualität des Ertrags. Er dient damit der → Ertragsregulierung und über diese der Förderung der Weinqualität.

Aperitif → Aromatisierter Wein.

Apfelwein → Weinähnliche Getränke.

A.P.Nr. → Amtliche Prüfungsnummer.

Aromatisierte Getränke. Darunter werden hier zusammengefaßt verstanden: → Aromatisierter Wein, → aromatisierte weinhaltige Getränke, aromatisierter weinhaltiger Cocktail.

Ihre Herstellung richtet sich nach der Verordnung (EWG) Nr. 1601/91 und den allgemeinen Bestimmungen der Lebensmittel-Kennzeichnungsverordnung (LMKV).

Aromatisierter Wein. Für dieses aromatisierte Getränk ist wesentlich, daß es hauptsächlich aus Tafelwein, Likörwein, Schaumwein, Perlwein gewonnen, mit Traubenmost (auch teilweise gegorenem und/oder mit Alkohol stummgemachtem) versetzt wurde. Zugesetzt werden aus Erzeugnissen der Weinrebe gewonnener Äthylalkohol, Alkohol aus Wein oder getrockneten Weintrauben, Äthylalkohol landwirtschaftlichen Ursprungs, Destillate, Branntwein (auch Brandy/Weinbrand), Tresterbrand. Aromatisiert ist ein solches Produkt mit natürlichen Aromastoffen und/oder natürlichen Aromaextrakten (in bestimmten Fällen können auch naturidentische Stoffe und Extrakte zugelassen werden), Würzkräutern und/oder Gewürzen und/oder geschmackgebenden Lebensmitteln.

Aromatisierter Wein ist im allgemeinen gesüßt und kann auch mit Zuckercouleur gefärbt sein. Er muß einen vorhandenen Alkoholgehalt von mindestens 14,5% vol und weniger als 22% vol und einen

Gesamtalkoholgehalt von mindestens 17,5% vol aufweisen. Der Anteil des bei der Herstellung verwendeten Weines muß vor der Anreicherung im Fertigerzeugnis mindestens 75% betragen. Anzugeben sind die Verkehrsbezeichnung („Aromatisierter Wein“ oder „Wein-Apéritif“), unter bestimmten Voraussetzungen statt dessen die Bezeichnungen „Wermut“ oder „Wermutwein“, „bitterer aromatisierter Wein“, „Bitter vino“ oder „Americano“, bei Herstellung in den genannten geographischen Räumen auch „Vermouth de Chambérie“ und „Vermouth di Torino“. Obligatorisch sind ferner: vorhandener Alkoholgehalt, Hersteller (wenn nicht abgefüllt) bzw. Hersteller oder Abfüller (wenn abgefüllt), das → Los.

Aromatisierte weinhaltige Getränke. Ihre Herstellung entspricht weitgehend derjenigen von → Aromatisiertem Wein mit folgenden wesentlichen Abweichungen: Ausgangsstoff sind auch Jungwein, nicht aber Likörwein, mit Alkohol versetzte Weine oder mit Alkohol stummgemachte Moste. Der Weinanteil muß nur mindestens 50% (statt 75%) betragen. Die Verwendung naturidentischer Aromastoffe ist bereits unmittelbar zugelassen. Das Getränk kann, muß aber nicht gesüßt sein. Grundsätzlich wird kein Alkohol zugesetzt (kann aber gestattet werden). Auch ist der vorhandene Alkoholgehalt niedriger als bei aromatisiertem Wein (mindestens 7% vol und weniger als 14,5% vol).

Anzugeben ist die Verkehrsbezeichnung „aromatisiertes weinhaltiges Getränk“. Unter bestimmten Voraussetzungen darf sie im Herstellungsland durch folgende Bezeichnungen ersetzt und in den übrigen Mitgliedstaaten durch diese ergänzt werden: Zurra, Bitter soda, Kalte Ente, Glühwein (evtl. Nürnberger Glühwein), Maiwein, Maitrank. Die Bezeichnungen Sangria und Clarea dürfen für im Inland hergestellte Getränke ausschließlich zur Ergänzung der Verkehrsbezeichnung verwendet werden und müssen den Zusatz tragen „hergestellt in Deutschland“ (oder einem engeren geographischen Raum). Sonstige obligatorische Angaben wie → Aromatisierter Wein.

Aromen. Flüchtige Inhaltsstoffe des Weines, die dessen Geruch und Geschmack bestimmen. Auch als Zusatz bei Weiterverarbeitungserzeugnissen verwendet. → Organoleptische Prüfung, → Weinansprache, → Aromatisierter Wein.

Arzneiweine → Medizinische Weine.

Auffüllwein → Füllwein.

Ausbau. So nennt man die Entwicklung (Reifung) des Weines in Faß oder Tank sowie „auf der Flasche“ nach → Gärung (→ Abstich) bzw. → Abfüllung. Im Faßstadium ist es die hohe Kunst des Kellermeisters, die biologischen, chemischen und physikalischen Veränderungen des jungen Weines zu erkennen, zu beeinflussen und die richtigen Zeitpunkte für Abstich und Abfüllung wahrzunehmen.

Weinrechtlich wird dieses Stadium durch Vorschriften erfaßt, die → önologische Behandlung und Verfahren zum Gegenstand haben. Sie sind in Anhang VI zur → Weinmarktordnung erschöpfend aufgelistet, ergänzend - soweit das EG-Recht hierzu ermächtigt - auch in einzelnen Bestimmungen des nationalen Weinrechts.

Ausfuhr. Verbringen von Gemeinschaftswaren (Gemeinschaftserzeugnissen) in einen Vertragsstaat oder ein Drittland. Auch zur Ausfuhr bestimmte Erzeugnisse müssen gesetzmäßig sein. Ausgenommen sind im Inland nicht zulässige Angaben oder Aufmachungen, die nach den Vorschriften des Bestimmungsgebietes (Importlandes) Voraussetzung für die Einfuhr der Erzeugnisse in dieses Gebiet, also dort erlaubt sind und öffentliche Interessen nicht entgegenstehen. Damit sie nicht im Inland in den Verkehr gelangen, sind sie unverzüglich der nach Landesrecht zuständigen Stelle zu melden. Art und Menge der Erzeugnisse sowie die Art der Abweichung von den geltenden Bezeichnungsvorschriften müssen sich aus der Meldung ergeben.

Ausgangsbuch → Weinbuchführung.

Aus kontrolliert umweltschonendem Anbau. Zulässiger Hinweis, wenn die Richtlinien des Verbandes, dem der Erzeuger angeschlossen ist, nachprüfbar und umgesetzt sind.

Auslese. Prädikat, das von der → Qualitätsprüfbehörde einem Qualitätswein auf Antrag des Erzeugers (Winzers, Winzergenossenschaft) verliehen wird, wenn er bestimmten gesetzlichen Anforderungen genügt. Diese betreffen die Traubenlese und die Beschaffenheit des fertigen (ausgebauten) Weines.

So darf ein Auslesewein nicht → angereichert (z. B. gezuckert) sein und muß im jeweiligen Anbaugebiet ein nach den dort wachsenden Rebsorten abgestuftes Mindestmostgewicht (→Mostgewicht, → Natürlicher Alkoholgehalt) aufweisen. Beispiel: In Rheinhessen ein Mostgewicht von mindestens 12,5% vol Alkohol = 92° Oechsle bei Riesling, 13,0% vol Alkohol = 95° Oechsle bei Silvaner und 13,8% vol Alkohol = 100° Oechsle bei allen anderen Rebsorten (→ Oechsle).

Zur Herstellung eines Ausleseweines dürfen nur vollreife oder edelfaule (→ Botrytispilz) Trauben unter Aussonderung aller kranken und unreifen Beeren verwendet werden.

Aus arbeitstechnischen Gründen, auch wegen Arbeitskräftemangels im Weinbau, hat der Gesetzgeber die Lese mit dem → Traubenvollernter zugelassen und die früher selbstverständliche Handlese nicht mehr vorgeschrieben. Dann müssen aber die nicht geeigneten Trauben vorab mit der Hand geerntet werden. Im übrigen können die Landesregierungen der weinbautreibenden Länder die Handlese von Trauben zur Gewinnung von Auslesen ausdrücklich vorschreiben. Dies ist in Bayern, Hessen, Brandenburg und Sachsen-Anhalt geschehen, nicht aber in den beiden größten weinbautreibenden Ländern Deutschlands, Rheinland-Pfalz und Baden-Württemberg. Dort ist sie aber teilweise für regional zugelassene Auszeichnungen Voraussetzung (→ Selection).

Ausnahmegenehmigung. Darunter versteht man die behördliche, auf Antrag erteilte Erlaubnis, ein gesundheitlich unbedenkliches, aber aus anderen Gründen nicht dem Weinrecht entsprechendes Erzeugnis ausnahmsweise in den Verkehr zu bringen, einzuführen, zu verwenden oder zu verwerten.

Eine solche Genehmigung darf nur erteilt werden, um im Einzelfall unbillige Härten zu vermeiden. Sie setzt voraus, daß die Abweichung von den gesetzlichen Vorschriften gering ist. Sie kann das Verbot der → Rückverbesserung abmildern.

Auspressen. Weil sonst unerwünschte Bitterstoffe in den Wein gelangen würden, ist das vollständige Auspressen von Weintrauben verboten. Als nicht vollständig ausgepreßt gelten im deutschen Weinanbaugebiet → Trester, deren Alkoholgehalt bei weißem Qualitätswein 2,1% vol und bei anderem Qualitätswein 3,0% vol beträgt.

Bei → Weintrub ist jedes Auspressen verboten.

Auspreßverbot → Auspressen.

Ausschankwein → Schoppenwein.

Auszeichnungen. Sie sind für deutschen Wein nur bei →Qualitätswein sowie → Qualitätswein mit Prädikat erlaubt, nicht auch für Tafelwein (einschließlich Landwein). Ferner muß eine bestimmte Auszeichnung ausdrücklich zugelassen sein. Es sind dies:

Das → Deutsche Weinsiegel (DLG), die Auszeichnungen der Gebietsweinprämiierungen (Medaillen in Bronze, Silber, Gold) und der Bundesweinprämiierung (Bronzener Preis, Silberner Preis, Goldener Preis, Bundesehrenpreis), die Gütezeichen des Fränkischen und des Badischen Weinbauverbandes, die Gütezeichen „Baden Selection" des Badischen Weinbauverbandes und „Rheinhessen Selection" des Rheinhessenwein e. V. (→ Selection) sowie → „TOP 3 Rheingau" des Rheingauer Weinbauverbandes und des Weinbauamtes Eltville.

Die Bedingungen der Verleihung sind in Statuten eingehend geregelt. Diese Auszeichnungen werden durch graphisch gestaltete Aufkleber auf der Weinflasche optisch ausgewiesen. Die Auszeichnungen setzen eine Mindestmenge des auszuzeichnenden Weines voraus: Qualitätswein 1000 Liter, Qualitätswein mit dem Prädikat → Kabinett und → „Riesling Hochgewächs" 600 Liter, Qualitätswein mit dem Prädikat → Spätlese sowie im → Barrique-Verfahren bereiteter Wein 200 Liter, Qualitätswein mit den Prädikaten → Beerenauslese, → Trockenbeerauslese und → Eiswein 100 Liter.

Die Auszeichnung muß sich auf eine homogene Partie Wein beziehen, die bei der Abfüllung aus demselben Behältnis stammt. Der Wein muß in der Regel mit der Absicht der Abgabe an den Verbraucher in Behältnissen mit einem → Nennvolumen von 2 Litern oder weniger vorrätig gehalten werden. → Jahrgang und Herkunft des Weines sind auf dem Etikett anzugeben.

B

b. A. Erlaubte Abkürzung für „bestimmtes Anbaugebiet", so besonders auf dem → Etikett und auf der Weinpreisliste. → Anbaugebiet, → Qualitätswein b. A.

Bacchus. Rebsorte mit weißen Trauben. Kreuzung (Silvaner × Riesling) × Müller-Thurgau. Nach dem römischen Weingott benannt.

Die frühreife Traube erbringt Weine mit höherem Mostgewicht als die traditionellen Rebsorten und von fruchtig-würziger Art. In geringen Jahren und bei hohem Ertrag aufdringlicher →„Scheurebe-Ton", sonst dezentes Muskat-Bukett. Reifen Weinen wird eine gewisse → Riesling-Art nachgesagt. 1996 = ca. 3% Anteil der bestockten Rebflächen. Verbreitung vor allem in Rheinhessen, Franken, Pfalz, Nahe und Mosel-Saar-Ruwer (in dieser Abfolge).

Badisch Rotgold. Eine herkunftsgebundene Variante des → Rotling (ähnlich dem → Schillerwein). Die Angabe mit dem Zusatz „Grauburgunder und Spätburgunder" (dies sind die verwendeten Rebsorten) darf nur gebraucht werden, wenn der Rotling aus ausschließlich im bestimmten Anbaugebiet Baden geernteten Trauben hergestellt wurde. Badisch Rotgold ist ein Qualitätswein oder ein → Qualitätswein mit Prädikat.

Barrique. Ursprünglich war dies nur ein französisches Weinmaß (barrique = Faß, in der Regel 225 Liter fassend, aber schwankende Volumen: Burgund 228 l, Oxhoft 300 l). Der Begriff wurde dann erweitert auf solche Weinmengen fassende Fässer aus (in der Regel Limousin- oder lothringischer) Eiche, bezog sich nun also auf das Behältnis. Darin wird Wein gelagert, um einen bestimmten Holzton-Geschmack zu erzielen.

Der Barrique-Ausbau wurde zuerst in Frankreich, Italien und den USA zur Gerbstoffausprägung bei Rotwein praktiziert. Der „Barrique-Ton" hat auch in Deutschland zunehmend Käuferinteresse gefunden. Nach Weinrecht (→ Qualitätsprüfung) und überwiegender traditioneller Verbrauchererwartung muß ein Qualitätswein allerdings für sein Anbaugebiet typisch sein. Auch ist die bewußte Zuführung von Geschmacksstoffen (durch Lagerung in bestimmten Holzfässern, in „Fortentwicklung" in Gestalt von Holzspänen oder Aromastoffen anstelle der Lagerung im Barriquefaß) bei Wein nicht erlaubt. Deshalb konnten im Barrique-Faß hergestellte Weine einige Jahre nur als → Tafelwein vermarktet werden (der jedoch hoch bezahlt wurde).

Allmählich „erzwang" die Weinbaupraxis der Käufernachfrage wegen die Duldung des Barrique-Ausbaus durch die Weinüberwachungsbehörden und schuf so eine faktische Rechtslage. Weine mit einem auf diese Weise herbeigeführten Holzton-Lohegeschmack (Hitzeeinwirkung bei Herstellung des Holzfasses, = „Toasten") dürfen sogar zur → Qualitätsprüfung und zur → Weinprämiierung angenommen werden.

Insgesamt handelt es sich um eine Modewelle, die allenfalls bei gehaltvollen (an Körper und Aroma reichen) Rotweinen geschmacklich akzeptabel, bei Weißwein (wo sie gelegentlich auch angewandt wird) aber kaum vertretbar erscheint. Die Gefahr einer „Herstellung von Wein nach Kundenwunsch" (= Fabrikation) besteht.

Die zunächst mangels ausdrücklicher Zulassung verbotenen Hinweise auf den Ausbau eines Weines „im Barrique" (so die fachliche Formulierung) sind jetzt erlaubt, allerdings nur in der gesetzlich erlaubten Schreibweise. So darf die Bezeichnung „im Barrique gereift" nur bei inländischem Qualitätswein und Qualitätswein mit Prädikat verwendet werden. Es muß zumindest ein Teil des Weines oder der zu seiner Herstellung verwendeten Erzeugnisse in einem Barrique-Faß mit einem Fassungsvermögen von nicht mehr als 350 Litern gelagert worden sein. Ferner muß der Wein zum Zeitpunkt der Zuteilung einer amtlichen Prüfungsnummer die für die Reifung im Barrique-Faß typischen sensorischen Merkmale aufweisen. Da das Merkmal „ein Teil des Weines" eine sowohl der Verbraucherwartung widerstreitende als auch nicht faßliche Voraussetzung ist, entscheidet letztlich im Wesentlichen die organeleptische Prüfung des von der Prüfungskommission getesteten Weines (ob ein „Barrique-Ton" vorhanden ist).

Beere. Weinbaulicher und weinrechtlicher Begriff (→ Beerenauslese, → Trockenbeerenauslese) für Einzelfrüchte einer am Rebstock hängenden oder von diesem gelösten Traube, die aus Stengel, Stielgerüst (sog. Rappen) und den einzelnen Beeren besteht. Diese setzen sich wiederum aus der Beerenhaut (Schalen), äußerem, saftreicherem Fruchtfleisch und Kernen (= Samen) zusammen.

Beerenauslese. Prädikat für einen Qualitätswein, der zusätzlich zu den allgemeinen Anforderungen (→ Qualitätswein mit Prädikat) folgende Voraussetzungen erfüllen muß: Das Lesegut muß aus edelfaulen oder wenigstens überreifen Beeren bestanden haben und der Wein muß bei allen Rebsorten (keine Abstufung) einen von den Landesregierungen unter Berücksichtigung einer Untergrenze festgesetzten → natürlichen Mindestalkoholgehalt aufweisen. (z. B. Pfalz 16,9‰ vol = 120° Oechsle, Baden 18,1‰ vol = 128° Oechsle).

Begleitdokument → Begleitpapier.

Begleitpapier. Für die Beförderung von → Erzeugnissen im Zollgebiet der EG vorgeschriebenes Dokument. Es ergänzt die (statische) → Weinbuchführung als (dynamisches) Mittel der Überwachung eines Erzeugnisses auf dem Weg vom Erzeuger/Hersteller zum Verbraucher. Daher dürfen sämtliche Erzeugnisse nur dann innerhalb der EG befördert werden, wenn ein Begleitpapier mitgeführt wird. Es darf nur für eine einzige Beförderung verwendet und muß danach nebst den davon angefertigten Durchschriften und Kopien mindestens 5 Jahre nach dem Ende des Kalenderjahres, in dem es ausgestellt wurde, aufzubewahren.

Das Begleitpapier muß enthalten: Name und Anschrift des Versenders und des Empfängers; die Bezugnummer zur Feststellung der Nämlichkeit der Sendung; das Ausstellungs- sowie das Versanddatum; die Bezeichnung des beförderten Erzeugnisses (wie Tafelwein, Traubenmost usw.); die Gesamtmenge des beförderten Erzeugnisses (bei abgefüllten Erzeugnissen: Anzahl und Nennvolumen der Behältnisse); bei Beförderung in Behältnissen über 60 Liter kommen weitere Angaben hinzu (u. a. bei Wein der vorhandene Alkoholgehalt, die Herkunfts- Weinbauzone und – mit vorgegebenen Ziffern – die an dem Erzeugnis vorgenommenen → önologischen Behandlungen.

Unter bestimmten Voraussetzungen gilt das Begleitpapier als Bescheinigung der Ursprungsbezeichnung (bei Qualitätswein b.A.) und der Herkunftsangabe (bei Tafelwein, der mit einer geographischen Angabe versehen werden darf).

Keine Begleitscheinpflicht besteht, nach dem Fassungsvermögen der Behältnisse differenziert u.a. in folgenden Fällen (Hauptbeispiele):

Erzeugnisse in Behältnissen bis 60 Liter: Erzeugnisse in etikettierten Behältnissen mit einem → Nennvolumen von 5 Litern oder weniger, versehen mit einem nicht wieder verwendbaren anerkannten Verschluß, der eine Angabe zur Identifizierung des Abfüllers enthält (→ Korkbrand), wenn die insgesamt beförderte Menge 100 Liter nicht übersteigt, danach genügt aber ein Lieferschein oder eine Rechnung; Wein oder teilweise gegorener Traubenmost (→ Federweißer), der von Privatpersonen für den Eigenverbrauch befördert wird, wenn die gesamte beförderte Menge 30 Liter nicht übersteigt (Urlaubseinkauf) u.a. mehr.

Erzeugnisse in Behältnissen von mehr als 60 Litern: Trauben, auch eingemaischt, oder Traubenmost, befördert vom Erzeuger selbst oder auf seine Rechnung von seinem Weinberg oder von einer anderen, ihm gehörenden Betriebsstätte bis zu 40 Straßenkilometer Gesamtentfernung (mit Ausnahmemöglichkeit bis zu 70 Straßenkilometern), und zwar im Falle eines einzelnen Erzeugers bis zu seiner Weinbereitungsanlage oder im Falle eines einem Erzeugerzusammenschluß angehörenden Erzeugers bis zur Annahmestation oder Weinbereitungsanlage des Erzeugerzusammenschlusses (bei Qualitätswein hinsichtlich der Beförderung innerhalb des → bestimmten Anbaugebietes, aus dem das Erzeugnis stammt, und der diesem unmittelbar benachbarten Gebiet); Trauben, auch eingemaischt (nicht aber Traubenmost), befördert durch den Erzeuger selbst oder für seine Rechnung durch einen Dritten, der nicht Empfänger ist, ab seinem eigenen Weinberg bis zur Weinbereitungsanlage des Empfängers, wenn dieser in der selben → Weinbauzone gelegen ist und die Gesamtentfernung 40 Straßenkilometer nicht überschreitet (Ausnahmemöglichkeit bis 70 Straßenkilometer); Erzeugnisse innerhalb derselben oder einer unmittelbar benachbarten Gemeinde, wenn die Erzeugnisse zwischen zwei Anlagen desselben Unternehmers befördert werden oder den Eigentümer nicht wechseln, die Beförderung zum Zwecke der

Weinbereitung, der Behandlung, der Lagerung oder der Abfüllung erfolgt und eine Genehmigung der zuständigen Stelle vorliegt.

Behältnisnummer. Zur Kennzeichnung eines Qualitätsweines zulässige Numerierung wie „Faß Nr...“ oder auch die Numerierung von Flaschenstapeln.

Behältnisse. Zur Aufnahme und Lagerung – nicht unbedingt auch zum Transport – geeignete und bestimmte Raumkörper wie Flaschen, Kanister, Syphons, Fässer, Tanks. → Abfüller, → Einziehung.

Behandeln. Das Zusetzen von Stoffen und das Anwenden von Verfahren. → Önologische Behandlung.

Behandlungsstoffe → Önologische Behandlung.

Behandlungsverfahren → Önologische Behandlung.

Behördliche Warnungen → Warnhinweise.

Bentonit. Chemisch reiner Ton, als Mittel der → Schönung verwendet.

Beregnung. Die klimatischen Faktoren des Weinbergs sollen grundsätzlich nicht künstlich verändert werden. Nur für Extremfälle kann unter genau umgrenzten Bedingungen eine Bewässerung erlaubt werden. Diese Ausnahme ist andererseits deshalb gerechtfertigt, weil auf zu trockenen Standorten der Extraktgehalt bei steigenden Erträgen abnimmt und Reben, die unter Trockenheit gelitten haben, frostempfindlicher sind.

Die Zulassung der Beregnung eines Weinbergs darf nur auf Antrag ausgesprochen werden, und zwar nur für im Ertrag stehende Rebflächen mit skelettreichen oder flachgründigen Böden und einer Hangneigung von mindestens 30% (→ Steillagen) sowie für nicht im Ertrag stehende Rebflächen (mit Jungreben bepflanzt, damit diese anwachsen können). Die Beregnung ist aber nur bis zur Traubenreife erlaubt. Außer zur Qualitätssteigerung ist sie zum Frostschutz zulässig (dann ohne besondere weitere Voraussetzungen).

Bereich. Ein Begriff ausschließlich des deutschen Weinrechts, im Sinne des EG-Rechts „eine kleinere geographische Einheit als das bestimmte Anbaugebiet".

Ein Bereich ist die Zusammenfassung mehrerer Lagen, aus deren Erträgen Weine gleichartiger Geschmacksrichtung hergestellt zu werden pflegen und die in nahe beieinanderliegenden Gemeinden desselben bestimmten Anbaugebietes belegen sind.

Der Bereich ist die geographische Einheit zwischen → Großlage und bestimmtem Anbaugebiet (→ Anbaugebiet). Der Herkunftsraum ist gesetzlich festgelegt.

Die Bereiche im deutschen Weinanbaugebiet sind:

Anbaugebiet	*Bereich*
Ahr	Walporzheim/Ahrtal
Baden	Badische Bergstraße; Kraichgau, Tauberfranken; Bodensee, Markgräflerland; Kaiserstuhl, Breisgau; Ortenau
Franken	Steigerwald; Maindreieck, Mainviereck
Hessische Bergstraße	Starkenburg; Umstadt
Mittelrhein	Loreley; Siebengebirge
Mosel-Saar-Ruwer	Zell; Bernkastel; Obermosel, Moseltor; Saar; Ruwertal
Nahe	Nahetal
Pfalz	Südliche Weinstraße; Mittelhaardt-Deutsche Weinstraße
Rheingau	Johannisberg
Rheinhessen	Bingen; Nierstein; Wonnegau,
Saale-Unstrut	Schloß Neuenburg; Thüringen,
Sachsen	Meißen; Dresden; Elstertal
Württemberg	Remstal–Stuttgart; Württembergisch Unterland; Kocher-Jagst-Tauber; Oberer Neckar; Württembergischer Bodensee; Bayerischer Bodensee.

Die Schaffung der Bereiche und die Festsetzung von Namen für diese ist Sache der Länder. Wie der Name einer → Lage wird auch der Bereichsname erst durch Eintragung in die → Weinbergsrolle existent, sie ist rechtsbegründend.

Bereichsnamen sind nur für Qualitätswein und Qualitätswein mit Prädikat erlaubt. Für Tafelwein jeder Kategorie sind sie verboten, Bereichsnamen werden zur Benennung der Herkunft eines Weines, entgegen den ursprünglichen Erwartungen selten benutzt (um oder unter 5% der Weinmenge).

Die Benutzung eines Bereichsnamens ist freigestellt. Wird er benutzt, dann ist bei Qualitätswein b. A. zusätzlich das → bestimmte Anbaugebiet anzugeben, in dem die Trauben geerntet wurden.

Aus dem angegebenen Bereich müssen bei Qualitätswein mindestens 85%, bei Qualitätswein mit Prädikat hingegen alle Trauben (100%) stammen. Die → Süßreserve jedoch darf aus einem anderen als dem angegebenen Bereich stammen, weil ihr Zusatz nicht als → Verschnitt gilt.

Das Wort „Bereich" muß einem Bereichsnamen nur noch dann hinzugefügt werden, wenn der Bereichsname mit einer sonstigen geographischen Bezeichnung identisch oder verwechselbar ist. Dann muß das Wort „Bereich" in gleicher Schriftart, -farbe und -größe vorangestellt werden.

Besichtigungsrecht → Weinkontrolleur.

Bestimmtes Anbaugebiet → Anbaugebiet, → b. A.

Betriebsnummer → Abfüller, → Qualitätsprüfung.

Betriebsspiegel → Erntemeldung.

Bezeichnungsrecht. Die Regelungen des → Weinrechts über die Bezeichnung und Aufmachung der ihm unterliegenden Erzeugnisse (z. B. im EG-Recht Bezeichnungsverordnungen für Wein und für Schaumwein, ergänzend das deutsche → Weingesetz und die → Weinverordnung).

Welche Angaben vorgeschrieben (obligatorisch) und welche nicht vorgeschrieben, aber erlaubt (fakultativ) sind, ist ausführlich unter dem Stichwort → Etikett dargestellt.

Nicht ausdrücklich zugelassene Bezeichnungen dürfen für Wein nicht benutzt werden (→ Verbotsprinzip), anders bei den Weiterverarbeitungserzeugnissen, wo nur verlangt wird, daß sie wahr und nicht irreführend sind (Mißbrauchsprinzip). Eine Änderung des Systems wird von der Weinwirtschaft angestrebt.

Biologischer Säureabbau → Entsäuerung.

Biologischer Wein → Ökologischer Weinbau.

Birnenwein → Weinähnliche Getränke.

Blauer Portugieser → Portugieser.

Blauer Spätburgunder → Spätburgunder.

Bleihaltige Kapsel. Seit 1. Januar 1993 dürfen sämtliche → Erzeugnisse nicht mehr mit einer bleihaltigen Kapsel oder Folie ummantelt (umkleidet) sein. Damit soll das Risiko einer Kontamination besonders durch eine zufällige Berührung mit diesen Erzeugnissen vermieden und die Gefahr der Belastung der Umwelt mit bleihaltigem Müll ausgeschlossen werden. Vor dem Stichtag abgefüllte und mit einer bleihaltigen Kapsel oder Folie versehene Erzeugnisse dürfen bis zur Erschöpfung der Bestände aufgebraucht werden.

Blume → Bukett.

Bocksbeutel. Kurzhalsige, bauchig, runde, etwas abgeflachte Weinflasche. Name von „Bugsbeutel“ (Feldflasche des fränkischen Häkkers = Winzers, am Leibgurt = Buggurt getragen) oder vom „Beutel“ des Bockes (falsche Schreibweise „Boxbeutel“!). Unter früherem Recht durften nur Qualitätsweine jeglicher Rebsorte aus dem Anbaugebiet Franken, dem badischen Taubertal und dem Schüpfergrund sowie aus den Ortsteilen Neuweier, Steinbach, Umweg und Varnhalt der Gemeinde Baden-Baden in diese Flasche abgefüllt werden (bei den Ortsteilen von Baden-Baden aus rein historischen Gründen).

Für inländische Weine gilt diese geographische und qualitative Beschränkung weiterhin. Deutscher Qualitätswein aus anderen Herkunftsräumen sowie Tafelwein (einschließlich Landwein) dürfen weiterhin nicht in der Bocksbeutelflasche vermarktet werden.

Soweit jedoch ausländische Weine durch die frühere Regelung von dem Inverkehrbringen in Bocksbeutelflaschen (auch Cantilflaschen genannt) ausgeschlossen waren, sah der EuGH im Jahre 1984 darin einen Verstoß gegen den EG-Vertrag, da auch solche Weine teilweise traditionell derart abgefüllt wurden und ein schützenswerter Besitzstand erworben war. Sie dürfen seitdem ebenfalls in dieser oder ähnlichen Flaschen im Inland in den Verkehr gebracht werden. Es handelt sich, erschöpfend aufgelistet, vor allem um Qualitätsweine bestimmter Herkünfte und/oder Rebsorten aus Südtirol (u.a. St. Magdalener, Eisacktaler aus den Rebsorten Sylvaner und Müller-Thurgau, Terlaner aus den Rebsorten Weißburgunder, Bozner Leiten) und aus dem Trentino (Rebsorte Moscato), bestimmte Weine aus Griechenland und bestimmte Weine aus Portugal.

Der seit 1989 auf alle diese Flaschenformen erstreckte Ausstattungsschutz schließt außerhalb Deutschlands teilweise auch Tafelweine ein.

Soweit ausländischer Wein in Bocksbeutel-(ähnlichen) Flaschen im Inland vermarktet wird, muß durch die Kennzeichnung gesichert sein, daß der Verbraucher nicht irregeführt wird und meint, es handele sich um Frankenwein.

Schaumwein darf nicht in der Bocksbeutelflasche abgefüllt werden.

Bodentrauben. Darunter versteht man Trauben, die sich infolge Stiellähme oder Stielfäule (Traubenkrankheiten) vom Stock gelöst haben, angefault oder durch Bodeneinflüsse (wie Dünge-, Schädlings- und Unkrautbekämpfungsmittel oder tierische Verunreinigungen) nachteilig beeinträchtigt sind. Solche Bodentrauben sind weder Eßtrauben noch zur Weinerzeugung geeignet. Sie sind nicht zu verwechseln mit direkt vor oder bei der → Traubenlese herabgefallenen, reifen Beeren. Wo Handlese stattfindet (→ Auslese), werden sie auch heutzutage noch aufgelesen, soweit es sich um reifes, hochwertiges Lesegut handelt (→ Beerenauslese, →Trockenbeerenauslese). Früher geschah dies allgemein (die Erträge waren weit geringer), heute ist es im allgemeinen wegen der hohen Erträge und der hohen Löhne unwirtschaftlich.

Botrytispilz. Ein Schimmelpilz mit den Namen Botrytis cinerea macht die Beerenhaut vollreifer Trauben durchlässig, breitet sich aus und verbraucht verhältnismäßig wenig Zucker, wohl aber Säure. Dadurch verschiebt sich das Verhältnis der Bestandteile des Saftes in der Beere zugunsten des Zuckers. Infolge Wasserverdunstung durch die morsche Hülle tritt eine erhebliche Konzentration des Saftes ein.

So entsteht die zur Gewinnung von → Auslesen, → Beerenauslesen und → Trockenbeerenauslesen erforderliche Edelfäule (→ Botrytiston).

Befällt der Pilz hingegen bei sehr feuchter Witterung noch unreife Trauben, so führt dies zur unerwünschten Roh- oder Sauerfäule, einer Traubenkrankheit. Das Pilzwachstum wird durch besondere klimatische Bedingungen begünstigt, weshalb man von sog. „Botrytisjahrgängen" spricht (die Jahre 1967 und 1976 waren solche). Der Ertrag kann dabei bis zu einem Drittel geringer ausfallen.

Botrytiston. Sensorisch wahrnehmbares Indiz für voll- bis überreifes Lesegut der verkosteten Weine (Spätlese, Auslese, Beerenauslese), verursacht durch den → Botrytispilz. Die genannten Prädikatsweine sind an dieser Geruchsnote zu erkennen, die sich durch eine Fülle von Extraktstoffen und aromatische Süße auszeichnet.

Brandy → Branntwein.

Branntwein. Kein → Erzeugnis des Weinrechts, sondern eine Spirituose, aber neben → Schaumwein eines der wichtigsten Weiterverarbeitungserzeugnisse des Weines. Deshalb war Branntwein bis zum WeinG 1971 im nationalen Weinrecht geregelt. An dessen Stelle sind seit Dezember 1989 die EG-Spirituosen-Verordnung (Nr. 1576/89) und seit Februar 1998 die sie ergänzende Bundes-Spirituosen-Verordnung vom 29. Januar 1998 getreten, ergänzt durch das Lebensmittel- und Bedarfsgegenständegesetz. Branntwein ist damit Teil des Spirituosenrechts und nicht mehr Gegenstand weinrechtlicher Regelungen.

In der Spirituosen-Verordnung des Bundes sind besonders die Voraussetzungen genannt, unter denen eine Spirituose unter der Verkehrsbezeichnung „Deutscher Weinbrand" gewerbsmäßig in den Verkehr gebracht werden darf: Herstellung im Inland (mit Ausnahme des Destillates); Verwendung von Weintrauben nur von empfohlenen oder zugelassenen Rebsorten; ausschließlich Gewinnung u. a. durch Destillieren zu weniger als 86‰ vol von Wein oder Brennwein; vorherige Reifung des gesamten Weindestillates mindestens 12 Monate in Eichenholzfässern mit einem Füllvermögen von höchstens 1000 Liter; Verwendung nur bestimmter Zuckerarten und, zur Geschmacks- und Geruchsabrundung, bestimmter Auszüge; goldgelbe Farbe des fehlerfreien und für die verwendeten Ausgangserzeugnisse typischen Weinbrandes; Alkoholgehalt mindestens 30‰ vol; Anbringung der bei einer → Qualitätsprüfung erteilten Prüfungsnummer auf dem Behältnis.

Altersangaben sind nur erlaubt, wenn der Weinbrand oder Brandy oder das zu seiner Herstellung verwendete Destillat mindestens 12 Monate in Eichenholzfässern gereift ist. Das gilt auch für Deutschen Weinbrand.

Brennwein. Das Erzeugnis, das einen → vorhandenen Alkoholgehalt von mindestens 18‰ vol und höchstens 24‰ vol hat, ausschließlich dadurch gewonnen wird, daß einem Wein ohne Restzucker ein nicht rektifiziertes, aus der Destillation von Wein hervorgegangenes Erzeugnis mit einem vorhandenen Alkoholgehalt von höchstens 85‰ vol zugesetzt wird und das einen Gehalt an → flüchtiger Säure von höchstens 1,5 g/l, berechnet als Essigsäure, aufweist.

Brennwert → Diabetiker.

British wine. Durch Vergärung konzentrierten Traubenmostes in England hergestelltes Getränk (entsprechend auch „Irish wine"). Es ist kein → Wein i. S. des EG-Weinrechts, der Begriff ist daher nur als Ausnahme und mit dem aufklärenden, vorangestellten Zusatz erlaubt.

Der Ausgangsstoff wird in Dosen mit einer Herstellungsanleitung angeboten, die Einzelheiten der Vergärung unter Zusatz u. a. von Wasser und Zucker nennt. Er enthält eine Mischung verschiedener Stoffe (u. a. Zitronensäure, Phosphat, Geschmacksstoffe). Die Herstellung dieses „home made wine" ist in den übrigen Ländern der EG nicht erlaubt.

Buchführung → Weinbuchführung.

Bukett. Die bei der Sinnenprobe (→ organoleptische Prüfung), der Verkostung des Weines, wahrnehmbare Summe der Duft- und Aromastoffe im Wein (→ Aromen, → Weinansprache). Speziell die vom Geruchssinn erfaßbaren Düfte nennt man „Blume (des Weines)".

Bundesweinprämiierung → Auszeichnungen, → Prämiierungsstreifen.

Burgunder, Blauer → Spätburgunder.

Burgunderflasche. Die für Weine aus Burgund (Bourgogne) typische Flasche wird seit Jahren zunehmend auch zur Abfüllung deutscher Weine benutzt. Angeblich wird die früher für deutsche Weine fast ausschließlich übliche (braune und grüne) Schlegelflasche von einem Teil des (Szenen- und Trendfollower-)Publikums als „langweilig" empfunden. Da nur wenige Flaschenformen den Weinen bestimmter Herkünfte vorbehalten sind (vgl. z. B. → Bocksbeutel), ist die Verwendung aller übrigen freigestellt, falls dadurch keine Irreführung des Verbrauchers (→ Irreführungsverbot) bewirkt wird. Die tatsächliche Herkunft eines Weines muß mithin durch eindeutige und leicht erkennbare Angaben auf dem → Etikett ausgewiesen sein. Das gilt auch für die Benutzung der Burgunderflasche.

Burgunder, Weißer → Weißburgunder.

C

Cabinet. Unter früherem Recht zulässige, jetzt für (Still-)Wein verbotene Schreibweise der Angabe → Kabinett (früher Hinweis auf Naturreinheit, jetzt Prädikat). Erlaubt ist die Angabe jedoch noch für Qualitätsschaumwein und Sekt sowie für Qualitätsschaumwein b. A. und Sekt b. A., wenn sie in dieser Schreibweise (nicht „Kabinett“) deutlich getrennt von der Bezeichnung des Erzeugnisses in Verbindung mit dem Namen (Firma) des Herstellers oder desjenigen benutzt wird, der das Erzeugnis vermarktet. Die ausnahmsweise Gestattung ist vor allem für markenrechtlich geschützte, traditionelle Schaumweinmarken gedacht.

Cantilflasche → Bocksbeutel.

Chaptalisation. In Frankreich üblicher Ausdruck für den Vorgang der → Zuckerung.

Charta-Wein. Kein weingesetzlicher und darum auf der Flaschc so nicht erlaubter Begriff für bestimmte Rheingauer Riesling-Weine gehobener Qualität. Diese müssen den Anforderungen genügen, die im Statut der Vercinigung der Charta-Weingüter enthalten sind und von dieser selbst überwacht werden. Abgefüllt wird der Wein in speziell gestalteten, hohen Schlegelflaschen mit romantischem Doppelfenster als Signet. Er darf erst im Oktober des auf die Ernte folgenden Jahres verkauft werden.

Chemikalienhandel → Fälschungsstoffe.

Chemisches Untersuchungsamt. Ihm obliegt die analytische Untersuchung von Wein im Rahmen der Weinüberwachung. Den chemischen Untersuchungsämtern sind die Weinkontrolleure (→ Weinkontrolle) angegliedert. Sie erstatten Gutachten über den Gesamtbefund, auch in Gerichtsverfahren, unterstehen in der Regel Mittelbehörden (z. B. Regierungspräsidien).

Code → Abfüller.

Cooler → Wine-Cooler.

Crémant. Ursprünglich reserviert für in Frankreich oder Luxemburg hergestellte Qualitätsschaumweine b. A. Der EuGH entschied auf Klage eines spanischen Cava-Produzenten im Jahre 1994, „Cremant“ sei keine Herkunftsbezeichnung, sondern benenne ein Herstellungsverfahren für Schaumweine und sei daher auch für andere Länder frei. Hierauf wurden Mindestbedingungen für solche Erzeugnisse festgelegt:

Herstellung in traditioneller → Flaschengärung, Zuordnung der Bezeichnung durch den Mitgliedstaat, in dem er hergestellt wird, in Verbindung mit dem Namen eines bestimmten Anbaugebietes, Gewinnung des Grundweines für weißen Qualitätsschaumwein aus ganzen Trauben (sog. Ganztraubenpressung), Höchstgehalt von 150 mg/l Schwefeldioxid und Zuckergehalt unter 50 g/l sowie Erfüllung zusätzlicher nationaler Regeln.

Die Landesregierungen sind ermächtigt, einengende Anforderungen festzulegen, z. B. Beschränkung auf Grundweine bestimmter Rebsorten und auf weiße Qualitätsschaumweine. In Rheinland-Pfalz ist für die Anbaugebiete Ahr, Mittelrhein, Mosel-Saar-Ruwer, Nahe, Pfalz und Rheinhessen eine beschränkende Landesverordnung ergangen (u. a. Zuckergehalt höchstens 20 g/l, für das Anbaugebiet Pfalz nur 15 g/l).

Die Übernahme des bisher für Deutschland ungewöhnlichen Begriffs „Crémant“ war als Ersatz für den nicht mehr zulässigen Begriff → Méthode champenoise gedacht.

Cuvée. Mischung von Sektgrundweinen (→ Verschnitt), aus denen durch zweite Gärung Sekt hergestellt werden soll. Früher auch „Coupage“ genannt. Die Cuvée bestimmt die Art der einzelnen Sektmarke. Sie richtig abzustimmen erfordert daher besondere Erfahrung und Sorgfalt. Die letzte Entscheidung wird aufgrund sensorischer Probe (→ Sensorik) getroffen. Denn die Grundweine müssen sich harmonisch miteinander „vermählen“ und nach Versektung und Reifung ohne jahrgangsbedingte Qualitätsschwankungen genau den „Markentyp“ aufweisen. Dieser Verschnitt geschah früher im sog. „Cuvéefaß“, heute erfolgt er im Großraumbehälter.

Der Begriff ist außerdem zwar für einige französische (besonders Tafel-) Weine üblich, nicht aber für deutschen Stillwein erlaubt, weder als Hinweis auf den Hersteller (in Frankreich hingegen „Cuvée du patron“) noch als Teil einer Marke.

D

Datenbank. Die Weinkontrolle (→ Weinkontrolleur) ist verpflichtet, auf Rebflächen Proben frischer Weintrauben zu entnehmen. Die so gewonnenen Erkenntnisse (→ Mostgewicht) werden zu Vergleichszwecken in einer Datenbank gespeichert, die bei dem Europäischen Büro für Wein, Alkohol und Spirituosen in Ispra eingerichtet wurde.

Deckrotwein → Deckwein.

Deckwein. Spezieller ist vom „Deckrotwein" zu sprechen, denn nur auf Rotwein bezieht sich der Begriff. Man versteht darunter in der Fachsprache (kein Ausdruck des Weinrechts) solchen Rotwein, der besonders farbstark ist und deshalb einem schwächeren Rotwein „zugesetzt" (mit ihm vermischt) wird, um ihm eine intensivere Farbe zu verleihen. Denn der weniger weinkundige Verbraucher wünscht sich einen möglichst farbtiefen Rotwein, wie er in Deutschland aus den traditionellen Rotweintrauben (Spätburgunder, Frühburgunder, Portugieser, Trollinger) nur selten erzeugt werden kann.

Der Farbton eines Rotweines ist kein Maßstab für seine Qualität. Jedoch sind aus geringen Jahrgängen stammende, farbschwache Weine dieser Art oft schwieriger verkäuflich als solche mit Deck(rot)weinzusatz.

Als inländischer Deckrotwein sind z. B. → Dornfelder oder Dunkelfelder geeignet. Sie wurden ursprünglich vor allem zu diesem Zweck gezüchtet, haben sich aber zunehmend auch als selbständige Weine entwickelt.

Mit ausländischem Rotwein darf inländischer Rotwein nur noch verschnitten werden, wenn es sich um → Tafelwein handelt, ausgenommen → Landwein. Rote Qualitätsweine deutscher und ausländischer Herkunft (aus EG-Mitgliedstaaten oder Drittländern) dürfen nicht (mehr) miteinander verschnitten werden.

Degorgieren. Entfernung des Hefepfropfens bei der Herstellung eines Schaumweines nach der Flaschengärmethode (Rüttelverfahren). → Méthode champenoise. Die Schaumweinflasche wird zu diesem Zweck nach dem Rütteln mit dem Hals nach unten in ein Eisbad gestellt, damit der Hefepfropf einfriert. Die Flasche wird alsdann geöffnet, der hohe Innendruck der Flasche schleudert den Hefepfropf nach außen.

Dekantieren → Trub.

Depot → Trub.

Der Neue → Landwein.

Destillat → Aromatisierte Getränke, → Branntwein.

Destillation → Branntwein, → Brennwein, → Hektarhöchstertrag.

Deutsche Landwirtschaftsgesellschaft. Die Deutsche Landwirtschaftsgesellschaft e. V. (abgekürzt DLG) ist eine Gütegemeinschaft i. S. der Grundsätze für Gütezeichen RAL mit Sitz in Frankfurt. Zu ihren Aufgaben gehört die Gütesicherung gut ausgebauter und gepflegter deutscher Weine zum Schutze des Verbrauchers und zur Förderung der Weinwirtschaft (Gütezeichen-Satzung).

Die DLG verleiht das Gütezeichen → „Deutsches Weinsiegel", auch in Verbindung z. B. mit der Vignette „Baden-Selection" oder „Selection Rheinhessen" (→ Selection). Die DLG veranstaltet auch die jährliche Bundesprämiierung von Wein und Sekt b. A.

Deutscher Sekt → Sekt.

Deutscher Tafelwein → Tafelwein.

Deutscher Weinbrand → Branntwein.

Deutscher Weinfonds. Übliche Kurzbezeichnung „Weinfonds", früher „Stabilisierungsfonds für Wein" („Stabifonds").

Es ist diese eine im Weingesetz von 1994 (früher im nun darin einbezogenen Weinwirtschaftsgesetz) verankerte Anstalt des öffentlichen Rechts mit Sitz in Mainz. Der Weinfonds untersteht der Aufsicht des Bundesministeriums für Ernährung, Landwirtschaft und Forsten. Er hat die Aufgabe, im Rahmen der ihm zur Verfügung stehenden Mittel, besonders des Aufkommens aus der von Winzern und Weinhändlern zu erhebenden Abgabe, die Qualität des Weines sowie durch Erhebung und Pflege des Marktes seinen Absatz zu fördern. Außerdem hat der Weinfonds auf den Schutz der für inländischen Wein durch Rechtsvorschriften festgelegten Bezeichnungen im In- und Ausland hinzuwirken. Er soll sich dabei der Einrichtungen der Wirtschaft bedienen. Organe des Weinfonds sind Vorstand, Aufsichtsrat und Verwaltungsrat.

Deutsches Weinbaugebiet → Anbaugebiet.

Deutsches Weinsiegel. Dieses Gütezeichen für gehobene Weine im Sinne einer → Auszeichnung, die zugelassen ist, wird von der DLG (→ Deutsche Landwirtschaftsgesellschaft) verliehen. Es ist ein medaillenartiger Aufkleber, der einen antiken Winzer mit einer Weinranke in der rechten Hand darstellt und den kreisförmigen Schriftzug „Deutsches Weinsiegel" trägt.

Das Deutsche Weinsiegel hat die Kennfarben rot/schwarz für liebliche und süße Weine (→ Geschmacksangaben), grün/schwarz für halbtrockene Weine und gelb/schwarz für trockene Weine (im letzten Fall wahlweise ein Rückenetikett mit vorgeschriebenen Angaben bei für → Diabetiker geeignetem Wein).

Geprüft wird nach dem 5-Punkte-Schema der DLG, wobei das Ergebnis einen Punkt (oder mehr) über der Mindestqualität liegen muß. In der Grundregel für die Zulassung, Verleihung und Benutzung des Gütezeichens Deutsches Weinsiegel sind Einzelheiten ausführlich geregelt.

Diabetiker. Damit auch Zuckerkranke Wein trinken können, gibt es für sie besondere Hinweise auf dem → Etikett der Weinflasche. Die Angabe „Wein geeignet für Diabetiker" hat folgende Voraussetzungen: Ein Höchstwert von 4 g/l Glukose bei einem gleichzeitigen Höchstwert von 20 g/l Gesamtzucker, als Invertzucker berechnet, höchstens 40 mg/l freie und 150 mg/l gesamte → Schweflige Säure sowie höchstens 12% vol Alkohol. Wenn der Glukose-Gehalt höchstens 4 g/l beträgt, kann der Fruktose-Gehalt höher liegen, so daß der Wein nicht „trocken" sondern → halbtrocken, aber dennoch für Diabetiker geeignet ist, weil die Fruktose für sie verträglich ist.

Auf dem Rückenetikett müssen dabei die Analysenwerte für Restzucker (→ Restsüße), für den Alkoholgehalt sowie der Brennwert des Alkohols (= der physiologische Brennwert, der bei der Umsetzung von Nahrungsmitteln im Körper freigesetzt wird) und der Gesamtbrennwert stehen.

Der Kurzbegriff „Diabetikerwein" ist nur umgangssprachlich üblich, aber nicht auf dem Etikett erlaubt. Solche Weine sind aber keine „Krankenweine" und nicht nur für Zuckerkranke geeignet, wie der Hinweis „nur nach Befragen des Arztes", der vorgeschrieben ist, glauben machen könnte.

Als trockene Weine nach 1945 noch eine Seltenheit waren („süße Welle"), war der Hinweis auf die Eignung für Diabetiker ein „Wegweiser für Trockenliebhaber". Jedoch haben diese Weine selten Finesse und Spiel (→ Weinansprache), sind aber zum Zechen geeignet.

DLG → Deutsches Weinsiegel.

Dornfelder. Rebsorte mit roten Trauben. Kreuzung Helfensteiner × Heroldrebe.

Benannt nach Immanuel Dornfeld, Cameralverwalter der Weinbauschule Weinsberg. Hohes Mostgewicht und niedrige Säure bei sehr hohen Erträgen kennzeichnen diese Sorte.

Der tiefdunkle bis blaurote, fast etwas „französische" Dornfelder war ursprünglich nur als Ersatz für den seit 30. Juni 1989 verbotenen Zusatz von → Deckrotwein aus anderen Ländern der EG zum farbstoffarmen → Portugieser gedacht. Er wird auch als solcher verwendet, hat sich aber ebenso als selbständiger Wein entwickelt und außerordentlich rasch ausgebreitet (die Nachfrage kann kaum gedeckt werden).

1996 = 2,0% Anteil der bestockten Rebfläche. Hauptsächlich in der Pfalz und in Rheinhessen angebaut.

Dosage. So nennt man zum einen den zur Süßung eines Weines verwendeten Traubenmost (→ Süßresreve). Zum andern ist dies der Traubenmost und/oder in Wein gelöste Zucker, der zugleich mit Hefe bei der Herstellung von Schaumwein zugesetzt wird. Dabei unterscheidet man die Fülldosage zur Einleitung der zweiten Gärung und die Versanddosage, die dem vergorenen Schaumwein zugesetzt wird, um ihn abzurunden und den durch die zweite Gärung bedingten Verlust an Süße wieder auszugleichen. Die Versanddosage prägt den Geschmackstyp des Schaumweines (→ Geschmacksangaben).

Drittlanderzeugnisse. Erzeugnisse, die in Staaten hergestellt worden sind, die nicht der EG angehören und auch nicht Vertragsstaaten sind.

Bei der → Einfuhr von Drittlanderzeugnissen sind anzugeben: Die Verkehrsbezeichnung „Wein", das → Nennvolumen, bei Abfüllung innerhalb der Gemeinschaft der → Abfüller, bei Abfüllung außerhalb der Gemeinschaft in Behältnisse bis zu 60 Liter Name oder Firmenname des Importeurs sowie sein Hauptsitz (auch auf anderem Etikett), in anderen Behältnissen Name oder Firmenname des Versenders sowie sein Hauptsitz, wenn Importeur und Versender nicht identisch sind, das Ursprungsdrittland (z. B. Ungarn) und der vorhandene Alkoholgehalt.

Deutsche Prädikatsangaben sind grundsätzlich verboten.

Dry → trocken.

E

e. Buchstabe, der oft auf dem → Etikett der Weinflasche in Verbindung mit der Angabe des → Nennvolumens zu sehen ist („e 0,75 l"). Es ist die Abkürzung für „Europa".

Dieses „EU-Verpackungszeichen" war einige Zeit nach EG-Recht vorgeschrieben, ist nun aber freigestellt und wenig sinnvoll. Es besagt (nur), daß die Flasche den EG-Einfüllvorschriften entspricht.

Edelfäule → Beerenauslese, → Botrytispilz.

EDV-Buchführung → Weinbuchführung.

Ehrentrudis. Ein → Weißherbst, hergestellt aus Trauben der Rebsorte Blauer Spätburgunder, die im Bereich Tuniberg (Anbaugebiet Baden) geerntet worden sind. Die Bezeichnung ist Qualitätswein und Qualitätswein mit Prädikat vorbehalten und lautet vollständig: „Ehrentrudis Spätburgunder Weißherbst".

Eichenholzfaß → Barrique, → Branntwein.

Eichgesetz → Eichung.

Eichung. Wein darf nur in amtlich geeichten, mit eingebranntem Stempel, Jahreszahl und Fassungsvermögen gekennzeichneten Fässern gehandelt werden (eichen von lat. aequare = amtlich abmessen). Holzfässer mußten alle drei Jahre einer Nacheichung unterzogen werden, weil der Faßinhalt durch Austrocknung, Anziehen von Faßreifen und Ablagerung vom →Weinstein Schwankungen unterworfen ist. Dies wurde von den Eichämtern unterstellten Personen besorgt. Inzwischen ist der Handel mit Holzfässern Vergangenheit. Tanks, die auf Lastzügen transportiert werden, müssen aber weiterhin nachgeeicht werden.

Das heutige Eichgesetz regelt die Eichpflicht für Meßgeräte. Schankgefäße („Gefäße, die zum gewerbsmäßigen Ausschank von Getränken gegen Entgelt bestimmt sind und bei Bedarf gefüllt werden") dürfen danach nur in den Verkehr gebracht werden, wenn sie die festgelegten Volumen einhalten und das Volumen auf ihnen gekennzeichnet und angegeben ist.

Das gilt auch für Weingläser, bei denen unterhalb des oberen Randes ein Querstrich mit Zahl über das Volumen unterrichtet (z. B. „0,1 l"). Diesen Querstrich nennt man Eiche.

Das Eichrecht ist nicht i. e. S. Teil des Weinrechts, ergänzt es aber wesentlich.

Einfuhr. Verbringen von Nichtgemeinschaftswaren (→ Drittlanderzeugnissen) und von Waren aus Vertragsstaaten in das Inland. Das Verbringen von Erzeugnissen aus einem EG-Mitgliedstaat in einen anderen unterliegt nicht mehr einfuhrregelnden Bestimmungen.

Drittlanderzeugnisse dürfen nur eingeführt werden, wenn sie von gesundheitlich unbedenklicher Beschaffenheit sind, die für sie geltenden Vorschriften der EG eingehalten wurden und sie im Herstellungsland mit der Bestimmung, unverändert verzehrt zu werden, in den Verkehr gebracht werden dürfen (Ausschluß sog. „Exportfüllungen", die nur für den Verbrauch im Empfängerstaat hergestellt, den Konsumenten des eigenen Staats aber nicht „zugemutet" werden).

→ Erzeugnisse sowie weinhaltige und aromatisierte Getränke aus Drittländern dürfen nur eingeführt werden, wenn sie hierfür zugelassen sind. Die Zulassung zur Einfuhr wird grundsätzlich nur erteilt, nachdem durch eine amtliche Untersuchung und Prüfung im Inland festgestellt ist, daß die Erzeugnisse nach ihrer Zweckbestimmung sowie ihre Behältnisse und ihre Bezeichnung und Aufmachung dem im Inland geltenden Weinrecht (EG-Bund) entsprechen (siehe dazu → Drittlanderzeugnisse).

Von der Zulassung zur Einfuhr sind einzelne Erzeugnisse befreit, so u. a. solche in Behältnissen mit einem Gesamtvolumen bis 30 Liter, sofern sie im persönlichen Gepäck von Reisenden mitgeführt werden („Urlaubsmitbringsel"), Muster und Proben in Behältnissen von geringen Mengen oder Wein, der nachweislich für kultische Zwecke bestimmt ist (→ Kultwein).

Liegen bestimmte Dokumente vor, kann die amtliche Untersuchung stichprobenweise erfolgen. Die Zolldienststellen entscheiden, nachdem sie von der für den Empfänger örtlich zuständigen amtlichen Untersuchungsstelle ein Gutachten eingeholt haben. Das Verfahren im Falle negativer Entscheidung ist eingehend geregelt (Zweitgutachten, evtl. Obergutachten).

Eingangsbuch → Weinbuchführung.

Einmaischen → Maische.

Einziehung. Gegenstände, auf die sich ein Weinrechtsverstoß bezieht, und Gegenstände, die zu seiner Begehung oder Vorbereitung gebraucht werden oder bestimmt gewesen sind, können eingezogen werden. Dies betrifft gesetzwidrig beschaffene ebenso wie gesetzwidrig (falsch, unzulänglich oder irreführend) bezeichnete oder aufgemachte Erzeugnisse wie auch z. B. → Behältnisse (Fässer, Flaschen usw.).

Die Entscheidung liegt im Ermessen des Gerichts, das dabei den Grundsatz der Verhältnismäßigkeit (Schwere des Verstoßes, Ausmaß des Verschuldens, wirtschaftliche Auswirkung des Eingriffs) zu beachten hat. In Sonderfällen kann eine → Ausnahmegenehmigung verhindern, daß ein Erzeugnis aus dem Verkehr gezogen wird.

Eiswein. Spezieller → Qualitätswein mit Prädikat. Die Trauben müssen im selben → Bereich geerntet sowie bei Lese und Kelterung gefroren sein (ca. minus 6–8° Celsius).

Früher wurden die Trauben zur Eisweingewinnung in Handlese geerntet, wobei alljährlich Pressefotos von diesem Vorgang zu sehen waren (vermummte Winzer in schneebedecktem Weinberg, oft in Anwesenheit der lokalen Weinkönigin). Heute ist die Ernte mit dem → Traubenvollernter erlaubt und zunehmend üblich.

Das aus den Beerenzellen ausgetretene Wasser friert aus, der Beerensaft wird konzentriert, dadurch wird das Mostgewicht erhöht, für das gesetzliche Mindestanforderungen je nach Anbaugebiet bestehen (z. B. für Rheinhessen mindestens 16,9% vol Alkohol = 120° Oechsle). Die Gewinnung ist risikoreich, denn die Ausbeute ist gering, die Gefahr des Verlustes des Lesegutes besteht, weil bei vorzeitigem Auftauen der Most einen unerwünschten „Frostgeschmack“ aufweist. Daraus erklärt sich der oft hohe Preis, den Liebhaber einer solchen Rarität zahlen müssen.

Im Vergleich zu Auslesen oder Beerenauslesen ist die Säure eines Eisweines meistens höher, der Botrytiston aber weniger deutlich wahrnehmbar, die Feinheit des Geschmacks wird meistens nicht ganz erreicht.

Wie bei der → Spätlese wurde die Möglichkeit, Eiswein zu gewinnen, zufällig entdeckt (erste Hälfte des 19. Jahrhunderts, wobei verschiedene Weinbaugemeinden den „Ruhm“ für sich beanspruchen).

Elbling (früher „Kleinberger“). Rebsorte mit weißen Trauben. Stammt aus Gallien, jedenfalls von den Römern gebracht („albus“ = weiß). Fast nur an der (Ober-)Mosel, an Saar und Ruwer sowie in Luxemburg angebaut, → Qualitätswein garantierten Ursprungs.

Reift noch später als der Riesling. Bei hoher Säure eine nicht sehr hochwertige, aber frische, leichte Spezialität, um die man sich neuerdings wieder mehr bemüht (→ Qualitätswein garantierten Ursprungs). Auch als Sektgrundwein verwendet.

Der Anteil an der bestockten Rebfläche betrugt 1996 1,1%.

Empfehlungen an den Verbraucher. Sie dürfen sich beziehen auf Gerichte, zu denen der Wein gereicht werden kann („paßt gut zu Fisch“), die Art und Weise, den Wein zum Verbrauch vorzusetzen („Trinktemperatur: 10 Grad C“), die Behandlung eines Weines mit Bodensatz (→ Dekantieren), die Zulassung des Weines zu religiösen Zwecken (→ Abendmahlswein, → Koscherer Wein, → Meßwein) und die Aufbewahrung des Weines („kühl lagern“).

Entalkoholisierter Wein → Alkoholfreier Wein.

Entgeistung → Alkoholfreier Wein.

Entrappen. Trennung der → Beeren der Weintraube von den Stielen (→ Rappen), auch abbeeren genannt. Dadurch soll vermieden werden, daß der in den Rappen enthaltene Gerbstoff (Tannin) mehr als vermeidbar in den Wein gelangt, was besonders bei Rotwein (durch

Angären oder Erwärmen der → Maische) sonst geschähe. Auch bei weißen Trauben ist das Entrappen zunehmend üblich.

Wein mit zu hohem Gerbstoffgehalt schmeckt bitter, ist aber auch länger haltbar. Der betont tanninhaltige Rotwein entspricht nicht mehr dem überwiegenden Konsumentengeschmack. Allerdings deutet sich schon wieder eine Abkehr vom samtigen, weichen Geschmack zu Rotwein mit mehr Gerbstoffcharakter an. Die entrappten Trauben werden gemahlen und zur → Maische.

Entsäuerung. Der Säuregehalt der Moste nördlicher Weinbaugebiete ist in Jahrgängen mit ungünstiger Witterung (späte Traubenreife) so hoch, daß die daraus hergestellten Weine bestimmter Rebsorten ohne Verminderung der Säure unharmonisch und daher nur bedingt genießbar wären. Deshalb ist die Entsäuerung ein erlaubtes Behandlungsverfahren, bei frischen Weintrauben, Traubenmost, teilweise gegorenem Traubenmost, Jungwein und Wein.

Entsäuert wird beim Wein durch Abbau der Äpfelsäure auf biologischem Wege (Umwandlung in Milchsäure und Kohlendioxid), wie in der Traube, im übrigen durch die Behandlungsstoffe Kaliumsalze, kohlensauren Kalk oder durch die Doppelsalzentsäuerung unter Weinsäurezusatz (sog. Malitex-Verfahren). Vgl. auch → Anreicherung und → Verschnitt als demselben Zweck dienende Maßnahmen.

Bei frischen Weintrauben, Traubenmost, teilweise gegorenem Traubenmost und Jungwein darf nur einmal und nur vor dem 16. März des auf die Ernte folgenden Jahres entsäuert werden, bei Qualitätswein b. A. auch mehrmals bis zu 1 g/l (Höchstentsäuerungsquote; sog. Feinentsäuerung).

Die Entsäuerung darf bei Tafelwein nur in der → Weinbauzone, bei Qualitätswein b. A. nur in dem Anbaugebiet durchgeführt werden, in dem die zur Herstellung verwendeten Trauben geerntet werden.

Die Entsäuerung von Wein muß im Weinbereitungsbetrieb erfolgen, wenn dieser in der Weinbauzone gelegen ist, in der die verwendeten Trauben geerntet werden.

Die bestehende Meldepflicht wird in der Vollzugspraxis in Form der Abgabe einer einmaligen Absichtserklärung vor Beginn der ersten Entsäuerung geduldet.

Erhöhung des Alkoholgehaltes → Anreicherung.

Ernte → Traubenlese.

Erntemeldung. Die Ernte von Trauben und die Erzeugung von Wein unterliegen bestimmten Meldepflichten. So hat der Winzer bis zum 10. Dezember eines Jahres seine Ertragsrebfläche, die Erntemenge nach Rebsorten und geographischer Herkunft und die vorgesehene Differenzierung der Tafelweine, Qualitätsweine und Qualitätsweine mit Prädikat bei der nach Landesrecht zuständigen Behörde auf einem Formular zu melden (sog. Gesamterntemeldung, auch Betriebsspiegel oder Weinerzeugungsmeldung genannt). Die Meldung dient statistischen wie Kontrollzwecken (→ Traubenlese). Unterlassene oder verspätete Meldung führt zum Ausschluß von Interventionsmaßnahmen (Beihilfen für bestimmte Herstellungsmaßnahmen oder Lagerhaltung), bei Fristüberschreitung bis zu fünf Arbeitstagen zur Kürzung fälliger Zahlungen um 20% und ist im übrigen eine Ordnungswidrigkeit.

Ausgenommen von der Meldepflicht sind Erzeuger, deren Betriebe weniger als 10 Ar Rebfläche umfassen und die keinen Teil ihrer Ernte, gleich in welcher Form, vermarkten („Kleinsterzeuger"), ferner solche, die ihre gesamte Ernte selbst verarbeiten oder auf ihre Rechnung verarbeiten lassen, sodann Erzeuger, die als Mitglied einer Winzergenossenschaft oder Erzeugergemeinschaft ihre gesamte Ernte als Trauben oder Most dort abliefern („Vollablieferer").

Erstes Gewächs. Hinweis auf die Herkunft eines Weines von traditionell zur Erzeugung hochwertiger Weine geeigneten Rebflächen. Die Angabe ist nicht gesetzlich zugelassen und deshalb auf dem Etikett verboten. Auf Preislisten wird sie vereinzelt dann geduldet, wenn durch deutlich sichtbare Erläuterung, die auf die Subjektivität der Einstufung hinweist, jede Verwechslung mit amtlich zugelassenen Auszeichnungen oder mit Prädikatsangaben ausgeschlossen ist.

Ertragsrebfläche. Die bestockte Rebfläche vom zweiten Wirtschaftsjahr nach der Pflanzung.

Ertragsregulierung. Nach dem Menge-Güte-Gesetz gilt: Je geringer die Menge desto höher die Qualität. Auch daher sind die Hektarhöchsterträge gesetzlich beschränkt (→ Hektarhöchstertrag).

Weinbauliche Maßnahmen zu einer Regulierung des Ertrages und zur Verbesserung der Qualität des Weines sind: Geringerer → Anschnitt, weite Abstände der Rebstöcke, Verlängerung der Standdauer eines Weinbergs (womit der Ertrag sich auf natürliche Weise zunehmend reduziert), Ausdünnen (= Wegnehmen von Trauben) nach der Rebblüte, späterer Lesebeginn (→ Traubenlese) mit der Folge, daß Wasser durch die Beerenhaut verdunstet, im übrigen Anbau ertragsschwächerer Rebsorten (→ Klone).

Erzeuger. Derjenige der die Trauben erntet, der → Winzer (Eigentümer oder Pächter einer Rebfläche).

Erzeugerabfüllung. Der → Abfüller muß auf dem → Etikett angegeben werden. Ist dies der Erzeuger (und nicht eine Kellerei) und stammen die Trauben, aus denen der Wein erzeugt wurde, ausschließlich aus seinem Betrieb (Pacht genügt), dann ist die Angabe „Erzeugerabfüllung“ erlaubt, falls der Winzer oder der rechtlich gleichgestellte Erzeugerzusammenschluß die Trauben selbst (im eigenen Betrieb) zu Wein verarbeitet und dann abgefüllt hat. Die Abfüllung kann auf der gemieteten Abfüllanlage in einem anderen Betrieb erfolgen, falls der Traubenerzeuger Sachherrschaft Verantwortung und Absicht hat. Auch eine zugesetzte → Süßreserve muß aus eigenen Trauben stammen, darf aber in einem anderen Betrieb im Lohnverfahren hergestellt sein.

Diese an sich wertneutrale Angabe hat sich in der Vorstellung des Verbrauchers zu einer Art Garantie für unverfälschten Wein entwikkelt. Von Gesetzes wegen aber ist sie kein Qualitätshinweis, sondern ein Vermerk über einen kellertechnischen Vorgang.

Unter zusätzlichen Voraussetzungen darf die Erzeugerabfüllung auch als „Gutsabfüllung“ vermarktet werden. Dann müssen zu den genannten Merkmalen noch folgende hinzukommen: Der Weinbaubetrieb muß eine Steuerbuchhaltung führen (gemeint: zu einer solchen verpflichtet sein), der Betriebsleiter muß eine önologische Berufsausbildung (hilfsweise die langjährige Leitung eines Weinbaubetriebes) nachweisen können, und die Rebflächen, auf denen die zur Bereitung des Weines verwendeten Trauben geerntet werden, müssen seit mindestens drei Jahren von dem betreffenden Weinbaubetrieb bewirtschaftet werden.

Wird einer dieser beiden Begriffe verwendet, dann ersetzen sie den Begriff → Abfüller.

Siehe auch → Estate bottled für Exportweine.

Erzeugergemeinschaft → Winzergenossenschaft.

Erzeugnisse. Im Sinne des Weinrechts sind Erzeugnisse (vgl. unter den einzelnen Stichworten): Frische Weintrauben, Traubenmost, teilweise gegorener Traubenmost, Traubensaft (Weinrecht ist darauf aber nur beschränkt anwendbar), konzentrierter Traubensaft, Wein, Jungwein, Weinessig, Weintrub, Traubentrester, Tresterwein, Brennwein, mit Alkohol stummgemachter Most aus frischen Weintrauben, konzentrierter Traubenmost, rektifiziertes Traubenmostkonzentrat, zur Gewinnung von Tafelwein geeigneter Wein, Tafelwein, Likörwein, Schaumwein, Schaumwein mit zugesetzter Kohlensäure, Perlwein, Perlwein mit zugesetzter Kohlensäure.

Essig → Weinessig.

Essigstich → Flüchtige Säure.

Estate bottled. Übersetzung des Begriffs →„Erzeugerabfüllung" für zum Export bestimmte Weine. Haben jedoch Erzeugergemeinschaften oder Verbundbetriebe den Wein abgefüllt, so ist als Übersetzung „bottled by the producer(s)" zugelassen.

Etikett. Das Etikett der Weinflasche (→ Etikettierung) ist die „Geburtsurkunde" oder auch „Visitenkarte" des Weines. Es soll den Verbraucher informieren, durch die graphische Gestaltung auch ästhetisch ansprechen und für das Produkt werben (Aufmachung).

Man unterscheidet in der Praxis das Etikett auf der Schauseite der Flasche (das größte und graphisch besonders ansprechend gestaltete), das Rückenetikett (das kleinere, einfach gestaltete und der Schauseite gegenüberliegende: eine Flasche hat im strengen Sinne keinen „Rücken", weil man sie drehen kann), Halsschleifen (Streifen) und lose Anhänger.

„Hauptetikett" im Sinne des Weinrechts ist dasjenige Etikett, auf dem die vorgeschriebenen Angaben stehen (sie können auch auf mehrere Etiketten im gleichen Sichtbereich stehen, praktisch selten). Während dies früher ausnahmslos das Etikett auf der Schauseite war, wird dieses inzwischen zunehmend von diesen „Basis-Informationen" entlastet, damit es optisch attraktiver gestaltet werden kann. In solchen Fällen werden nur einige wahlweise Angaben auf dem „Schauseite-Etikett" angebracht oder ein Teil der vorgeschriebenen Angaben, die dann mit den übrigen obligatorischen Bezeichnungen auf dem Rückenetikett wiederholt werden. Bestimmte freigestellte Zusatz-Informationen dürfen nur deutlich getrennt von den obligatorischen Angaben angebracht werden (z. B. zu den → natürlichen Weinbaubedingungen).

Gesetzlich vorgeschrieben sind bei Qualitätswein b. A. (auf den sich diese Übersicht beschränkt), der im Inland vermarktet wird folgende Angaben (= Mindestinhalt des Etiketts):

- Qualitätsstufe („Qualitätswein" oder „Qualitätswein mit Prädikat" in Verbindung mit einem Prädikat, z. B. „Kabinett").
- Name des bestimmten Anbaugebietes (z. B. „Pfalz").
- bestimmte zusätzliche geographische Angaben (z. B. bei Angabe der Weinlage außerdem der Name der Weinbaugemeinde; „Erbacher Honigberg").
- die zugeteilte amtliche Prüfungsnummer (zugleich Loskennzeichnung), z. B. „A.P.Nr. 4 251 027 008 97").
- die Weinart bei Roséwein bzw. Weißherbst (hier in Verbindung mit der Rebsorte, z. B. „Portugieser Weißherbst") sowie bei Rotling (oder „Schillerwein" oder „Badisch Rotgold") und Perlwein.
- das Nennvolumen (z. B. „0,75 l").
- der vorhandene Alkoholgehalt (z. B. „12% vol").
- der Abfüller (z. B. „Weingut Heinz Erbenich, Trittenheim").

Nicht vorgeschrieben, aber wahlweise erlaubt und üblich sind Angaben über

- engere geographische Herkunft (→ Herkunftsangaben)
- → Jahrgang
- → Rebsorte (→ Rebsortenangabe)
- andere als die obigen → Weinarten (Rotwein, Weißwein)
- Geschmack (→ Geschmacksangaben)
- → Restzucker (in g/l)
- eine Marke (→ Markenwein)
- spezielle Abfüllungen (→ Erzeugerabfüllung)

- den Erzeuger (→ „Weingut...“)
- die → Geschichte des Weines
- → natürliche Weinbaubedingungen
- → Empfehlungen für die Verwendung des Weines
- die Reife des Weines (→ Barrique)
- den Wein charakterisierende Merkmale (→ Weinansprache)
- → Auszeichnungen
- den Vermakter
- → gesundheitsbezogene Fakten (→ Diabetiker).

Nicht ausdrücklich zugelassene Angaben sind nicht erlaubt (→ Verbotsprinzip).

Ein „Musteretikett mit Anmerkungen“ erläutert diese wichtigste Informationsquelle nochmals optisch:

Weinbau in der Familie seit 1856 ①

RHEINHESSEN ②
1997er ③

Hügelheimer Sonnenberg ④
Silvaner ⑤ *Kabinett* ⑥

trocken ⑦
Qualitätswein mit Prädikat ⑥

A.P. Nr. 4 251 027 008 98 ⑧

10,5% vol ⑨ **Erzeugerabfüllung** ⑩ 0,75 l ⑪

Weingut Karl Müller, Hügelheim ⑫

① „Weinbau in der Familie seit 1856"

Dies sind Angaben zur → Geschichte des Weines (wie das Weinrecht der EG es ausdrückt). Sie weisen auf die **Tradition eines Weinbaubetriebes** hin. Oft sind sie auch mit heraldischen Darstellungen (Wappen) verbunden. Es ist dem Winzer überlassen, ob er solche Angaben anbringt.

②„Rheinhessen"

Der **Name des → „bestimmten Anbaugebietes"** (abgekürzt b. A., muß bei Qualitätswein stets auf dem Etikett stehen.

Dieser Wein hier darf nur aus dem Anbaugebiet Rheinhessen stammen, also keinen Wein aus einem anderen deutschen Anbaugebiet oder gar ausländischen Wein enthalten.

③ „1997er"

Eine **Jahrgangsangabe** ist bei deutschem Wein allgemein üblich, aber nicht vorgeschrieben. Sie läßt Rückschlüsse auf die Art des Weines zu, wie sie nicht nur durch Herkunft und Rebsorte, sondern auch durch die Reifeentwicklung der Trauben im Erntejahr mitbestimmt wird. Auch die Frage nach der Haltbarkeit läßt sich nach der Jahrgangsangabe beantworten.

Der Wein muß mindestens zu 85% aus Trauben stammen, die in dem angegebenen → Jahrgang gereift sind. Mehrere Jahrgänge dürfen nicht auf dem Etikett oder auf der Weinkarte aufgeführt werden, nur eine einzige Jahrgangsangabe ist erlaubt.

④ „Hügelheimer Sonnenberg"

Hügelheim ist die **Gemeinde** („Gemarkung"), „Sonnenberg" die → Lage (der Teil des Gemeindegebietes), wo die Trauben mindestens zu 85% gewachsen sind.

Auch eine solche Angabe ist bei Qualitätswein b. A. (s. unten zu ⑥) nicht gesetzlich vorgeschrieben. Sie ist aber ganz überwiegend auf dem Etikett oder der Weinkarte zu finden (anders z. B. bei Marken- oder „Rebsortenweinen", bei denen ein Verschnitt verschiedener Herkünfte eines Anbaugebietes unter dem Namen einer gebietstypischen Rebsorte angeboten wird).

⑤ „Silvaner"

Für die **Ausgabe der → Rebsorte** gilt dasselbe wie für die Angabe des Jahrgangs und der Herkunft: Mindestens 85% des Weines müssen von der genannten Rebsorte stammen. Außerdem muß hier aber die Rebsorte den Gesamtcharakter bestimmen: sie muß für Auge, Nase und Geschmack bei der Sinnenprobe erkennbar sein.

Dem Winzer und Abfüller ist es freigestellt, ob er eine Rebsorte angibt, falls diese Voraussetzungen vorliegen. Es dürfen höchstens zwei Rebsorten angegeben werden. Geschieht dies, dann muß der Wein allerdings vollständig aus diesen Rebsorten hergestellt sein. Diese sind nach ihrem Mengenanteil in absteigender Folge anzugeben (also z. B. „Riesling und Silvaner": dann überwiegend der Anteil des Riesling). → Silvaner.

⑥ „Kabinett" · „Qualitätswein mit Prädikat"

Die Worte → „Kabinett" und → „Qualitätswein mit Prädikat" weisen auf die → **Qualitätsstufe** hin. Diese muß zur Unterrichtung des Weintrinkers immer angegeben werden (durch die Worte „Qualitätswein b. A." oder „Qualitätswein" bzw. „Qualitätswein mit Prädikat"), ebenso ein zugeteiltes Prädikat.

⑦ „trocken"

Diese Angabe unterrichtet den Weintrinker über den zu erwartenden allgemeinen Geschmackseindruck. Solche → **Geschmacksangaben** sind freigestellt. Man kann aber davon ausgehen, daß ein Wein, der nicht den Hinweis → „trocken" trägt, auch nicht trocken ist.

⑧ „A. P. Nr. 4 251 027 008 97"

Die → **Amtliche Prüfungsnummer** (abgekürzt: A. P. Nr.) wird von der Qualitätsprüfbehörde einem Wein, der den gesetzlichen Anforderungen für die beantragte Qualitätsgruppe (dem Prädikat) entspricht, zugeteilt und muß stets angegeben werden. Erst dann darf ein Qualitätswein in den Verkehr gebracht werden.

Die amtliche Prüfungsnummer setzt sich im Beispielsfalle aus folgenden Ziffern zusammen:

4 = Kennziffer der Prüfstelle (hier: Landwirtschaftskammer Rheinland-Pfalz, Weinbauamt Alzey, zuständig für das Anbaugebiet Rheinhessen)
251 = Ort (Firmensitz) des Abfüllers
027 = Kennziffer des Abfüllbetriebs (unveränderlich)
008 = Antragsnummer (Partie) des Betriebs
98 = Endziffer des Kalenderjahres der Antragstellung.

⑨ „10,5% vol"

Dies ist die Angabe des → **Alkoholgehaltes** in Volumenprozent. Sie ist seit 1. 5. 1988 auf dem Etikett der Weinflasche vorgeschrieben.

⑩ „Erzeugerabfüllung"

Diese Angabe bedeutet, daß derjenige, der den Wein erzeugt hat (also der Winzer), ihn auch **abgefüllt** hat. Er muß die Trauben selbst geerntet, zu Wein verarbeitet und dann abgefüllt haben („alles in einer Hand"). Dies ist hier das Weingut Müller (unten zu ⑫). → Abfüller, → Erzeugerabfüllung.

⑪ „0,75 l"

Die Mengenangabe (sog. → Nennvolumen) ist vorgeschrieben.

⑫ „Weingut Karl Müller, Hügelheim"

Dies ist der Erzeuger des Weines und zugleich auch der Abfüller (oben zu ⑩).

Steht die Angabe → „Weingut" auf Etikett oder Weinkarte, dann müssen alle Trauben aus diesem Betrieb stammen, auch wenn dem Betrieb eine Weinkellerei angeschlossen ist, die zugleich Fremderzeugnisse vertreibt.

Ein solcher Wein darf auch nicht durch Verschnitt Wein oder auch nur Süßreserve enthalten, die aus einem anderen Winzerbetrieb stammen.

Für Schriftgröße und -art gibt es detaillierte Bestimmungen, wobei die Schriftgröße teils absolut (in mm-Angaben) teils relativ (in bezug zu anderen Angaben gesetzt) bestimmt ist. Von einer Wiedergabe dieser sehr umfangreichen Regelungen wird hier abgesehen. Sie sind in Merkblättern der Praxis enthalten und den Etikettenfirmen geläufig.

Etikettierung. Als Etikettierung gelten sämtliche Bezeichnungen und anderen Begriffe, Zeichen, Abbildungen oder Marken, die das → Erzeugnis kennzeichnen auf ein und demselben Behältnis, einschließlich seines Verschlusses (Kapseln) oder an dem am Behältnis befestigten Anhänger sowie der Umhüllung.

Die Etikettierung ist Teil der Aufmachung einer Flasche, wesentlicher Teil ist das → Etikett.

Nicht zur Ettikettierung gehören Angaben, Zeichen und andere Marken, die in den Steuervorschriften der Mitgliedstaaten vorgesehen sind oder die den Hersteller oder das Volumen (→ Nennvolumen) des Behältnisses betreffen und unverwischbar unmittelbar auf diesem aufgebracht sind oder zur Kontrolle der Abfüllung verwendet und in speziellen Vorschriften näher beschrieben werden oder zur Identifizierung des Erzeugnisses mittels einer Artikelnummer und/oder eines maschinenlesbaren Symbols verwendet werden oder sich auf den Preis des betreffenden Erzeugnisses beziehen.

Es besteht Etikettierungspflicht: Jedes Behältnis mit einem → Nennvolumen von bis zu 60 Litern muß grundsätzlich beim → Inverkehrbringen etikettiert sein. Die Beifügung der losen Etiketten genügt nicht.

Von dieser Verpflichtung befreit sind Erzeugnisse, die zwischen zwei oder mehreren Anlagen oder zwischen den Rebflächen und den Weinbereitungsanlagen desselben Betriebes in derselben Gemeinde befördert werden, sodann Traubenmost und Wein in Mengen bis zu 15 Liter pro Partie, die nicht zum Verkauf bestimmt ist, sowie schließlich Traubenmost und Wein, der zum Eigenverbrauch in den Familien des Erzeugers und seiner Angestellten bestimmt sind.

Euroblends → Abfüller, → Tafelwein.

Exportfüllung → Einfuhr.

Extra brut. Geschmacksangabe bei Schaumwein, wahlweise statt dessen „extra herb".

Der Restzucker (→ Restsüße) beträgt zwischen 8 und 6 g/l.

→ Brut, → Extra trocken, → Trocken, → Halbtrocken, → Mild.

Extra dry → Extra trocken.

Extra herb → Extra brut.

Extrakt. Unter diesem vereinfachenden Begriff versteht man den Gesamtextrakt des Weines. Dies ist die Summe der im Wein enthaltenen nichtflüchtigen Substanzen, nämlich Zucker (Kohlehydrate), höhere Alkohole (darunter → Glycerin), organische Säuren, stickstoffreie Extraktstoffe (wie Farbstoffe oder Bukettstoffe), Stickstoffverbindungen und Mineralstoffe.

Der Gesamtextrakt wird analytisch dadurch bestimmt, daß man den im Wein vorhandenen Alkohol von der Summe der übrigen Stoffe durch Destillation abtrennt. In dieser befindet sich auch der zuckerfreie Extrakt (das sind alle Stoffe, die im Wein nach Abzug von Alkohol und Zucker noch vorhanden sind).

Schließlich gibt es noch den Restextrakt als die Summe aller Stoffe, die weder organische Säuren noch Kohlehydrate sind.

Extraktstoffe machen den Wein „rund" und sind ein wesentlicher Teil seiner Qualität (Schlieren, auch „Kirchenfenster" genannt, an der inneren Wand des Weinglases, wenn man den Wein kreisen läßt, sind Audruck hohen Extraktgehaltes). Bei der Vorstellung von Weinen in einer Fachweinprobe wird dieser Wert oft genannt oder ein Wein ganz allgemein als „extraktreich" bezeichnet (→ Weinansprache). Weinfälscher versuchen durch Zusatz von Glyzerin diesen Qualitätsstand vorzutäuschen. Eine solche Manipulation ist aber nachweisbar.

Extra trocken. Geschmacksangabe bei Schaumwein, wahlweise statt dessen „extra dry". Restzuckergehalt zwischen 12 und 20 g/l.

F

Faberrebe. Rebsorte mit weißen Trauben. Kreuzung Weißburgunder × Müller Thurgau. Züchtung der Rebzuchtanstalt Alzey (Scheu).

Den Namen der Rebsorte gab mittelbar der Versuchsansteller Karl Schmitt III. aus Wollmesheim in der Pfalz, wobei man in sehr freier Wortbenutzung seinen Namen in Schmied und diesen in das lateinische Gleichwort Faber übertrug.

Vornehme, volle, fruchtige Weine mit traditionellem Geschmack und dezentem Muskat-Ton. Charakteristisch ist auch eine reife, rassige Säure. Lange Reifezeit. 1996 = rund 1,7% Anteil der bestockten Rebfläche. Hauptsächlich in Rheinhessen, daneben auch in der Pfalz und an der Nahe angebaut.

Fälschungsstoffe. Ein Stoff, der bei der Verarbeitung von Erzeugnissen nicht zugesetzt werden darf, darf nicht mit dem Ziel dieser Verwendung zu gewerblichen Zwecken in den Verkehr gebracht, vermittelt oder zum Gegenstand der Werbung gemacht werden. Durch dieses begrenzte Verkehrs-, Vermittlungs- und Werbeverbot soll die Beachtung wichtiger Verarbeitungs- und Behandlungsverbote in möglichst frühen Abschnitten der Weinbereitung gesichert werden. Es untersagt sonst nicht erfaßte Vorbereitungshandlungen ihres Gefährdungspotentials wegen und soll vor allem die Zulieferer von verbotenen Stoffen erfassen.

Federweißer. Der teilweise gegorene Traubensaft mit einem Alkoholgehalt von mehr als 1 Volumenprozent und weniger als drei Fünfteln seines Gesamtalkoholgehaltes.

Der Name wird überwiegend von der Farbe („weiß wie eine Feder“) oder von den federartigen Flöckchen im getrübten Most abgeleitet. Dieses Stadium des neuen Weines wird regional unterschiedlich auch „Bitzler“, „Suser“, „Sturm“ oder „Neuer Wein“ (obwohl begrifflich noch kein → Wein) genannt.

Anders als sein Vorstadium, der zu gären beginnende Most, der noch süß ist, schmeckt Federweißer bereits leicht säuerlich und ähnelt schon mehr dem Jungwein.

Federweißer wird in nur leicht verkorkten Flaschen (Gärung!) zur Herbstzeit „über die Straße" verkauft oder in Gutsschänken und Weinstuben offen ausgeschänkt.

Anzugeben ist der „herkömmliche und übliche Begriff" (s. oben: z. B. „Federweißer"), bei aus ausländischen Trauben hergestellten Erzeugnissen die allgemeine Produktbezeichnung nebst Herkunftsweise („teilweise gegorener Traubenmost – Italienischer Federweißer").

Ferner sind anzugeben: Vorhandener und/oder Gesamtalkoholgehalt, → Abfüller, → Nennvolumen, außer wenn Gärgase entweichen können (eingeschnittener Korken oder offener Verkauf über die Straße), → Anbaugebiet („Pfälzer Federweißer"), → Rebsorte, → Jahrgang, → Weinart (roter oder weißer Traubenmost), das → Weingut (nicht aber „Erzeugerabfüllung").

Feinentsäuerung → Entsäuerung.

Fertigpackung. Sie besteht aus einem → Erzeugnis und der Umschließung, in die das Erzeugnis verpackt ist.

Filtration → Klärung.

Flachlage. Rebfläche in der Ebene oder an leichtem Hang, im Gegensatz zur › Steillage.

Flaschenformen. Es gibt keine weinrechtlichen Bestimmungen, die bestimmte Flaschenformen vorschreiben.

Hingegen sind bestimmte Formen für Weine bestimmter geographischer Herkunft geschützt (reserviert, → Bocksbeutel). Ebenso ist die nach Form, Glasdicke und Verschluß (pilzförmiger Stopfen mit Haltevorrichtung, dieser ganz und der Flaschenhals ganz oder teilweise mit Folie umkleidet) typische Schaumweinflasche für → Schaumwein (→ Sekt) selbst sowie für solche Produkte reserviert, für die diese Aufmachung traditionell gebräuchlich ist und die entweder → Perlwein oder Perlwein mit zugesetzter Kohlensäure, Obstwein (→ Weinähnliche Getränke), oder → Aromatisierte Getränke oder Getränke mit einem vorhandenen Alkoholgehalt von höchstens 1,2‰ vol sind, schließlich auch für Produkte, bei denen es trotz dieser Aufmachung nicht zu Verwechslungen über die wirkliche Art des Produktes kommen kann (z. B. Pralinen oder Trüffel, wohl aber auch andere als die genannten Getränke, wenn die übrige Aufmachung, insbesondere die → Etikettierung jeden Zweifel über den Inhalt ausschließt). Auch ergeben sich aus dem Handelsbrauch Gewohnheiten, aus denen Verbraucherwartung erwachsen kann.

Grundsätzlich kann aber eine mögliche Gefahr der Irreführung über den tatsächlichen Wachstumsort der Trauben, aus denen ein Wein hergestellt wurde, die sich aus der Verwendung einer Flaschenform ergeben könnte (z. B. Bordeaux- oder Burgunder-Flasche für nicht in jenen Gebieten gewachsene Weine) durch deutliche Angaben auf dem Etikett behoben werden (so die Rechtsprechung des EuGH). Gleichwohl trägt die dadurch mögliche Vielfalt der Flaschenformen ungeachtet ihres Inhaltes nicht zur Profilierung der Anbaugebiete und zur Erleichterung des Weineinkaufs bei, sie ist auch weinkulturell bedauerlich. Angeblich entspricht diese allgemeine Entwicklung, zusammen mit oft effekthaschender moderner Gestaltung des Etiketts dem Wunsch junger Kundschaft, die herkömmliche (Schlegel-) Flaschen als altmodisch empfinde.

Flaschengärung. Verfahren bei der Sektherstellung, bei dem der Grundwein zum zweiten Mal in der verschlossenen Flasche vergoren wird und die dabei entstehende Kohlensäure erhalten bleibt.

Nach beendeter Gärung kann der Rohsekt nach dem Rüttelverfahren (→ méthode champenoise, dem „traditionellen Verfahren) oder mit Filterenthefung weiterverarbeitet werden.

Flaschengrößen → Flaschenmaße.

Flaschenmaße. Nach Eichgesetz und Fertigpackungsverordnung sind nur noch folgende Flaschenmaße erlaubt (jeweils Literangaben): 0,10; 0,25; 0,375; 0,50; 0,75; 1,50; 2; 3; 5; 6; 9; 10.

Für die Abfüllung von Wein werden überwiegend Flaschen mit 0,75 Nennvolumen sowie die Literflasche verwendet. Die Abfüllung von Stillwein in 0,35– und 0,7-Liter-Flaschen war nur noch bis zum

31. Dezember 1991 zulässig. Die bis dahin abgefüllten Erzeugnisse dürfen weiter in den Verkehr gebracht werden.

Die Füllmaße (→ Nennvolumen) müssen auf dem → Etikett angegeben werden.

Flaschenverschluß → Flaschenform.

Flüchtige Säure. Sie befindet sich im Wein hauptsächlich als Essigsäure (→ Weinessig). Folgende Grenzwerte dürfen nicht überschritten sein (hier umgerechnet aus Milliäquivalent pro Liter): Bei teilweise gegorenem Traubenmost, Weißwein und Roséwein = 1,08 g/l, bei Rotwein = 1,20 g/l, bei Beerenauslese, Trockenbeerenauslese und Eiswein = 1,80 g/l, und zwar auf allen Herstellungs- und Vermarktungsstufen.

Bei höheren Werten sind Weine essigstichig, verdorben und damit nicht verkehrsfähig. Sie dürfen nicht mit anderen Weinen verschnitten, sondern nur zu Weinessig oder Essig verarbeitet werden. Wird Wein zum Zweck solcher Verarbeitung transportiert, ist auf dem Behältnis und im → Begleitpapier die Kennzeichnung „essigstichig“ anzubringen.

Flüssigzucker. Wäßrige Lösung von Saccharose mit einem bestimmten Gehalt an Invertzucker. In flüssiger Form im Handel (daher der Name), somit gut zu lagern und zu transportieren. Wird in der Lebensmittelindustrie vielfach zur Herstellung von Getränken und Nahrungsmitteln verwendet. Flüssigzucker war bis zum Weingesetz von 1971 auch zur → Zuckerung von Most oder Wein erlaubt. Seitdem verboten, weil schon unmittelbar nach dem Zusatz analytisch nicht mehr nachweisbar. Verbreitete Verstöße gegen das Zukkerungsverbot, um → Qualitätswein mit Prädikat vortäuschen zu können, führten in den 1980er Jahren zur „Flüssigzucker-Affaire“, die auch durch Gerichtsverfahren und Medienberichte bekannt wurde und das Vertrauen des Verbrauchers u. a. in die → Qualitätsprüfung erschütterten (inzwischen durch nachhaltiges Qualitätsstreben wieder ausgeglichen).

Franzbranntwein. Kein → Branntwein oder anderes Getränk, sondern zum Einreiben (bei rheumatischen Beschwerden) bestimmtes alkoholhaltiges medizinisches Präparat.

Frostgeschmack → Eiswein.

Fülldosage → Dosage.

Füllmenge → Nennvolumen.

Füllwein. Während der Behandlung und Lagerung des Weines im Faß oder Tank geht durch menschliches Zutun (→ Ausbau des Weines, besonders → Abstich) oder durch natürliche Verdunstung (sog. Schwund) unvermeidbar eine gewisse Menge Wein verloren. Der dadurch im Behältnis entstehende Hohlraum muß ständig aufgefüllt („spundvoll gehalten“) werden. Andernfalls besteht unter dem Einfluß des Luftsauerstoffes (Oxidation) die Gefahr der Kahm- oder Essigbildung, so daß der Wein verderben könnte.

Der Zusatz von Wein (möglichst gleicher Art und Herkunft, weil sonst bezeichnungsrechtliche Probleme auftreten können) wird daher schon immer als kellertechnisch notwendig angesehen. Dicsen Wein nennt man Füllwein, Auffüllwein oder Beifüllwein.

Fruchtsaft → Traubensaft.

Fruchtwein → Weinähnliche Getränke.

Fünf-Punkte-Schema. Ein von der → DLG entwickeltes Prüfungsverfahren, das allgemein anerkannt ist und auch bei anderen amtlichen Prüfungen angewendet wird. → Deutsches Weinsiegel, → Qualitätsprüfung.

G

Gärfähig befülltes Behältnis → Mindestmostgewicht.

Gärung. Der durch die Kelterung aus den Trauben ausgetretene Saft der Traube (Traubenmost) verwandelt sich durch die von den Hefen bewirkte Spaltung seines Zuckers in Alkohol und Kohlensäure über ein süßes Stadium in den → Federweißen. Diesen Vorgang nennt man Gärung. Sie hat ihren „wilden" (stürmischen) und ihren „stillen" Teil. Die Gärung dauert unterschiedlich lange, von ca. 10 Tagen bis (bei hochwertigen Traubenmosten wie Trockenbeerenauslesen) einige Monate. Ihr Verlauf kann durch Temperatureinwirkung (Wärme, Kälte) sowie mit Hilfe von Druckbehältern gesteuert (und dabei zur Erhaltung von → Restzucker auch „gezügelt") werden.

Als dem Traubenmost noch keine Reinzuchthefen zugesetzt wurden, sondern nur die von Natur vorhandenen Hefepilze die Gärung bewirkten, dauerte diese etwa zwei Wochen. Ging sie zu langsam vonstatten, aktivierte der Winzer den Prozeß, indem er mit der Traubenpeitsche die Hefeteile im Faß hochwirbelte.

Ist die Gärung abgeschlossen, beginnt der erste → Abstich.

Gärverfahren → Sekt.

Ganztraubenpressung → Crémant.

Gebietstyp. Einem Wein wird die → Amtliche Prüfungsnummer nur erteilt, wenn er u. a. „für die angegebene Herkunft typisch ist". Es müssen mithin die Bodenarten (geologische Schichtung) in Verbindung mit jeweiligem Jahrgang und der Qualitätsstufe sensorisch erkennbar sein. Der Begriff „gebietstypisch" ist sehr komplex und durch abstrakte Umschreibung nur schwer zu umfassen. Wo die Rebsortenpalette besonders vielfältig ist, läßt sich ein einheitlicher Gebietstyp kaum festlegen. Bei der → Qualitätsprüfung muß er von Fall zu Fall ausgefüllt werden.

Die Regelung will sicherstellen, daß die Angabe einer geographischen Herkunft auf dem Etikett auch ein bestimmtes Geschmacksbild garantiert. Durch hohe Restzuckergehalte wird es nicht selten beeinträchtigt.

Gebietsverschnitt → Landwein, → Qualitätswein, → Tafelwein, → Verschnitt.

Geiztrauben. Unreife, verkümmerte, kleine Trauben aus Nebentrieben des Rebstocks mit hoher Säure. Aus ihnen darf kein Wein hergestellt werden. Der Name rührt daher, daß man sagen will, bei solchen „Härlingen" (hochdeutsche Benennung) sei die Natur „geizig gewesen".

Gelbes Weinsiegel → Deutsches Weinsiegel.

Gemarkung. Früher allgemein übliche Bezeichnung für das Gebiet einer Weinbaugemeinde. Bezeichnungsrechtlich ist dies die (Weinbau-) Gemeinde selbst (→ Gemeinde).

Gemeinde. Der Name einer Weinbaugemeinde ist zur Kennzeichnung der Herkunft eines Qualitätswein (ohne oder mit Prädikat) zulässig. Es sind die Regeln der Bezeichnungen von → Verschnitten anzuwenden.

Für Tafelweine (einschließlich Landwein) sind Gemeindenamen verboten.

Dem Gemeindenamen kann der Name einer → Lage hinzugefügt werden. Wird umgekehrt ein Lagename benutzt, so muß der Gemeindename vorangestellt werden.

Leitgemeinden sind solche Gemeindenamen, die für gemeindeüberschreitende Lagen zu benutzten sind (→ Großlage). Dabei kann teilweise aus einem in den Ländern erstellten Verzeichnis unter den für die jeweilige übergreifende Lage vorgesehenen mehreren Gemeindenamen gewählt werden. Die Trauben müssen nicht aus der (den) Leitgemeinde(n) stammen. Dies dient der Absatzförderung, ist aber bedenklich. Teile einer Gemeinde, die selbständig zur Bezeichnung der Herkunft eines Weines benutzt werden dürfen, sind kommunalrechtlich anerkannte → Ortsteile.

Gemeinschaftserzeugnisse. In Mitgliedstaaten der EG hergestellte Erzeugnisse (Gegensatz: → Drittlanderzeugnisse).

Gemischter Satz. In früheren Zeiten war die Anpflanzung verschiedener Rebsorten im selben Weinberg üblich. Dieser „gemischte Satz" hatte Vorteile: Ausgleich der Erträge, Abrundung des Geschmacks (heute durch → Verschnitt angestrebt). Der gemischte Satz ist mit der Umstellung des Weinbaus auf reblausfeste Amerikaner-Unterlagen-Reben dem „reinen Satz" (nur Reben einer Rebsorte) gewichen.

Geographische Angaben → Herkunftsangaben.

Gerbstoffe → Entrappen.

Gesamtalkoholgehalt → Alkoholgehalt.

Gesamterntemeldung → Erntemeldung, → Traubenlese.

Gesamthektarertrag. Summe der → Hektarerträge der einzelnen in Ertrag stehenden Rebflächen eines Weinbaubetriebs.

Geschichte des Weines oder Betriebs. Solche Traditionshinweise sind auf dem → Rückenetikett erlaubt und betreffen meistens die Familie des Winzers. Sie müssen auf einem nachweisbaren Sachverhalt beruhen. Häufiger anzutreffen sind Angaben wie „Weinbau seit 1846". Diese dürfen ausnahmsweise dort stehen, wo sich auch die → vorgeschriebenen Angaben befinden (sog. Hauptetikett, → Etikett).

Geschmacksangaben. Als solche sind für Wein auf dem Etikett sowohl die gesetzlich genau fixierten Begriffe → trocken, → halbtrokken, → lieblich und → süß, als auch seit 31. Juli 1996 die früher dort verbotenen allgemeinen, „für das Erzeugnis charakteristischen" Angaben (der → Weinansprache) zulässig (diese waren bis dahin nur auf Preislisten, Weinkarten oder in der Werbung erlaubt). Vorgeschrieben sind diese Angaben nicht. Jedoch können aus dem Fehlen bestimmter Hinweise Rückschlüsse gezogen werden (so ist ein mit keiner Geschmacksangabe versehener Wein jedenfalls nicht „trokken").

Mittelbar ist auch die Angabe des Restzuckergehaltes auf dem Etikett eine Geschmacksangabe. Sie ist in g/l anzubringen, aber auch nicht vorgeschrieben. Verboten ist andererseits die Angabe des Säuregehaltes (während der → Alkoholgehalt angegeben werden muß).

Für → Schaumwein gibt es teilweise andere und, soweit identisch, mit anderem Grenzwertbereich ausgestattete Geschmacksangaben (→ extra brut, → brut, → extra dry, → dry, medium dry und die entsprechenden Übersetzungen dieser Begriffe in die deutsche Sprache). Die für Wein und für Schaumwein verwendeten Begriffe „trocken" und „halbtrocken" haben dabei verschiedene Bedeutung, was für den Verbraucher irreführend ist. Begründet wird diese Differenzierung damit, daß die Kohlensäure des Schaumweines das Gesamtgeschmacksbild verändere und daher höhere Restzuckerwerte einen vergleichbaren sensorischen Eindruck ergäben. Auch seien Geschmacksangaben bei Schaumwein früher üblich gewesen als bei Wein.

Abweichende Grenzwertbereiche für Geschmacksangaben sind außerdem für → Perlwein normiert.

Gespritzter. Ein mit geringem Anteil Wasser gemischter („nur gespritzter") Weißwein, wobei im Lokal gefragt wird, ob man ihn „sauer oder süß gespritzt" (mit Wasser oder Limonade versetzt) haben wolle.

Der „Gespritzte" ist weinrechtlich nicht definiert und eine im Rahmen gesetzesfreier „Handlungen auf Wunsch des Verbrauchers" erlaubte „Wässerung von Wein", eine verkehrsübliche Zubereitung auf Wunsch. Mit der → Schorle ist der Gespritzte nicht identisch, wird aber mit ihr auch in der Praxis oft verwechselt.

Gesundheitsbedenkliche Erzeugnisse. Sie dürfen nicht in den Verkehr gebracht werden und sind i. w. S. →Vorschriftswidrige Erzeugnisse. Auch eine → Ausnahmegenehmigung ist bei ihnen nicht möglich.

Gesundheitsbezogene Angaben. Das sind Angaben, die in irgendeiner Weise einen Zusammenhang zwischen einem angebotenen Erzeugnis und der menschlichen Gesundheit herstellen. Sie können ihm förderliche (verhütende, lindernde oder heilende) Wirkung beilegen.

Auf dem Etikett sind solche Angaben nur als Hinweis auf die Eignung für → Diabetiker zulässig. Auf Preislisten und in der Werbung allgemeiner Art („Wein ist bekömmlich") sind sie erlaubt. Als Werbung für ein bestimmtes Erzeugnis ist gegen sie nichts einzuwenden, wenn die Angaben wahr und nicht irreführend sind. Dabei sind an den Grad der Nachweisbarkeit, die zu fordern ist, strenge Anforderungen zu stellen. Ist die gesundheitsfördernde Eigenschaft bestimmter Inhaltsstoffe eines Weines nicht wissenschaftlich unstreitig, so darf sie nicht behauptet werden.

Gesundheitsgefährdung → Gesundheitsbedenkliche Erzeugnisse, → Verkehrsverbot, → Warnhinweise.

Glühwein → Aromatisierter Wein.

Glukose → Diabetiker.

Grauer Burgunder. Rebsorte mit weißen Trauben. Unter diesem Synonym kommt seit einigen Jahren meistens der trocken ausgebaute → Ruländer auf den Markt. Zugleich wird damit einer rational nicht faßlichen Vorliebe für Rebsortennamen mit dem Wortbestandteil „Burgunder" entsprochen.

Großlage. Zusammenfassung bestimmter Rebflächen (Einzellagen, → Lage). Sie umfaßt den geographischen Raum zwischen Einzellage und → Bereich. Entstanden ist sie aus dem Bedürfnis des Großhandels (Weinkellereien und Genossenschaften), größere Mengen gleichartiger und gleichwertiger Weine unter dem Verbraucher geläufigen Bezeichnungen vor allem in Großmärkten und im Export anbieten zu können.

Großlagen sind in der → Weinbergsrolle eingetragen. Weinrechtlich sind sie bedenkliche Gebilde, da eine Großlage als solche mangels aufklärenden Zusatzes nicht erkennbar, dadurch mit (in der Regel wertvolleren) Einzellagen verwechselbar und außerdem die Namen bestimmter „Leitgemeinden" auch dann voranzustellen sind, wenn dort keine der verwendeten Trauben gewachsen sind. Die deswegen beabsichtigte Abschaffung durch das Weinrechtsreformgesetz 1994 (mit Übergangsfrist und Ersatz durch den → Qualitätswein garantierten Ursprungs) scheiterte am Widerstand besonders exportorientierter Vermarkter.

Grüner Silvaner → Silvaner.

Grundwein. Der zur Herstellung von Schaumwein verwendete Wein.

Gruppeneinteilung der Weine → Qualitätsstufe.

Güteklassen → Qualitätsstufen.

Gutedel. Rebsorte mit weißen Trauben. Beliebt als Tafeltraube, aber auch als Keltertraube angebaut. Erbringt leichte, süffige Weine mit niedriger Säure, eine Spezialität, am besten jung getrunken.

1996 = ca. 1,2% Anteil der bestockten Rebfläche, in Deutschland nur in Baden (Markgräflerland), sonst und hauptsächlich in der Westschweiz (Chasselas) und im Wallis (Fendant).

Gutsabfüllung → Erzeugerabfüllung.

H

Halbtrocken. Eine der zulässigen → Geschmacksangaben bei Wein. Erforderlich ist ein Restzuckergehalt von über 9 g/l und höchstens 12 g/l oder von 18 g/l Restzucker, wenn die Weinsäure höchstens 10 g/l niedriger ist als der Restzuckergehalt (siehe auch bei → trocken). Auf diese Beschaffenheit weist auch das grün/schwarze → Deutsche Weinsiegel hin.

Die Angabe ist auch für → Schaumwein erlaubt, zeigt dort aber einen Restzuckergehalt zwischen 33 und 50 g/l an. Wahlweise ist hier auch das Wort „medium dry" erlaubt.

Halsschleife → Etikett.

Handlese → Auslese, → Natürliche Weinbaubedingungen, → Traubenlese, → Traubenvollernter.

Hauptlese → Traubenlese.

Haushalt → Verbraucherhandlungen.

Hausmarke. Unter diesem allgemeinen, weinrechtlich nicht definierten Begriff wird ein → Markenwein angeboten, der mit einem speziellen „Hausetikett" (des Hotels oder Restaurants, für das er abgefüllt wurde) ausgestattet ist. Weiter verbreitet ist die Hausmarke jedoch bei Schaumwein.

Haustrunk. Tresterwein (auch „Nachwein" genannt) ist kein → Wein i. S. des Weinrechts, sondern ein alkoholhaltiges Getränk, hergestellt entweder durch Gärung von nicht behandelten, in Wasser aufgeschwemmten Traubentrestern oder durch Auslaugen von gegorenem Traubentrester mit Wasser.

Haustrunk ist kein Wein im Sinne des Weinrechts. Er wurde früher als durstlöschendes, alkoholarmes Getränk während der Weinbergs- und Feldarbeiten nicht nur von den Tagelöhnern, sondern auch von Winzern und Bauern konsumiert. Dieser „Weinersatz" wurde auch Gesinde- oder Leutewein genannt, mundartlich „Flubbes". Haustrunk durfte nur im Winzerbetrieb hergestellt und auch nur von der Familie des Winzers getrunken werden. Der Verkauf war verboten. Überwachungsvorschriften sollten Verwechslungen und Manipulationen (Nachmachung von Wein) ausschließen.

Mit der Anhebung des Lebensstandards und erhöhten Qualitätsvorstellungen ging die Bedeutung des Haustrunks immer mehr zurück. Zuletzt war es den weinbautreibenden Ländern überlassen, ob sie die Herstellung zulassen wollten. Das Weingesetz von 1994 sieht keine Zulassung mehr vor. Seitdem darf Haustrunk nirgends mehr hergestellt werden, gleich zu welchem Zweck (also auch nicht mehr zum Eigenverbrauch in der Winzerfamilie).

Hefe → Gärung, → Trub.

Hektarertrag. Der in Weintrauben-, Traubenmost- oder Weinmengen festgesetzte Ertrag je Hektar Ertragsrebfläche. → Ertragsregulierung, → Hektarhöchstertrag.

Hektarhöchstertrag. Die Festsetzung von Höchsterträgen je Hektar Rebfläche durch die weinbautreibenden Bundesländer, ausgedrückt in Hektoliter Traubenmost, dient der → Ertragsregelung. Der maximal zulässige Hektarertrag ist in Vollzug der Weinmarktordnung jedoch eine Vermarktungsregelung und bedeutet die Höchstmenge an Wein und teilweise gegorenem Traubenmost, die je Jahrgang an andere abgegeben, verwendet oder verwertet werden darf.

Die Hektarhöchstertragsregelung beruht auf einer durch die EG in den Qualitätswein-Verordnung den Mitgliedstaaten auferlegten Verpflichtung. Danach sind die Hektarertragswerte für Trauben, Most oder Wein unter Berücksichtigung der Erträge der zehn vorhergehenden Jahre festzulegen, wobei aber nur die qualitativ zufriedenstellenden Jahrgänge zu berücksichtigen sind. Das Weingesetz weist daher die Länder zu entsprechenden Bestimmungen an. Die Hektarerträge können abgestuft werden nach Anbaugebiet (oder

Teilen davon), Rebsorten (oder Rebsortengruppen) und Qualitätsstufen. Sie wurden in den deutschen Anbaugebieten wie folgt festgesetzt:

Anbaugebiet	*Hektarertrag in hl*
Ahr	100
Baden	90
Franken	90
Hessische Bergstraße	100
Mittelrhein	105
Mosel-Saar-Ruwer	Elbling 150, übrige Rebsorten 125
Nahe	105
Pfalz	Qualitätswein b. A. 105, Tafelwein 150
Rheingau	100
Rheinhessen	Qualitätswein b. A. 105, Tafelwein 135
Saale-Unstrut	90
Sachsen	90
Württemberg	110

Die Hektarertragsregelung gilt auch für → Tafelwein, auch er wird auf zur Erzeugung von Qualitätswein b. A. geeigneten Flächen erzeugt (→ Tafelwein). Sie bezweckt letztlich eine Steigerung der Weinqualität und eine Stabilisierung des europäischen Weinmarktes (Verringerung des „europäischen Weinsees", der durch Züchtung ertragsreicherer → Rebsorten, aber auch durch gezielte Ausweitung der Rebflächen entgegen dem → Anbaustopp entstand).

Soweit in einem Weinbaubetrieb die Erntemengen den festgesetzten Hektarertrag übersteigen und die Trauben vor dem Jahre 2002 geerntet wurden, darf diese Übermenge nicht in den Verkehr gebracht, sondern (nur) im eigenen Betrieb zur Weinerzeugung oder zur Herstellung von Qualitätsschaumwein b. A. verwendet und (in beiden Fällen) über das Erntejahr hinaus gelagert („Überlagerung") oder ohne öffentliche Beihilfen oder Prämien destilliert werden. Ab der Ernte des Jahres 2002 ist die überlagerbare Menge auf 20% beschränkt. Ab dann sind die Mengen, welche die zulässige Überlagerungsmenge übersteigen, bis zum 15. Dezember des auf die Ernte folgenden Jahres zu destillieren.

Eine überlagerte Menge darf in einem folgenden Erntejahr zur Auffüllung der zulässigen, nicht erreichten Erntemenge an andere abgegeben, verwendet oder verwertet werden (sog. „Austauschmenge").

Nicht (mehr) erlaubt ist die Verarbeitung von Übermengen zu Traubensaft oder zu Weinessig sowie zu Brennwein, Branntwein, Perlwein oder weinhaltigen Getränken.

Hellkelterung → Weißherbst.

Herabstufung → Qualitätsprüfung.

Herb. Bei Wein eine gesetzlich nicht definierte, sehr unklare Geschmacksbezeichnung. Ein herber Wein ist zwar grundsätzlich → trocken oder wenigstens → halbtrocken, meistens gezuckert (→ Zuckerung), also ein → Qualitätswein oder → Tafelwein. Der Gerbstoffgehalt ist in der Regel schmeckbar, worauf der Begriff fachlich eigentlich abstellt. Weinunkundige Wirte stellen den herben Wein mit der primitiven Frage „herb oder mild?" zur Wahl, wobei „herb" meistens nur als Gleichwort für „trocken" gebraucht wird (was er gesetzlich nicht ist).

Der Begriff ist – ebenso wie die Abwandlung „feinherb" – nun auch auf dem Etikett erlaubt (→ Geschmacksangaben).

Für Schaumwein ist diese Geschmacksangabe hingegen festgelegt. Der Restzucker muß unter 15 g/l liegen. Wahlweise ist bei Schaumwein statt „herb" auch die Angabe „brut" zulässig. → Extra herb.

Herbst. Darunter versteht man nicht nur die Jahreszeit (September, Oktober, November) sondern auch die Zeit der → Traubenlese. Ebenso umschließt der – umgangssprachliche – Begriff Ertrag und Güte des Lesegutes. So spricht man von einem „guten Herbst" oder, wenn der Ertrag in den einzelnen Gebieten oder Gemarkungen desselben Gebietes unterschiedlich ausfiel, von einem „neidischen Herbst". → Herbstordnung.

Herbstordnung. Noch unter dem Weingesetz von 1971 waren die Landesregierungen verpflichtet, zur Sicherstellung einer ausreichenden Überwachung, zur Förderung der Güte des Weines und zum Schutz der reifenden Weintrauben Herbstordnungen zu erlassen.

Diese mußten bestimmen, daß bei dem Lesegut das Mostgewicht und die Erntemenge täglich festzustellen seien, sie konnten ferner Anzeige-, Melde- und Kontrollbestimmungen enthalten, die Voraussetzungen für Vorlesen, für Beginn und Ende der Hauptlese und für den Beginn der späten Lese sowie das Schließen und Betreten der Weinberge und auch die Voraussetzungen für Beginn und Ende der täglichen Lese festsetzen. Verstöße gegen die Herbstordnung hatten zur Folge, daß grundsätzlich die geernteten Trauben zur Herstellung von Wein (grundsätzlich oder von Wein bestimmter Prädikatsstufen) nicht verwendet werden durften.

Das Weingesetz von 1994 hat die Rechtsgrundlage für die Herbstordnungen entfallen lassen und alle damals dort geregelten Sachverhalte der eigenverantwortlichen Entscheidung des einzelnen Winzers überlassen.

Herbstbuch. Der Winzer muß während der → Traubenlese täglich das → Mostgewicht (den natürlichen Alkoholgehalt), die Erntemenge, die Herkunft und die Rebsorte(n) des Lesegutes aller Qualitätsstufen in ein sog. Herbstbuch eintragen. Dessen Form bestimmen die Landesregierungen.

Nur wenn der Erzeuger seine Trauben unverarbeitet verkauft oder an einen → Erzeugerzusammenschluß liefert, sie also nicht selbst zu Most und Wein verarbeitet, genügt anstelle des Herbstbuches die Kaufbestätigung des Käufers oder die Annahmebestätigung des Erzeugerzusammenschlusses, wenn die genannten Angaben darin enthalten sind. Die Bestätigungen sind dann fortlaufend zu numerieren und aufzubewahren.

Das Herbstbuch dient zusammen mit der → Gesamterntemeldung und der → Weinbuchführung (die durch Eintragungen in das Herbstbuch bis 15. Dezember ersetzt wird) der „Kontrolle durch Dokumentation" als auch statistischen Zwecken. Es ist 5 Jahre lang ab Schluß des Kalenderjahres, in dem die letzte Eintragung gemacht wurde, in den Geschäftsräumen aufzubewahren.

Herkunftsangaben. Diese weisen auf den geographischen Raum hin, wo die Trauben, aus denen ein Wein erzeugt wurde, ganz oder überwiegend (gesetzlich geregelter Mindestanteil, → Verschnitt) gewachsen sind (zur Abgrenzung von Jahrgangs- und Rebsortenangaben bisweilen auch „geographische Herkunftsangaben" genannt, eine an sich unnötige Doppelbenennung).

Entsprechend dem → Verbotsprinzip gibt es nur die weinrechtlich zugelassenen Herkunftsangaben. Es sind dies, nach → Qualitätsstufen unterschieden:

Für Qualitätswein b. A. (mit und ohne Prädikat): Die Namen der bestimmten → Anbaugebiete, daneben die in die Weinbergsrolle eingetragenen Namen von → Bereichen sowie die Namen von in die Weinbergsrolle eingetragenen → Lagen (→ Einzel- und Großlagenamen), wobei der Name der Gemeinde oder des Ortsteils zusätzlich anzugeben ist.

Für Tafelwein: Die Angabe „Deutscher Tafelwein", die Namen der Weinbaugebiete und Untergebiete (→ Tafelwein) und für Landwein (nur) die Landweingebiete. Die Namen von Anbaugebieten, Bereichen, Lagen, Gemeinden und Ortsteilen sind für alle Tafelweine (= einschließlich Landwein) verboten.

Jeder deutsche Wein muß eine Herkunftsangabe tragen, also keineswegs alle zulässigen Herkunftsangaben zugleich. Die „Mindestangabe" ist bei Qualitätswein b. A. das → Anbaugebiet, sie ist obligatorisch. Alle übrigen Herkunftsangaben sind in dieser Qualitätsstufe fertiggestellt. Bei einfachem Tafelwein ist die Angabe „Deutscher Tafelwein" vorgeschrieben, bei Landwein die Angabe des Landweingebietes.

Qualitätsweine müssen zu 100% aus dem jeweiligen bestimmten Anbaugebiet stammen, Qualitätsweine mit Prädikat, ausgenommen die Süßreserve, aus einem einzigen Bereich, „Deutsche Tafelweine" zu 100% aus im Inland geernteten Weintrauben, Landweine zu 100% aus Weintrauben des jeweiligen Landweingebietes.

Eine engere geographische Bezeichnung (→ Lage) ist hingegen erlaubt, wenn der Wein zu mindestens 85% aus dem angegebenen geographischen Raum stammt, die restlichen 15% müssen bei Qualitätswein aus demselben bestimmten Anbaugebiet und bei Qualitätswein mit Prädikat aus demselben Bereich stammen (→ Verschnitt).

Herstellen. Jedes → Behandeln, Verschneiden (→ Verschnitt), → Verwenden und sonstige Handeln, durch das bei einem Erzeugnis eine Einwirkung erzielt wird. Lagern ist Herstellen nur, soweit das Weingesetz oder eine Rechtsverordnung das Lagern für erforderlich erklärt oder soweit gelagert wird, um dadurch auf ein Erzeugnis einzuwirken (→ Barrique, → Branntwein).

Hochgewächs. Gesetzlich nicht definierte Angabe über gehobene Qualität eines Qualitätsschaumweines (b. A.) als Bestandteil von Sektmarken mit Verkehrsgeltung. Für Stillwein nur noch als Bestandteil der gesetzlich festgelegten Angabe (→ Riesling Hochgewächs) zulässig.

Hock. Ein Weißwein, der den Namen des Weinbaugebietes Rhein (Tafelwein, kein Landwein) oder den Namen eines der Anbaugebiete Ahr, Hessische Bergstraße, Mittelrhein, Nahe, Rheingau, Rheinhessen oder Pfalz (als Qualitätswein b. A.) trägt und aus den Rebsorten Riesling oder Silvaner oder deren Abkömmlingen (z. B. Müller-Thurgau, Kerner, Scheurebe, Faberrebe) stammt.

Hock ist traditionell die angloamerikanische Bezeichnung für Rheinwein und auf den Ortsnamen „Hochheim“ (am Main, Anbaugebiet Rheingau) zurückzuführen. Das englische Königshaus bezog von dort seinen Wein, die englische Verkehrsauffassung wandelte sich hernach zu dem umfassenderen Begriff, der nur im Export verwendet wird.

Home made wine → British wine.

Huxelrebe. Rebsorte mit weißen Trauben. Kreuzung Weißer Gutedel × Courtillier musque. Züchtung der Alzeyer Landesanstalt für Rebenzüchtung (Scheu).

Benannt zu Ehren des Winzers Fritz Huxel aus Westhofen bei Worms, der diese (sehr risikoreiche) Rebsorte am meisten förderte.

Die Huxelrebe erbringt reife, rassige Weine mit angenehmen, feinem Muskat-Bukett. Wenn die Rebe im Ertrag nicht überfordert wird, sind auch Prädikatsweine zu erwarten, darunter oft ausgezeichnete Ausleseweine (Apéritif oder zum Dessert).

1966 = 1,3% Anteil der bestockten Rebfläche, besonders angebaut in Rheinhessen, daneben noch Pfalz und Nahe.

Hygienische Anforderungen. Sie sind ausführlichst in der auf Erzeugnisse des Weinrechts weitgehend anwendbaren Lebensmittelhygiene-Verordnung und der Lebensmitteltransportbehälter-Verordnung normiert. Die Umsetzung einer „obligatorischen Präventivstrategie“ stärkt die Eigenverantwortlichkeit der Betriebsinhaber und überträgt der amtlichen Weinüberwachung die „Kontrolle der Kontrolle“.

Es werden allgemeine Anforderungen an die bauliche Ausstattung von Betriebsstätten gestellt (Möglichkeit von Reinigung und Desinfektion, Temperatursanitäre Einrichtungen, Beleuchtung), speziell an Räume, Vorrichtungen und Geräte, sowie an den Umgang mit Erzeugnissen (einschließlich Personalhygiene und Unterrichtung oder Schulung). Die betriebseigenen Maßnahmen sollten zum Nachweis der Beachtung der gesetzlichen Bestimmungen dokumentiert und so besser überprüfbar werden.

I

Importeur → Einfuhr.

Inländischer Wein. Im Inland (= in Deutschland) aus inländischen Weintrauben hergestellter Wein.

Inverkehrbringen. Das Anbieten, Vorrätighalten zum Verkauf oder zu sonstiger Abgabe, Feilhalten und jedes Abgeben an andere (in der Fachsprache „vermarkten" genannt). Nicht als Inverkehrbringen gilt die Anstellung eines Erzeugnisses bei der Prüfungsbehörde zur Erteilung einer Prüfungsnummer (→ Qualitätsprüfung).

Das Inverkehrbringen kann Beschränkungen oder Verboten unterliegen. So muß z. B. jedes Behältnis mit einem → Nennvolumen von bis zu 60 Liter beim Inverkehrbringen grundsätzlich etikettiert (→ Etikettierung) und ein zugehöriges → Begleitpapier ausgestellt sein. → Vorschriftswidrige Erzeugnisse und solche, die von gesundheitlich bedenklicher Beschaffenheit oder nicht zum Verzehr geeignet sind, dürfen nicht in den Verkehr gebracht werden, ebenso nicht Übermengen (→ Hektarhöchstertrag), sowie Stoffe, die bei der Verarbeitung von Erzeugnissen nicht zugesetzt werden dürfen, soweit dies mit dem Ziel solcher Verwendung zu gewerblichen Zwecken geschieht. → Qualitätsweine mit Prädikat dürfen erst nach einer gewissen Reifezeit, die nach Prädikaten gestaffelt ist, in den Verkehr gebracht werden.

Invertzucker → Diabetiker, → Flüssigzucker, → Zuckerung.

Irreführungsverbot. → Erzeugnisse jeglicher Art dürfen nicht mit irreführenden Bezeichnungen, Hinweisen, sonstigen Angaben oder Aufmachungen in den Verkehr gebracht, eingeführt oder ausgeführt oder zum Gegenstand der Werbung gemacht werden. In diesem Grundsatz stimmen gemeinschaftrechtliche und nationale Regelungen (auch im allgemeinen Lebensmittelrecht) überein. Das Verbot soll den Wettbewerber vor unlauterem Verhalten und den Verbraucher vor Täuschung schützen.

Teilweise wird anhand von praktisch besonders häufigen Beispielfällen gesetzlich erläutert, wann eine solche Irreführung (= mögliche Täuschung des potentiellen Käufers) insbesondere vorliegt: Wenn Angaben gebraucht werden, ohne daß das Erzeugnis den gesetzlichen Anforderungen entspricht, oder Angaben, die geeignet sind, fälschlich den Eindruck besonderer Qualität oder falsche Vorstellungen über die geographische Herkunft, die Beschaffenheit, die Rebsorte, den Jahrgang oder sonstige für eine Bewertung mitbestimmende Umstände zu erwecken. Besonders durch Phantasiebezeichnungen (→ Markenwein) kann eine solche Gefahr begründet werden. Ist eine verwechslungsfähige Marke spätestens am 31. Dezember 1985 von der zuständigen Behörde registriert gewesen und seitdem auch tatsächlich benutzt worden, dann besteht eine Auslauffrist bis 31. Dezember 2002.

Eine umfangreiche Einzelfall-Rechtsprechung ist zu dieser Thematik vorhanden. Es genügt jeweils die konkrete Eignung einer Angabe zur Irreführung des Verbrauchers. Der Nachweis einer tatsächlich irregeführten Person ist nicht erforderlich. Im Streitfall (UWG) oder im Strafverfahren entscheidet das Gericht nach eigener Sachkunde (wenn es die Täuschungsgefahr bejaht) oder nach Anhörung von Sachverständigen (Meinungsumfrage), wobei auf einen nicht ganz unerheblichen Teil der angesprochenen Verbraucher abgestellt wird. Während der EuGH auf den „verständigen, aufmerksamen Verbraucher mit Informationsbeschaffungslast" abstellt, ist in der deutschen Rechtsprechung noch immer der flüchtige, unkritische Durchschnittsverbraucher Leitbild und Maßstab.

Maßgeblich ist der Gesamteindruck eines Etiketts. Stets hat Bezeichnungswahrheit Vorrang vor Firmenrecht (→ Weingut). Prädikatsangaben und der Begriff „Wein" sind besonders geschützt.

Wird durch eine irreführende Angabe der Käufer zum Kauf veranlaßt und mangels eines dem Preis entsprechenden Gegenwert in seinem Vermögen geschädigt, so ist der Straftatbestand des Betrugs zu prüfen.

J

Jahrgang. Der Slogan „Gib acht auf den Jahrgang" hat seine Berechtigung, denn jeder Weinjahrgang hat unterschiedliche Qualitäten (→ Jahrgangston). Die Angabe des Jahrgangs ist auf dem → Etikett zwar nicht vorgeschrieben, aber allgemein üblich. Denn jedes Jahr bringt naturbedingt (unterschiedliche Reife) andere Qualitäten hervor. Für den Kaufentschluß wie für die Lagerung von Wein ist es daher wichtig zu wissen, aus welchem Jahrgang der Wein stammt.

Bei säurereichen Jahrgängen ist ein → Verschnitt mit Wein aus anderen Jahrgängen üblich und erlaubt. Jedoch müssen mindestens 85% aus dem angegebenen Jahrgang stammen. Beträgt der Fremdanteil 15%, dann dürfen nur höchstens 10% fremde → Süßreserve zugesetzt werden. Der Wein muß aber nicht (anders als bei Herkunfts- und Rebsortenverschnitten) für den namengebenden Anteil (Jahrgang) typisch sein.

Auch darf nur ein einziger Jahrgang auf dem Etikett oder auf der Weinkarte stehen, eben der überwiegende. Die Angabe zweier Jahrgänge ist nicht erlaubt.

Jahrgangston. Bestimmte Geschmacksnote, die gewisse (wenige) Weinjahrgänge aufweisen und an denen jedenfalls der Fachmann sie sensorisch erkennt. Ob dieser Ton als positiv oder negativ empfunden wird, entscheidet der Einzelfall (→ Qualitätsprüfung). Bisweilen spricht man auch vom UTA-Ton (= untypischer Alterungston), dessen Ursachen bisher nur teilweise erforscht sind.

Jungfernwein. Darunter versteht man nicht einen nur für Jungfrauen geeigneten Wein, sondern den ersten Ertrag eines neu angelegten Weinbergs (in der Regel im dritten Jahr nach der Pflanzung).

Die Angabe ist auf dem Etikett der Weinflasche nicht erlaubt, wohl aber in der Werbung und auf der Weinpreisliste.

Jungwein. Wein, dessen alkoholische Gärung noch nicht beendet und der noch nicht von seiner Hefe getrennt ist. Er liegt noch im Faß oder Tank, hat aber bereits sinnfällige Merkmale eines Weines und ist auch nicht mehr wie → Federweißer (vorhergehendes Stadium) zum unmittelbaren Genuß, sondern zu weiterem → Ausbau bestimmt.

Die Trennung von der Hefe, mit der die „Jungweinzeit" endet, erfolgt durch den → Abstich. Sobald er abgefüllt ist, handelt es sich nicht mehr um Jungwein, sondern um jungen Wein (→ Primeur).

Nicht identisch damit ist auch der → Jungfernwein.

K

Kabinett. Die „Ausgangsstufe“ des → Qualitätswein mit Prädikat. Außer den dort genannten grundsätzlichen Anforderungen werden solche nur noch an den Mindestalkoholgehalt gestellt.

Der Begriff „Kabinett“ (frühere Schreibweise: → Cabinet, nur noch bedingt für bestimmte Schaumweine erlaubt) entstand im Rheingau. Es waren Weine aus einem dem Geheimen Cabinet des Fürstabtes von Fulda unterstehenden kleinen Keller mit Kreszenzen oder auch aus besonders abgetrennten, architektonisch schönen Kellerräumen, in denen hochwertige Naturweine gelagert waren.

Kraft Handelsbrauchs wurde das Wort im 19. Jahrhundert dann allmählich auch in anderen Weinanbaugebieten als persönliche Gütegarantie des Erzeugers verwendet, unter dem Weingesetz von 1930 aber nur noch als Ersatzwort für den Begriff „natur“ gebraucht (→ Naturwein). Das Weingesetz von 1971 gab ihm wieder den Rang eines Prädikates.

Kältebehandlung → Konzentrierung.

Kalte Ente → Aromatisierte weinhaltige Getränke.

Kammerpreismünzen → Weinprämiierung.

Kapsel → Bleihaltige Kapsel, → Etikettierung.

Kategorien von Wein → Qualitätsstufe, → Weinarten.

Kellerbehandlung → Önologische Behandlung.

Kellerbuch → Weinbuchführung.

Kellereiabfüllung. Nicht mehr zulässige Angabe über den → Abfüller.

Kellerwirtschaft → Önologische Behandlung.

Kennziffer → Abfüller.

Kerner. Rebsorte mit weißen Trauben, Kreuzung Trollinger × Riesling (Weißweinsorte mit rotem Elternteil!).

Der schwäbische Dichter (Arzt und Weinfreund) Justinus Kerner, der in Weinsberg (Ort der Züchtung) tätig war, gab den Namen.

Frische, rassige Weine mit leichtem, abgerundet-ausgeglichenem Muskat- oder Nußbukett, auf schweren Böden rieslingähnlich.

Die überwiegend in Württemberg, aber auch in Rheinhessen verbreitete Rebsorte reift früher als der Riesling, ist risikoloser und bringt höhere Mostgewichte und ist daher ein „Riesling-Ersatz" (aber auch nicht mehr). Überwiegend wird er als beste Neuzucht bezeichnet.

1996 = ca. 7,1% Anteil der bestockten Rebfläche, in allen Anbaugebieten verbreitet.

Klärung. Wein soll nach Wünschen der heutigen Konsumenten schon möglichst früh „glanzhell" und haltbar abgefüllt sein. Die durch Lagerung auf natürlichem Wege erzielbare Klärung wird daher „künstlich" vorzeitig herbeigeführt. Mittel hierzu sind die schon immer bekannte → Schönung sowie die Anwendung von Separatoren und Filteranlagen oder beides.

Diese Methoden waren möglich geworden, nachdem 1887 der Asbestfilter von Seitz und 1917 der Entkeimungsfilter (EK) erfunden und diese ab 1923 in der Kellerwirtschaft angewendet wurden. Bei dem Einsatz von Separatoren (Zentrifugen), die in der Entwicklung zuletzt folgten, werden durch das Prinzip der Fliehkraft die schweren von den leichten Teilen des → Trubs getrennt.

Klassifizierung. Der Begriff hat zweifache Bedeutung.

Zunächst versteht man darunter die Auflistung und zugleich Zulassung der auf Grund festgestellter Anbaueignung erlaubten → Rebsorten. Das EG-Recht klassifiziert nach qualitativen Kriterien in empfohlene, zugelassene und vorübergehend zugelassene Rebsorten, in Deutschland nach Regierungsbezirken unterteilt. Dadurch soll dem Winzer eine Orientierungshilfe gegeben werden.

Nach der Art der Verwendung wird unterschieden nach Keltertraubensorten, Tafeltraubensorten und Traubensorten für besondere Verwendungszwecke. Maßstab für die Klassifizierung sind Qualitätskriterien. → Tafelwein muß aus einer der vorgenannten Rebsortengruppen stammen. Qualitätswein (ohne oder mit Prädikat) muß aus empfohlenen oder zugelassenen Rebsorten der Art „vitis vinifera“ erzeugt und in einem vom EG-Mitgliedstaat zu erstellenden Rebsortenverzeichnis enthalten sein. Diese Rebsortenlisten erstellen die weinbautreibenden Länder, die Rebstandorte werden dabei berücksichtigt.

„Klassifizierung“ ist weiterhin sowohl die Abgrenzung der für die Erzeugung von → Qualitätswein überhaupt geeigneten Flächen (in Deutschland ist sie erfolgt) als auch die Einteilung der Weinanbaugebiete nach Gütemaßstäben. Wo dies geschehen ist, hat die Herkunftsangabe zugleich die Funktion einer Beschaffenheitsangabe. Sie weist zugleich auf eine bestimmte Qualität und aus der Herkunft herrührende Wesensmerkmale (Standortcharakteristika) hin. Man spricht dann von Ursprungsbezeichnungen. Diese Art der Klassifizierung ist in romanischen Weinbauländern üblich, nicht aber in Deutschland. Hier ist allein die „Qualität im Glase“ maßgeblich. Annäherungen an die romanische Weinrechtsstruktur durch Lagenklassifizierung sind in kontroverser Diskussion.

Klon. Vor der Vermehrung auf Leistungsfähigkeit, Wüchsigkeit und Resistenz gegen Krankheiten geprüfte Nachkommen (Ableger) einer Rebsorte. Damit befaßt sich die Klonen- oder Erhaltungszüchtung (Klonenselektion). Die offiziellen „Erhaltungszüchter“ melden die geprüften Klone dem Bundessortenamt, nach Registrierung können sie vermarktet werden.

Kohlensäure. Entsteht bei der alkoholischen → Gärung aus dem Zucker der Traube, oft auch noch lange nach der Hauptgärung, gelegentlich unerwünscht noch nach der → Abfüllung. Sie wird beim Einschenken und im Glas durch kleine Perlchen sichtbar.

Dieses Erscheinungsbild kann aber auch durch zu frühe Abfüllung oder durch gezielt zugesetzte Kohlensäure (wodurch ein junger Wein spritzig und ein älterer wieder aufgefrischt wird) bedingt sein.

Konzentrierung. Sie ist eine der grundsätzlich (nach EG-Recht) zulässigen Maßnahmen zur → Anreicherung und geschieht entweder durch Verdampfung eines Teiles des Wassers, das im anzureichernden Erzeugnis selbst enthalten ist (Wärmeeinwirkung), oder durch Ausfrieren des Wassers (Kälteeinwirkung). Die Maßnahme führt zu einer Konzentrierung auch aller übrigen wesentlichen Bestandteile des Weines (wie Säure, Mineralien).

Bei deutschem Wein ist sie nur zulässig durch Kälteeinwirkung und nur bei der Herstellung von einfachem Tafelwein, nicht auch bei der Herstellung von Landwein und Qualitätswein b.A., erst recht nicht (grundsätzliches Verbot der Anreicherung) bei Qualitätswein mit Prädikat. Da sie in romanischen Weinbauländern der EG und in Drittländern verbreitet ist, wird ihre Erstreckung auch auf Landwein und Qualitätswein b.A. diskutiert.

Korkbrand. Eingebrannte Angaben auf dem Flaschenkork (Namen und Anschrift oder Kennziffer) als Hinweis auf den → Abfüller (oft zugleich auch der → Erzeuger).

Der Korkbrand ist nicht gesetzlich vorgeschrieben. Im Falle der Beförderung von nicht mehr als 100 Liter Wein in etikettierten Behältnissen mit einem → Nennvolumen von höchstens 5 Litern ersetzt er aber das → Begleitpapier.

Koscherer Wein. Auch „Koscherer Passahwein“ genannt. Wein, der zu rituellen Zwecken (Synagoge) und an Festtagen sowie am Sabbath von strenggläubigen Juden genossen wird. Er muß den allgemeinen weinrechtlichen Beschaffenheitsvorschriften genügen. Der Begriff „koscher“ bezieht sich nicht auf die Substanz des Weines, sondern auf die herstellenden Personen. Von der Traubenlese bis zur Flaschenfüllung dürfen nur religiöse, gesetzestreue Juden das Erzeugnis bereitet haben. Bei der Abfüllung muß ein Beamter des Rabbinats zugegen sein.

Der mögliche Zusatz „Passah-“ (jüdisch: Pessach-) rührt daher, daß es am Passahfest, während dessen jeder Genuß von Brot und Gesäuertem verboten ist, nicht nur sicher sein sollte, daß der Wein „koscher“ sei, sondern auch, daß beim Herstellungsprozeß keine gärenden Substanzen in den Wein geraten waren. Die jüdische Gemeinde muß ihr Einverständnis zur Verwendung der Angaben erteilt haben (wie beim → Abendmahlswein und beim → Meßwein). Diese sind dann aber nicht auf den Verkehr mit religiösen Einrichtungen beschränkt, sondern bei jedem Inverkehrbringen erlaubt.

Kreuzung → Rebsorten.

Kultwein → Abendmahlswein, → Koscherer Wein, → Meßwein.

Kunstwein. Ein Getränk, das nach seinem äußeren Anschein (Farbe, Geruch, Geschmack, → Organoleptische Prüfung) geeignet ist, die Eigenschaften von → Wein vorzutäuschen, also mit ihm verwechselt zu werden, obwohl es kein Wein, sondern diesem „nachgemacht“ ist (künstliche Herstellung, „Fabrikation“). Solche Getränke dürfen grundsätzlich nicht verarbeitet, nicht in den Verkehr gebracht (→ Inverkehrbringen) und nicht eingeführt werden (bis zum Weingesetz von 1901 war die Kunstweinproduktion bei entsprechender Kennzeichnung erlaubt).

Ausnahmen von diesem Verbot können für die Durchführung von Versuchen zugelassen werden. Es gilt nicht für → Weinähnliche Getränke und → Schaumweinähnliche Getränke, also handelsübliche, traditionell bekannte und daher nicht mit Wein verwechselbare Getränke).

L

Lage. Im Weinrecht geographisch abgegrenzter, weinbaulich genutzter oder nutzbarer Raum (→ Einzellage, → Großlage). Das dort vorherrschende Kleinklima und die Bodeneigenschaften (geologische Beschaffenheit) prägen diesen Standort der Rebe. Diese Einheit der Wachstumsbedingungen wird im weinbaulichen Verständnis mit dem Begriff „terroir" benannt. Die Lage ist ein wesentlicher Faktor für Qualität, Quantität und Eigenart der hier erzeugten Weine (neben → Jahrgang, → Rebsorte, Behandlung des Rebstocks und hernach des Traubenmostes und Weines durch den Erzeuger).

Der Weintrinker meint hingegen, wenn er von „Lage" spricht, meistens nur ihren sie bezeichnungsrechtlich ausweisenden Namen, den → Lagenamen, wie er sich auf dem → Etikett darbieten kann.

Lagename. Der amtliche Name einer weinrechtlich abgegrenzten, mit einem bestimmten amtlichen Namen versehenen und in die bei der → Landwirtschaftskammer geführte → Weinbergsrolle eingetragenen Rebfläche (Gewann).

Der Lagename muß nicht auf dem → Etikett angegeben werden, ist aber überwiegend dort zu finden (anders bei → Marken- oder →Rebsortenweinen). Wird der Lagename aber benutzt, dann muß auch der Gemeindename hinzugefügt werden (besondere Regelungen gibt es für gemeindeübergreifende Lagen, → Leitgemeinde).

Der Lagename ist die engste geographische Herkunftsangabe für Wein. Es müssen mindestens 85% des Weines aus Weintrauben der namengebenden Lage bereitet worden sein, die restlichen 15% können aus einer oder mehreren anderen Lagen stammen. Im Falle der → Süßung dürfen einschließlich der → Süßreserve 25% des Weines anderer Herkunft sein (→ Verschnitt).

Für die Unterscheidung der Weinberge waren Lagenamen schon immer gebräuchlich. Erst nach 1800 aber, mit dem Beginn des Qualitätsweinbaus, bürgerte es sich ein, Wein auch nach der Lage, in der er gewachsen war, auf dem Etikett zu benennen. Schon bald nach

1900 hatte der Überschaubarkeit wegen die Zusammenlegung von Einzellagenamen begonnen. Auf Grund der nach dem Weingesetz von 1971 ergangenen Weinlagegesetze der Länder wurde die Zahl der Lagenamen erneut verringert, teils wurden alte Namen übernommen, teils neue gebildet. Viele kulturgeschichtlich und ethymologisch interessante Namen mußten dabei weichen, Aussagekraft und Einprägsamkeit für den Verbraucher (Vermarktung) waren für den Gesetzgeber mindestens ebenso wichtig wie Tradition.

Landesweinprämiierung. Die in den weinbautreibenden Ländern berufenen Institutionen oder Körperschaften (z. B. in Rheinland-Pfalz die → Landwirtschaftskammer) prämiieren jährlich die aus dem jeweiligen bestimmten Anbaugebiet angestellten Weine und Schaumweine.

Im Wein müssen sich die typischen Merkmale für Rebsorte, Jahrgang und Qualität in optimaler und vollendeter Form zeigen. Nur selbsterzeugte Weine und nur solche, die eine Jahrgangs- und Rebsortenbezeichnung tragen, sind zugelassen.

Die Prüfungskommission probt die vorgestellten Weine, ohne den Namen des Erzeugers zu erfahren (sog. verdeckte Probe). Grundlage der sensorischen Prüfung ist das 5-Punkte-Schema der Deutschen Landwirtschaftsgesellschaft. Eine zusätzliche analytische Überprüfung schließt Verwechslungen aus und gewährleistet die Identität der Proben.

Als Auszeichnungen werden verliehen: Bronzene Kammerpreismünze, Silberne Kammerpreismünze, Goldene Kammerpreismünze. Auf die verliehenen Auszeichnungen weisen → Prämiierungsstreifen in den genannten Farben mit Aufdruck (der auch das Jahr der Prämiierung nennt) hin. Diese Streifen werden oberhalb des Hauptetiketts auf der Schauseite der Weinflasche angebracht (→ Etikett).

Die besten Betriebe erhalten Ehrenpreise, deren Zahl für jede Region begrenzt ist. Sie werden gestiftet von staatlichen Repräsentanten, Fachverbänden und anderen Institutionen. Für besonders herausragende Leistungen werden Staatsehrenpreise verliehen.

Landwein. Dies ist seit der Weinernte 1982 der gehobene → Tafelwein an der Grenze zum → Qualitätswein, mit landschaftstypischem Charakter (also eine Untergruppe des Tafelweins, das wird oft verkannt). Seine Herstellung muß von dem weinbautreibenden Land ausdrücklich zugelassen sein. Dies ist für alle Anbaugebiete außer Franken geschehen.

Als „unkomplizierter, täglicher Wein“ entspricht er dem französischen „vin de pays“, hat aber nicht dessen marktwirtschaftliche Bedeutung erlangt, sondern führt, weil zu spät eingeführt (1982), eher ein Schattendasein.

Der natürliche Mindestalkoholgehalt (das Ausgangsmostgewicht) ist in den Ländern festgelegt. Er muß mindestens 0,5% vol höher liegen als bei einfachem Tafelwein. Da es sich um einen leichten Zechwein handeln soll, darf der Restzuckergehalt den für die Angabe → halbtrocken festgesetzten Wert nicht übersteigen. Landweine sind also trocken oder halbtrocken.

Anders als bei sonstigem Tafelwein ist der übergebietliche Verschnitt für Landwein verboten. Die Trauben müssen alle aus dem jeweiligen Landweingebiet und hier von bestimmten Rebsorten stammen.

Konzentrierter Traubenmost darf nicht zugesetzt sein, auch die Konzentrierung ist verboten (→ Anreicherung).

Die 19 Landweingebiete tragen folgende Namen:

(Geordnet nach den alphabetisch aufgelisteten bestimmten →Anbaugebieten, deren Namen aber nicht hinzugefügt werden dürfen: s. unten):

Ahr	Ahrtaler Landwein
Baden	Badischer Landwein; Taubertäler Landwein
Franken	Fränkischer Landwein; Bayerischer Bodensee-Landwein; Regensburger Landwein
Hessische Bergstraße	Starkenburger Landwein
Mittelrhein	Rheinburgen-Landwein
Mosel–Saar–Ruwer	Landwein der Mosel; Saarländischer Landwein der Mosel; Landwein der Ruwer; Landwein der Saar
Nahe	Nahegauer Landwein
Pfalz	Pfälzer Landwein
Rheingau	Rheingauer Landwein
Rheinhessen	Rheinischer Landwein
Saale Unstrut	Mitteldeutscher Landwein

Sachsen — Sächsischer Landwein
Württemberg — Schwäbischer Landwein

Neben der Angabe des Landweingebietes sind andere Herkunftsangaben (wie Anbaugebiet, Bereich, Gemeinde, Lage oder Gemeinde) verboten. Hingegen sind Jahrgangs- und Rebsortenangaben erlaubt.

Auch darf ein Landwein, der ausschließlich aus Trauben eines Erntejahres gewonnen wurde, als „Der Neue“ bezeichnet werden (ähnlich dem „Primeur“). Voraussetzung ist aber, daß der Jahrgang angegeben ist und er nicht vor dem 1. November des Erntejahres an den Konsumenten abgegeben wird, (nicht zu verwechseln mit „Neuem Wein“ (→ Federweißer).

Die Angabe „Landwein“ ersetzt die Angabe „Tafelwein“ auf dem Etikett.

Landwirtschaftskammer. Fachbehörde in Rheinland-Pfalz, dem größten weinbautreibenden Land Deutschlands. Sie ist auf dem Weinsektor zuständig für die Führung der EG-Weinbaukartei, die Anbauregelung, die Führung der Weinbergsrolle, die → Qualitätsweinprüfung, die der Erteilung der → Amtlichen Prüfungsnummer vorauszugehen hat, das behördliche Abschreibeverfahren zur Überwachung der → Hektarhöchstertragsregelung, die Prämiierung von Wein und Sekt (→ Landesweinprämiierung), die Rebenanerkennung und Anerkennung von zertifiziertem Pflanzengut, ebenso für Berufsbildung und fachliche Vertretung des Berufsstandes.

Leitgemeinde → Gemeinde.

Lesegut. Darunter versteht man die Trauben unmittelbar vor und nach der Ernte. An das Lesegut werden teilweise bestimmte Reifeanforderungen gestellt (→ Auslese, → Beerenauslese, → Eiswein, → Spätlese, → Trockenbeerenauslese).

Liebfrauenmilch. Ursprünglich in Anlehnung an die Liebfrauenkirche zu Worms aufgekommener Weinname (Milch = minch = Mönch). Die Liebfrauenkirche war schon früh von einem kleinen Weinbergsareal umgeben (erstmals 1687 erwähnt). In den amtlichen Registern sind als Lagen im Jahre 1808 aufgeführt = „Liebfrauenstift“ und „Liebfrauenmilchgut“; die Kataster von 1810 bringen den Namen „Liebfrauenmilch" jedoch schon als Gewannbezeichnung über die ganze Breite des Weinbergsbesitzes um die Liebfrauenkirche.

Als die ursprünglichen Weingärten nicht mehr ausreichten, um die Nachfrage zu befriedigen, entwickelte sich daraus eine Bezeichnung zunächst für Weine aus der Umgebung von Worms, für welche die Stadt bis 1689 Stapelplatz war. Der Begriff wurde dann zur Phantasiebezeichnung mit regionaler (Gebiets-)Bindung. Überwiegend wurde nur rheinhessischen Weinen der Name zugestanden, teilweise auch sämtlichen Rheinweinen oder jedenfalls auch einigen davon. „Liebliche Art" und „gut Qualität" wurden gefordert.

Unter neuem Weinrecht ist „Liebfrauenmilch" (auch in der Schreibweise „Liebfraumilch" zulässig) als ergänzender traditioneller Begriff im EG-Recht anerkannt und im Ausland schutzfähig. Die Weinverordnung bestimmt, daß die verwendeten Trauben zu 70% Riesling oder/und → Silvaner oder/und → Müller-Thurgau oder/und → Kerner sein müssen. Liebfrauenmilch darf nur aus den Anbaugebieten Rheinhessen, Pfalz, Nahe oder Rheingau stammen (Verbot des übergebietlichen Verschnitts).

Nur weiße Qualitätsweine dürfen „Liebfrauenmilch" heißen. Sie müssen → lieblich, aber von der Geschmacksart einer der zur Herstellung verwendeten Rebsorten bestimmt sein. Eine Rebsortenangabe ist jedoch nicht zulässig. Das bestimmte Anbaugebiet muß angegeben werden.

Die in den genannten Herkunftsräumen hergestellte „Liebfrauenmilch" macht ca. 50–60% des deutschen Weinexports (vor allem nach den angelsächsischen Ländern) aus, wobei der größte Teil aus Rheinhessen stammt. Der Ruf der Liebfrauenmilch ist im Ausland zurückgegangen. Teilweise wird die Auffassung vertreten, er schade dem Image des deutschen Weines. Im Inland wird Liebfrauenmilch kaum abgesetzt.

In die Weinbergsrolle eingetragen sind die Einzellagenamen „Liebfrauenstift-Kirchenstück" (Rebfläche rund um die Liebfrauenkirche in Worms) und der Großlagename „Liebfrauenmorgen" (für Weine aus dem Gebiet der Wormser Gemeinden). Diese sind von der „Liebfrauenmilch" deutlich zu unterscheiden.

Lieblich. Der Restzuckergehalt eines so gekennzeichneten Weines muß über 18 g/l liegen und darf höchstens 45 g/l betragen. So beschaffene Weine, die auch die Prüfung der → DLG bestanden haben, tragen das rot/schwarze Gütesiegel (→ Deutsches Weinsiegel). Die Angabe wird auf dem Etikett selten benutzt, eher in Weinpreislisten und auf Getränkekarten.

Likörwein. In der EG hergestelltes Erzeugnis, das einen → vorhandenen Alkoholgehalt von mindestens 15% vol und höchstens 22% vol sowie einen → Gesamtalkoholgehalt von mindestens 17,5% vol aufweist.

Likörwein wird gewonnen aus in Gärung stehendem Traubenmost oder Wein oder einer Mischung dieser Erzeugnisse (sie müssen von klassifizierten → Rebsorten stammen und einen → natürlichen Mindestalkoholgehalt von 12% vol aufweisen) und durch Zusatz, jeweils für sich oder als Mischung, von neutralem Alkohol aus Erzeugnissen der Weinrebe einschließlich des bei der Destillation von getrockneten Weintrauben gewonnenen Alkohols mit einem vorhandenen Alkoholgehalt von mindestens 96% vol bzw. von Destillat aus Wein oder getrockneten Weintrauben mit einem vorhandenen Alkoholgehalt von mindestens 52% vol und höchstens 86% vol. Es können außerdem konzentrierter Traubenmost und/oder eine Mischung von obigem Alkohol mit in Gärung stehendem Traubenmost oder Traubenmost verwendet werden. Beispiel eines Likörweines: Sherry.

Literwein → Schoppenwein.

Lohnabfüllung → Abfüller.

Loskennzeichnung. Erzeugnisse dürfen grundsätzlich nur in den Verkehr gebracht werden, wenn sie mit einer Angabe versehen sind, aus der das Los ersichtlich ist, zu dem sie gehören. Ein Los in diesem Sinne ist die Gesamtheit von Verkaufseinheiten eines Erzeugnisses, die unter gleichen Bedingungen erzeugt, hergestellt, abgefüllt oder verpackt wurden. Es wird vom Erzeuger, Hersteller, Abfüller, Verpacker festgelegt.

Das Los besteht aus einer Kombination von Buchstaben, Ziffern oder beidem, ihr ist der Buchstabe „L“ voranzustellen. Die Kennzeichnung ist gut sichtbar, deutlich lesbar und unverwischbar anzubringen.

Bei amtlich geprüften Erzeugnissen (→ Qualitätsprüfung) genügt die Angabe der → Amtlichen Prüfungsnummer. Soweit diese sich deutlich von den anderen Angaben auf dem → Etikett abhebt, muß auch nicht der Buchstabe „L" vorangestellt werden.

Die Pflicht zur Angabe des Loses besteht nicht, soweit Erzeugnisse von der → Etikettierungspflicht befreit sind. Sie besteht ebenso nicht (ausgenommen für weinhaltige Getränke und alle Kategorien aromatisierter Getränke) für Erzeugnisse, soweit diese unmittelbar landwirtschaftlichen Betrieb (Weingut) an Lager-, Aufmachungs-, Abfüll- oder Verpackungsstellen verkauft oder verbracht oder an Erzeugerorganisationen weitergeleitet oder zur sofortigen Verwendung in einem in Betrieb befindlichen Zubereitungs- oder Verarbeitungssystem gesammelt werden, ferner nicht, soweit sie erst in der Verkaufsstätte auf Anfrage des Käufers oder im Hinblick auf ihre baldige Abgabe an den Verbraucher abgefüllt oder verpackt oder dort abgegeben werden.

M

Maibowle → Aromatisierte Getränke.

Maische. Die zermahlenen Trauben, aus denen alsdann der Saft ausgepreßt wird. Das Wort kommt von mhd. meisch und bedeutet „Gemisch“ (lat. miscere = mischen). → Maischegärung.

Maischegärung. Die → Maische wird entweder direkt auf pneumatische oder hydraulische Pressen gebracht oder in sog. Vorentsaftungsbehältern aufbewahrt. Auf der Presse wird „gekeltert“ (welches Wort noch von der früheren Benutzung von Baum- oder Spindelkeltern und weiter zurück von lat. calcare = zertreten, zerstampfen [der Trauben] stammt). Der so abgelaufene Most wird vorgeklärt (mit Separator oder Filter), schonend behandelt, alsdann beginnt die → Gärung.

Dieser Ablauf (sofortige Abpressung) gilt für die Herstellung von Weißwein (aus weißen Trauben → Weinarten) und von → Roséwein und → Weißherbst (aus roten Trauben). Hingegen wird bei der Herstellung von Rotwein (aus roten Trauben) die Maische vor dem Abpressen angegoren (→ Rotwein).

Maiwein → Aromatisierter Wein.

Malitex-Verfahren → Entsäuerung.

Markenwein. Wein, der meistens in Weinkellereien durch Verschnitt hergestellt und in gleichbleibender Qualität und Geschmacksrichtung mit einem gleichbleibenden (meistens Phantasie-)Namen vermarktet wird. Die Marke kann beim Deutschen Patentamt in München eingetragen sein, aber auch ohne diese Verkehrsgeltung erlangen. Sie kann aus einem Wort (Phantasiebezeichnung) oder mehreren Worten und aus einer Abbildung (einem Zeichen) bestehen und darf nicht irreführend sein (→ Irreführungsverbot). Besonders darf sie nicht fälschlich den Eindruck einer Herkunftsangabe erwecken. Deshalb darf eine Phantasiebezeichnung z. B. nicht in Verbindung mit einem Gemeinde- oder Ortsteilnamen auf dem → Etikett stehen.

Die Marke hat auch beim Wein Werbe-, Orientierungs- und Garantiefunktion. Sie weist auf einen bestimmten Betrieb hin (Identifizierung, oft Firmenname als Bestandteil der Marke) und eröffnet die Möglichkeit eines möglichst gleichbleibenden Angebotes, einer gewissen Preisstabilität und einer problemlosen Auswahl beim Einkauf. Ein Sonderfall ist die → Hausmarke.

Der Anteil der Markenweine am Markt hat zugenommen. Sie ergänzen das Angebot individueller, von den natürlichen Faktoren mit wechselndem Geschmacksergebnis geprägter Weine als „Weine wie gehabt" und sind vor allem für den weniger weinkundigen Verbraucher geeignet. Markenwein kann jeder → Qualitätsstufe angehören (die auch bei dieser Kategorie anzugeben ist).

Martin-Verfahren. Von Professor Martin an der Universität Nantes entwickeltes, gemeinschaftrechtlich anerkanntes und obergerichtlich bestätigtes Verfahren zum Nachweis der → Anreicherung, besonders der → Zuckerung.

Medium dry → Halbtrocken.

Medizinische Weine. Dies sind Arzneizubereitungen, die durch Ausziehen, Lösen oder Mischen von Arzneimitteln mit Wein hergestellt werden. Sie dienen ausschließlich Heil- und nicht Genußzwecken. Ihre Herstellung richtet sich darum nicht nach dem Weinrecht, sondern nach dem Arzneibuch.

Die medizinischen Weine werden darum auch Arzneiweine genannt. Dazu zählen u. a. Kampferwein, Chinawein, Pepsinwein. Die mit ihnen vor allem erstrebte Förderung von Appetit und Verdauung kann man allerdings oft auch mit „richtigem Wein" erreichen, denn er ist fast immer eine Art Arznei und dient bei mäßigem Genuß der Gesundheit.

Mehrfachbezeichnungen. Von der Rechtsprechung entwickelter Begriff. Spezieller Fall des → Irreführungsverbotes. Ein und derselbe

Wein (der in einem Faß oder in mehreren Gebinden im wesentlichen gleich behandelt wurde) darf nicht unter mehreren, für sich allein erlaubten Bezeichnungen in den Verkehr gebracht werden (so z. B. teils unter einem Einzellage-, teils unter einem Großlagenamen). Dem Verbraucher würde dadurch ein reichhaltiges Sortiment verschiedener Herkünfte, Beschaffenheiten und Qualitäten vorgetäuscht.

Menge-Güte-Gesetz → Ertragsregulierung.

Mengenregulierung → Ertragsregulierung, → Hektarhöchstertrag.

Meßwein. Wein für kultische Zwecke der katholischen Religionsgemeinschaft (hingegen → Abendmahlswein für die evangelischen Religionsgemeinschaften). Anforderungen an die Beschaffenheit regelt die in den einzelnen Erzbistümern geltende Meßweinverordnung des Ständigen Rates der Deutschen Bischofskonferenz. Die Eigenschaft als „vinum naturale" wird danach weder durch Zuckerung noch durch Zusatz von → Süßreserve berührt.

Nur Qualitätswein bestimmter Anbaugebiete ist als Meßwein zugelassen. Meßweinproduzenten und -händler müssen durch das jeweilige Bischöfliche Ordinariat zugelassen sein und eine Verpflichtungserklärung unterschreiben („vereidigter Meßweinlieferant").

Meßwein darf nur an kirchliche Einrichtungen geliefert werden. (Domkapitel, Ordensniederlassungen usw.). Im „weltlichen Verkehr" (Abgabe an Einzelhandel oder Verbraucher) darf ein Wein nicht als „Meßwein" bezeichnet werden.

Méthode champenoise. Hinweis auf die Herstellung von Sekt nach der Flaschengärmethode (Rüttelverfahren, → Flaschengärung). Er war unter bestimmten Voraussetzungen für in Deutschland hergestellten Qualitätsschaumwein b. A. übergangsweise noch bis 31. August 1994 zulässig. Voraussetzung war, daß der Schaumwein durch zweite alkoholische Gärung in der Flasche hergestellt, ab Zubereitung der → Cuvée mindestens neun Monate in demselben Betrieb auf seinem → Trub gelagert und von diesem durch → Degorgieren (Entfernung des Hefepfropfens) getrennt worden war.

Für solchen Schaumwein sind weiterhin diejenigen gleichwertigen Begriffe zulässig, die zuvor neben der Angabe „Méthode champenoise“ verwendet werden mußten, nämlich „Flaschengärung nach dem traditionellen Verfahren“, „traditionelles Verfahren“, „klassische Flaschengärung“ oder „traditionelles klassisches Verfahren“.

Mild. Geschmacksangabe bei Schaumwein. Wahlweise ist auch das Wort „sweet“ gestattet. Der Hinweis setzt voraus, daß der Restzucker mehr als 50 g/l beträgt.

→ Extra herb, → Herb, → Extra trocken, → Halbtrocken.

Mindestmostgewicht. Das ist die Untergrenze an natürlichem Alkoholgehalt (→ Alkoholgehalt, → Mostgewicht), die für die einzelnen → Qualitätsstufen im EG-Recht (für Tafelwein) und in den Verordnungen der weinbautreibenden Länder (für Landwein, Qualitätswein und Qualitätswein mit Prädikat) gesetzlich festgelegt sind (siehe die Graphik S. 93).

Die Mindestmostgewichte werden gemeinschaftrechtlich in % vol Alkohol angegeben, wobei in den Regelungen der weinbautreibenden Länder meistens die (früher in Deutschland allein übliche) Angabe in entsprechenden Grad Oechsle hinzugefügt ist (→ Oechsle).

Das Mostgewicht wird (entgegen der Regelung im EG-Recht nicht bei der jeweils aus dem Weinberg angelieferten einzelnen Partie sondern) im sog. gärfähig befüllten Behältnis „gärfähigen Gebinde“, also nach dem Zusammenschütten der Trauben, bestimmt. Bei → Verschnitten ist das für den namengebenden Anteil vorgeschriebene Mindestmostgewicht maßgebend.

Mißbrauchsprinzip → Verbotsprinzip.

Morio-Muskat. Rebsorte mit weißen Trauben. Kreuzung Silvaner × Weißer Burgunder. Benannt nach dem Züchter der Rebsorte, Landwirtschaftsrat Peter Morio (Geilweilerhof/Pfalz), während der zweite Namensbestandteil auf die Geschmacksart (nicht auf die Traubensorte Muskateller!) hinweist.

Reife Weine von dieser Rebsorte sind elegant bis füllig, bisweilen im Geschmack an Muskatgewürz (Muskateller) erinnernd oder traminerähnlich. Bei ungenügender Reife sowie auf leichten und steinigen Böden ist das Bukett aufdringlich („Lavendelton“) und der Wein hat wenig Körper (was auch für den Rückgang des Anbaus mitursächlich ist).

Der Morio-Muskat ist als Verschnittwein für → Silvaner und → Müller-Thurgau geeignet. Bei Weinkennern ist er nicht sonderlich gelitten.

Im Jahre 1996 betrug der Anteil der Rebsorte an der bestockten Rebfläche 1,4%. Sie wird überwiegend in der Pfalz und in Rheinhessen angebaut.

Moseltaler. Weißer Qualitätswein des Anbaugebietes Mosel-Saar-Ruwer, der folgenden Voraussetzungen genügt: Hergestellt ausschließlich aus Trauben der Rebsorten Riesling, Müller-Thurgau, Elbling oder Kerner, Restzuckergehalt zwischen 15 und 30 g/l und einen als Weinsäure berechneten Gesamtsäuregehalt von mindestens 7 g/l. Die Angabe einer Rebsorte und der Name von Bereich, Gemeinde, Lage ist nicht zulässig.

Most → Traubenmost.

Mostgewicht. Zuckergehalt des Traubenmostes, Ausgangsstadium des Alkoholgehaltes des fertigen Weines.

Das Mostgewicht heißt weinrechtlich „natürlicher Alkoholgehalt". Es läßt sich mit der Mostwaage von → Oechsle oder dem → Refraktometer feststellen. Die ausgewiesene Zahl gibt an, um wieviel Gramm ein Liter Most schwerer ist als ein Liter Wasser bei 20° Celsius.

Für bestimmte → Qualitätsstufen sind bestimmte → Mindestmostgewichte gesetzlich festgelegt, die begriffswesentlich sind und daher nicht unterschritten sein dürfen.

Müllerrebe → Schwarzriesling.

Müller-Thurgau. Rebsorte mit weißen Trauben. Kreuzung Riesling × Gutedel (so die neuere Erkenntnis; früher nahm man an, es sei eine Kreuzung aus Riesling × Silvaner oder eine Selbstkreuzung von Riesling × Riesling). Der Züchter, Professor Hermann Müller aus dem Kanton Thurgau (Schweiz), gab den Namen.

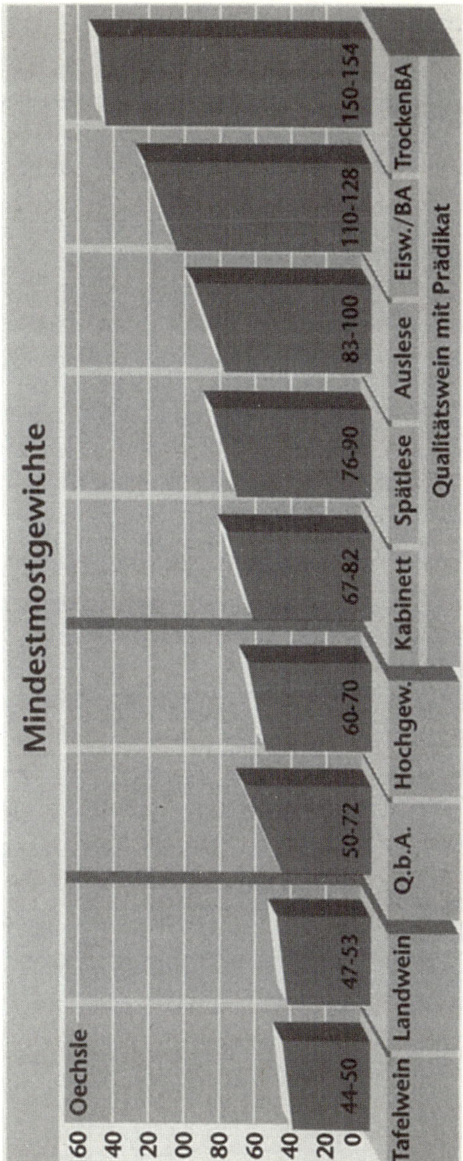

Die Zahlen geben die Streubereiche der Festsetzungen in den weinbautreibenden Bundesländern an.

Älteste Neuzüchtung (1882, aber erst nach 40 Jahren allgemein anerkannt, inzwischen fast eine Standardsorte), zugleich bis 1995 die in Deutschland meistangebaute Rebsorte. Sie ist auf der ganzen Welt verbreitet (insgesamt ca. 50 000 ha) und inzwischen nicht mehr, wie einst, als „Massenträger“ abgetan.

Die früh reifende Rebsorte erbringt frische, leichte, blumige Weine mit zartem, an Wiesenblumen erinnerndem Muskat-Ton. Im Abgang sind sie bisweilen etwas kurz („Schoppenweine“), auf schweren Böden mit sehr sortentypischem Aroma und gelegentlich fremdartigem „Stachelbeerton“.

Wegen ihrer schwachen Säure ergibt diese Rebsorte auch in kleinen und mittleren Jahren ideale „trockene Weine“, die nicht über drei Jahre alt werden sollten (als junger Wein ist der Müller-Thurgau besonders anregend, bei Lagerung verliert er mehr als andere Weine rasch an Frische).

→ Trocken ausgebaut wird der Müller-Thurgau meistens unter dem Synonym „Rivaner“ vermarktet.

Im Jahre 1996 betrug der Anteil der Rebsorte an der bestockten Rebfläche 21,7% (seit diesem Jahrgang ist er, vom Riesling „überrundet“, nur noch die „Nummer 2“ in der Rebsortenfolge). Hauptanbaugebiete sind Rheinhessen, Baden und Pfalz.

N

Nachgärung. Sowohl die langsame Vergärung der letzten Zuckerreste nach der stürmischen Hauptgärung (→ Gärung) als auch eine danach im Frühjahr auf der Flasche auftretende weitere Kohlensäureentwicklung nennt man so. Nachgärung auf der Flasche ist ein Grund zur Reklamation.

Nachlese. Die Ernte der bei der eigentlichen → Traubenlese an den Rebstöcken hängengebliebenen Trauben, mundartlich auch „stoppeln" genannt (vgl. das Wort Stoppelfeld für einen abgeernteten Getreideacker). Früher wurde die Nachlese armen Leuten erlaubt, Kinder verdienten sich ein Taschengeld damit.

Aus den nachgelesenen Trauben wurden oft hochwertige Weine gewonnen, wenn auch in sehr geringen Mengen, man setzte sie anderen Weinen zu. In Zeiten der Übermengenproduktion hat die Nachlese keine Bedeutung mehr, so daß man im November hin und wieder vergessene Traubenhängel in den entlaubten Weinbergen sieht.

Nachmachungsverbot → Kunstwein.

Nachwein → Tresterwein.

Naßzuckerung → Zuckerung.

Natürlicher Alkoholgehalt → Alkoholgehalt, → Mostgewicht, → Mindestmostgewicht.

Natürliche Weinbaubedingungen. Informationen hierüber sind freigestellt. Sie müssen in einem anderen Sichtfeld stehen wie die obligatorischen Angaben, sich auf einen nachprüfbaren Sachverhalt beziehen und in → Weinbuchführung sowie → Begleitpapier eingetragen sein.

Es handelt sich um Hinweise, die (nur) den weinbaulichen Bereich (nicht auch den der nachfolgenden Herstellung) betreffen.

Hierzu gehören z. B. Angaben über die das Anbaugebiet, die Böden des Weinbergs, in dem die Trauben gewachsen sind, die Art der Traubenlese (wie „handgelesen", soweit auch der Einsatz des → Traubenvollernters zulässig ist).

Natur → Naturwein → Ökologischer Weinbau.

Naturwein. Unter dem Weingesetz von 1930 war dies der ungezukkerte Wein. Ihm entspricht seit dem Weingesetz von 1971 der → Qualitätswein mit Prädikat, speziell derjenige mit dem Prädikat → Kabinett, der ebenfalls nicht gezuckert (angereichert) sein darf.

Die Angabe „natur" ist seitdem verboten, weil sie lebensmittelrechtlich auf Nichtvorhandensein von Fremdstoffen hinweist und diese Aussage bei Wein nicht zuträfe (z. B. weil er geschwefelt ist). Auch war die Angabe von Puristen mit überhöhtem Wertgehalt versehen und dadurch vom Verbraucher zum Nachteil sachgemäß verbesserter Weine fälschlich auch so verstanden worden.

Nennvolumen. Der Sollinhalt der Weinflasche. Er muß auf dem → Etikett in Milliliter oder Zentiliter angegeben werden (0,75–1,0 l, → Flaschenmaße). Die früheren 0,7 l-Flaschen werden seit 1. Januar 1992 nicht mehr befüllt und auch nicht mehr als Leergut zurückgenommen. Siehe auch → e (der Inhaltsangabe beifügbares Verpakkungszeichen der EG).

Neuanpflanzung → Anbauregelung.

Neuer Wein →Federweißer.

Neuzuchten → Neuzüchtungen.

Neuzüchtungen. So nennt man pauschal die vor allem nach 1945 neu gezücheteten Rebsorten im Gegensatz zu den klassischen Rebsorten (wie Riesling, Silvaner, Spätburgunder, Portugieser). Die meisten Neuzüchtungen entstammen der Landesanstalt für Rebenzüchtung in Alzey/Rheinhessen (Georg Scheu als Züchter). Sie sind fast immer bukettreicher als die traditionellen Rebsorten, erbringen höhere Mostgewichte als diese und können auch in flachen Lagen angebaut werden (was aber zu erheblicher Ausweitung der Rebfläche und damit zur Vergrößerung des „Weinsees“ führte). Beispiele solcher Neuzüchtungen sind → Faberrebe, Kanzler, Optima, → Ortega, → Scheurebe.

Die Neuzüchtungen erbrachten höhere Gewinne und bereicherten die Rebsortenpalette. Einige erwiesen sich aber als frostanfälliger als die alten Sorten. Auch wurde der Gebietscharakter zugunsten eines oft extremen Sortentyps, der durch hohe Restzuckergehalte ausbalanciert werden mußte, verwischt.

Etwa seit dem Jahre 1985 geht die Tendenz zu einer Reduzierung der Neuzüchtungen auf bewährte Sorten und einer Rückbesinnung auf klassische Rebsorten, die vorübergehend im Anbau vernachlässigt worden waren.

Solange eine Neuzüchtung nicht klassifiziert, sondern ihre Anbaueignung noch geprüft wird, kann Wein aus solchen Versuchen als Qualitätswein oder Qualitätswein mit Prädikat eingestuft werden, wenn ein Zeugnis der den Versuch überwachenden Behörde über die Einhaltung der hierfür festgelegten Bedingungen vorgelegt wird. Dann und wenn der Anbau nur für eine begrenzte Versuchsfläche genehmigt wurde, darf die Rebsorte auf dem Etikett angegeben werden, jedoch nur mit dem Zusatz „aus Versuchsanbau“.

O

Obstwein → Weinähnliche Getränke.

Oechsle. Der Zuckergehalt von Traubenmost (das → Mostgewicht) wurde früher allgemein in Grad Oechsle angegeben. Die Oechslegrade zeigen an, um wieviel Gramm ein Liter Most bei 20° Celsius schwerer ist als ein Liter Wasser.

Der Begriff hat nichts mit dem Ochsen zu tun, sondern geht auf Christian Ferdinand Oechsle zurück (falsch daher die häufig anzutreffende Schreibweise „Öchsle"). Dieser war Goldschmied, Bijoutier und Inhaber einer mechanischen Werkstätte in Pforzheim, in der er pharmazeutische und physikalische Instrumente herstellte (1774–1852).

Oechsle produzierte die 1827 erstmals erwähnte, nach ihm benannte Mostwaage in größerer Anzahl für die Weingärtner (der „Erfinder" war er nicht) und brachte die Gradeinteilung nach dem spezifischen Gewicht an.

Die Oechslewaage besteht aus einem zylindrischen Glas, in das der Most gefüllt wurde, und einer gläsernen, im Unterteil beschwerten und mit einer Skala versehenen Spindel. War sie in den Most eingetaucht, konnte das Mostgewicht abgelesen werden.

Die EG-Weinmarktordnung ersetzte die Angabe in Oechslegraden durch die in den romanischen Weinbauländern übliche Angabe in Alkoholgraden (Volumenprozent = % vol). Die für die einzelnen Qualitätsgruppen von den Landesregierungen festgesetzten natürlichen Mindestalkoholgehalte werden in den Verordnungen seitdem zwar in % vol Alkohol beziffert, daneben stehen aber meistens noch die entsprechenden Oechslegrade.

Für die Bestimmung des Mostgewichtes benutzt man heute fast ausschließlich den → Refraktometer.

Ökologischer Weinbau. Wie der → umweltschonende Weinbau empfiehlt auch der ökologische Weinbau vielfältige Begrünung und biologische Mittel zur Schädlingsbekämpfung, nicht aber die Verwendung von organischem und mineralischem Dünger. Er lehnt die (auch eingeschränkte) Verwendung chemisch-synthetischen Düngers, chemischer Herbizide und Insektizide sowie organischer Fungizide ab, duldet aber den Einsatz von Netzschwefel und - in der Menge auf bis 3 kg/ha beschränkt - Kupferpräparaten. Gefordert wird eine Umstellung des gesamten Betriebs. Ob den Anforderungen genügt wird, kontrollieren unabhängige Kontrollstellen, die aufgrund der EG-Öko-Verordnung einzurichten sind.

Weine aus ökologischem Anbau sind an den Zeichen oder Namen der Öko-Verbände zu erkennen (Bundesverband Ökologischer Weinbau - BÖW -, Bioland, Ecovin, Demeter, Naturland). Der Begriff „Ökowein" ist auf dem Etikett nicht erlaubt, wohl aber der Hinweis auf den ökologischen Weinbau, wenn die hierfür vorgesehenen Kontrollvorschriften eingehalten sind und der Hinweis von den vorgeschriebenen Angaben deutlich getrennt ist.

Ökowein → Ökologischer Weinbau.

Önologische Behandlung. Darunter versteht man die Behandlung von → Erzeugnissen des Weinrechts und die Anwendung von Verfahren auf diese Erzeugnisse zu bestimmten, gesetzlich umgrenzten Zwecken (→Behandeln). Die önologische Behandlung sowie die Anwendung von Verfahren sollen die ordnungsgemäße Weinherstellung und/oder die ordnungsgemäße Haltbarmachung der Erzeugnisse ermöglichen.

Das Ziel aller hierauf gerichteten Regelungen des EG-Weinrechts wie der → Weinverordnung ist, ein bestimmtes Qualitätsniveau sicherzustellen und zugleich, darin eingeschlossen, die Herstellung verfälschter (insbesondere nachgemachter) Erzeugnisse oder solcher, welche die menschliche Gesundheit gefährden könnten, zu verhindern. Diesem Endziel entspricht die Systematik der Gesamtregelungen. Anstelle des Mißbrauchsprinzips ist das Verbot mit Erlaubnisvorbehalt (auch Zulassungsprinzip genannt) gewählt. Dies entspricht der im Lebensmittelrecht üblichen und erlaubten „Vorverlagerung des Strafrechtschutzes".

Es gilt der Programmsatz: Wein darf nur so bereitet werden, daß sein Charakter als Naturerzeugnis, dessen bestimmende stoffliche

Grundlage die frische Weintraube ist, erhalten bleibt. Dies soll nach einer früheren amtlichen Begründung ungeschriebenes, aber tragendes Prinzip aller Bestimmungen sein, die sich mit der Weinherstellung befassen.

Statt „önologische Behandlung“ (was „weinkundlich“, „weinwissenschaftlich“ bedeutet) wurde früher der Begriff „kellerwirtschaftlich“ („Kellerbehandlung“) gebraucht. Sachlich besteht kein Unterschied, nur daß viele der erfaßten Vorgänge heute ebenerdig und nicht mehr „im tiefen Keller“ stattfinden.

Die önologische Behandlung ist Teil der → Weinbereitung. Sowohl der Zusatz von Stoffen als auch die – speziell geregelten – Fälle der → Anreicherung, → Entsäuerung, → Süßung oder → Schwefelung gehören dazu. Im Anhang VI der Weinmarktordnung und ergänzend in Anlagen zur Weinverordnung sind die erlaubten Behandlungen und Verfahren in kaum überschaubarer Vielzahl erschöpfend aufgelistet. Meistens handelt es sich um nichtlösliche, durch Filtration wieder vollständig aus dem Traubenmost oder Wein entfernte Stoffe. Lediglich der aus der → Zuckerung entstandene Alkohol oder die der Haltbarmachung dienende → schweflige Säure verbleiben in gesundheitsneutraler Weise im Erzeugnis (keine „Chemie im Wein“). Einzelne, besonders häufige oder erwähnte Behandlungsstoffe oder -verfahren sind als Stichworte erläutert.

Erzeugnisse, die mit absolut oder relativ (z. B. bei Überschreitung bestimmter Grenzwerte) verbotenen Stoffen oder Verfahren behandelt wurden sind gesetzwidrige, „verfälschte“ Erzeugnisse und damit verkehrsunfähig. Soweit nicht im Einzelfall unter engen Voraussetzungen eine → Ausnahmegenehmigung zur Vermarktung erteilt wird (die z. B. eine Weiterverarbeitung gestattet), müssen sie vernichtet werden. Wer sie trotz Vorschriftswidrigkeit vermarktet macht sich strafbar.

Organoleptische Prüfung. Die Verkostung und Bewertung eines Weines mit den menschlichen Sinnen (daher auch Sinnenprüfung oder Sensorik genannt). Auge (Sehen), Nase (Geruch), Geschmacksorgane sind beteiligt (die Römer nannten Colore, Odore, Sapore als Gegenstand der Prüfung).

Die organoleptische Prüfung wird praktisch angewendet bei der Weinprobe (→ Weinansprache mit vielen charakterisierenden Benennungen), bei der Prüfung im Rahmen der Entscheidung über die Zuteilung einer A. P. Nr. (→ Qualitätsprüfung) bei der Entscheidung über die Verleihung eines Gütezeichens (→ Auszeichnungen), im Rahmen der Weinüberwachung (→ Weinkontrolleur) oder als Beweismittel in Gerichtsverfahren. Auch die → Geschmacksangaben, soweit sie nicht gesetzlich normiert sind, beruhen auf der Sinnenprüfung. Sie ergänzt die chemische Analyse eines Weines.

Originalabfüllung. Begriff des Weingesetzes von 1930, der nicht mehr erlaubt und daher nur noch auf Etiketten aus der Zeit bis 1971 vereinzelt zu finden ist.

Diese Angabe setzte voraus, daß es sich um einen ungezuckerten Wein (→ Natur) handelte, der im Keller des Erzeugers ausgebaut und abgefüllt wurde (→ Erzeugerabfüllung).

Ortega. Rebsorte mit weißen Trauben. Kreuzung Müller-Thurgau × Siegerrebe. Der spanische Philosoph Ortega y Gasset (1883–1955), der sich auch mit weinkulturellen Fragen befaßte, gab den Namen.

Lagerfähige, milde Weine mit fruchtigem, feinem Pfirsich-Muskat-Bukett, harmonisch mit zart-würziger Blume und im Prädikatsbereich feinem → Botrytiston. Bei niedrigen Mostgewichten kann ein gebietsfremdes Bukett auftreten. Sehr früh reifend (→ Federweißer), die Erträge schwanken, Wespen- und Vogelfraß sind häufig.

Im Jahre 1996 betrug der Anteil an der bestockten Rebfläche 1,2%. Hauptsächlich in Rheinhessen angebaut.

Ortsteil. Teil einer (Weinbau-)gemeinde, der zur Kennzeichnung der Herkunft eines Weines benutzt werden darf. Es gelten die für die Angabe des Namens der → Gemeinde bestehenden Regeln.

P

Panschen. Umgangssprachlicher Ausdruck für die Wässerung von Wein (→ Überstreckung). In Medien gelegentlich auch fälschlich für die gesetzlich geregelte Vermischung von Wein (den → Verschnitt) gebraucht.

Passahwein → Koscherer Wein.

Perlwein. Erzeugnis, das aus Tafelwein oder aus Qualitätswein b. A. oder aus zur Gewinnung eines von beiden geeigneten Erzeugnissen hergestellt wird und weitere Voraussetzungen erfüllt. Diese betreffen den → Gesamtalkoholgehalt der verwendeten Erzeugnisse (mindestens 9% vol), den → vorhandenen Alkoholgehalt (mindestens 7% vol), den Überdruck in geschlossenen Behältnissen bei 20° Celsius, bedingt durch gärungseigene Kohlensäure (mindestens 1 bar, höchstens 2,5 bar) und das Behältnisvolumen (höchstens 60 l).

Perlwein ist ein Zwitter zwischen einer eigenen → Weinart und einem durch die geschmacksbestimmende Kohlensäure geprägten Weiterverarbeitungserzeugnis aus Wein.

Die wirtschaftliche Bedeutung des Perlweins, der früher fast nur aus ausländischen Erzeugnissen hergestellt wurde, liegt zum einen in der steuerlichen Besserstellung gegenüber → Schaumwein und zum andern in der Möglichkeit, kleine, alkoholarme Konsumweine in einer einem bestimmten Verbrauchergeschmack ansprechender Weise zu verarbeiten. Die Produktion hat auch in Deutschland wieder zugenommen.

Anzugeben ist die Verkehrsbezeichnung „Perlwein“. Nicht zulässig ist die Angabe „perlender Wein“ oder „Perlwein aus Qualitätswein“. Ferner müssen der → Alkoholgehalt, das → Nennvolumen und der → Abfüller auf dem Etikett stehen.

Weitere Kategorien sind „Perlwein mit zugesetzter Kohlensäure“ (hier ist der Überdruck auf zugesetzte Kohlensäure zurückzuführen) sowie „Qualitätsperlwein b. A.“ (hier sind die amtliche Prüfungsnummer sowie das bestimmte Anbaugebiet, aus dem die verwendeten Trauben stammen, zusätzlich anzugeben).

In allen Fällen sind die Weinartangaben bei Verwendung von Weiß- oder Rotwein adjektivisch dann vorgeschrieben, wenn zur Kennzeichnung der Herkunft keine engere Angabe als das Wort „deutsch" verwendet wird („weißer Perlwein"). Obligatorisch ist auch die Weinartangabe „Rosé" (nicht: „Roséwein"). Die Weinartangabe „Rotling" ist verboten.

Zulässig sind Herkunfts-, Jahrgangs-, Rebsorten- und Geschmacksangaben, letztere allerdings abweichend von den Geschmacksangaben bei Wein abgestuft (trocken = 0–35 g/l, halbtrokken = 33–50 g/l, mild = mehr als 50 g/l Restzucker), desgleichen Hinweise auf zugelassene → Auszeichnungen und Marken.

Prädikatsangaben (→ Qualitätswein mit Prädikat) sind nicht erlaubt.

Phantasiebezeichnungen. Sie sind auf dem → Etikett besonders bei einfachen Weinen, → Markenwein und → Tafelwein beliebt, teilweise auch als Werbezeichen einzelnen Firmen geschützt.

Phantasiebezeichnungen dürfen nicht irreführend sein und besonders keine geographische Herkunft vortäuschen.

Portugieser. Rebsorte mit roten Trauben („Blauer Portugieser"). Die Herkunft des Namens ist ungewiß, der Landesname Portugal hat aber damit nichts zu tun (die Rebsorte ist dort unbekannt). Vermutlich kommt der Portugieser aus Ungarn oder Österreich. In Bad Dürkheim wurde die Rebsorte Mitte des 19. Jahrhunderts erstmals gepflanzt. Pfalz und Rheinhessen sind heute ihre Hauptanbaugebiete.

Der Portugieser gehört zu den frühreifenden Sorten. Er ergibt den „Rotwein für alle Tage" (ähnlich dem Trollinger in Württemberg), ist im allgemeinen, wenn ungedeckt (→ Deckwein), hellrot und hat wenig Bukett, Säure und Alkohol. Ein leichter, geschmacklich neutraler bis verhaltener → Schoppenwein, der sich fast immer im Qualitätsweinbereich bewegt. Spätlesen gibt es nur in sehr guten Jahrgängen.

Trotzdem ist der Portugieser kein „Massenträger", sondern ein gebietstypischer Rotwein. In guten Jahren, wenn die Reben nicht „auf Ertrag geschnitten" wurden (→ Ertragsregulierung) erbringt er aber auf traditionellen Rotweinböden vorzügliche, selbständige Rotweine, die auf „kosmetischen Deckrotweinzusatz" (z. B. des → Dornfelders) verzichten können.

Wegen des Portugieser Weißherbst → Weißherbst.

Im Jahre 1996 betrug der prozentuale Anteil an der bestockten Rebfläche 4,3%.

Potentieller Alkoholgehalt → Alkoholgehalt.

Prädikatswein → Qualitätswein mit Prädikat.

Prädikatsweingüter → Verband Deutscher Prädikats- und Qualitätsweingüter.

Prämiierung → Bundesweinprämiierung, → DLG, → Landweinprämiierung.

Prämiierungsstreifen. Schmale, längliche Etiketten, die schräg auf den Flaschenhals angebracht und in Bronze, Silber oder Gold gehalten sind. Sie weisen auf Prämiierungen bei der → Bundesweinprämiierung oder der → Landesweinprämiierung hin (z. B. mit dem Aufdruck „DLG Silberner Preis 1997 Bundesweinprämiierung Deutsche Landwirtschaftsgesellschaft"). Statt dieser Prämiierungsstreifen können auch Hinweise durch Rechteck oder Punkt (DLG) oder, mit ausdrücklicher Genehmigung, durch Eindruck in das Hauptetikett (Landwirtschaftskammer Rheinland-Pfalz) erfolgen.

Andere Texte, die sich nicht auf eine solche Prämiierung beziehen, besonders werblich-hervorhebender Art, dürfen auf solchen Streifen (in Bronze, Silber oder Gold) nicht angebracht werden, da dies irreführend wäre (Verwechslung mit Prämiierungsstreifen), → (Irreführungsverbot).

Premiumweine. Kein Begriff des Weinrechts und daher auf Etiketten unzulässig. Darunter werden in der Weinfachsprache gehobene Qualitätsweine verstanden, und zwar sowohl solche, die zu den oberen Stufen der → Qualitätsweine mit Prädikat gehören (→ „Spitzenweine"), als auch solche, die mit gesetzlich zugelassenen Gütezeichen und → Auszeichnungen versehen wurden (wie z. B. → Selection) oder vom Erzeuger als besonders herausragende Produkte seines Weinbaubetriebes erachtet werden.

Der Begriff ist der Bierbezeichnung entlehnt und wird vor allem im modernen Weinmarketing des vermeintlichen Wohlklanges wegen benutzt, ist aber entbehrlich.

Primeur. Schon im November auf Flaschen gefüllter, mit großem Werbeaufwand und zu hohen Preisen ab dem dritten Donnerstag im November (Mitternacht) bis Ende Januar verkäuflicher, auch exportierter französischer Rotwein des neuen Jahrgangs aus dem Beaujolais. Die Auslieferung an Händler erfolgt schon vor diesem Zeitpunkt. Wird solcher Wein aber vor diesem Stichtag schon an Verbraucher abgegeben, darf er in Deutschland nicht als „Primeur" bezeichnet werden.

Primeur ist ein nur begrenzt haltbarer, frischer spritziger Wein und eine törichte Modewelle, die dem raschen Absatz zuliebe oft hoffnungsvolle Weine nicht ausreifen läßt, aber dem Trend huldigende Abnehmer findet.

Vgl. zur Anlehnung durch die Bezeichnung „Der Neue" für Deutschen Landwein unter → Landwein.

Probenahme → Weinkontrolleur.

Prüfbehörde → Qualitätsprüfung.

Prüfnummer → Amtliche Prüfungsnummer.

Prüfungsverfahren → Auszeichnungen, → Qualitätsprüfung.

Q

Qualitätsprüfung. Sie ist vom EG-Recht seit 1962 für Wein verpflichtend vorgeschrieben und ein wesentlicher Teil des Systems der „geprüften Qualität“ (auch „Qualität im Glase“ genannt). Es bestimmt das deutsche Weinrecht und ist zusammen mit den daraus folgenden → Qualitätsstufen sein (inzwischen umstrittenes) Kernstück.

Dieses System stellt nicht darauf ab, wo die Trauben gewachsen sind (auf welcher Rebfläche mit welchen Standortvor- oder Nachteilen), sondern ob das daraus gewonnene Produkt, der trinkfertige Wein, bestimmten Qualitativen Anforderungen entspricht. Hierin liegt ein wesentlicher Unterschied zu dem in romanischen Ländern etablierten System der → Ursprungsbezeichnung. Bei dieser ist schon die Herkunft zugleich Qualitätsaussage („geborene Qualität“ statt – wie nach deutschem Recht – „gekorene Qualität“).

Inländischer Wein darf nur dann als → Qualitätswein bzw. als → Qualitätswein mit Prädikat bezeichnet und vermarktet werden, wenn ihm auf Antrag des Vermarkters von der nach Landesrecht zuständigen Prüfbehörde eine → Amtliche Prüfungsnummer und evtl. zugleich ein Prädikat zugeteilt wurde. Die Voraussetzungen für einen positiven Bescheid sind in Weingesetz und Weinverordnung normiert. Die Qualitätseinstufung wird nicht mehr – wie unter früherem Weinrecht (bis zum Weingesetz von 1930) – dem Erzeuger überlassen, sondern seit dem Weinjahrgang 1971 von einer staatlichen Stelle vorgenommmen.

Zuständig für die Entscheidung sind unterschiedliche, staatliche oder halbstaatliche Einrichtungen wie Landwirtschaftskammern, Weinbauämter, Staatliche Weinbauinstitute oder Lehr- und Versuchsanstalten.

Die Prüfbehörde entscheidet anhand des mit dem Antrag vorzulegenden analytischen Untersuchungsbefundes eines zugelassenen Laboratoriums (→ Analysenbuch), der die wichtigsten der weit über 1000 Inhaltsstoffe des Weines betrifft, und des Ergebnisses der sensorischen Bewertung des Weines durch eine unabhängige Prüfungskommission. Diese setzt sich aus erfahrenen Sachverständigen (Weinwirtschaft, Überwachung, Verbraucher) zusammen und bewertet nach dem von der → DLG entwickelten → Fünf-Punkte-Schema (→ Organoleptische Prüfung). Zunächst wird dabei geprüft, ob der Wein in Geruch und Geschmack typisch ist für Herkunft und, soweit angegeben, Rebsorte und Prädikat, ob Farbe und Klarheit seiner Weinart entsprechen, ferner, wie Geruch und Geschmack und deren Harmonie zu werten sind. Die durch 3 geteilte Summe der für diese Faktoren erteilten Punkte ergibt die Qualitätszahl, sie muß mindestens 1,50 betragen.

Die Prüfbehörde entspricht dem Antrag oder lehnt ihn ab oder stuft in eine niedrigere als die beantragte Qualitätsstufe ein (z. B. Kabinett statt Spätlese). Nicht antragsgemäße Entscheidungen kann der Antragsteller anfechten (Widerspruch, danach Klage zum Verwaltungsgericht). Er kann aber auch den Wein nach Ablauf der Widerspruchsfrist erneut zur Prüfung anstellen.

Trägt ein Wein die A. P. Nr. (auf dem → Etikett anzugeben), dann gilt er als gesetzmäßig und damit verkehrsfähig, bis deren Zuteilung bestandskräftig zurückgenommen ist (z. B. weil sich nachträglich Zweifel an der Richtigkeit der Angaben im Antrag ergaben und der Verdacht aufkam, die A. P. Nr. sei erschlichen).

Das Qualitätsprüfungsverfahren wird gleichermaßen durchgeführt für Qualitätsperlwein (→ Perlwein), Qualitätslikörwein (→ Likörwein), Qualitätsschaumwein (→ Schaumwein), → Sekt und Deutschen Weinbrand (→ Branntwein).

Qualitätswein garantierten Ursprungs. Wenig gelungener Begriff des Weingesetzes von 1994 (abgekürzt QgU). Es ist dies ein → Qualitätswein b. A. mit einheitlichem Geschmackstyp, der besondere, von den Landesregierungen festzulegende Erzeugungsvorschriften sowie sensorische und analytische Anforderungen erfüllt.

Als Bezeichnungen kommen Ortsteil-, Gemeinde-, Lage- und Bereichsnamen in Betracht, die bei entsprechender Reservierung für einen QgU für andere Weine nicht mehr benutzt werden dürfen.

Der QgU ist ein Ursprungswein, gekennzeichnet durch die Verbindung von Herkunft und Geschmackstyp, angelehnt an ausländische Großraumbezeichnungen wie „Chablis“. Ursprünglich als Ersatz für die → Großlagen gedacht, sollten damit je nach Bedarf der Erzeuger und der unterstellten Kaufvorstellungen der Weintrinker, Weintypen geschaffen werden, die eine bestimmte Geschmackserinnerung mit einfacher, einprägsamer Bezeichnung und ausreichendem, gleichbleibendem Angebot verbinden. Dadurch sollte Absatzschwierigkeiten der Weinwirtschaft abgeholfen werden.

Ob dieses Marktziel erreicht werden kann ist zweifelhaft. In der Praxis ist das Konzept bisher kaum umgesetzt (nur an der Obermosel und im Ruwertal). Die Herkunft der „herkömmlichen" Qualitätsweine ist nicht weniger „garantiert". Auch ist der QgU kein Qualitätswein gehobener Art. Daß beides trotzdem in der neuen Bezeichnung anklingt, wird als irreführend empfunden.

Qualitätsstufen. Die deutschen Weine sind in 3 Qualitätsstufen (Weingruppen, gelegentlich auch „Güteklassen" genannt) eingeteilt: Deutscher Tafelwein (→ Tafelwein) einschließlich → Landwein, Qualitätswein b. A., Qualitätswein mit Prädikat. Diese Gruppeneinteilung ist (in Verbindung mit der → Qualitätsprüfung) das Kernstück des deutschen Weingesetzes (seit 1971), sie bestimmt dessen Struktur. Sie ist als Anreiz zur Qualitätssteigerung (für den Winzer) und als Orientierungshilfe beim Einkauf (für den Verbraucher) gedacht.

In welche Gruppe ein Wein einzustufen ist, richtet sich nach dem → Mostgewicht (natürlicher Alkoholgehalt; → Mindestmostgewicht), bei Qualitätswein erfolgt die Zuordnung durch die Prüfstelle.

Im Durchschnitt der Weinjahre 1985–1995 ergaben sich für diese drei Weingruppen folgende Anteile an der Weinerntemenge: Tafelwein 1,4%, Qualitätswein b. A. 56,4%, Qualitätswein mit Prädikat 2,2% (nach: Daten und Fakten zum Weinmarkt 1996).

Die Qualitätsstufe ist auf dem → Etikett anzugeben.

Gleichstellung der Qualitätsstufen

Frankreich	Deutschland	Italien
Tafelwein		
Vin de table	Tafelwein	Vino da tavola
		Vino da tavola con indicazione geografica
Vin de pays	Landwein	Vino tipico
Qualitätswein		
VDQS Vin délimité de qualité supérieure	Qualitätswein bestimmter Anbaugebiete (b.A.)	DOC Denominazione di origine controllata
	Qualitätswein mit Prädikat	Classico superiore riserva
AOC Appellation d'origine contrôlée		Denominazione di controllata e garantita

Qualitätswein (b. A.). Ein solcher Wein muß aus geeigneten (empfohlenen oder zugelassenen) → Rebsorten stammen. Die Trauben müssen in einem der 13 bestimmten → Anbaugebiete geerntet und grundsätzlich dort zu Qualitätswein verarbeitet sein, ausgenommen → Süßung und → Abfüllung. Ein „Gebietsverschnitt" (Verschnitt von Qualitätsweinen verschiedener Anbaugebiete) ist ausgeschlossen.

Der Wein muß frei von Fehlern und für die angegebene Herkunft (→ Herkunftsangaben) und Rebsorte typisch sein (→ Qualitätsprüfung).

Je Anbaugebiet und Rebsorten sind bestimmte Mindestwerte für das Mostgewicht (→ Mindestmostgewichte) festgesetzt (zwischen 50° und 72° Oechsle), diese müssen eingehalten sein. Der vorhandene Alkoholgehalt (→ Alkoholgehalt) muß mindestens 7% vol

(56 g/l) und der Gesamtalkoholgehalt mindestens 9% vol (71 g/l) betragen. Konzentrierter Traubenmost darf nicht zugesetzt und eine Konzentrierung nicht vorgenommen sein (→ Anreicherung).

Höhere Anforderungen werden an → Qualitätswein mit Prädikat gestellt.

Der Hinweis „Qualitätswein" oder „Qualitätswein b. A." (bezeichnungsrechtlich identische Begriffe) und die → A. P. Nr. sind auf dem Etikett anzugeben, ebenso das bestimmte Anbaugebiet.

Vorgeschrieben sind ferner die üblichen Hinweise auf Abfüller, Nennvolumen, vorhandenen Alkoholgehalt (→ Etikett, auch zu den wahlweisen Angaben).

Qualitätswein mit Prädikat. Dies ist die höchste Stufe in der Weingruppierung (→ Qualitätsstufe). Zusätzlich zu den Anforderungen an einen → Qualitätswein (ohne Prädikat) müssen sämtliche Trauben im selben → Bereich geerntet sein (also auch bei einem → Verschnitt), ausgenommen die zur Herstellung der → Süßreserve verwendeten.

Außerdem darf ein so bezeichneter Wein nicht angereichert (→ Anreicherung) sein. Es handelt sich um diejenigen Weine, die unter dem WeinG 1930 als „natur" bezeichnet werden durften (→ Naturwein).

Die Prädikate (nach der → Qualitätsprüfung zuzuerkennen, wenn die Merkmale erfüllt sind): → Kabinett, → Spätlese, → Auslese, → Beerenauslese, → Trockenbeerenauslese, → Eiswein.

Die natürlichen Mindestalkoholgehalte sind für Qualitätswein mit Prädikat in den weinbautreibenden Ländern nach den einzelnen Prädikaten und innerhalb dieser nochmals abgestuft. Der Wein muß einen vorhandenen Alkoholgehalt von mindestens 7% vol und einen Gesamtalkoholgehalt von mindestens 9% vol aufweisen. Unterschiedlich sind auch die Anforderungen an die Beschaffenheit des Lesegutes (der Trauben) bei der Ernte (Reifezustand), siehe bei den einzelnen Prädikat-Stichworten.

Damit sie sich im Faß oder Tank entwickeln können, dürfen Qualitätsweine mit Prädikat nicht vor bestimmten Stichtagen abgefüllt abgegeben werden: → Kabinettwein nicht vor dem 1. Januar nach der Traubenernte, alle anderen Prädikatsweine nicht vor dem 1. März.

Wegen der auf dem Etikett vorgeschriebenen Angaben vgl. unter → Qualitätswein (hier kommt noch das zugeteilte Prädikat hinzu) und → Etikett.

Qualitätsweinprüfung → Qualitätsprüfung.

R

Rappen. Die Kämme (Stiele) der Weintraube. Während heute fast allgemein bei der Rotweinbereitung die Trauben entrappt (von Stielen und Kämmen getrennt) und nur die Maischen vergoren werden (→ Maischegärung), wurde früher „auf den Rappen gären lassen" (mit der Folge eines höheren Gerbstoffgehaltes im Wein).

Rebenzüchtung → Klon, → Neuzüchtungen, → Rebsorte.

Rebsorte. Die Rebsorte ist einer der Faktoren, die Qualität und Geschmack eines Weines beeinflussen (daneben vor allem Bodenart, Klima und Behandlung durch den Erzeuger, → Ausbau). Für die Züchtung einer neuen Rebsorte werden rund 30 Jahre benötigt. Die Idealrebe soll folgende Eigenschaften haben: Gute Bodenanpassungsfähigkeit, einfache Erziehungsart, Ertragstreue (= wenig schwankende jährliche Erträge), frühe Reife (bei hohem Mostgewicht und reifer Säure), guter Wuchs, gute Holzreife, Unempfindlichkeit gegen Frost, kein Verrieseln (= Abfallen) der Rebblüte.

Ursprünglich stand die Steigerung der Erträge und die Entwicklung neuer Sorten im Vordergrund. Heute ist es Hauptziel der → Rebenzüchtung, die Widerstandskraft der Reben gegenüber Rebschädlingen zu steigern und damit den Bedarf an Pflanzenschutzmitteln weiter zu senken (Umweltschutz). Auch wird die Zulassung pilzresistenter Sorten erstrebt.

Die Kreuzungszüchtung befaßt sich mit Züchtung und Prüfung neuer, leistungsfähiger Rebsorten. Die Auslesezüchtung hat die Erhaltung geschützter Sorten und die Schaffung neuer → Klone zum Ziel.

Sortennamen gibt es für geschützte Sorten (Ursprungszüchter bekannt und Sorte noch in die Sortenschutzrolle eingetragen, Dauer 25 Jahre ab Eintragung) und für nicht geschützte Sorten.

Das EG-Recht klassifiziert die Rebsorten in 3 Gruppen (→ Klassifizierung) und ordnet diese den Regierungsbezirken der deutschen weinbautreibenden Länder zu. Die Rebsortenlisten der weinbautreibenden Länder Deutschlands sind hierauf gestützt. Eine Sonderstellung haben Rebsorten im Versuchsanbau (→ Neuzüchtungen, → Versuche).

Rebsortenangabe. Welche Namen von → Rebsorten (einschließlich der gleichwertigen Synonyme) im Handel mit Wein ausschließlich zulässig sind, ergibt sich aus Anhang III der Ausführungsverordnung zur EG-Weinbezeichnungs-Verordnung. Dadurch ist auch die Schreibweise festgelegt (z. B. „Silvaner" statt der – früher üblichen – Schreibweise „Sylvaner").

Nach der Zeit, in der sie gezüchtet wurden, unterscheidet man außerhalb der weinrechtlichen Einteilung klassische (traditionelle) Rebsorten und → Neuzüchtungen. Auf dem Etikett darf die Rebsorte angegeben werden. Vorgeschrieben ist dies nicht, bei Qualitätswein aber die Regel. Ein → Verschnitt mit anderen als der angegebenen Rebsorte ist zulässig. Jedoch müssen mindestens 85% der namengebenden Rebsorte in der Mischung enthalten sein. Bei Süßung darf der Fremdanteil einschließlich der Süßreserve 25% betragen. Ferner muß die namengebende Rebsorte den Charakter des Weines bestimmen, bei der Verkostung also erkennbar sein (→ Organoleptik).

Es dürfen auch (höchstens) zwei Rebsorten angegeben werden. Dann muß der Wein aber, mit Ausnahme einer eventuell zugesetzten → Süßreserve, vollständig aus diesen beiden Rebsorten hergestellt und darf kein anderer Anteil enthalten sein. Die beiden Rebsorten sind in diesem Fall in absteigender Folge nach ihrem Mengenanteil anzugeben.

Für Rebsorten im Versuchsanbau (nicht klassifiziert) besteht bezüglich der Angabe auf dem Etikett eine Sonderregelung (→ Neuzüchtungen).

Auf dem → Rückenetikett können Informationen zu den verwendeten Rebsorten gegeben werden. Dies ist auch zulässig, wenn es sich um 3 oder mehr Rebsorten handelt, sofern die angegebenen Sorten mindestens 85% der insgesamt verwendeten Rebsorten ausmachen. (Vgl. hierzu die Erläuterung der wichtigsten Rebsorten in diesem Ratgeber.)

Rebsortenwein. Kein weinrechtlicher, sondern ein Marketingbegriff. Man versteht darunter solche → Qualitätsweine, bei denen die

Rebsorte als einprägsames Merkmal besonders hervorgehoben wird. Auf engere Herkunftsangaben (wie → Lagenamen) wird dann meistens verzichtet oder sie treten auf dem Etikett optisch zurück.

Auf diese Art kann eine besonders gebietstypische Rebsorte herausgestellt und bewußt gemacht werden.

Refraktometer. Optisches, fernrohrähnliches Gerät zur Bestimmung des → Mostgewichtes reifender Trauben im Weinberg. Dabei wird die Lichtbrechung gemessen und so der Zuckergehalt auf einer Meßskala abgelesen.

Reiner Satz. Anbau nur einer Rebsorte im Weinberg zur Erzeugung sortenreiner Weine, die allenfalls untereinander zur Geschmacksabrundung einem → Verschnitt unterzogen werden. Den früher auch üblichen „gemischten Satz“ gibt es nicht mehr.

Reinheitsanforderungen. Sie sind Voraussetzung für die Verwendung bestimmter → Behandlungsstoffe und im EG-Recht sowie in der Anlage 2 zur → Weinverordnung enthalten (z. B. bezüglich der Beschaffenheit von Kaliumbitartrat, Speisegelatine, → Bentonit, → Aktivkohle, → Saccharose).

Reisebedarf → Einfuhr.

Rektifiziertes Traubenmostkonzentrat. Ein konzentrierter Traubenmost, dem die Nichtzuckerstoffe und Säure vor allem durch Behandlung mit Austauschern und Aktivkohle entzogen sind. Diese wäßrige, sirupartige Lösung von Trauben- und Fruchtzucker, in der Praxis abgekürzt RTK, ist im Anhang zur Weinmarktordnung ausführlich definiert. Es muß u. a. aus Traubenmost hervorgegangen sein, der mindestens den natürlichen → Mindestalkoholgehalt aufgewiesen hat, der für die Weinbauzone gilt, in der die Trauben geerntet wurden. Ein → vorhandener Alkoholgehalt des RTK von bis zu 1 % vol wird geduldet. Das Erzeugnis ist geeignet, den Alkoholgehalt eines Weines zu erhöhen und die übliche → Zuckerung zu ersetzen (→ Anreicherung). Als Mittel hierzu ist RTK erlaubt bei frischen Weintrauben, Traubenmost, teilweise gegorenem Traubenmost oder Jungwein, und zwar seit 1989 sowohl auf der Qualitäts- wie auf der

Landweinstufe. Jedoch wird der von der EG erstrebte Ersatz der Zugabe von Saccharose durch die Zugabe von RTK (weineigene Stoffe statt „Rübenzuckers") von Deutschland abgelehnt, weil RTK teurer, der Zusatz aufwendiger und im Wein schwieriger als Zucker nachzuweisen ist (Fälle unzulässiger Behandlung), das Volumen stärker vermehrt wird (auch Wasser) und dadurch Überschußprobleme des Tafelweinsektors in südlichen Weinbauländern (z. B. Sizilien) zu Lasten des Qualitätsweinsektors nördlicher Weinbaugebiete gelöst würden.

Religiöse Zwecke → Abendmahlswein, → Koscherer Wein, → Meßwein.

Restextrakt → Extrakt.

Restsüße →Restzucker.

Restzucker. Der Begriff ist gleichbedeutend mit „Restsüße", beide werden in der Praxis gebraucht. Er betrifft den unvergorenen, aus Weintrauben stammenden Zucker im Wein. Dieser kann auf natürlichem Wege entstehen (bzw. verbleiben), weil Traubenmoste mit hohen Zuckergehalten (Mostgewichten) nur unvollständig vergären. (Beispiele: → Auslesen, → Beerenauslesen, → Trockenbeerenauslesen).

Restzucker kann aber auch kellertechnisch „gezielt" herbeigeführt werden, um bestimmten Geschmacksvorstellungen des Verbrauchers zu entsprechen und dadurch den Weinabsatz zu fördern (→ Süßreserve, → Süßung). Dies kann zum einen durch Unterbrechung der Gärung (Kälte, Wärme, Filtration), zum andern dadurch geschehen, daß unvergorener Traubenmost (→ Süßreserve) zugesetzt wird.

Im zweiten Fall handelt es sich eigentlich nicht um restlichen (verbliebenen) ursprünglichen Zucker aus der Traube desselben Erzeugnisses, sondern um einen durch Traubenmost nachträglich zugesetzten, unvergorenen (traubeneigenen) Zucker. Der Ausdruck „Restzucker" oder „Restsüße" ist aber für beide Fälle branchenüblich und auch vom Gesetzgeber übernommen.

Der für den Zusatz verwendete Traubenmost heißt „Süßreserve" oder „Dosage" (ein auch bei Schaumwein verwendeter Begriff).

Der Restzuckergehalt im Wein kann von den einzelnen Landesregierungen beschränkt werden, was aber (abweichend von früherem Recht) nur vereinzelt geschehen ist (so in Bayern). Jedoch kann der Restzuckergehalt kraft Gesetzes für bestimmte Bezeichnungen begrenzt sein: So für → Landwein oder → Moseltaler. Auch die Satzungen für die Verleihung bestimmter Gütezeichen (→ Auszeichnungen) enthalten solche Beschränkungen.

Der analytisch festgestellte Restzuckergehalt kann auf zweifache Weise kenntlich gemacht werden: Zum einen durch die Angabe in g/l auf Preisliste oder Etikett, zum andern durch eine der Geschmacksangaben → trocken, → halbtrocken, → lieblich, → süß, die an bestimmte Restzuckergehalte gebunden sind.

Während Weine aus → Neuzüchtungen wegen ihres ausgeprägten Buketts („Parfum") eine bewußt herbeigeführte (sog. „dienende") Restsüße vertragen können, kommt sie bei Weinen aus klassischen Rebsorten mehr den Geschmackserwartungen weniger weinkundiger Konsumenten entgegen und ist sie bei Rotwein fast indiskutabel.

Bei diesem Thema scheiden sich die Geister, wenngleich eine Bevormundung unangebracht ist. Wird allerdings eine geographische Herkunft auf dem → Etikett angegeben, so muß der Wein für diese typisch und darf die Rebsortenart nicht durch Restsüße überdeckt sein. Andernfalls ist die → A. P. Nr. zu versagen (in der Praxis wird dies teilweise großzügig gehandhabt).

Riesling. („Weißer Riesling"). Rebsorte mit weißen Trauben. Namensherkunft ungewiß (Deutungen sind u. a.: „Edles Reis = oder „Röslein" oder Hinweis auf die Neigung der Blüte zum Durchrieseln oder aus dem Wortstamm „rus" = dunkles Rebholz oder von „Räuchling" wegen seines Rauchgeschmackes).

Auf geeigneten Böden (also nicht überall, wie oft angenommen wird) bringt die Rebe Spitzengewächse mit idealem Verhältnis von Süße, feiner Frucht und Säure, elegant, nervig, mit viel Spiel. Die Säure ist bei der Ernte sehr hoch, bei längerer Lagerzeit (!) verringert sie sich. Rieslingweine jung zu trinken ist kaum verantwortbar. Sie sind außerdem lange haltbar und auch nach vielen Jahren noch beeindruckend.

Trotz einiger „Schwächen" (späte Reife, Witterungsempfindlichkeit u. a.), die zur Suche nach „Ersatz" führten (u. a. → Kerner), ist der Riesling der „König der Weine“ und hat den Ruf deutscher Weißweine in der Welt begründet. Charakteristisch ist die grünliche Farbe des Weines. Im Jahre 1996 betrug der Rebsortenanteil des Rieslings an der bestockten Rebfläche 21,9%, womit er auf die erste Stelle vorrückte, die lange der → Müller-Thurgau einnahm. Er ist in der ganzen Welt, vor allem in Mitteleuropa, verbreitet.

Riesling-Hochgewächs. Weißer Qualitätswein, der ausschließlich aus Rieslingtrauben hergestellt worden ist und dessen Most einen natürlichen Alkoholgehalt (→ Alkoholgehalt) aufgewiesen hat, der mindestens 1,5% vol über dem für das betreffende bestimmte Anbaugebiet oder dessen Teil festgelegten natürlichen Mindestalkohol liegt. Außerdem muß der Wein in der amtlichen → Qualitätsprüfung eine Qualitätszahl von mindestens 5,0 erreicht haben.

Praktisch ist die Bezeichnung fast nur auf das Anbaugebiet Mosel-Saar-Ruwer begrenzt.

Rivaner → Müller-Thurgau.

Rodung. Vollständige Beseitigung der Rebstöcke, die sich auf einem mit Reben bepflanzten Grundstück befinden. Das „Aushauen eines Weinbergs“ kann freiwillig (Überalterung der Rebstöcke; der Marktlage entsprechende Anpflanzung anderer Rebsorten usw.) oder auf behördliche Anordnung hin (ungenehmigte Rebanlagen, → Anbauregelung) geschehen.

Eine ordnungsgemäß gemeldete Rodung hat Bedeutung für die Entstehung des Rechts auf → Wiederbepflanzung.

Roséwein. Ein aus roten Trauben hergestellter Wein von blaß- bis hellroter Farbe. Die Weinart wird durch die Worte „Roséwein“ oder „Rosé“ kenntlich gemacht, dies ist obligatorisch.

Ist der Roséwein ein Qualitätswein und ausschließlich durch Hellkelterung aus Trauben gewonnen, die von einer einzigen Rebsorte stammen, so darf die Angabe „Weißherbst“ stattdessen verwendet werden. Wird Roséwein mit Rotwein verschnitten, so entscheidet die Farbe des Endproduktes, ob dieses bezeichnet werden darf als Roséwein (blaß- bis hellrote Farbe) oder als Rotwein (dunkelrote Farbe).

Rosinen. Aus ihnen darf kein Wein hergestellt werden, wohl aber aus den rosinenartig („weitgehend“) eingeschrumpften edelfaulen Beeren einer Traube (→ Trockenbeerenauslese).

Rotling. Ein Wein von blaß- bis hellroter Farbe, hergestellt durch Verschnitt von Weißweintrauben, auch gemaischt (→ Maische), mit Rotweintrauben, auch gemaischt. Es ist dies der einzige Fall eines erlaubten Rot-Weiß-Verschnittes vor der „Weinwerdung“ (dann ist er verboten).

Die praktische Bedeutung des Rotlings ist gering, seine Herstellung ist im wesentlichen auf Württemberg beschränkt.

Eine herkunftsgebundene Variante des Rotling ist der → „Badisch Rotgold Grauburgunder und Spätburgunder“.

Rotwein. Eine der → Weinarten. Zu den Rebsorten, aus denen Rotwein gewonnen wird, gehören → Dornfelder, → Portugieser, → Schwarzriesling, → Spätburgunder, → Trollinger u. a.

Der Anteil der roten Traubensorten an der bestockten Rebfläche ist durch stark gestiegene Verbrauchernachfrage (er sei nach wissenschaftlichen Erkenntnissen der Gesundheit besonders förderlich) erheblich angestiegen und betrug im Jahre 1996 rund 20%.

Rot-Weiß-Verschnitt. Verbotener → Verschnitt. Ausnahme, auf den Verschnitt roter und weißer Trauben beschränkt: → Rotling und → Schillerwein als traditionelle Weinarten.

Rückenetikett. Bestimmte erlaubte Angaben (diese stehen in der Regel auf der Schauseite der Weinflasche, dem sog. Hauptetikett → Etikett) dürfen nicht neben den vorgeschriebenen Angaben, angebracht werden, sondern nur auf dem kleineren, auf der entgegengesetzten Seite der Flasche angebrachten Rückenetikett. Dort sind Hinweise auf Analysenwerte für → Diabetiker zulässig, ferner Angaben über die „natürlichen Weinbaubedingungen“, soweit sie nachprüfbar sind (z. B. Boden, Rebsorte, Lese usw.). Man findet dort auch Empfehlungen für den Verbraucher über die Art der Verwendung des Weines (z. B. die Trinktemperatur oder zu welchen Speisen besonders geeignet), Hinweise zur Unschädlichkeit von → Weinstein am Boden der Flasche, zur Eignung als → Meßwein oder über die Art der Lagerung des Weines.

Auch auf dem Rückenetikett ist nicht jede Erläuterung zulässig, wenn sie auch noch so informativ ist. Das Weinrecht nennt einen engen Katalog, um die Etikettierung übersichtlich zu erhalten (→ Verbotsprinzip).

Rückstandsbeobachtung. Um frühzeitig Gesundheitsgefährdungen erkennen und Risiken abschätzen zu können, sind auch Trauben der Rückstandskontrolle (Beobachtung, Messung, Bewertung gesundheitlich unerwünschter Stoffe, besonders Schädlingsbekämpfungsmittel) unterworfen. Die Bestimmungen des Lebensmittel- und Bedarfsgegenständegesetzes und die Rückstandshöchstmengen-Verordnung finden Anwendung.

Rückverbesserung. Kein gesetzestechnischer, aber gebräuchlicher Begriff für den → Verschnitt eines → vorschriftswidrigen Erzeugnisses mit einem gesetzmäßigen Erzeugnis, um so die erlaubte Beschaffenheit und damit die Verkehrsfähigkeit der Mischung zu erreichen. Sie ist grundsätzlich verboten, um der Gefahr von Manipulationen zu begegnen. Nur im Einzelfall kann zur Vermeidung unbilliger Härten bei gesundheitlicher Unbedenklichkeit und geringer Abweichung von den Vorschriften eine bestimmte Verwendung oder Verwertung durch → Ausnahmegenehmigung gestattet werden.

Soweit es für den zulässigen Höchstgehalt an bestimmten (erlaubten) Stoffen erst auf den Zeitpunkt des Antrags auf Erteilung der → A. P. Nr. (Qualitätswein, → Qualitätsprüfung) oder (wie in der Regel) des → Inverkehrbringens ankommt sind jedoch vorherige Mischungen zu dem Zweck, den Grenzwert nicht zu überschreiten, zulässig (so z. B. bezüglich des Gehaltes an → schwefliger Säure und – anders als unter früherem Recht – der Obergrenzen der → Anreicherung).

Rückverschnitt → Rückverbesserung.

Rüttelverfahren → Flaschengärung.

Ruländer. Rebsorte mit weißen Trauben („Grauer Burgunder", „Pinot gris", „Tokay d'Alsace" – aber nicht aus Ungarn –). Benannt nach dem Kaufmann (Apotheker?) Johann Seger Ruland, der diese

Rebe 1711 aus Burgund nach Deutschland gebracht und vermehrt haben soll.

Sehr alkohol- und extraktreiche Weine, in trockenen Jahren wegen zu geringer Säure plump, bei zuviel Süße gar pappig. Bei hohen Mostgewichten sind Fülle und Saft eines Ruländers und sein unverkennbares, honigartiges Sortenbukett beeindruckend. Auffällig ist die goldgelbe Farbe (kein Hinweis auf das Alter). Hauptsächlich wird der Ruländer am Kaiserstuhl und im Markgräflerland angebaut.

Trocken ausgebaut kommt der Wein meistens unter dem Synonym „Grauer Burgunder" auf den Markt, das sich bei den Weintrinkern als attraktiver erwiesen hat. Bestockte Rebfläche 1996 = 2,4%. Hauptsächlich in Baden (Kaiserstuhl, Markgräflerland), in der Pfalz und in Rheinhessen, außerhalb Deutschlands in Norditalien, Frankreich und Österreich angebaut.

S

Saccharose → Anreicherung, → Zuckerung.

Säuerung. Im deutschen Weinanbaugebiet unzulässig, nur in den → Weinbauzonen C II, C III a und C III b gestattet. Die in Deutschland wachsenden Weine weisen eher einen Überschuß (Säure, → Entsäuerung, → Anreicherung) als einen Mangel an Säure auf. In südlichen Ländern fehlt dem Wein hingegen oft die zur Stabilisierung notwendige Säure.

Nicht zur Säuerung, sondern „im Hinblick auf den Ausbau des Weines" erlaubt ist hingegen der Zusatz von Zitronensäure, wenn der endgültige Gehalt des behandelten Weines (auch Schaumweines) nicht mehr als 1 g/l davon aufweist. Der Zusatz soll nachträgliche Metalltrübungen oder Kristallausscheidungen durch die bindende Wirkung der Zitronensäure verhindern.

Säure. Die Gesamtsäure eines Traubenmostes beträgt normal bei Weißweinsorten 8–10 g/l, bei Rotweinsorten 6–8 g/l. Sie setzt sich zusammen aus Weinsäure, Äpfelsäure (nicht: Apfelsäure) sowie Milchsäure, Bernsteinsäure und geringen Mengen Essigsäuren (wenn zuviel davon vorhanden ist, hat der Wein einen Essigstich).

Weinsäure ist das „Rückgrat" eines Weines. Sie prägt seinen Geschmack mit und ist mitbestimmend für seine Haltbarkeit (Lagerung, → Säuerung). Ihr Verhältnis zum → Alkoholgehalt ist neben anderen Faktoren ein wesentlicher Teil der Harmonie eines Weines, wie sie sensorisch erfaßbar ist.

Der Anteil der Weinsäure hängt auch von der Rebsorte ab. In unreifen Weinen überwiegt die Äpfelsäure. In schlechten Jahrgängen vorhandene übermäßige Säure darf in gesetzlich beschränktem Umfang entfernt (→ Entsäuerung) oder im Geschmackseindruck gemindert werden (→ Anreicherung, → Verschnitt). Mit den Jahren baut sich die Säure „biologisch" (auf natürlichem Wege) ab. Daher sollte man Weine, die rebsortenbedingt zunächst hohe Säurewerte aufweisen (wie z. B. → Riesling) in den ersten 1–2 Jahren noch nicht trinken, sondern ruhen lassen, bis ein harmonisches Verhältnis erreicht ist.

Man spricht (positiv) von reifer, fruchtiger Säure und (negativ) von unreifer, grasiger Säure (→ Weinansprache). Säurereiche Weine sind älteren Menschen zur Förderung der Verdauung zu empfehlen. Süße Weine haben gegenteiligen Effekt.

Der Gehalt eines Weines an Weinsäure darf (leider) nicht auf dem → Etikett angegeben werden, sondern nur auf Weinpreisliste und Weinkarte (im Gegensatz zum → Alkoholgehalt, der anzugeben ist, und dem Gehalt an → Restzucker, der angegeben werden darf).

Sangria → Aromatisiertes weinhaltiges Getränk.

Schatzkammer. Ein „Wein aus der Schatzkammer" wurde in abgetrennten, gelegentlich auch besonders gesicherten Räumen eines Weinkellers gelagert. Es handelt sich um besonders hochwertige, kaum bezahlbare Kreszenzen, der Stolz ihrer Erzeuger. Die → DLG veranstaltete einige Jahre eine Raritäten-Trophy, auf der solche Weine unter bestimmten Voraussetzungen nachprämiiert werden konnten. Ein Hinweis auf die Herkunft aus der „Schatzkammer" ist auf dem Etikett aber nicht erlaubt.

Schaumwein. Das durch erste oder zweite alkoholische Gärung von zur Gewinnung von Tafelwein geeigneten frischen Weintrauben oder zur Gewinnung von Tafelwein geeignetem Traubenmost oder zur Gewinnung von Tafelwein geeignetem Wein oder Tafelwein oder Qualitätswein b. A. oder von eingeführtem Wein aus Rebsorten und aus Weinbauzonen, die von Gemeinschaftswein abweichende Merkmale gewährleisten, gewonnene Erzeugnis.

Schaumwein ist durch das beim Öffnen des Behältnisses durch Entweichen von ausschließlich aus der Gärung stammendes Kohlendioxid gekennzeichnet und weist in geschlossenen Behältnissen bei 20° Celsius einen auf gelöstes Kohlendioxid zurückzuführenden Überdruck von mindestens 3 bar auf (begriffswesentliche Kriterien).

Wurde das Kohlendioxid ganz oder teilweise zugesetzt, so handelt es sich um Schaumwein mit zugesetzter Kohlensäure.

Die Schaumweinflasche ist gesetzlich geschützt, wenn auch nicht ausschließlich für Schaumwein reserviert (→ Flaschenformen).

Vorgeschriebene Angaben: Verkehrsbezeichnung („Schaumwein- bzw. „Schaumwein mit zugesetzter Kohlensäure"); → Nennvolumen; → Dosage; → Alkoholgehalt in % vol; Name oder Firma des Herstellers oder in der EG ansässigen Verkäufers oder Importeurs; Firmensitz und Mitgliedstaat; → Loskennzeichnung.

Wahlweise Angaben: → Rebsorte, wenn keine Kohlensäure zugesetzt wurde und der Schaumwein, ausgenommen die zur Füll- und Versanddosage verwendeten Erzeugnisse, → Dosage, wenn sie zu mindestens 85% aus diesen Rebsorten hergestellt ist und sie die Art des Erzeugnisses bestimmt, ferner die Namen zweier oder dreier Rebsorten, wenn der Schaumwein, ausgenommen die Dosage, ausschließlich aus diesen (artbestimmenden und in absteigender Folge anzugebenden) Rebsorten stammt; → Geschmacksangaben (u. a. → brut, extra brut, → dry, → extra dry); sonstige, wenn sie nicht irreführend sind (Mißbrauchsprinzip, → Verbotsprinzip) u. a. Hinweise auf die Farbe oder Weinart.

Wegen Qualitätsschaumwein siehe unter → Sekt.

Schaumweinähnliche Getränke → Weinähnliche Getränke.

Scheurebe. Rebsorte mit weißen Trauben. Kreuzung Silvaner × Riesling (1916 in Alzey gezüchetet, nach ihrem Züchter Georg Scheu benannt). Sie wurde mehrfach umbenannt (1920 Scheurebe, nach 1945 = S 88 [Sämling 88], wegen Anklang an hochgiftiges Pflanzenschutzmittel dann 1956 wieder Scheurebe.

Bewährte Neuzüchtung, überall anzutreffen. Besonders auf Lößböden erbringt sie in guten Jahren und Lagen reife, rassige Weine von hoher Qualität und markanter Säure.

Unverkennbar ist das typische Sortenbukett, das an schwarze Johannisbeeren erinnert. Bei Vollreife ist es dezent und rieslingähnlich, auf schweren Böden, in kleinen Lagen und Jahrgängen gewachsen aber plump-aufdringlich („sticht" geradezu in die Nase). Selbst bei hohen Restzuckergehalten wird das Bukett nicht überdeckt. Auch die Verschnitteignung ergibt sich hieraus.

Bei später Lese werden überdurchschnittliche Prädikatsweine mit reifer Säure und harmonischem Bukett gewonnen, die sehr lagerfähig sind. Weine aus der Scheurebe sind Neigungssache.

Bestockte Rebfläche 1996 = 3,4% der Gesamtrebfläche. Besonders in Rheinhessen und Pfalz, desgleichen in Österreich (Burgenland, Steiermark).

Schillerwein. Ein → Rotling, bei dem die zur Herstellung verwendeten Trauben ausschließlich im bestimmten Anbaugebiet Württemberg geerntet worden sind. Der Name kommt nicht von dem dort geborenen Dichter Friedrich von Schiller, sondern beschreibt die Farbe des Weines.

Schlegelflasche → Flaschenformen.

Schönung. Das Schönen (die Schönung) ist eine kellertechnische Maßnahme, die in einer Art „kosmetischer Behandlung" den Wein nach dem → Abstich klären („schön, für das Auge gefällig machen") soll. Schönungsmittel waren früher u. a. gerocknete Fischblasen (Wels, Stör, Hausen), sie haben aber kaum noch praktische Bedeutung (→ Klärung). Man verwendet hierfür gesetzlich begrenzt zugelassene (chemische, gesundheitlich völlig unbedenkliche) Hilfsmittel (z. B. → Bentonit zur Ausscheidung von Eiweiß der Gelatine zur Ausfällung von Gerbstoff). Diese binden die verbliebenen Trübstoffe und andere unerwünschte Bestandteile und fällen sie aus. Schönungsmittel werden nur bei Bedarf eingesetzt und durch Filtration vom Wein getrennt.

Durch sachgerechte Schönung wird der Wein auch stabilisiert und späteren Trübungen auf der Flasche vorgebeugt, so daß eine längere Lagerung möglich wird.

Schoppenwein. Einfacher, herzhafter Qualitäts- oder Tafelwein, ohne weinrechtliche Definition. Er wird in der Weinstube vom Wirt „offen" (d. h. glasweise, aus der schon „angebrochenen" Flasche) ausgeschenkt. Gegensatz ist der in der Flasche kredenzte Wein. Ebenfalls verwendet werden die Ausdrücke Literwein, Ausschankwein, Zechwein, Kneipwein oder Konsumwein, auch sie allein in der Umgangssprache verwurzelt und nicht juristisch erfaßt.

Schorle. Ein durch Vermischen von Wein, → Perlwein oder Perlwein mit zugesetzter Kohlensäure mit kohlensäurehaltigem Mineralwasser hergestelltes → weinhaltiges Getränk. Nicht zu verwechseln mit dem → „Gespritzten".

Schriftgröße und -art. Hierüber gibt es sehr detaillierte Bestimmungen mit teils absoluten Größenangaben (in mm Höhe der Schriftzeichen), teils relativen Größenangaben (im Verhältnis zu bestimmten anderen Angaben, z. B. „Prädikat" zu „bestimmtes Anbaugebiet"). Ihres Umfangs wegen können sie hier nicht wiedergegeben werden. Sie sind aber den Etiketten-Firmen bekannt und auch in Merkblättern der Verbände und Fachschulen enthalten.

Schwarzriesling. („Müllerrebe"). Rebsorte mit roten Trauben. Mutation des Spätburgunders. Mittlere Erträge und Qualitäten, in manchen Jahren säurearm.

Anteil an der bestockten Rebfläche 1996 rund 2,0%. Angebaut ganz überwiegend in Württemberg. (→ Schillerwein).

Schwefeldioxid → Schweflige Säure.

Schweflige Säure. Noch immer nicht durch andere biologische Maßnahmen ersetzbare → önologische Behandlung des Weines, um ihn haltbar zu machen (Oxidationsschutz durch Abbindung des Luftsauerstoffs; Fässer und Flaschen werden durch Schwefeldioxid (SO_2) steril, dies verhindert Essigbakterien und andere schädliche Keime). Alkoholreichere Weine benötigen höhere Schwefelgaben. Außer SO_2 dürfen nur Kaliumbisulfit und Kaliumdisulfit (= Kaliumpyrosulfit) zur Schwefelung verwendet werden.

Die früher zur Erzielung von Restsüße (→ Restzucker) im Wein praktizierte Unterbrechung der Gärung durch Schwefelung gibt es nicht mehr. Damals geschah die Schwefelung durch Verbrennen von Schwefelspänen („aufschwefeln" genannt) im leeren Faß, das dann gefüllt wurde, heute einfacher und genauer durch die Zugabe schwefliger Säure aus Stahldruckflaschen mit Meßglas.

Die gesetzlichen Grenzwerte an (allein noch maßgeblicher gesamter) schwefliger Säure werden fast immer unterschritten und sind sowohl geschmacklich unauffällig als auch gesundheitlich völlig unbedenklich (bei der früheren Schwefelungsmethode roch man den

Schwefel bisweilen, überhöhte Dosen führten zu Kopfweh, das fälschlich der Zuckerung zugeschrieben wurde).

Folgende Höchstwerte sind für die gesamte schweflige Säure abgestuft festgelegt:

Rotwein unter 5 g/l Restzucker = 160 mg/l; Weiß- und Roséwein unter 5 g/l = 210 mg/l; Rotwein ab 5 g/l Restzucker = 210 mg/l Restzucker, Weiß- und Roséwein ab 5 g/l Restzucker = 260 mg/l; Spätlesen = 300 mg/l; Auslesen = 350 mg/l; Beeren- und Trockenbeerenauslesen sowie Eiswein = 400 mg/l. Weitere Herabsetzung der Grenzwerte ist geplant.

Die Grenzwerte gelten für den Zeitpunkt des → Inverkehrbringens. Sie dürfen während des → Ausbaus des Weines überschritten sein und, wenn überhöht, durch → Rückverbesserung reduziert werden.

Schwund. Der durch natürliche Verdunstung bedingte Mengenverlust beim Wein, auch Abgang genannt. → Füllwein.

Sekt. Ein Qualitätsschaumwein (→ Schaumwein) der durch zweite Gärung des zur Herstellung verwendeten „Grundweines" entsteht und dessen natürliche, bei der Umgärung entstehende Kohlensäure produkttypisch ist. Sekt muß 10% vol tatsächlich vorhandenen Alkohol und einen Kohlensäuredruck von 3,5 bar aufweisen.

Es werden drei Herstellungsverfahren unterschieden: Die Großraumgärung (fälschlich auch Tankgärverfahren): Vergärung in großen Druckbehältern. Der Sekt wird – kostengünstig – erst nach dem Gärprozeß und nach der Enthefung auf Flaschen gefüllt.

Das Transvasierverfahren (Filtrationsenthefung; transversare = umfüllen): Zunächst wird in der Flasche vergoren, diese wird dann unter Gegendruck in einen Tank entleert, der Schaumwein mit Filter entheft und alsdann abgefüllt.

Das traditionelle (klassische) Verfahren: Zweite Gärung ebenfalls in der Flasche. Diese werden dann – von Hand oder maschinell – gerüttelt. Die Hefe setzt sich als Depot am Flaschenhals ab und wird dann entfernt (→ Degorgieren). Aufwendige, durch Kennzeichnung ersichtlich machbare Methode.

Siehe auch → Crémant, → Cuvée, → Dosage, → Flaschengärung, → Geschmacksangaben, → Méthode champenoise, → Winzersekt.

Sekt b. A. (Qualitätsschaumwein b. A.) ist → Qualitätswein b. A. vergleichbar, was die Anforderungen an Verschnitt und Herkunftsangabe angeht.

„Deutscher Sekt" muß ausschließlich aus in Deutschland erzeugtem Wein hergestellt sein. Er unterliegt der → Qualitätsprüfung.

Vorgeschriebene Angaben: Sämtliche wie bei → Schaumwein (Verkehrsbezeichnung hier „Sekt" oder „Qualitätsschaumwein") bzw. „Sekt b. A." oder „Qualitätsschaumwein b. A."). Wahlweise Angaben: Sämtliche wie bei → Schaumwein, ferner: kleinere geographische Einheit (Gemeinde, Lage), wenn außer der → Dosage die verwendeten Erzeugnisse zu mindestens 85% aus dem angegebenen Raum stammen (→ Verschnitt) und die Fülldosage aus dem → Anbaugebiet; → Jahrgang (bei „Jahrgangssekt"); Hinweise auf das → Gärverfahren; → Auszeichnungen; Sonderangaben wie → Crémant oder → Winzersekt. Auch hier gilt das Mißbrauchsprinzip (→ Verbotsprinzip) mit freier Wahl von Angaben (deren Inhalt teilweise festgelegt ist), sofern diese nicht irreführend sind → Sektgut.

Sektgut. Hinweis auf ausschließliche Sektherstellung aus nur selbsterzeugten Weinen. Werden die Weine auch ohne Weiterverarbeitung (als Stillwein) vermarktet, ist gelegentlich die Firmierung „Sekt- und Weingut" anzutreffen. Auch hier müssen aber alle Anforderungen an den Begriff → Weingut erfüllt sein.

Selection. Gütezeichen, das mit Zusatz des Anbaugebiets-Namens von weinrechtlich hierzu ermächtigten Institutionen seit dem Jahrgang 1992 in Baden und Rheinhessen für bestimmte Weine verliehen wird und auf dem Etikett angegeben werden darf (→ Auszeichnungen). Als „Baden Selection" und „Selection Rheinhessen" dürfen „klassisch trockene" (höchstens 4 g/l) Erzeugerabfüllungen aus den beiden Anbaugebieten unter bestimmten Voraussetzungen so bezeichnet werden: Klassische Rebsorten (Riesling, Silvaner, Weißburgunder, Grauer Burgunder, Traminer, Portugieser Spätburgunder) von mindestens 15 Jahre alten Rebflächen (zur Kontrolle sind die Selectionsanlagen mit Hinweisschildern markiert) bei einem auf 55 hl/ha begrenzten Höchstertrag (→ Hektarhöchstertrag) und einem Mostgewicht von mindestens 90° Oechsle. Die Trauben müssen mit der Hand gelesen sein (→ Traubenlese). Eine neutrale Kommission prüft die Einhaltung der Bestimmungen, es muß eine Qualitätskennzahl von 3,0 erreicht werden.

Ab Erntedankfest des auf die Traubenlese folgenden Jahres dürfen die Selectionsweine in 350 mm hohen, antikgrünen Schlegelflaschen zu mindestens 15.– DM verkauft werden. Lage- und Prädikatsangaben sind auf dem Etikett nicht gestattet.

Für andere als diese Weine ist die Angabe „Selection" (besonders für sich allein) nicht erlaubt (Verwechslung mit dem Prädikat „Auslese").

Sensorik → Organoleptische Prüfung.

Separator → Klärung.

Sherry → Likörwein.

Silvaner. Rebsorte mit weißen Trauben („Grüner Silvaner"; alte, nicht mehr erlaubte Schreibweise: „Sylvaner"). Der Name könnte auf die Herkunft aus Transsylvanien (Siebenbürgen/Rumänien) hinweisen. Gegen diese verbreitete Ansicht spricht, daß die Rebsorte in Siebenbürgen erst 1870 als dort angebaut erwähnt wird. Vereinzelt wird neuerdings auf einen Weinort Silvan in der östlichen Türkei verwiesen, woher die Traube auf dem Handelsweg gekommen sein könnte. Nach Deutschland wurde sie jedenfalls aus Österreich direkt oder über Franken gebracht.

Der Silvaner ist weitverbreitet, die größte Silvaner-Anbaufläche der Welt ist das Anbaugebiet Rheinhessen, wo er jetzt zu den „wiederentdeckten traditionellen Rebsorten" (gehört (→ Neuzüchtungen). Der Anteil an der bestockten Rebfläche in Deutschland betrug 1996 = 7,1% (früher die am meisten angebaute Rebsorte).

Die Silvanertraube erbringt geschmacksneutrale, vollmundige Weine ohne spezifisches Sortenbukett. Die Bodenart ist in guten Jahrgängen und aus guten Lagen deutlich erkennbar, hierin wird die Traube von keiner anderen übertroffen („erdiger Wein"). Wegen seines bisweilen breiten Geschmacks wurde der Silvaner einige Zeit als „langweilig" eingestuft. Er gibt aber in guten Jahren sehr elegante bis große Spitzenweine mit viel Körper und Bukett. Beim → Verschnitt verträgt er sich mit der härteren Säure des Riesling gut. Als Menuewein mit belebender Fruchtsäure und bei detaillierten Anforderungen an Beschaffenheit und Darbietung („Rheinhessen Silvaner") ergänzt er seit 1986 die herkömmliche Weinart.

In Franken bemüht sich ein „Silvaner-Symposium" und in Rheinhessen (dort überregional) ein „Silvaner-Forum" darum, Wert und Eigenheiten des Silvaners, dessen Anbaufläche immer mehr zurückgeht, bewußt zu machen.

Anteil an der bestockten Rebfläche 1996 = 7,1%, Hauptanbaugebiete sind Rheinhessen, Pfalz, Franken und Nahe.

Sinnenprüfung → Organoleptische Prüfung, → Qualitäts(wein)-prüfung.

Sortenverschnitt → Rebsortenangabe, → Verschnitt.

Spätburgunder. Rebsorte mit roten Trauben („Blauer Spätburgunder", „Pinot noir"). Der Name weist auf die späte Reife dieser Rebsorte und auf ihre Herkunft hin (vermutlich stammt sie aus der Gegend von Vienne im Rhônetal).

Diese klassische Rotweinrebe erbringt fruchtige, gehaltvolle Weine mit viel Körper, Alkohol, Kraft und Fülle, von warmer, weicher, samtiger und pikanter Art mit feiner Gerbsäure. Junge Spätburgunderweine sind noch rauh, der Höhepunkt wird nach 8–10 Jahren erreicht. Die Farbe ist rubinrot.

Die Qualität der deutschen Spätburgunderweine kann derjenigen großer französischer Rotweine ebenbürtig sein, jedoch sind sie „weicher" und nicht so „feurig" wie jene. Ihr Aroma erinnert (dezent) an Bittermandel und Brombeeren. Spätburgunderweine sollten trocken ausgebaut sein, sie sind gesuchte Spezialitäten.

Anteil an der bestockten Rebfläche 1996 = 7,1%. Hauptanbaugebiete sind Baden (überwiegend), Pfalz, Rheinhessen und Württemberg (in dieser Abfolge), im übrigen vor allem in Frankreich (Burgund), Norditalien, Schweiz (Ostschweiz und Wallis), Nordamerika.

Herkunftsgebundene Begriffe sind → „Affentaler Spätburgunder → „Badisch Rotgold (Grauburgunder und Spätburgunder Rotwein)" sowie → „Ehrentrudis Spätburgunder Weißherbst", die beide die (Mit-)Verwendung von Spätburgunder-Trauben voraussetzen.

Spätlese. Prädikat für einen Qualitätswein, der aus vollreifen spät gelesenen Trauben eines einzigen → Bereichs stammt, die das von der Landesregierung festgesetzte Mindestmostgewicht (→ Oechsle) aufweisen (s. u. Graphik Seite 93). Zucker, konzentrierter Traubenmost oder rektifiziertes Traubenmostkonzentrat dürfen nicht zugesetzt und der Wein muß in Aussehen, Geruch und Geschmack frei von Fehlern sowie für die angegebene Herkunft und bei Angabe einer Rebsorte für diese typisch sein. Nur unter diesen Voraussetzungen wird das Prädikat von der → Qualitätsprüfbehörde verliehen.

Die „Entdeckung der Spätlese" wird dem Zufall zugeschrieben: Der Lesebeginn (→ Traubenlese) wurde früher von den Grundherren festgesetzt. Diese mußten wiederum von den Pächtern verständigt werden, sobald die Trauben reif geworden waren, damit sie einen Aufsichtsbeamten schicken konnten, der Lese und korrekte Ablieferung überwachte. Dieser erteilte auch die Leseerlaubnis. Im Jahre 1775 habe sich der von Schloß Johannisberg im Rheingau zur Güterverwaltung entsandte Kurier verspätet, so daß die Lese 14 Tage später als üblich beginnen konnte. Sie ergab einen vorzüglichen Wein. Nach Widerständen (wegen des möglichen Mengenverlustes) wurde nach gesetzlicher Regelung 1822 erstmals offiziell spät gelesen.

Nachdem die Lesezeiten nicht mehr amtlich festgelegt werden, obliegt es der Entscheidung des einzelnen Winzers, wie lange nach dem (unverzichtbaren) Ende der allgemeinen Lese in seinem Betrieb er für Spätlesewein bestimmte Trauben liest. Daß diese vollreif waren und das festgesetzte Mindestmostgewicht aufwiesen, genügt aber entgegen verbreiteter Praxis allein für die Verleihung des Prädikates nicht.

Spirituosen → Branntwein.

Spitzenwein. Nicht mehr zulässiger Begriff für Prädikatsweine. In der Werbung aber für qualitativ besonders hochwertige Qualitätsweine (meistens solche mit zusätzlichen → Auszeichnungen) üblich und erlaubt.

Staatsanwalt → Weinstaatsanwalt.

Stabilisierungsfonds → Deutscher Weinfonds.

Steillage. Rebfläche mit einer Hangneigung von mindestens 30%, im Gegensatz zur Flachlage.

In der Steillage kann der → Traubenvollernter nicht eingesetzt werden. Dort kann in regenarmen Jahren durch Trockenheit (starke Lichteinstrahlung) ein Stillstand der Entwicklung der Trauben drohen. Deshalb sind die Landesregierungen der weinbautreibenden Länder ermächtigt, für die Steillagen die → Beregnung zuzulassen.

Die Produktionskosten beim Steillagenweinbau sind etwa doppelt so hoch wie dort, wo statt des Seilzugs der Direktzug eingesetzt werden kann. Erhöhte Anbauschwierigkeiten (u. a. auch Gefahr der Erosion bei starkem Regen, durch Bodenbedeckung zu mildern), geringe Erträge und höhere Produktionskosten bedingen Vermarktungsprobleme für Weine aus Steillagen, die teilweise qualitativ hochwertig sind. Viele der extrem steilen Lagen (Hangneigung bis zu 100%) sind aufgegeben worden, weil sie nicht mehr kostendeckend zu bewirtschaften sind (Mosel, Mittelrhein). Gebüsch und Wald haben die freigewordenen Flächen wieder bedeckt (verändertes Landschaftsbild in den „romantischen Tälern").

Deshalb wird der Anbau von Reben in Steillagen teilweise durch Subventionen gefördert. Auch ist der Hinweis „Steillage" oder „Steillagenwein" auf dem Etikett deutscher Qualitäts- und Tafelweine ausdrücklich erlaubt. Voraussetzung ist, daß ein so bezeichneter Wein ausschließlich aus Weintrauben hergestellt worden ist, die von einer Rebfläche mit mindestens 30% Neigung stammen. Ist die Rebfläche durch Stützmauern oder Böschungen unterbrochen oder als Terrassenlage bewirtschaftet, dann ist die Angabe „Terrassenlage" oder „Terrassenlagewein" zulässig, stets unter der Voraussetzung der genannten, zumindest eigenen Geländeneigung der Rebfläche.

Stillwein. Kein „Muttermilch-Ersatz" sondern der „normale Wein" im Gegensatz besonders zum „schäumenden und perlenden Wein" (→ Schaumwein, → Perlwein).

Stoffbuch → Weinbuchführung.

Stoffzusätze → Behandlungsstoffe, → Önologische Behandlung.

Streifenetikett → Etikett.

Strohwein. Aus Trauben, die nach der Lese bis zur Kelterung noch einige Zeit auf Stroh (oder Schilf) gelagert werden, kann durch das Einschrumpfen bedingt ein konzentrierter Most gewonnen werden, der wegen des hohen Zuckergehaltes oft nicht völlig durchgärt. Auf diese Weise wurde früher Strohwein gewonnen, der einer Beerenauslese ähnelte, aber ohne den für diese typischen Botrytiston.

Unter dem Weingesetz von 1930 war diese Herstellung noch erlaubt, wenn auch praktisch ohne Bedeutung und auch nicht immer hygienisch unbedenklich. Die Herstellung von Strohwein ist in Deutschland nicht mehr gestattet.

Südwein → Likörwein.

Süß. Geschmacksangabe, die auch auf dem → Etikett benutzt werden darf, praktisch aber nie benutzt wird, weil man sie als absatzhinderlich empfindet (und bei edelsüßen Weinen wie Auslesen, Beerenauslesen und Trockenbeerenauslesen als abwertend).

Eine solche Angabe setzt einen Gehalt an → Restzucker von mindestens 45 g/l voraus. Das rot/schwarze Weinsiegel weist auf diese (oder → liebliche) Beschaffenheit hin.

Süßreserve. Ungegorener Traubenmost, der zur Süßung eines Weines (als sog. Dosage) verwendet wird, um eine von bestimmten Verbrauchergruppen gewünschte Geschmacksrichtung zu erzielen. Ein so behandelter Wein darf nur noch als → halbtrocken, → lieblich oder → süß bezeichnet werden. → Restzucker.

Süßung. Behandlungsmaßnahme zur Herstellung → lieblicher oder → süßer Weine. Sie ist bei allen (Tafel- und Qualitäts-)Weinen erlaubt. Vgl. auch → Restzucker.

Zur Süßung von → Qualitätswein b. A. darf nur ungegorener Traubenmost verwendet werden (die sog. → Süßreserve).

Nicht angereicherter → Tafelwein darf außer mit Traubenmost (Süßreserve) auch mit konzentriertem Traubenmost oder → rektifiziertem Traubenmost (RTK) gesüßt werden (für → Landwein ist die Verwendung von RTK nach deutschem Weinrecht allerdings verboten). Der Gesamtalkoholgehalt des gesüßten Weines darf dadurch aber um nicht mehr als 2% vol erhöht werden.

Angereicherter Tafelwein (Landwein eingeschlossen) darf ausschließlich mit Traubenmost gesüßt werden, der höchstens denselben Gesamtalkoholgehalt wie der zu süßende Wein hat.

Mit Zucker (Saccharose) darf Wein nicht gesüßt werden. Die Zugabe von Zucker ist nur bei Traubenmost vor der Vergärung zur Erhöhung des Alkoholgehaltes erlaubt (→ Zuckerung), das wird oft verwechselt.

Die Süßung ist nur auf der Stufe der Erzeugung (→ Erzeuger) und des Großhandels erlaubt. Bei einem Qualitätswein b. A. ist sie an das bestimmte Anbaugebiet gebunden, aus dem der zu süßende Wein stammt. Bei Tafelwein (einschließlich Landwein) besteht keine räumliche Bindung der Maßnahme.

Bei Qualitätswein und Qualitätswein mit Prädikat müssen die Trauben, aus denen die → Süßreserve gewonnen wird, aus demselben bestimmten Anbaugebiet stammen wie der zu süßende Wein. Sie müssen denselben Anforderungen genügen wie die Trauben, aus denen der Wein selbst hergestellt wurde (z. B. bei Süßung einer Spätlese vollreif und spät gelesen sein). Gezuckerte Süßreserve darf Qualitätswein mit Prädikat nicht zugesetzt werden (mittelbare → Anreicherung).

Bei Qualitätswein b. A. und Landwein darf zur Süßung nur Traubenmost derselben → Weinart verwendet werden (das ist bei Roséwein/Weißherbst Traubenmost aus Rotweintrauben).

Wegen der Auswirkungen auf die Bezeichnung bei Zusatz von Süßreserve anderer geographischer Herkunft vgl. → Verschnitt.

Die Süßung ist meldepflichtig. Vgl. dazu aber entsprechend unter → Anreicherung und → Entsäuerung.

Suser → Federweißer.

Sweet → Mild.

Sylvaner. Heute nicht mehr erlaubte Schreibweise des Namens der Rebsorte → Silvaner.

Synonyme → Rebsortenangabe.

T

Tafeltrauben. Im Gegensatz zu Keltertrauben sind Tafeltrauben speziell zum unveränderten Verzehr bestimmt („Eßtrauben") und darum fleischiger und großbeeriger, aber weniger saftig als jene (z. B. die Gutedeltraube, die aber auch zur Weinherstellung verwendet wird). Der Begriff „Tafeltraube" hat nichts mit dem → Tafelwein, der untersten Qualitätsgruppe, zu tun.

Tafelwein. Die unterste der drei → Qualitätsstufen (Weingruppen), Übersetzung von „vin de table". Tafelwein muß in der EG hergestellt sein. Es gibt spezielle Anforderungen an Rebsorten, Anreicherung, Alkohol- und Säuregehalt.

„Deutscher Tafelwein" muß ausschließlich aus im Inland geernteten Trauben empfohlener oder zugelassener Rebsorten hergestellt sein, einen → natürlichen Mindestalkoholgehalt von 5% vol (44° Oechsle) in der Weinbauzone A und von 6% vol (50° Oechsle) in der Weinbauzone B aufweisen, ferner einen → vorhandenen Alkoholgehalt von mindestens 8,5% vol (in beiden Weinbauzonen) sowie einen in Weinsäure ausgedrückten Gesamtsäuregehalt von mindestens 4,5 g/l haben.

Die → Anreicherung und die → Entsäuerung dürfen nur in der Weinbauzone erfolgen, in der die Trauben geerntet wurden.

Auch → Landwein ist ein („gehobener") Tafelwein mit teilweise strengeren Anforderungen.

Der „einfache Tafelwein" darf mit Tafelwein aus anderen Weinbaugebieten verschnitten werden. Vorgeschrieben ist die Angabe „Deutscher Tafelwein" oder „Landwein" und dann ohne weitere Herkunftshinweise allein erlaubt. Wird nur die Angabe „deutsch" benutzt, dann sind auch die Weinartangaben „Weißwein" oder „Rotwein" obligatorisch.

Anzubringen sind ferner die allgemeinen Hinweise auf Abfüller, Nennvolumen, vorhandenen Alkoholgehalt und Los (→ Etikett).

Tafelwein, der durch „Verschnitt von Weinen aus verschiedenen Ländern der Europäischen Gemeinschaft“ entstanden ist, darf nur mit diesem Hinweis in den Verkehr gebracht werden (sog. Euroblends).

Nicht benutzt werden dürfen die Namen der bestimmten → Anbaugebiete. Zulässig für Tafelwein sind hingegen die Namen der Tafelweingebiete und deren Untergebiete, wenn der aus ihnen stammende Anteil 85% beträgt. Diese Namen sind (geordnet nach Anbaugebieten, in denen sie gedeihen, deren Namen sie aber nicht tragen dürfen; in Klammer jeweils die Namen der Tafelwein-Untergebiete):

Ahr Hessische Bergstraße Mittelrhein Nahe Pfalz Rheingau Rheinhessen	Rhein-Mosel (Rhein)
Baden	Oberrhein (Römertor; Burgengau)
Franken	Bayern (Donau, Lindau, Main)
Mosel-Saar-Ruwer	Rhein-Mosel (Mosel)
Saale-Unstrut	
Sachsen	Albrechtsburg
Württemberg	Neckar

Nicht erlaubt sind die Namen von Gemeinden und Ortsteilen, → Lagen und → Bereichen. Verboten sind auch → Auszeichnungen.

Erlaubt sind Jahrgangs- und Rebsortenangaben, letztere aber nur, wenn zugleich eine kleinere geographische Einheit als der Mitgliedstaat (= Weinbaugebiet) angegeben wird, und der Wein einen Gesamtalkoholgehalt von höchstens 15% vol hat.

Die Bedeutung des Tafelweins auf dem Weinmarkt ist äußerst gering (Anteil von ca. 1%). Deutschland ist nach seinen gesetzlichen Anforderungen ein fast reines Qualitätsweingebiet. Alle hier zulässigerweise mit Reben bepflanzten Flächen gelten als zur Erzeugung von Qualitätswein b. A. geeignet. Anders als in Frankreich und Italien gibt es hier keine Flächen, auf denen ausschließlich Tafelwein erzeugt werden darf.

Tankgärverfahren → Sekt.

Tannin →Entrappen.

Teilweise gegorener Traubenmost → Federweißer, → Traubenmost.

Terrassenlage → Steillage.

Terroir → Lage.

Tischwein. Umgangssprachlich für leichten Wein zum einfachen Essen, zum Beispiel → Landwein oder ein alkoholarmer → Qualitätswein. Nicht identisch mit → Tafelwein, dieser ist, anders als Tischwein, weinrechtlich definiert.

In südlichen Ländern erhält man Tischwein im Restaurant oft gratis in der Karaffe (Vino de Casa, Vin de Maison), in Deutschland kann man nach einem solchen fragen.

TOP 3 Rheingau. Auszeichnung für Qualitätsweine und Qualitätsweine mit Prädikat bis einschließlich → Spätlese des Rheingaus.

Traditionelle Begriffe → Affentaler, → Badisch Rotgold, → Ehrentrudis, → Hock, → Liebfrauenmilch, → Moseltaler, → Riesling-Hochgewächs, → Rotling, → Schillerwein.

Traditionelle Flaschengärung → Méthode champenoise.

Traditionshinweise → Geschichte des Weines.

Transvasierverfahren → Sekt.

Traubenlese. Im September, Oktober und November werden die Trauben geerntet. Früher wurden sie wie ein Buch „gelesen“, Zeile für Zeile, Stock für Stock, daher der Begriff. Heute sind Beginn, Ablauf und Ende der Lesearbeiten meistens vollmechanisch, soweit nämlich in flachen oder wenig ansteigenden Lagen aus Kostengründen und zur Arbeitserleichterung anstelle der Handlese der → Traubenvollernter eingesetzt wird.

Es gibt keine → Herbstordnungen mehr, auf Grund derer die Leseausschüsse der Gemeinden und die mittlere Verwaltungsbehörde Beginn und Ende der Vorlese, der Hauptlese und der späten Lese festsetzten. Als erstes weinbautreibendes Land hatte Rheinland-Pfalz im Jahre 1993 die dort bestehende Herbstordnung aufgehoben, auf Grund des Gesetzes zur Reform des Weinrechts von 1994 geschah dies in allen übrigen Ländern. Der Winzer entscheidet in freier Selbstverantwortlichkeit und hat lediglich die an das Lesegut bestimmter → Qualitätsweine mit Prädikat gestellten gesetzlichen Anforderungen zu beachten. Romantik und viele Herbstbräuche sind damit moderner Arbeitsweise gewichen.

Unverändert gilt aber für die Lese solcher Trauben, aus denen → Qualitätswein mit Prädikat (ausgenommen → Kabinett) hergestellt werden soll (→ Auslese, Beerenauslese, → Eiswein, → Spätlese, → Trockenbeerenauslese), die Anforderung spezifischer Lesearten. Daß diese beachtet werden, ist vor allem neben den → Mindestmostgewichten Voraussetzung für die Verwendung des jeweiligen Prädikates.

Zu Kontrollzwecken ist das → Herbstbuch zu führen. Außerdem ist bis zum 10. Dezember des Erntejahres eine Weinerzeugungsmeldung abzugeben (amtlich „Gesamterntemeldung" genannt). Dieser „Betriebsspiegel" dient hauptsächlich statistischen Zwecken, aber auch der Kontrolle, ob die Bestimmungen über die Einhaltung der gesetzlich festgesetzten → Hektarhöchsterträge beachtet wurden. Winzer, die ihre gesamte Ernte selbst verarbeiten oder diese als Trauben oder Most ausnahmslos an eine Genossenschaftskellerei oder Erzeugergemeinschaft abliefern, müssen die Erntemeldung nicht erstatten. Wer jedoch dazu verpflichtet ist und die Frist versäumt, ist von Interventionsmaßnahmen ausgeschlossen. → Erntemeldung.

Traubenmost. Das aus frischen Weintrauben auf natürlichem Wege oder durch physikalische Verfahren gewonnene flüssige Erzeugnis. Ein vorhandener Alkoholgehalt von bis zu 1% vol wird geduldet.

Traubenmost wird zu → Wein vergoren (→ Gärung). Teilweise vergorener Traubenmost ist der → Federweißer. In bestimmten Erscheinungsformen kann er auch Mittel der → Anreicherung sein (konzentrierter Traubenmost, rektifiziertes Traubenmostkonzentrat).

Traubensaft. Das flüssige, nicht gegorene, aber gärfähige Erzeugnis, das so behandelt wurde, daß es zum Verzehr in unverändertem Zustand geeignet ist und entweder aus frischen Trauben oder Traubenmost oder durch Rückverdünnung von Traubenmost gewonnen worden ist.

Gestiegene Nachfrage (Gesundheit, Straßenverkehr) hat zu vermehrtem Angebot von Traubensaft eigener Erzeugung durch die Winzer geführt. Er ist nahrhaft, gesund (Kur) und, mit Wasser gemischt, erfrischend.

Die → önologische Behandlung bestimmt die Fruchtsaft-Verordnung. Traubensaft ist ein durch bestimmte Verfahren haltbar gemachter, ungezuckerter, nicht gesüßter, praktisch alkoholfreier Fruchtsaft (ein → vorhandener Alkoholgehalt bis zu 1 % vol wird geduldet). Er ist nur zum unmittelbaren Verbrauch bestimmt und darf nicht zur Weinherstellung verwendet werden.

Vorgeschriebene Angaben sind: Die Bezeichnung „Traubensaft", der Hersteller bzw. Abfüller mit Name und Firmensitz, das Nennvolumen, das Mindesthaltbarkeitsdatum, Zutatenverzeichnis, Loskennzeichnung (entbehrlich, wenn das Mindesthaltbarkeitsdatum mit Tag, Ort und Jahr angegeben ist), wenn keine Rebsorte angegeben wird auch der Hinweis „roter (weißer) Traubensaft".

Zulässig sind Herkunfts-, Jahrgangs- und Rebsortenangaben. Dann muß der Traubensaft aber, anders als verschnittener Wein (→ Verschnitt), ausschließlich aus dem geographischen Raum, dem Jahrgang oder von der Rebsorte stammen, die angegeben ist. Auch Markennamen sind erlaubt.

Verboten sind weinspezifische Begriffe wie Prädikatsangaben (→ Qualitätswein mit Prädikat) oder „Erzeugerabfüllung".

Auch für Traubensaft ist ein → Begleitpapier vorgeschrieben, außer wenn er in Behältnissen bis höchstens 5 Liter abgefüllt ist, die mit zugelassenen, nicht wiederverwendbaren Verschluß versehen sind, auf dem Verschluß Name und Anschrift oder Kennziffer des Abfüllers angegeben sind, und die gesamte beförderte Menge 100 Liter nicht übersteigt.

Die → Weinbuchführung ist verpflichtend.

Traubensorte → Rebsorte.

Traubentrester → Trester.

Traubenvollernter. Bei dieser einem Dinosaurier ähnlichen Maschine werden die Trauben in eine Wanne abgerüttelt, über ein Förderband eingesammelt und bei ausgeschöpfter Ladekapazität in Transportgefäße am Weg neben dem Weinberg umgeladen. Es ersetzt Arbeitskräfte (Leser, Buttenträger) und damit Kosten.

Im deutschen Weinanbaugebiet wird der Traubenvollernter seit 1978 zur → Traubenlese eingesetzt. Je höher die Erträge sind und je größer die abzuerntende Rebfläche, desto mehr verschiebt sich das Preis-Leistungs-Verhältnis zugunsten der Maschinenlese. Die maschinelle Lese ist um mehr als die Hälfte billiger als die konventionelle Handlese (auch durch Zusammenschluß in Maschinenringen). Falls ideale Bedingungen vorhanden sind (reife, gesunde Trauben, begrünte Gassen oder trockener Boden) und die technischen Komponenten (Geschwindigkeit, Reinigungssysteme, damit nicht Blätter und Holzteile in das Lesegut gelangen usw.) ständig angepaßt werden, sind keine gravierenden Qualitätsverschiebungen im Vergleich zur Handlese festgestellt worden.

Gleichwohl wurden gegen den Traubenvollernter u. a. folgende Argumente vorgebracht: Schlechtere Weinqualität, höherer Gerbstoff- und Trubgehalt des Mostes, Farbverlust der Rotweine, Verschleppung von Infektionskeimen, Trübung durch Metallgehalt, raschere Alterung der Weine.

Abweichend vom früheren Weinrecht gestattet das Weingesetz von 1994 auch bei der Ernte von Trauben für → Auslesen grundsätzlich den Einsatz von Traubenvollerntern (was aber negative Vorauslese der nicht vollreifen und nicht edelfaulen Trauben erfordert). Die weinbautreibenden Länder können die Handlese jedoch wieder vorschreiben. Obligatorisch ist die Handlese auch bei der Lese für Trauben von Raritäten, z. B. der Selection Rheinhessen. Dies läßt erkennen, daß qualitative Unterschiede bei der Lesemethode nicht zu übersehen sind (obligatorische Handlese z. B. auch in der Champagne).

Trester. Der gegorene oder ungegorene feste Rückstand bei der Kelterung von frischen Weintrauben. Er setzt sich zusammen aus Beerenhülsen (-schalen), Kernen und Kämmen (Stielen, Rappen). Es handelt sich um „Abfallprodukte“ (Abgänge) der Weinbereitung (sog. „Nebenerzeugnisse"), denen die wertvollen Inhaltsstoffe der Trauben fehlen (→ Auspressen).

Aus Trestern darf nur Tresterbrand hergestellt werden (entspricht dem italienischen Grappa und dem französischen Marc), nicht aber Wein. Bis zum Weingesetz von 1994 durften die Länder die Herstellung von → Haustrunk aus Trestern zulassen, dies ist nicht mehr erlaubt. Die Trester werden auch zur Bodenlockerung auf die Äcker gefahren.

Tresterwein. → Haustrunk.

Trocken. Eine der für Wein auf dem Etikett zulässigen → Geschmacksangaben, und zwar eine der vier gesetzlich definierten. Ein so bezeichneter Wein darf entweder höchstens 4 g/l → Restzucker haben (man spricht dann umgangssprachlich von „klassisch trokken", früher „durchgegoren": jetzt sind diese Begriffe verboten) oder höchstens 9 g/l Restzucker, wenn die → Säure höchstens 2 g/l niedriger ist als der Restzuckergehalt (z. B.: bei 8 g/l Restzucker darf der Säuregehalt 6 g/l nicht unterschreiten).

Praktisch wird der Hinweis „trocken" immer verwendet, wenn die Voraussetzungen erfüllt sind. Man kann daher davon ausgehen, daß ein Wein ohne jede Geschmacksangabe jedenfalls nicht „trocken" ist. Erhält ein Wein das Gütesiegel der DLG (→ Deutsches Weinsiegel), dann in den Farben gelb/schwarz.

Trockener Wein sollte aus sich heraus und durch pflegliche Kellerbehandlung harmonisch sein. Fehler und Mängel werden bei ihm eher offenbar als bei Weinen, denen → Süßreserve zugesetzt wurde. „Trocken" ist nicht identisch mit „sauer". Ein guter trockener Wein muß reif sein. Trockene Weine sind in der Regel alkoholreicher (weil der vorhandene Zucker fast völlig vergoren ist), animieren aber mehr zum Trinken („machen nicht satt").

Der Anteil trockener Weine ist ansteigend und derzeit am höchsten in den Anbaugebieten Saale-Unstrut, Sachsen, Hessische Bergstraße, Franken und Baden (in dieser Reihenfolge).

Bei Schaumwein weist die Angabe „trocken" hingegen auf einen Restzuckergehalt zwischen 17 und 35 g/l hin (wahlweise ist auch das Wort „dry" erlaubt).

Trockenbeerenauslese. Prädikat für einen Qualitätswein, der bestimmte Anforderungen an die Beschaffenheit des Lesegutes und an das → Mostgewicht erfüllt. Außer den Voraussetzungen, die jeder → Qualitätswein mit Prädikat erfüllen muß, dürfen grundsätzlich (abgesehen von besonderen Rebsorten und Witterungsauswirkungen) ausschließlich weitgehend eingeschrumpfte, edelfaule Beeren verwendet werden. Der natürliche Mindestalkoholgehalt wird von den weinbautreibenden Ländern festgesetzt und beträgt z. B. im Rheingau und in Rheinhessen bei allen Rebsorten 21,5% vol = 150° → Oechsle.

Trockenzuckerung → Zuckerung.

Trollinger. Rebsorte mit roten Trauben. Stammt vermutlich aus Südtirol („Groß-Vernatsch“).

Hohe Erträge, sehr späte Reife und Weine mit deutlicher Säure und hellroter Farbe sind typisch für diesen bekömmlichen Kneipwein (dem → Portugieser in vieler Weise vergleichbar). Häufig als → Schillerwein ausgebaut.

Der Anteil an der bestockten Rebfläche betrug 1996 = 2,4%. In Deutschland nur in Württemberg angebaut (teilweise Verschnitt mit Lemberger), im übrigen in Südtirol.

Trub. (Weintrub, Drusen). Der Rückstand des Mostes (wie Hefen und andere Stoffe), der sich auf dem Boden der Weinfässer oder Weintanks nach der Gärung, während der Lagerung wieder nach einer zulässigen Behandlung (wie dem ersten → Abstich) absetzt, ebenso der durch Filtrierung oder Zentrifugierung von Weintrub entstandene Rückstand (→ Klärung). Weintrub, ausgenommen Weinhefe zur Herstellung von Weinhefebrand, darf nur nach ausreichender Vergällung (mit mindestens 0,5 g Lithiumchlorid oder mindestens 2 g Natriumchlorid, jeweils in einem Liter) in den Verkehr gebracht werden.

Eine besondere Art des Trubs ist das sog. Depot bei älteren Rotweinen, das sich als braunrot-dunkle Ablagerung am Boden findet. Man trennt es vom Wein, indem man den Inhalt der Weinflasche vorsichtig in eine Karaffe umfüllt, wobei der Trub zurückbleibt (Dekantieren). Das Depot ist ein natürlicher Rückstand, der aber beim Einschenken des Weines in das Glas aufgewirbelt und den Wein trüben würde.

Typ. Verbotener Hinweis auf eine Gattungsbezeichnung („Typ Malaga“). Solche Hinweise sind weinrechtlich unzulässig. Geographische Hinweise sind nur zur Kennzeichnung des Ortes des Traubenwachstums bzw. (bei Weiterverarbeitungserzeugnissen beschränkt) auf den Ort der Herstellung erlaubt.

Typenwein → Markenwein.

U

Überdruck → Perlwein, → Schaumwein.

Übergebietlicher Verschnitt → Qualitätswein, → Tafelwein, → Verschnitt.

Überlagerung → Hektarhöchstertrag.

Übermenge → Hektarhöchstertrag.

Überstreckung. Wässerung des Weines, auch → Panschen genannt, (verboten, macht ein Erzeugnis verkehrsunfähig).

Überwachung. Sie dient dem Vollzug des Weinrechts auf allen Ebenen, von der Urproduktion (dem Rebanbau) bis zur Abgabe an den sog. „Letztverbraucher". Ihre Erscheinungsformen sind vielfältig und reichen von örtlichen und räumlichen Beschränkungen der Herstellung, Anzeige- und Meldepflichten, Lagerverbote, Stoffverzeichnisse, Kenntlichmachung verantwortlicher Personen sowie von Behältnissen, über → Weinbuchführung und → Begleitpapierpflicht, Ein- und Ausfuhrkontrolle, Amtliche → Qualitätsprüfung bis zu Verkehrsverboten und -beschränkungen.

Die Überwachung obliegt den Mitgliedstaaten der EG und in Deutschland (föderales System) den Bundesländern. Der EG verbleibt die „Kontrolle der Kontrolle", die durch eine Gruppe spezieller Bediensteter ausgeübt werden soll, die an der Kontrolle in den Mitgliedstaaten vor Ort mitwirken können.

In den Bundesländern sind die Fachministerien oberste Aufsichtsbehörde, Mittelbehörden und → Chemische Untersuchungsanstalten sowie der Weinkontrolleur sind Überwachungsorgane.

Umweltschonender Weinbau. Erlaubt die eingeschränkte Verwendung von chemisch-synthetischem Dünger, chemischen Herbiziden und Insektiziden und organischen Fungiziden, empfiehlt Begründung, Verwendung von organischem und mineralischem Dünger sowie biologische Mittel zur Schädlingsbekämpfung. Die Weinbauverbände geben Richtlinien, die Überwachung erfolgt durch Eigenkontrolle unter Beteiligung der amtlichen Weinkontrolle. → Ökologischer Weinbau.

Ungenehmigte Rebflächen → Anbauregelung.

Ungezuckert. Das war unter früherem Recht der → Naturwein und ist jetzt der → Qualitätswein mit Prädikat. Die → Zuckerung eines Weines ist in engen Grenzen erlaubt und führt zu einer → Verbesserung des Erzeugnisses. Das Ideal bleibt jedoch der Wein, der einer solchen Hilfe nicht bedarf, um berechtigten Ansprüchen an den Genußwert zu genügen. Der Hinweis „ungezuckert" ist nicht erlaubt (→ Verbotsprinzip). Er trifft aber sachlich bei Qualitätswein mit Prädikat stets zu.

Untersuchungsbefund → Einfuhr, → Qualitätsprüfung.

Untersuchungsstellen → Einfuhr.

Unvergorener Zucker → Restzucker.

Ursprungsbezeichnung → Klassifizierung, → Qualitätsprüfung, → Qualitätswein garantierten Ursprungs.

V

Vakuum-Entgeistung → Alkoholfreier Wein.

Verarbeiten → Herstellen, → Abfüllen und Umfüllen.

Verarbeitung im Anbaugebiet → Qualitätswein.

Verbesserung. Weinrechtlich in Grenzen erlaubte Maßnahmen, um einen naturbedingt mangelhaften Wein (teilweise schon durch Behandlung des Mostes) genießbar zu machen. Hauptfälle sind → Anreicherung, → Entsäuerung, → Süßung, → Verschnitt.

Verbotsprinzip. Alle Angaben, die nicht ausdrücklich im Weinbezeichnungsrecht zugelassen sind, sind verboten. Dieses Verbots- oder Zulassungsprinzip soll verhindern, daß das → Etikett überfüllt und dadurch für den Verbraucher, den es informieren soll, unübersichtlich wird.

Das Verbotsprinzip gilt sowohl für die vorgeschriebenen (obligatorischen) wie für die zugelassenen (fakultativen) Angaben und auch dann, wenn diese dazu geeignet wären, den Verbraucher wahrheitsgemäß aufzuklären.

Unzulässig sind daher vor allem dem Weingesetz von 1930 entlehnte Angaben wie z. B. Dreikönigswein (Lesedatum: Dreikönigstag), durchgegoren (höchstens 4 g/l → Restzucker), feinste Spätlese, Kellereiabfüllung, → natur, → Originalabfüllung, schwefelfrei, Spätherbst, ungeschwefelt, Wachstum u. a. mehr.

Im Gegensatz dazu steht das Mißbrauchsprinzip. Hier besteht grundsätzlich Wahlfreiheit, wenn auch bei gesetzlicher Festlegung des Inhalts einiger fakultativer Begriffe. Die benutzten Angaben müssen nur wahr und nicht irreführend sein (kein „Mißbrauch“ der freien Wahl). Dieses Prinzip gilt für die Bezeichnung der Weiterverarbeitungserzeugnisse des Weines wie z. B. → Schaumwein.

Verbraucherhandlungen. Nach früherem Weinrecht von der Lehre entwickelter Begriff. Man versteht darunter alle Einwirkungen (in der Regel Zusätze und Vermischungen), die der Verbraucher selbst bei einem Erzeugnis vornimmt. Sie sind auch dann zulässig, wenn gesetzliche Vorschriften entgegenstehen. Denn die Einmischungsbefugnis des Staates endet an der privaten Sphäre (Haushalt, Freundeskreis). Der Weintrinker darf zuhause auch roten und weißen Wein mischen oder seinen Gästen, um ihr Weinwissen zu testen, deutschen Rotwein scherzhaft als „Bordeaux" kredenzen.

Verdorbene Erzeugnisse → Gesundheitsbedenkliche Erzeugnisse.

Verkehrsfähigkeit → Inverkehrbringen, → Rückverbesserung, → Verkehrsverbot, → Vorschriftswidrige Erzeugnisse.

Verkehrsverbot → Inverkehrbringen.

Vermarkten → Inverkehrbringen.

Vermarktungssperre. Sie besteht für den Beginn des Inverkehrbringens von → Qualitätswein mit Prädikat, unterteilt nach Kabinettwein und sonstigem Prädikatswein (siehe dort).

Vermischung → Verschnitt.

Verschleppung von Wein. Kein weinrechtlicher, sondern technologischer Begriff, der seit 1985 im Zusammenhang mit dem sog. Diäthylenglykol-Skandal akut wurde.

Als „verschleppt" bezeichnet man diejenigen Flüssigkeitsreste, die an der Innenseite von Kellereigeräten (wie Pumpen, Rohrleitungen, Filtern, Separatoren usw.) nach dem Durchlauf eines Weines trotz fachgerechter Entleerung als sog. „Haftflüssigkeit" zurückbleiben und auf den nächsten Wein, der damit in Berührung kommt, unbeabsichtigt übertragen werden. Das Leerdrücken mit Druckluft beim Sortenwechsel führt zu einer erheblichen Verringerung des Vermischungsvolumens und ist zumutbar (Zwischenspülung mit Wasser hingegen kann dazu führen, daß von diesem Anteile in den Wein gelangen). Aus der Duldung minimaler Produktverschleppung können sich Probleme für → Überwachung und Nachweisschwierigkeiten ergeben.

Verschnitt. Vermischung von Traubenmost und Wein besonders verschiedener Jahrgänge, Rebsorten oder Herkünfte untereinander und miteinander. Natürlichste Methode der Weinbehandlung, kein → „panschen". Sie bewirkt die → Verbesserung „kleiner Weine", indem ein harmonischeres, wohlschmeckenderes und (bei Säureüberschuß) säureärmeres Endprodukt hergestellt wird (s. auch → Anreicherung, → Entsäuerung, → Jahrgang). Nicht zu beanstandende Mängel und qualitative Schwankungen können durch Verschnitt ausgeglichen werden. Er dient auch zur Produktion von → Typenwein mit von Jahr zu Jahr geichbleibender Geschmacksrichtung. Ferner ist der Verschnitt zur Erhaltung des Weines notwendig (→ Füllwein).

Verschnitte bedürfen großer praktischer Erfahrung der Kellermeister und sind eine wirkliche Kunst.

Grundsätzlich besteht Verschnittfreiheit. Sie ist eingeschränkt, wo Weincharakter oder Verbraucherschutz dies gebieten. So dürfen → Weinarten nicht miteinander vermischt werden (Verbot des Rot-Weiß-Verschnitts, Ausnahme: die traditionelle Herstellung von → Rotling und → Schillerwein durch Verschnitt von roten und weißen Trauben – nicht auch Most oder Wein – zur Erzielung eines Weines von blaß- bis hellroter Farbe).

Nicht miteinander verschnitten werden dürfen auch Tafelwein mit Qualitätswein sowie Qualitätsweine aus verschiedenen Anbaugebieten untereinander. Wein unter einer Anbaugebietsbezeichnung (sie ist vorgeschrieben) muß zu 100% aus diesem Anbaugebiet stammen. Beim Verschnitt von → Qualitätsweinen mit Prädikat verschiedener Prädikatsstufen bleibt nur die niedrigste Prädikatsstufe als Angabe zulässig.

Verschnitte verschiedener Herkünfte innerhalb eines bestimmten Anbaugebietes sowie verschiedener Jahrgänge und Rebsorten unterliegen zum Schutz des Verbrauchers Bezeichnungs-Einschränkungen. Die „absolute Wahrheit" wird traditionell nicht gefordert. Die „relative Wahrheit" ist einstweilen weiterhin erlaubt. Danach müssen mindestens 85% der Trauben aus dem angegebenen geographischen Raum, → Jahrgang oder von der angegebenen Rebsorte stammen (→ Rebsortenangabe). Ist der Wein mit Traubenmost gesüßt, gelten Sonderregelungen. Der Anteil nicht namengebender Herkunft darf einschließlich der Süßreserve 25% der Gesamtmenge nicht übersteigen.

Nicht als Verschnitt gelten die Zugabe von konzentriertem Traubenmost zum Zwecke der Erhöhung des Alkoholgehaltes (→ Anreicherung) und die → Süßung eines Tafelweines oder eines Qualitätsweines b. A., wenn das zur Süßung gebrauchte Erzeugnis aus dem bestimmten Anbaugebiet stammt, dessen Namen er trägt.

Versuche. Für die Durchführung genehmigter Versuche darf von bestimmten Vorschriften des Weinrechts zeitlich begrenzt abgewichen werden. Dazu gehört auch der versuchsweise Anbau neuer Rebsorten zur Prüfung der Anbaueignung (→ Neuzüchtungen).

Verwechslungsgefahr → Irreführungsverbot.

Verwenden. Jedes → Verarbeiten eines Erzeugnisses zu einem anderen Erzeugnis.

Verwerten. Jedes Verarbeiten eines Erzeugnisses zu einem anderen Lebensmittel, das kein → Erzeugnis ist.

Vin de pays → Landwein.

Vollernter → Traubenvollernter.

Vollreife → Spätlese.

Volumenprozent → Alkoholgehalt.

Vorgeschriebene Angaben → Etikett.

Vorhandener Alkoholgehalt → Alkoholgehalt.

Vorlese → Traubenlese.

Vorrätighalten zum Verkauf → Inverkehrbringen.

Vorschriftswidrige Erzeugnisse. Das sind → Erzeugnisse, die dem Weinrecht (der EG, des Bundes oder der Länder) nicht entsprechen (i. w. S. auch → Gesundheitsbedenkliche Erzeugnisse).

Sie dürfen grundsätzlich nicht in den Verkehr gebracht (→ Inverkehrbringen), eingeführt (→ Einfuhr) oder ausgeführt werden. Sie dürfen auch nicht → verwendet oder → verwertet werden, außer wenn ihre Vorschriftswidrigkeit ausschließlich auf der Verletzung von Vorschriften über Bezeichnungen, sonstigen Angaben oder Aufmachungen beruht.

Ausnahmen von diesen Verboten können durch Rechtsverordnung zugelassen werden, aber nur, wenn ein wirtschaftliches Bedürfnis hierfür besteht und schwerwiegende Interessen des Verbrauchers nicht entgegenstehen. So sind durch → Ausnahmegenehmigung unter engen Voraussetzungen beschränkte Befreiungen von den Verboten möglich.

W

Wachstum. Nicht mehr erlaubter Hinweis auf → Naturreinheit und Herkunft von einem bestimmten Erzeuger.

Warnhinweise. Das Produktsicherheitsgesetz vom 22. April 1997 (BGBl. I S. 934) ist (nur) mit seinen Bestimmungen über Warnungen und den Rückruf auch auf Wein anwendbar. Es wendet sich an den Hersteller (Winzer, Weinhändler) und den Händler (Vermarkter) sowie die zuständigen Gesundheitsbehörden des Bundes und der Länder.

Die zuständige Behörde darf nach dem Inverkehrbringen eines Erzeugnisses anordnen, daß alle, die einer von dem Produkt ausgehenden Gefahr ausgesetzt sein können, rechtzeitig in geeigneter Form, insbesondere durch den Hersteller, auf diese Gefahr hingewiesen werden. Bei Gefahr im Verzug darf die Behörde selbst die Öffentlichkeit warnen, wenn ebenso wirksame Maßnahmen nicht getroffen werden können. Sie darf also nur subsidiär tätig werden. Die Regelung betrifft solche Erzeugnisse, von denen für den Verbraucher, wenn er sie konsumieren würde, eine erhebliche Gefahr für die Gesundheit ausginge.

Mit dieser Regelung wurde die früher umstrittene Frage gelöst, ob überregionale Behörden aus Gründen des Gesundheitsschutzes Listen mit bedenklichen Erzeugnissen veröffentlichen dürfen (so nach dem früheren Glykol-Skandal).

Eine Art regelmäßiger und vorbeugender Warnhinweise ist das → Warning Label auf in den USA in den Verkehr gebrachten Flaschen mit Wein.

Warning label. Wein, der in den USA vermarktet wird, muß wie alle alkoholischen Getränke (= mindestens 0,5% vol Alkohol) einen Warnhinweis tragen. Dieser besteht aus den beiden Wörtern „Government Warning“ (in Großbuchstaben und Fettdruck) und folgendem, nicht fett gedruckten, fortlaufenden Text (der in einer neuen Zeile beginnen kann):

(1) According to the surgeon general women should not drink alcoholic beverages during pregnancy because of the risk oft birth defects.

(2) Consumption of alcoholic beverages impairs your ability to drive a car or operate machinery and may cause health problems.

Dieser Hinweis (bisher vergeblich auch für die europäischen Weinbauländer gefordert) ist sowohl Ausdruck unnötiger Bevormundung des angeblich „mündigen Verbrauchers“ als auch von Unwissenheit über die Vorteile mäßigen Weingenusses, der nach wissenschaftlichen Erkenntnissen „nicht einfach Alkohol“, sondern gesundheitsförderlich ist.

Wasserzusatz → Panschen, → Überstreckung.

Wein. Das ausschließlich durch vollständige oder teilweise alkoholische → Gärung der frischen, auch eingemaischten (→ Maische) Weintrauben oder des Traubenmostes gewonnene Erzeugnis.

Kein Wein i. S. dieser Begriffsbestimmung der EG-Weinmarktordnung sind daher z. B. → Federweißer und → Jungwein (beides sind Vorstadien zum Wein), ebenso nicht → Arzneiwein, Obstwein (z. B. Apfelwein, → weinähnliche Getränke), → Tresterwein, → Strohwein, → Alkoholfreier Wein, → British Wine.

Spezielle, gesetzlich umschriebene Erscheinungsformen des Weinbegriffs sind die → Weinarten und die → Qualitätsstufen des inländischen Weines. Der Begriff „Wein“ ist gegen anderweitige Verwendung geschützt. (Gesetzliche Ausnahmen sind selten, z. B. die Verkehrsbezeichnungen für → Weinähnliche Getränke und → British wine).

Weinähnliche Getränke. Dies sind Obst- und Fruchtweine, also keine → Erzeugnisse im Sinne des Weinrechts. Sie sind gleichwohl teilweise im (insoweit einstweilen fortgeltenden) Weingesetz von 1930 und seiner Ausführungsverordnung geregelt, weil damit die Herstellung von an sich mit Wein verwechslungsfähigen, aber traditionell üblichen Getränken erlaubt wird. Im übrigen ist das Lebensmittelgesetz (LMBG) nebst Lebensmittelkennzeichnungs-Verordnung (LMKV) maßgeblich.

Dem → Wein ähnliche Getränke in diesem Sinne sind aus dem Saft von frischem Stein-, Kern- oder Beerenobst sowie aus Hagebutten oder Schlehen, frischen Rhabarberstengeln, Malzauszügen oder Honig hergestellt. Vorgeschriebene Angaben sind: Verkehrsbezeichnung (z. B. Apfelwein); Hersteller, Abfüller oder in der EG niedergelassener Verkäufer (mit Firmensitz); vorhandener Alkoholgehalt bei 20° Celsius in % vol; Nennvolumen; Loskennzeichnung.

Wahlweise sind auch andere Aufgaben erlaubt, wenn sie nicht irreführend sind (→ Irreführungsverbot, hier des LMBG).

Gleiches gilt für die aus solchen Produkten hergestellten schäumenden Getränke (z. B. Apfelschaumwein), der entsprechend kein → Schaumwein, sondern ein gegen diesen abgegrenztes schaumweinähnliches Getränk ist.

Weinanbaugebiet → Anbaugebiet.

Weinansprache. Darunter versteht man eine Fülle von traditionell-fachlichen, aber auch phantasievoll schmückenden Worten und Begriffen, die den sensorischen Gesamteindruck eines Weines und seinen Charakter beschreiben sollen. Sie gibt es, seit Wein geprobt wird (Colore, Odore, Sapore, → Organoleptik). Neuerdings hat das EG-Weinrecht sie als „Hinweise auf andere, insbesondere organoleptische Eigenschaften, die für das Erzeugnis charakteristisch sind" ausdrücklich auch für das → Etikett zugelassen, auf dem sie nach früherem Recht nicht verwendet werden durften. Zulässig waren damals nur die gesetzlich umschriebenen vier → Geschmacksangaben trokken, halbtrocken, lieblich, süß (s. dort).

Die Worte der Weinansprache sind zu zahlreich, als daß sie auch nur annähernd aufgeführt werden könnten. Einige Beispiele: Abgebaut (hat seinen Lebenshöhepunkt überschritten), extraktreich („ein Maul voll Wein", → Extrakt), firn (alt), harmonisch (nicht einseitig sauer oder süß, sondern ausgeglichen), rassig (feine Frucht, elegante Säure), wuchtig (voll und kräftig), würzig (aromatisch).

Manche der frei erfundenen Begriffe sind zwar launig und wohlklingend, aber ohne wirklichen Aussagegehalt. Andererseits sind auch Geschmacksbeschreibungen, die sich auf einem in neuerer Zeit entwickelten „Aromarad" befinden und Weingeschmack mit anderen Geschmacksvarianten (vor allem Früchten, aber auch Gebrauchsgegenständen des Alltags) vergleichen, oft abseitig und nicht dazu angetan, Freude am Wein zu wecken.

Wein-Apéritif → Aromatisierter Wein.

Weinarten. Dies sind Weißwein (ausschließlich aus Weißweintrauben hergestellter Wein), → Rotwein (ausschließlich aus Rotweintrauben hergestellter Wein), → Roséwein (mit der speziellen Erscheinungsform → Weißherbst), → Rotling (mit den Abarten → Badisch Rotgold und → Schillerwein).

Nur diese Weinartnamen sind für deutsche Weine erlaubt. Die Angaben Weißherbst, Schillerwein und Badisch Rotgold sind nur für Qualitätswein und Qualitätswein mit Prädikat erlaubt, die übrigen Weinartnamen hingegen für alle → Qualitätsstufen.

Grundsätzlich freigestellt sind die Angaben „Weißwein“ und „Rotwein“, weil das Erscheinungsbild dieser Weine jedermann bekannt und eine Irreführung daher nicht zu befürchten ist. Nur ausnahmsweise sind auch diese Weinartnamen obligatorisch: Wenn bei → Tafelwein oder → Perlwein zur Angabe der Herkunft keine engere Angabe als das Wort „deutsch“ verwendet wird. Dann sind die Worte „Weißwein“ oder „Rotwein“ bzw. (bei Perlwein) die Adjektive „weißer“ oder „roter“ hinzuzufügen.

Stets anzugeben sind hingegen die übrigen Weinartnamen, also die Namen der „zwischenfarbigen Weine“: Roséwein/Weißherbst, Rotling/Schillerwein.

Das Verhältnis von Traubenmost aus roten Trauben (zur Herstellung von Rotwein, Roséwein und Rotling: s. oben) zu Traubenmost aus weißen Trauben hat sich infolge verstärkter Nachfrage nach Rotwein zu dessen Gunsten auf etwa 25 : 75 verschoben.

Weinbaubetrieb → Erzeuger, → Weingut.

Weinbaugebiet. Früher war nur dieser Begriff für die verschiedenen Regionen, auf deren Flächen die Rebe wächst, üblich. Mit der Unterscheidung zwischen Qualitätswein und Tafelwein (→ Qualitätsstufen) verlor das Wort „Weinbaugebiet“ seine traditionelle Bedeutung. Das EG-Recht unterscheidet seitdem zwischen „bestimmten Anbaugebieten“, auf denen Qualitätswein wächst, und „Weinbaugebieten“, deren Namen Tafelwein trägt. Für den → Landwein als eine besondere Variante des Tafelweins wurden „Landweingebiete“ benannt.

Weinbaukartei. Sie umfaßt alle Betriebsdaten (Rebflächen, Produktionsdaten) nach EG-Kriterien.

Weinbauzonen. Wegen der unterschiedlichen klimatischen Bedingungen sind sowohl die Mindestmostgewichte als auch wichtige Maßnahmen der Weinbereitung in der EG-Weinmarktordnung (→ Anreicherung, → Entsäuerung, → Säuerung) nach großen Erzeugungsräumen gestaffelt, in denen vergleichbare Anbaubedingungen vorhanden sind. Diese heißen Weinbauzonen.

Es gibt die Weinbauzonen A, B, C Ia, C Ib, C II, C IIIa, C IIIb. In Deutschland gehört Baden zur Zone B, alle übrigen Rebflächen gehören zur Zone A.

Bei → Tafelwein sind bestimmte Maßnahmen der Herstellung auf die Weinbauzone beschränkt, in denen die verwendeten Trauben geerntet wurden.

Weinbeere → Beere.

Weinbegriff → Wein.

Weinbehandlung → Önologische Behandlung, → Weinbereitung.

Weinbereitung. Die → Verarbeitung von frischen Weintrauben, auch eingemaischt (→ Maische), Traubenmost, konzentriertem Traubenmost, teilweise gegorenem Traubenmost, → Traubensaft, konzentriertem Traubensaft oder → Jungwein zu Wein durch vollständige oder teilweise alkoholische Gärung (→ Herstellen).

Weinbergsrolle. Nach dem Weingesetz von 1930 stand dem Winzer die Wahl des Lagenamens frei. Die geographische Bezeichnung mußte lediglich wahr und nicht irreführend sein. Anstelle dieses auf das Mißbrauchsprinzip gestützten Rechts der geographischen Bezeichnung ist schon durch das Weingesetz von 1971 ein staatlich reglementiertes, erzwingbares Bezeichnungsrecht getreten. Es beruht auf dem → Verbotsprinzip und ist mit dem Grundgesetz vereinbar. Ein wesentlicher Teil dieses neuen Systems ist auch die Weinbergsrolle.

Die Weinbergsrolle ist ein öffentliches Register. Sie besteht aus dem Verzeichnis der → Lagen und → Bereiche und den für jede Lage und jeden Bereich anzulegenden Karteiblättern. Ihr werden Karten beigefügt, in welche die Lagen und Bereiche eingezeichnet sind. Die zuständigen Fachministerien geben die Namen der Lagen und Bereiche in den amtlichen Verkündungsblättern (in der Regel der Staatsanzeiger) bekannt. Inhalt und Form der Eintragungen, das Verfahren und die zuständigen Behörden werden durch Landesregelung (Gesetz oder Verordnung) bestimmt.

Nur die in die Weinbergsrolle eingetragenen Lagen und Bereiche dürfen zur Kennzeichnung von Wein benutzt werden, andere sind verboten. Die Eintragung hat rechtsbegründende Wirkung. Die Weinbergsrolle hat also nicht nur eine bloße Registerfunktion.

Weinbergsschluß → Traubenlese.

Weinbrand → Branntwein.

Weinbuchführung. Eines der wichtigsten Mittel zur Überwachung der Einhaltung weinrechtlicher Vorschriften, ab Ausgang eines Erzeugnisses ergänzt durch die Bestimmungen über das → Begleitpapier. Buchführungspflichtig sind grundsätzlich alle natürlichen und juristischen Personen oder Personenvereinigungen, die in Ausübung ihres Berufes → Erzeugnisse des Weinrechts besitzen. Sie müssen durch die Weinbuchführung Ein- und Ausgänge nachweisen. Hierzu verpflichtet sind auch Weinkommissionäre.

Einige Personengruppen sind von der Buchführungspflicht ausgenommen, so u. U. Einzelhändler, die im Einzelfall nicht mehr als 100 Liter Wein abgeben und Schankwirtschaften, in denen nur an Ort und Stelle zu konsumierende Getränke abgegeben werden.

Einzelheiten der Buchführungspflicht sind detailliert geregelt und aus den zu führenden Büchern ersichtlich: Kellerbuch, Weinbuch, Stoffbuch (Kontrollbuch), Buch des Geschäftsvermittlers (Kommissionärs). Diese Bücher können in Form gebundener Bücher, je nach landesrechtlicher Regelung auch in Form loser Konten oder als Durchschreibebuchführung geführt werden. Buchführung mittels EDV ist zulässig, wenn das System genehmigt ist.

Die Weinbuchführung ist einmal jährlich abzuschließen (nebst Bestandsaufnahme) und 5 Jahre nach Vollschreibung mit den Unterlagen in den Geschäftsräumen aufzubewahren.

Weinlabors müssen ein → Analysenbuch führen.

Weinchemiker → Analysenbuch.

Weindestillat. Alkoholische Flüssigkeit, die durch Destillation nach alkoholischer Gärung ausschließlich aus Wein gewonnen wurde.

Weindestillat ist kein Getränk, sondern ein Zwischenprodukt und Ausgangsstoff für die Herstellung von Deutschem Weinbrand (→ Branntwein).

Weinernte → Traubenlese.

Weinerzeugungsmeldung → Erntemeldung.

Weinessig. Der Essig, der ausschließlich durch Essigsäuregärung aus Wein hergestellt wird und einen als Essigsäure berechneten Säuregehalt von mindestens 60 g/l aufweist.

Weinetikett → Etikett.

Weinfälschung → Einziehung, → Fälschungsstoffe, → Önologische Behandlung, → Vorschriftswidrige Erzeugnisse.

Weinflasche → Etikett, → Flaschenformen, → Flaschenmaße, → Korken.

Weinfonds → Deutscher Weinfonds.

Weingesetz → Weinrecht.

Weingut. Betriebswirtschaftlicher und weinrechtlicher Begriff zugleich.

Für die betriebswirtschaftlichen Voraussetzungen ist allein die Verkehrsauffassung maßgebend. Der Betriebsinhaber soll in der Regel eine Mindestausbildung (Qualifikation) haben, der Weinbergsbesitz soll für einen Vollerwerbsbetrieb ausreichend sein, es soll eine eigene Betriebsstätte mit ausreichenden Lagerkapazitäten (ca. für 3 Weinernten) und allen für die Weinerzeugung notwendigen Einrichtungen vorhanden sein. Der Zukauf von Erzeugnissen soll grundsätzlich ausgeschlossen sein.

Weinrechtlich setzt die Angabe „Weingut" auf dem → Etikett voraus, daß der Wein ausschließlich aus Weinbergen des benannten Erzeugers stammt („Weingut Karl Müller, Rebhausen"), was auch für die → Süßreserve gilt. Die Angabe „Weingut und Weinkellerei" ist auch als Wiedergabe der im Handelsregister eingetragenen Firma für Fremdweine unzulässig, nur ausschließliche Eigenerzeugnisse dürfen so bezeichnet werden. Bezeichnungsklarheit hat Vorrang vor Firmenrecht. Unter bestimmten Voraussetzungen darf die Abfüllung von auf dem Weingut erzeugten Weinen statt als Erzeugerabfüllung auch als Gutsabfüllung bezeichnet werden (→ Erzeugerabfüllung).

Weinhaltige Getränke. Unter Verwendung von Erzeugnissen des Weinbaus hergestellte, üblicherweise unverändert dem Verzehr dienende nicht aromatisierte alkoholische Getränke, wenn der Anteil der Erzeugnisse im fertigen Getränk mehr als 50% beträgt und bei der Herstellung eine Gärung nicht stattgefunden hat. Bei Aromatisierung handelt es sich um aromatisierte weinhaltige Getränke. Sie unterstehen – anders als nicht aromatisierte Getränke, für die nationales Recht gilt – nur dem EG-Recht.

Ein „weinhaltiges Getränk" ist mit dieser Verkehrsbezeichnung zu versehen, außer wenn es sich um → Schorle handelt.

Weinhaltiger Cocktail → Aromatisierte Getränke.

Weinhefe → Trub.

Weinkategorien → Weinarten.

Weinkontrolle → Weinkontrolleur.

Weinkontrolleur. Die Weinkontrolle i. e. S., ausgeübt durch den Weinkontrolleur, ist praktisch wichtigster Teil der → Überwachung des Weinrechtvollzugs.

Der Weinkontrolleur ist hauptberuflicher Weinsachverständiger (Verwaltungsangehöriger) und in der Regel einem → Chemischen Untersuchungsamt angegliedert. Er unterstützt die „Schreibtischkontrolle" der zuständigen Behörden, soll in der → Sinnenprüfung erfahren sein, das Herstellungsverfahren beurteilen können und mit den einschlägigen Rechtsvorschriften vertraut sein.

Der Weinkontrolleur übt eine präventive Kontrolle aus und ist kein Organ der Strafverfolgung (kein Hilfsbeamter der Staatsanwaltschaft). Eingehend geregelt sind sowohl seine Rechte (Grundstücke, Betriebs- und Geschäftsräume zu betreten, Unterlagen einzusehen, zu besichtigen, sicherzustellen, Proben zu nehmen, Auskünfte zu verlangen) wie auch die Pflichten der Betroffenen (Duldungs-, Unterstützungs- sowie Auskunftspflicht) und deren Rechte.

Weinlage → Einzellage, → Großlage, → Lagenamen.

Weinlese → Traubenlese.

Weinmarktordnung → Weinrecht.

Weinprämiierung → Deutsches Weinsiegel, → Landesweinprämiierung.

Weinprobe → Organoleptische Prüfung, → Weinansprache.

Weinlabor → Analysenbuch, → Qualitätsprüfung.

Weinmarktordnung → Weinrecht.

Weinrecht. Die gemeinsame Marktorganisation für Wein (1970; jetzt, nach Kodifikationen, VO [EWG] Nr. 822/87 vom 16. März 1987, ABl. EG Nr. L 84 S. 1) entzog den nationalen Gesetzgebern in der EU in großem Umfange die Befugnis zu weinrechtlichen Regelungen. Auch der deutsche Gesetzgeber mußte das nationale Weingesetz den gemeinschaftrechtlichen Bestimmungen anpassen. Daraus entstand anstelle des Weingesetzes von 1930 das neue deutsche Weingesetz von 1971, an dessen Stelle auf Grund des „Gesetzes zur Reform des Weinrechts“ das geltende Weingesetz vom 8. Juli 1994 trat (BGBl. I S. 1467, inzwischen wiederholt geändert). Es enthält das EG-Recht ausführende oder – soweit hierzu ermächtigt – ergänzende grundsätzliche Bestimmungen. Durchführungsbestimmungen hierzu sind auf Bundesebene die Weinverordnung vom 9. Mai 1995 (BGBl. I S. 630, ebenfalls mehrfach geändert) und die Wein-Überwachungsverordnung vom 9. Mai 1995 (BGBl. I S. 630, 655, gleichfalls geändert). Die Texte dieser Regelungen sind im Anhang II abgedruckt.

Zuvor wurde nicht nur die Weinmarktordnung (und die sie für den Qualitätsweinsektor ergänzende Qualitätswein-Verordnung der EG (jetzt VO [EWG] Nr. 823/87 vom 16. März 1987, ABl. EG Nr. L 84 S. 59) oft geändert. Vielmehr wurden unter zahlreichen, eigene Sachbereiche regelnden Verordnungen der EG auch die Weinbezeichnungs-Verordnung (jetzt VO [EWG] Nr. 2392/89 vom 24. Juli 1989, ABl. EG Nr. L 232 S. 13) mit einer Ausführungs-Verordnung hierzu (jetzt VO [EWG] Nr. 3201/90 vom 16. Oktober 1990, ABl. EG Nr. L 347 S. 24) erlassen, womit nicht nur die Weinherstellung, sondern auch die Weinbezeichnung grundsätzlich im Gemeinschaftsrecht geregelt ist.

Für nationale Besonderheiten ist nach dem „Regionalprinzip“ ausreichend gesetzlicher Gestaltungsraum gelassen. Die nationalen Vorschriften müssen aber ständig den Änderungen des Gemeinschaftsrechts angepaßt werden. Den weinbautreibenden Ländern Deutschlands sind Detailregelungen (Mindestmostgewichte, Rebsorten usw.) vorbehalten. Daran wird sich auch nichts ändern, falls der zur Zeit diskutierte Vorschlag der Kommission der EG für eine Reform der Europäischen Weinmarktordnung verwirklicht und eine Vielzahl von einzelne Sachgebiete regelnden Verordnungen der EG (auch die sog. Qualitätswein-Verordnung) in eine neue Weinmarktordnung eingearbeitet und von Durchführungsbestimmungen ergänzt werden sollten, die im Wege des Verwaltungsausschußverfahrens zu erlassen wären.

Weinsäure → Entsäuerung, → Säure.

Weinschläuche → Verschleppung von Wein.

Weinsiegel → Deutsches Weinsiegel.

Weinstaatsanwaltschaft. Entsprechend der Konzentration der Zuständigkeit für die Entscheidung in Weinstrafsachen und -bußgeldverfahren (→ Weinstrafgerichte) sind in Rheinland-Pfalz, dem größten weinbautreibenden Land Deutschlands, spezielle Zuständigkeiten der Staatsanwaltschaften geschaffen worden. Es sind die Staatsanwaltschaft Koblenz für den Bezirk des Oberlandesgerichts Koblenz und die Staatsanwaltschaft Kaiserslautern für den Bezirk des Oberlandesgerichts Zweibrücken in Weinwirtschaftsstrafsachen zuständig. Die Zentralstelle bei der Staatsanwaltschaft Bad Kreuznach ist zuständig für das gesamte Land, soweit es sich um Verfahren von besonderem Umfang oder besonderer Bedeutung handelt (→ Weinstrafgerichte).

Weinstein. Krustenartige, auskristallisierte Verbindung aus weinsauren Salzen mit dem im Wein vorhandenen Kalium. Fällt während oder nach der Gärung aus dem Wein aus und setzt sich im Faß ab. Auch im abgefüllten Flaschenwein finden sich Weinsteinkristalle, u. a. als Folge zu niedriger Temperatur im Weinkeller.

Weinstein ist weder geschmacklich noch sonst abträglich, sondern eher ein Zeichen für die Qualität des Weines. Auf Weinpreislisten wird auf diesen Umstand oft hingewiesen, um Reklamationen aus Unkenntnis zu vermeiden. Auch auf dem → Rückenetikett sind solche Informationen erlaubt und üblich.

Weinstrafgerichte. Wegen der speziellen Sachkunde, die zur Beurteilung weinrechtlicher Sachverhalte notwendig ist, sowie wegen der Bedeutung von Weingesetzverstößen sind in Rheinland-Pfalz besondere Zuständigkeiten in Weinstrafsachen und -bußgeldverfahren begründet worden, nämlich jeweils der Amtsgerichte am Sitz eines Landgerichts für den gesamten Landgerichtsbezirk und des Landgerichts Bad Kreuznach für Verfahren vor der Wirtschaftsstrafkammer für das gesamte Land. Dem entspricht eine Zuständigkeitsregelung bei der Strafverfolgungsbehörde (→ Weinstaatsanwaltschaft).

Weintrub → Trub.

Weinüberwachung → Chemische Untersuchungsanstalten, → Überwachung, → Weinkontrolle.

Wein-Überwachungsverordnung → Weinrecht.

Weinverordnung → Weinrecht.

Weinwirtschaftsrat. Berufsständischer Ausschuß nach dem Vorbild der französischen „Comités Interprofessionels du Vin – CIV –". Er kann kraft Verfügung des Fachministeriums für jedes bestimmte Anbaugebiet von den Verbänden gebildet werden. Der Weinwirtschaftsrat hat dann die Aufgabe, das Fachministerium und die sonstigen staatlichen Einrichtungen bei den zur Durchführung der Weinbaupolitik erforderlichen Maßnahmen zu beraten und Vorschläge zu machen (besonders für die Sachbereiche Mindestmostgewicht, zulässiger Hektarertrag, Lesetermine, Klassifizierung der Rebsorten, Rebanbau, Vermarktung und Absatzförderung, Gesetzesvorhaben von grundsätzlicher Bedeutung).

Ein Weinwirtschaftsrat besteht aus gleicher Anzahl von Vertretern der Erzeuger- und der Vermarktungsseite bei jährlich wechselndem Vorsitz. Die Weinwirtschaftsräte bilden in Rheinland-Pfalz außerdem einen Weinbaupolitischen Beirat. Er soll mit Angelegenheiten von grundsätzlicher Bedeutung befaßt werden, wobei der Weinbauminister den Vorsitz hat.

Weißburgunder. Rebsorte mit weißen Trauben („Weißer Burgunder", „Pinot blanc"). Wahrscheinlich vom Blauen Spätburgunder abstammend (Mutation), jedoch Weißwein.

Leichte, säurearme Weine mit zartem, rauchigem Sortenbukett. Auf geringen Böden aber wenig Körper und ausdruckslos. Sie sind nicht so blumig wie der Riesling, jedoch fein aromatisch, extrakt- und alkoholreich. Im Jahre 1996 betrug der prozentuale Anteil an der bestockten Rebfläche = 1,8%. Angebaut vor allem in Baden, Pfalz und Rheinhessen (in dieser Abfolge).

Weißer Burgunder → Weißburgunder.

Weißherbst. Spielart des → Roséweines. Ist der Roséwein ein Qualitätswein (kein Tafelwein) und ausschließlich durch Hellkelterung aus Trauben gewonnen, die von einer einzigen Rebsorte stammen, so darf die Angabe „Weißherbst" stattdessen benutzt werden.

Bei der Hellkelterung werden die Trauben sofort, ohne vorherige Angärung, abgepreßt (gekeltert) und nicht, wie sonst bei der Bereitung von → Rotwein, auf der Maische vergoren (→ Maischegärung).

Anders als bei Roséwein ist die Farbe eines Weines, der als „Weißherbst" bezeichnet werden soll, unerheblich, er kann auch weißweinfarbig sein.

Die Rebsorte ist bei Weißherbst in gleicher Schriftart, Größe und Farbe wie der Weinartname auf dem Etikett anzubringen (z. B. „Spätburgunder Weißherbst").

Eine herkunftsgebundene Variante des Weißherbstes ist der → „Ehrentrudis Spätburgunder Weißherbst".

Werbeverbot. Erzeugnisse mit irreführenden Bezeichnungen, Hinweisen, sonstigen Angaben oder Aufmachungen dürfen nicht zum Gegenstand der Werbung gemacht werden (→ Irreführungsverbot). Ein Werbeverbot besteht auch für Stoffe, die bei der Verarbeitung von Erzeugnissen nicht zugesetzt werden dürfen.

Wermutwein → Aromatisierter Wein.

Wiederbepflanzung. Das Recht auf Wiederbepflanzung ist das Recht, unter den in der Weinmarktordnung festgelegten Bedingungen im Laufe der acht Wirtschaftsjahre nach dem Jahr der ordnungsgemäß gemeldeten → Rodung auf einer Fläche die, auf die Reinkultur bezogen, der gerodeten Fläche gleichwertig ist, Reben anzupflanzen. → Anbauregelung.

Winzer. Der „Weinbauer", → Erzeuger der Trauben, heute fast immer Besitzer (Eigentümer oder Pächter) eines → Weingutes, früher auch mit wesentlich kleinerem Besitztum, daneben auch der im Nebenberuf Trauben erntende „Feierabendwinzer". Das Wort Winzer kommt von lat. vinitor (mit derselben Bedeutung).

Der Winzer erlangt sein Wissen außer in der Praxis des (meistens elterlichen) Betriebes durch den Besuch einer Staatlichen Lehranstalt (Geisenheim, Hohenheim, Oppenheim, Bad Kreuznach). Er ist danach in der Regel Winzermeister, Weinbautechniker, Weinbauingenieur oder Diplom-Agraringenieur.

Eine Verordnung über die Berufsausbildung der Winzer nennt bestimmte Anforderungen an Kenntnis und Fähigkeiten eines Winzers (staatlich anerkannter Ausbildungsberuf). Bedingt durch die verschlechterte Marktsituation und den noch immer verlangten hohen Arbeitseinsatz hat der heutige Winzerstand Nachwuchssorgen.

Winzergenossenschaften. Zusammenschlüsse von Winzern zur besseren Nutzung der Produktionsmittel und Vermarktung. Es gibt sie überall im deutschen Weinanbaugebiet, am meisten verbreitet aber in Baden-Württemberg. Dachorganisation ist der Deutsche Raiffeisenverband. Weinrechtlich sind sie teilweise dem Einzelerzeuger (→ Winzer) gleichgestellt.

Winzersekt. Der Begriff ist im Jahre 1981 in einer Weinabsatzkrise entstanden und hat seinen Ursprung in Rheinhessen. Er ist aber nicht mehr auf dieses Anbaugebiet beschränkt, sondern seit 1989 durch eine EG-Verordnung unter bestimmten Voraussetzungen als Angabe für bestimmte in der Bundesrepublik Deutschland hergestellte Qualitätsschaumweine b. A. (→ Sekt) erlaubt und reserviert.

Winzersekt muß aus Trauben gewonnen sein, die in demselben Weinbaubetrieb (einschließlich Erzeugergemeinschaften) geerntet wurde, in dem der Hersteller die zur Herstellung von Qualitätsschaumwein b. A. bestimmten Trauben verarbeitet (Herstellung im Lohnverfahren ist zulässig). Winzersekt muß ferner durch eine zweite alkoholische Gärung auf der Flasche hergestellt sein (sog. → méthode champenoise, auf die aber so nicht mehr hingewiesen werden darf), vom Zeitpunkt der Bereitung der → Cuvée an mindestens 9 Monate lang ununterbrochen in demselben Betrieb auf seinem → Trub gelagert haben, von diesem durch → Dégorgieren getrennt worden sein, vom Winzer oder der Erzeugergemeinschaft der (die) ihn hergestellt hat, vermarktet werden, und zwar mit Etiketten, die Angaben über den Weinbaubetrieb, die → Rebsorte und den → Jahrgang enthalten.

Durch die Angabe „Winzersekt" unterscheiden sich diese Schaumweine von anderen. Charakteristisch für sie ist eine rebsortenbetonte Weinigkeit im Geschmack.

Z

Zentrifugieren → Klärung.

Zitronensäure → Säuerung.

Zolldienststellen → Einfuhr.

Zonen → Weinbauzonen.

Zuckercouleur → Aromatisierter Wein.

Zuckerfreier Extrakt → Extrakt.

Zuckerung. Die Zugabe von Saccharose (Zuckerung) in trockener Form (in Wasser gelöst – sog. Naßzuckerung – seit 1985 verboten) dient der Erhöhung des Alkoholgehaltes und der Minderung des Säuregehaltes von Wein in schlechten Jahrgängen. Sie ist der Hauptfall der → Anreicherung und nicht mit der → Süßung identisch. Saccharose ist, gleichbedeutend mit Rohrzucker oder Rübenzucker. Sobald sie vergoren ist enthält das Erzeugnis chemisch die gleichen Produkte (Alkohol, Kohlensäure, Glycerin) wie sie bei der Vergärung von traubeneigenem Zucker entstehen. Nicht verwendet werden dürfen Stärkezucker, Dextrose, Invertzucker (→ Flüssigzucker).

Die Zuckerung ist unter gewissen Voraussetzungen zulässig. Sie setzt Verbesserungsbedürftigkeit (ausgedrückt in Mindestmostgewichten) und die Einhaltung bestimmter Alkohol-Höchstgrenzwerte voraus (nach Gebieten und Weinarten abgestuft). Diese Alkohol-Höchstgrenzwerte entsprechen den in günstigen Jahren aus Trauben minderer Art und Güte erreichbaren Alkoholwerten.

Die Anreicherungshöchstgrenzen betragen (absolut) in den beiden → Weinbauzonen (bei Qualitätswein): Zone A bei Rotwein höchstens 13,0% vol, bei anderen Weinarten höchstens 12,5% vol Gesamtalkohol. Zone B bei Rotwein höchstens 13,5% vol, bei anderen Weinarten höchstens 13,0% vol Gesamtalkohol. Die Anhebung des Alkoholgehaltes darf (relativ) in der Zone A um höchstens 3,5% vol, in der Zone B um höchstens 2,5% vol erfolgen. Nur in weinbaulichen „Katastrophenjahren" ist eine Anhebung der relativen Grenzwerte möglich.

Die Zuckerung darf nur beim jeweiligen Weinjahrgang und bis einschließlich 15. März des Jahres nach der Ernte erfolgen und nicht nachgeholt werden. Sie ist aus Kontrollgründen bei Qualitätswein nur im Anbaugebiet selbst (und nicht auch in einer Kellerei außerhalb des Anbaugebietes) zulässig. Die Zuckerung ist in der → Weinbuchführung zu vermerken. Bezeichnungsrechtlich hat sie zur Folge, daß Prädikatsangaben (→ Qualitätswein mit Prädikat) nicht verwendet werden dürfen.

Ein ordnungsgemäß und maßvoll gezuckerter Wein (das sind praktisch alle → Qualitätsweine, denen kein Prädikat zugeteilt ist) ist nicht geringwertiger als ein → naturrein belassener Wein. Es handelt sich um eine in den nördlichen Anbaugebieten oft unumgängliche Maßnahme, um natürliche Mängel auszugleichen (→ Anreicherung).

Die EU erstrebt im Rahmen einer Reform der Weinmarktordnung entweder ein Verbot der Zuckerung (bei Ersatz durch Zugabe von rektifiziertem Traubenmostkonzentrat, das ist Most, dem alle Nichtzuckerstoffe entzogen wurden) oder eine Gestattung auch in Ländern, wo sie bisher nicht traditionell üblich war. Dies ist Gegenstand lebhaften Streits auf europäischer Ebene.

Die Zuckerung kann seit 1987 durch das von Professor Martin in Nantes entwickelte und nach ihm benannte Verfahren nachgewiesen werden. Verbotswidrige Zuckerung ist strafbar, unzulässig gezuckerte Weine sind nicht verkehrsfähig.

Zulassungsprinzip → Verbotsprinzip.

Zusatzstoffe → Behandlungsstoffe, → Zusetzen.

Zusetzen. Das Hinzufügen von Stoffen mit Ausnahme des Verschneidens (→ Verschnitt). Zusetzen ist auch das Übergehen von Stoffen von Behältnissen oder sonstigen, der Verarbeitung oder Lagerung dienenden Gegenständen auf ein Erzeugnis, soweit nicht durch Gesetz oder Rechtsverordnung bestimmt ist, daß ein solches Übergehen nicht als Zusetzen gilt.

Anhang I
Weinrechtliche Vorschriften der EG und des Bundes
– Übersicht –*

EG-Weinrecht

und Internationale Abkommen

Grundregelungen und Wein-Begriffsbestimmungen

Vertrag zur Gründung der Europäischen Wirtschaftsgemeinschaft vom 25. März 1957 (BGBl. II S. 766).
VO Nr. 822/87 über die gemeinsame Marktorganisation für Wein vom 16. März 1987 (ABl. EWG Nr. L 84 S. 1)
VO Nr. 2391/89 zur Definition bestimmter aus Drittländern stammender Erzeugnisse des Weinsektors der KN-Code 2009 und 2204 vom 24. Juli 1989 (ABl. EWG Nr. L 232 S. 10)
VO Nr. 823/87 zur Festlegung besonderer Vorschriften für Qualitätsweine bestimmter Anbaugebiete vom 16. März 1987 (ABl. EWG Nr. L 84 S. 59)
Liste der in der Gemeinschaft erzeugten Qualitätsweine bestimmter Anbaugebiete vom 15. November 1996 (ABl. EG Nr. L 344 S. 110)
VO Nr. 1698/70 über bestimmte Ausnahmen bei der Herstellung von Qualitätsweinen bestimmter Anbaugebiete vom 25. August 1970 (ABl. EWG Nr. L 190 S. 4)
VO Nr. 2236/73 zur Festlegung von Vorschriften für die Prüfung von Wein, für den die Bezeichnung Qualitätswein b.A. in Anspruch genommen werden kann, vom 16. August 1973 (ABl. EWG Nr. L 229 S. 26)
VO Nr. 2903/79 über die Herabstufung von Qualitätsweinen bestimmter Anbaugebiete vom 20. Dezember 1979 (ABl. EWG Nr. L 326 S. 14)
VO Nr. 460/79 über die unmittelbare Zusammenarbeit der zuständigen Stellen der Mitgliedstaaten bei der Herabstufung von Qualitätsweinen vom 5. März 1979 (ABl. EWG Nr. L 58 S. 1)

Rebflächen und Rebsorten

VO Nr. 2389/89 über die Grundregeln für die Klassifizierung der Rebsorten vom 24. Juli 1989 (ABl. EWG Nr. L 232 S. 1)
VO Nr. 3800/81 über die Klassifizierung der Rebsorten vom 16. Dezember 1981 (ABl. EWG Nr. L 381 S. 1)

---

* Das Verzeichnis ist, nach Sachgebieten geordnet und ergänzt um die Fundstellen, dem im Deutschen Fachverlag GmbH, Frankfurt am Main, erschienenen Weinrecht-Kommentar des Verfassers entnommen. Die amtlichen Überschriften der Vorschrift sind teilweise in Kurzfassung wiedergegeben, nachfolgende Änderungen nicht ausdrücklich vermerkt.

VO Nr. 2314/72 mit Bestimmungen zur Prüfung der Anbaueignung von Rebsorten vom 30. Oktober 1972 (ABl. EWG Nr. L 248 S. 53)
VO Nr. 3302/90 mit Durchführungsbestimmungen zur Übertragung der Wiederbepflanzungsrechte für Rebflächen vom 15. November 1990 (ABl. EWG Nr. L 317 S. 25)
VO Nr. 2392/86 zur Einführung der gemeinschaftlichen Weinbaukartei vom 24. Juli 1985 (ABl. EWG Nr. L 208 S. 1)
VO Nr. 649/87 mit Durchführungsbestimmungen zur Einführung der gemeinschaftlichen Weinbaukartei vom 3. März 1987 (ABl. EWG Nr. L 62 S. 10)
VO Nr. 1294/96 über die Ernte-, Erzeugungs- und Bestandsmeldungen für Erzeugnisse des Weinbaus vom 4. Juli 1996 (ABl. EG Nr. L 166 S. 14)

Wein: Verschnitt und Behandlung
VO Nr. 2202/89 zur Definition von Verschnitt, Weinbereitung, Abfüller und Abfüllung vom 20. Juli 1989 (ABl. EWG Nr. L 209 S. 31)
VO Nr. 351/79 über den Zusatz von Alkohol zu Erzeugnissen des Weinsektors vom 5. Februar 1979 (ABl. EWG Nr. L 54 S. 90)
VO Nr. 1972/78 zur Festsetzung der Durchführungsbestimmungen zu den önologischen Verfahren vom 16. August 1978 (ABl. EWG Nr. L 226 S. 11)
VO Nr. 2094/86 mit Durchführungsbestimmungen über die Verwendung von Weinsäure für die Entsäuerung von bestimmten Erzeugnissen des Weinbaus in einigen Gebieten der Weinbauzone A vom 3. Juli 1986 (ABl. EWG Nr. L 180 S. 17)
VO Nr. 2394/84 zur Festlegung der Verwendungsbedingungen für Ionenaustauschharze und der Durchführungsbestimmungen für die Bereitung von rektifiziertem Traubenmostkonzentrat vom 20. August 1984 (ABl. EWG Nr. L 224 S. 8)
VO Nr. 305/86 über den höchstzulässigen Gesamtgehalt an schwefliger Säure in Weinen aus der Gemeinschaft, die vor dem 1. September 1986 erzeugt wurden, vom 12. Februar 1986 (ABl. EWG Nr. L 38 S. 13)
VO Nr. 3220/90 mit Durchführungsvorschriften für bestimmte önologische Verfahren gemäß der Verordnung (EWG) Nr. 822/73 vom 7. November 1990 (ABl. EWG Nr. L 308 S. 22)
VO Nr. 586/93 zur Abweichung von mehreren Bestimmungen über den Gehalt an flüchtiger Säure bei bestimmten Weinen vom 12. März 1993 (ABl. EWG Nr. L 61 S. 39)

Wein: Bezeichnung und Aufmachung
VO Nr. 2392/89 zur Aufstellung allgemeiner Regeln für die Bezeichnung und Aufmachung der Weine und der Traubenmoste vom 24. Juli 1989 (ABl. EWG Nr. L 232 S. 13)
VO Nr. 3201/90 über Durchführungsbestimmungen für die Bezeichnung und Aufmachung der Weine und der Traubenmoste vom 16. Oktober 1990 (ABl. EWG Nr. L 309 S. 1)
Liste der amtlichen Stellen, die zur Verleihung von Auszeichnungen für mit

einer geographischen Angabe bezeichnete Tafelweine, Qualitätsweine b.A. und mit einer geographischen Angabe bezeichnete eingeführte Weine berechtigt sind, vom 15. November 1996 (ABl. EG Nr. L 344 S. 54)
Liste der als „Landwein“, „vin de pays“, „vino tipico“ (usw.) bezeichneten Tafelweine, vom 15. November 1996 (Abl. EG Nr. L 344 S. 151)
VO Nr. 2092/91 über den ökologischen Landbau und die entsprechende Kennzeichnung der landwirtschaftlichen Erzeugnisse und Lebensmittel vom 24. Juni 1991 (ABl. EWG Nr. L 198 S. 1)
VO Nr. 94/92 mit Durchführungsbestimmungen zur Regelung der Einfuhren und Kennzeichnung von Erzeugnissen des ökologischen Landbaus aus Drittländern vom 14. Januar 1992 (ABl. EWG Nr. L 11 S. 14)
VO Nr. 3457/92 mit Durchführungsbestimmungen betreffend die Kontrollbescheinigung für Einfuhren aus Drittländern in die Gemeinschaft gemäß der Verordnung (EWG) Nr. 2092/91 vom 30. November 1992 (ABl. EWG Nr. L 350 S. 56)
Liste der zugelassenen Kontrollstellen gemäß Artikel 15 der Verordnung (EWG) Nr. 2092/91 vom 21. Oktober 1993 (ABl. EWG Nr. L 284 S. 6)

Wein: Kontrolle von Weinbereitung, Verschnitt und Inverkehrbringen
VO Nr. 1594/70 über die Meldung, Durchführung und Kontrolle der Verfahren zur Anreicherung, Säuerung und Entsäuerung von Wein vom 5. August 1970 (ABl. EWG Nr. L 173 S. 23)
VO Nr. 2240/89 über die Meldung, Durchführung und Kontrolle der Anreicherung, Säuerung und Entsäuerung von Wein vom 25. Juli 1989 (ABl. EWG Nr. L 215 S. 16)
VO Nr. 1618/70 mit Kontrollvorschriften für die Arbeiten zur Süßung der Tafelweine und Qualitätsweine bestimmter Anbaugebiete vom 7. August 1970 (ABl. EWG Nr. L 175 S. 17)
VO Nr. 2676/90 zur Festlegung gemeinsamer Analysenmethoden für den Weinsektor vom 17. September 1990 (ABl. EWG Nr. L 272 S. 11)
VO Nr. 2238/93 über die Begleitpapiere für den Transport von Weinbauerzeugnissen und die im Weinsektor zu führenden Ein- und Ausgangsbücher vom 26. Juli 1993 (ABl. EWG Nr. L 200 S. 10)
Liste der für die Ausstellung der Begleitpapiere und die Führung der Ein- und Ausgangsbücher im Weinsektor zuständigen Stellen vom 15. November 1996 (ABl. EG Nr. C 344 S. 4)
VO Nr. 2048/89 mit Grundregeln über die Kontrollen im Weinsektor vom 19. Juni 1989 (ABl. EWG Nr. L 202 S. 32)
Verzeichnis der einzelstaatlichen Stellen, die mit den Kommissionsdienststellen und anderen Mitgliedstaaten zur Verstärkung der Weinkontrolle Verbindung halten, vom 15. November 1996 (ABl. EG Nr. C 344 S. 11)
Liste der mit der Überwachung der Einhaltung der Gemeinschaftsvorschriften im Weinbausektorbeauftragten nationalen Stellen vom 15. November 1986 (ABl. EG Nr. C 344 S. 161)
Liste der für die Durchführung der amtlichen Analysen im Weinbausektor zugelassenen Laboratorien vom 15. November 1996 (ABl. EG Nr. C 344 S. 10)

VO Nr. 2347/91 über die Entnahme von Proben bei Weinbauerzeugnissen vom 29. Juli 1991 (ABl. EWG Nr. L 214 S. 32)
VO Nr. 2348/91 über die Errichtung einer Datenbank für Analysewerte von Weinbauerzeugnissen vom 29. Juli 1991 (ABl. EWG Nr. L 214 S. 34)

Wein: Einfuhr
VO Nr. 2390/89 über die Festlegung allgemeiner Einfuhrbestimmungen für Wein, Traubensaft und Traubenmost vom 24. Juli 1989 (ABl. EWG Nr. L 232 S. 7)
VO Nr. 3590/85 über die Bescheinigung und das Analysebulletin, die bei der Einfuhr von Wein, Traubensaft und Traubenmost vorzulegen sind, vom 18. Dezember 1985 (ABl. EWG Nr. L 343 S. 20)
Liste der amtlichen Stellen und Laboratorien, die in den Drittländern zur Ausstellung von Begleitdokumenten zuständig sind, vom 15. November 1996 (ABl. EG Nr. C 344 S. 71)
VO Nr. 3677/89 über den Gesamtalkoholgehalt und Gesamtsäuregehalt bestimmter eingeführter Qualitätsweine vom 7. Dezember 1989 (ABl. EWG Nr. L 360 S. 1)
VO Nr. 1873/84 zur Genehmigung des Anbietens oder der Angabe zum unmittelbaren menschlichen Verbrauch von bestimmten aus U.S.A. eingeführten Weinen vom 28. Juni 1984 (ABl. EWG Nr. L 176 S. 6)

Spezialweine und Weiterverarbeitungs-Erzeugnisse: Herstellung und Bezeichnung
VO Nr. 2332/92 über in der Gemeinschaft hergestellte Schaumweine vom 13. Juli 1992 (ABl. EWG Nr. L 231 S. 1)
VO Nr. 1907/85 über das Verzeichnis der Rebsorten und Gebiete für Drittlandwein zur Schaumweinherstellung in der Gemeinschaft vom 10. Juli 1985 (ABl. EWG Nr. L 179 S. 21)
VO Nr. 1888/86 über den Höchstwert für den Gesamtschwefeldioxidgehalt bestimmter vor dem 1. September 1986 in der Gemeinschaft hergestellter Schaumweine und eingeführter Schaumweine während einer Übergangszeit vom 18. Juni 1986 (ABl. EWG Nr. L 163 S. 19)
VO Nr. 2333/92 zur Festlegung der Grundregeln für die Bezeichnung und Aufmachung von Schaumwein und Schaumwein mit zugesetzter Kohlensäure vom 13. Juli 1992 (ABl. EWG Nr. L 231 S. 9)
VO Nr. 554/95 über Durchführungsbestimmungen für die Bezeichnung und Aufmachung von Schaumwein und Schaumwein mit zugesetzter Kohlensäure vom 13. März 1995 (ABl. Nr. L 56 S. 3)
VO Nr. 3895/91 zur Aufstellung bestimmter Regeln für die Bezeichnung und Aufmachung von Spezialweinen vom 11. Dezember 1991 (ABl. EWG Nr. L 368 S. 1)
VO Nr. 3901/91 mit Buchführungsbestimmungen zur Bezeichnung und Aufmachung von besonderen Wein vom 18. Dezember 1991 (ABl. EWG Nr. L 368 S. 15)
VO Nr. 4252/88 über die Herstellung und Vermarktung von in der Gemein-

schaft erzeugten Likörweinen vom 21. Dezember 1988 (ABl. EWG Nr. L 373 S. 59)
VO Nr. 3111/93 mit den Verzeichnissen von Qualitätslikörweinen bestimmter Anbaugebiete vom 10. November 1993 (ABl. EG Nr. L 278 S. 48)
VO Nr. 881/98 mit Durchführungsbestimmungen zum Schutz ergänzender traditioneller Begriffe für bestimmte Arten von Qualitätsweinen bestimmter Anbaugebiete vom 24. April 1998 (ABl. EG Nr. L 124 S. 22)
VO Nr. 1576/89 zur Festlegung der allgemeinen Regeln für die Begriffsbestimmung, Bezeichnung und Aufmachung von Spirituosen vom 29. Mai 1989 (ABl. EWG Nr. L 160 S. 1)
VO Nr. 1014/90 mit Durchführungsbestimmungen für die Begriffsbestimmung, Bezeichnung und Aufmachung von Spirituosen vom 24. April 1990 (ABl. EWG Nr. L 105 S. 9)
Verzeichnis der in Anh. II VO Nr. 1576/89 genannten Spirituosen mit höherem Alkoholgehalt (ABl. EWG Nr. L 14/90 S. 14)
VO Nr. 1601/91 zur Festlegung der allgemeinen Regeln für die Begriffsbestimmung, Bezeichnung und Aufmachung aromatisierten Weines, aromatisierter weinhaltiger Getränke und aromatisierter weinhaltiger Cocktails vom 10. Juni 1991 (ABl. EWG Nr. L 149 S. 1)
VO Nr. 122/94 mit Durchführungsbestimmungen zur Verordnung Nr. 1601/91 vom 25. Januar 1994 (ABl. EG Nr. L 21 S. 7)
VO Nr. 2215/96 zur Festlegung von abweichenden Bestimmungen für den Glühwein vom 20. November 1996 (ABl. EG Nr. L 296 S. 30)

Internationale Abkommen
Madrider Herkunftsabkommen i.d.F. vom 31. Oktober 1958 (BGBl. 1961 II S. 293)
Deutsch-französisches Herkunftsabkommen vom 8. März 1960 (BGBl. 1961 II S. 23)
Verordnung über die Inkraftsetzung von Änderungen der Anlagen A und B des deutsch-französischen Herkunftsabkommens vom 23. April 1969 (BGBl. II S. 856)
Abkommen zwischen der EG und Bulgarien über Schutz und Kontrolle der Weinnamen von 1993 (ABl. EG Nr. L 337 S. 12)
Abkommen zwischen der EG und Australien über den Handel mit Wein von 1994 (ABl. EG Nr. L 86 S. 3)

Bundes-Weinrecht

Weingesetz und Ausführungs-Verordnungen
Weingesetz vom 8. Juli 1994 (BGBl. I S. 1467)
Weinverordnung i.d.F. der Bekanntmachung vom 28. August 1998 (BGBl. I S. 2609)
Verordnung zur vorläufigen Aufrechterhaltung weinrechtlicher Vorschriften (Mischgetränke) vom 9. Mai 1995 (BGBl. I S. 630, 671)
Wein-Überwachungsverordnung vom 9. Mai 1995 (BGBl. I S. 630, 655)
Weinfonds-Verordnung vom 9. Mai 1995 (BGBl. I S. 630, 666)
Verordnung zur Durchsetzung des gemeinschaftlichen Weinrechts vom 9. Mai 1995 (BGBl. I S. 630, 666)

Spirituosen-Verordnung (Weinbrand)
Verordnung über Spirituosen vom 29. Januar 1998 (BGBl. I S. 310)

Weinähnliche Getränke
Weingesetz vom 25. Juli 1930 (BGBl. I S. 356)
Verordnung zur Ausführung des Weingesetzes vom 16. Juli 1932 (BGBl. I S. 358)

Einschlägiges Lebensmittelrecht
Lebensmitteltransportbehälter-Verordnung vom 13. April 1987 (BGBl. I S. 1212)
Lebensmittelhygiene-Verordnung vom 5. August 1997 (BGBl. I S. 2008)
Aromen-Verordnung vom 22. Dezember 1981 (BGBl. I S. 1625, 1677)
Zusatzstoff-Zulassungsverordnung vom 29. Januar 1998 (BGBl. I S. 230, 231)
Zusatzstoff-Verkehrsordnung vom 29. Januar 1998 (BGBl. I S. 230, 269)
Lebensmittel- und Bedarfsgegenständegesetz i.d.F. der Bekanntmachung vom 8. Juli 1993 (BGBl. I S. 1169)
Fruchtsaft-Verordnung i.d.F. der Bekanntmachung vom 17. Februar 1982
Fertigpackungsverordnung i.d.F. der Bekanntmachung vom 8. März 1994 (BGBl. I S. 193)

Deutsche Landwirtschaftsgesellschaft
Prüfbestimmungen der Deutschen Landwirtschaftsgesellschaft für die Bundesprämiierung von Wein 1998
Gütezeichen-Satzung der DLG (Deutsches Weinsiegel) i.d.F. vom 24. März 1998
Grundregel für das Gütezeichen Deutsches Weinsiegel i.d.F. vom 24. März 1998
Prüfbestimmungen der Deutschen Landwirtschaftsgesellschaft für die Bundesprämiierung von Sekt b.A. 1998

Anhang II

1. Weingesetz

Vom 8 .Juli 1994[1] (BGBl. I S. 1467),
zuletzt geändert durch Art. 2 des Gesetzes vom 25. 7. 1997
(BGBl. I S. 1925, 1926)

Inhaltsübersicht

[1] Das WeinG v. 8. 7. 1994 ist am 1. 9. 1994 in Kraft getreten.

1. Abschnitt · Allgemeine Bestimmungen

§ 1 Zweck. (1) Dieses Gesetz regelt den Anbau, das Verarbeiten, das Inverkehrbringen und die Absatzförderung von Wein und sonstigen Erzeugnissen des Weinbaus, soweit dies nicht in für den Weinbau und die Weinwirtschaft unmittelbar geltenden Rechtsakten der Europäischen Gemeinschaft geregelt ist.

(2) Abweichend von Absatz 1 gilt dieses Gesetz, mit Ausnahme der §§ 4 bis 12 und der §§ 29 und 30 sowie der auf Grund der vorstehend genannten Vorschriften erlassenen Rechtsverordnungen, nicht für das Verarbeiten und das Inverkehrbringen von

1. Weintrauben, die nicht zur Herstellung von Erzeugnissen bestimmt sind,
2. Traubensaft,
3. konzentriertem Traubensaft und
4. Weinessig.

§ 2 Begriffsbestimmungen.

1. Erzeugnisse: die in den Rechtsakten der Europäischen Gemeinschaft genannten Erzeugnisse des Weinbaus ohne Rücksicht auf ihren Ursprung sowie weinhaltige Getränke,
2. Weinhaltige Getränke: unter Verwendung von Erzeugnissen des Weinbaus hergestellte, üblicherweise unverändert dem Verzehr dienende nicht aromatisierte alkoholische Getränke, wenn der Anteil der Erzeug-

nisse im fertigen Getränk mehr als 50 vom Hundert beträgt und bei der Herstellung eine Gärung nicht stattgefunden hat,
3. Inländischer Wein: im Inland aus inländischen Weintrauben hergestellter Wein,
4. Gemeinschaftserzeugnisse: in Mitgliedstaaten der Europäischen Gemeinschaft hergestellte Erzeugnisse,
5. Erzeugnisse aus Vertragsstaaten: in Staaten, die – ohne Mitglied der Europäischen Gemeinschaft zu sein – Vertragsstaaten des Abkommens über den europäischen Wirtschaftsraum (Vertragsstaaten) sind, hergestellte Erzeugnisse,
6. Drittlandserzeugnisse: in Staaten, die nicht der Europäischen Gemeinschaft angehören und die nicht Vertragsstaaten sind, hergestellte Erzeugnisse,
7. Ertragsrebfläche: die bestockte Rebfläche vom zweiten Weinwirtschaftsjahr nach dem der Pflanzung,
8. Hektarertrag: der in Weintrauben-, Traubenmost- oder Weinmengen festgesetzte Ertrag je Hektar Ertragsrebfläche,
9. Gesamthektarertrag: Summe der Hektarerträge der einzelnen im Ertrag stehenden Rebflächen eines Weinbaubetriebes,
10. Verarbeiten: Herstellen, Abfüllen und Umfüllen,
11. Herstellen: jedes Behandeln, Verschneiden, Verwenden und jedes sonstige Handeln, durch das bei einem Erzeugnis eine Einwirkung erzielt wird; Lagern ist Herstellen nur, soweit dieses Gesetz oder eine auf Grund dieses Gesetzes erlassene Rechtsverordnung das Lagern für erforderlich erklärt oder soweit gelagert wird, um dadurch auf das Erzeugnis einzuwirken,
12. Behandeln: das Zusetzen von Stoffen und das Anwenden von Verfahren,
13. Zusetzen: das Hinzufügen von Stoffen mit Ausnahme des Verschneidens; Zusetzen ist auch das Übergehen von Stoffen von Behältnissen oder sonstigen der Verarbeitung oder Lagerung dienenden Gegenständen auf ein Erzeugnis, soweit nicht in diesem Gesetz oder in einer auf Grund dieses Gesetzes erlassenen Rechtsverordnung bestimmt ist, daß ein solches Übergehen nicht als Zusetzen gilt,
14. Verschneiden: das Vermischen von Erzeugnissen miteinander und untereinander,
15. Abfüllen: das Einfüllen in ein Behältnis, dessen Rauminhalt nicht mehr als sechzig Liter beträgt und das anschließend fest verschlossen wird,
16. Verwenden: jedes Verarbeiten eines Erzeugnisses zu einem anderen Erzeugnis,
17. Verwerten: jedes Verarbeiten eines Erzeugnisses zu einem anderen Lebensmittel, das kein Erzeugnis ist,
18. Inverkehrbringen: das Anbieten, Vorrätighalten zum Verkauf oder zu sonstiger Abgabe, Feilhalten und jedes Abgeben an andere; nicht als Inverkehrbringen gilt das Anstellen eines Erzeugnisses bei der Prüfungsbehörde zur Erteilung einer Amtlichen Prüfungsnummer,
19. Einfuhr: Verbringen von Nichtgemeinschaftswaren (Drittlandserzeug-

nissen) und von Waren aus Vertragsstaaten (Erzeugnisse aus Vertragsstaaten) in das Inland,

20. Ausfuhr: Verbringen von Gemeinschaftswaren (Gemeinschaftserzeugnissen) in einen Vertragsstaat oder in ein Drittland,
21. Begleitpapiere: die nach den Rechtsakten der Europäischen Gemeinschaft oder auf Grund dieses Gesetzes für die Beförderung von Erzeugnissen im Zollgebiet der Europäischen Gemeinschaft vorgeschriebenen Dokumente,
22. Lage: eine bestimmte Rebfläche (Einzellage) oder die Zusammenfassung solcher Flächen (Großlage), aus deren Erträgen gleichwertige Weine gleichartiger Geschmacksrichtungen hergestellt zu werden pflegen und die in einer Gemeinde oder in mehreren Gemeinden desselben bestimmten Anbaugebietes belegen sind,
23. Bereich: eine Zusammenfassung mehrerer Lagen, aus deren Erträgen Weine gleichartiger Geschmacksrichtung hergestellt zu werden pflegen und die in nahe beieinanderliegenden Gemeinden desselben bestimmten Anbaugebietes belegen sind.

§ 3 **Weinanbaugebiet.** (1) Für Qualitätswein bestimmter Anbaugebiete (Qualitätswein b.A.) werden folgende bestimmte Anbaugebiete festgelegt:

1. Ahr,
2. Baden,
3. Franken,
4. Hessische Bergstraße,
5. Mittelrhein,
6. Mosel-Saar-Ruwer,
7. Nahe,
8. Pfalz,
9. Rheingau,
10. Rheinhessen,
11. Saale-Unstrut,
12. Sachsen,
13. Württemberg.

In diesen Gebieten ist auch der Anbau von Reben zur Erzeugung von Tafelwein zulässig.

(2) Das Bundesministerium für Ernährung, Landwirtschaft und Forsten wird ermächtigt, durch Rechtsverordnung mit Zustimmung des Bundesrates
1. Weinbaugebiete und Untergebiete für Tafelwein,
2. Gebiete für die Bezeichnung von Landwein
festzulegen. Die Gebiete nach Satz 1 sind in Anlehnung an herkömmliche geographische Begriffe für solche geographische Räume festzulegen, in denen traditionell Weinbau betrieben wird.

(3) Die in Absatz 1 und in Rechtsverordnungen nach Absatz 2 Nr. 1 festgelegten Gebiete bilden zusammen das deutsche Weinanbaugebiet.

(4) Die Landesregierungen grenzen durch Rechtsverordnung die in Absatz 1 genannten und die in Rechtsverordnungen nach Absatz 2 festgelegten Gebiete ab.

2. Abschnitt · Anbauregeln

§ 4 Rebanlagen. (1) Zur Herstellung von inländischem Wein und anderen Erzeugnissen aus inländischen Weintrauben dürfen für andere Zwecke als zur Destillation nur solche Weintrauben verwendet werden, die vorbehaltlich des Absatzes 3 auf Rebflächen im Inland erzeugt wurden, die zulässigerweise mit Reben bepflanzt sind.

(2) Erzeugnisse aus Weintrauben von Rebpflanzungen, die entgegen den Rechtsakten der Europäischen Gemeinschaft oder entgegen den Vorschriften dieses Gesetzes oder den auf Grund dieses Gesetzes erlassenen Rechtsverordnungen über Neu- oder Wiederanpflanzungen vorgenommen worden sind, sind bis zum 31. August des auf die Ernte folgenden Jahres zu destillieren. Die Destillation ist der zuständigen Behörde zusammen mit der gemeinschaftsrechtlich vorgeschriebenen Bestandsmeldung durch Vorlage einer zollamtlichen Bescheinigung nachzuweisen. Für Mengen, die der Destillationspflicht nach Satz 1 unterliegen, ist die Gewährung von öffentlichen Beihilfen und Prämien ausgeschlossen.

(3) Bewirtschaftet der Inhaber eines grenznahen Weinbau- oder Weinherstellungsbetriebes eine jenseits der Grenze belegene grenznahe Rebfläche, kann die zuständige Behörde des Landes, in dem der Wein hergestellt werden soll, genehmigen, daß dieser oder der Inhaber eines anderen grenznahen Weinherstellungsbetriebes die im Ausland geernteten Weintrauben im Inland zur Herstellung von Wein verwendet. Die Genehmigung ist zu erteilen, wenn die Versagung auch unter Berücksichtigung der Ziele des Gesetzes eine besondere Härte bedeuten würde. In der Genehmigung wird die Bezeichnung des Weines festgelegt. Die Genehmigung kann inhaltlich beschränkt, mit Auflagen verbunden und befristet werden; sie kann aus wichtigem Grund widerrufen sowie unter dem Vorbehalt des Widerrufs erteilt werden.

§ 5 Anerkennung der für Qualitätswein b.A. geeigneten Rebflächen. Rebflächen in den in § 3 Abs. 1 genannten bestimmten Anbaugebieten, die zulässigerweise mit Reben zur Erzeugung von Wein bepflanzt sind oder bepflanzt werden, gelten als zur Erzeugung von Qualitätswein b.A. geeignet.

§ 6 Wiederbepflanzungen. (1) Das Bundesministerium für Ernährung, Landwirtschaft und Forsten wird ermächtigt, durch Rechtsverordnung mit Zustimmung des Bundesrates zur Sicherung der Versorgung mit Rebenpflanzgut Vorschriften über die Ausübung eines Wiederbepflanzungsrechts zum Anbau von Weinreben zur Rebenpflanzguterzeugung zu erlassen.

(2) Die Übertragung eines Wiederbepflanzungsrechts

1. von einer Fläche mit einer Hangneigung von mehr als 30 vom Hundert (Steillage) auf eine Fläche mit einer Hangneigung von weniger als 30 vom Hundert (Flachlage) oder
2. aus einem bestimmten Anbaugebiet in ein anderes bestimmtes Anbaugebiet

ist nicht zulässig. Die zuständige Behörde kann insbesondere zur Sicherung der Qualität oder zur Erhaltung der Weinbaustruktur in Einzelfällen zur Vermeidung unbilliger Härten abweichend von Satz 1 die Übertragung eines

Wiederbepflanzungsrechts von Steillagen auf Flachlagen oder aus einem bestimmten Anbaugebiet in ein anderes bestimmtes Anbaugebiet genehmigen.

(3) Die Landesregierungen können durch Rechtsverordnung

1. vorschreiben, daß Wiederbepflanzungen nur auf den gerodeten Rebflächen vorgenommen werden dürfen,
2. zulassen, daß ein Wiederbepflanzungsrecht auf einen anderen Betrieb übertragen werden kann; in der Rechtsverordnung sind die Voraussetzungen und das Verfahren für die Übertragung festzulegen.

In Rechtsverordnungen nach Satz 1 kann bestimmt werden, daß die zuständige Behörde im Einzelfall Anordnungen nach Nummer 1 treffen oder Zulassungen nach Nummer 2 aussprechen kann.

§ 7 Neuanpflanzungen, Anbaueignung. (1) Soweit in den Rechtsakten der Europäischen Gemeinschaft oder in auf Grund dieses Gesetzes erlassenen Rechtsverordnungen keine abweichenden Regelungen getroffen sind, werden Genehmigungen für Neuanpflanzungen nur für Rebflächen erteilt, die zur Erzeugung von Qualitätswein b.A. bestimmt sind und die

1. in unmittelbarem räumlichen Zusammenhang mit zulässigerweise mit Reben bepflanzten oder vorübergehend nicht bepflanzten Rebflächen stehen,
2. in Verfahren nach dem Flurbereinigungsgesetz oder in Verfahren zur Feststellung und Neuordnung der Eigentumsverhältnisse nach dem Landwirtschaftsanpassungsgesetz als Rebflächen ausgewiesen werden, soweit dies zur wertgleichen Abfindung nach § 44 des Flurbereinigungsgesetzes oder § 58 des Landwirtschaftsanpassungsgesetzes erforderlich ist, oder
3. für die Durchführung von wissenschaftlichen Weinbauversuchen bestimmt sind.

(2) Das Bundesministerium für Ernährung, Landwirtschaft und Forsten wird ermächtigt, durch Rechtsverordnung mit Zustimmung des Bundesrates

1. die Voraussetzungen für die Genehmigung nach Absatz 1 zu regeln und dabei insbesondere die Anforderungen an die Grundstücke hinsichtlich ihrer Eignung zur Erzeugung von Qualitätswein b.A. und die Vermarktungsmöglichkeiten des erzeugten Weines festzulegen,
2. die Voraussetzungen für die Eignung eines Grundstückes zur Erzeugung von Qualitätswein b.A. zu regeln und dabei insbesondere vorzusehen, daß der Traubenmost der auf dem Grundstück geernteten Weintrauben bestimmter Rebsorten einen festgesetzten Mindestgehalt an natürlichem Alkohol erwarten lassen muß,
3. Ausnahmen von den Anforderungen des Absatzes 1 zuzulassen,
4. das Verfahren zur Feststellung, daß die Voraussetzungen nach Nummer 1 oder 2 vorliegen, sowie das Verfahren für die Erteilung der Genehmigung zu regeln.

(3) Das Bundesministerium für Ernährung, Landwirtschaft und Forsten wird ermächtigt, durch Rechtsverordnung mit Zustimmung des Bundesrates zur Sicherung der Qualität die Voraussetzungen und das Verfahren für die Prüfung der Anbaueignung von Rebsorten zu regeln.

(4) Die Landesregierungen können durch Rechtsverordnung
1. zur Steigerung der Qualität,
2. zur Erhaltung des Gebietscharakters der Qualitätsweine b.A. oder
3. zur Verbesserung der Vermarktung

über die durch Rechtsverordnungen nach Absatz 2 Nr. 2 vorgeschriebenen Voraussetzungen hinaus weitere Voraussetzungen für die Anbaueignung eines Grundstückes festlegen.

§ 8 Entfernung unzulässiger Anpflanzungen. (1) Wiederbepflanzungen, die entgegen den Vorschriften der Rechtsakte der Europäischen Gemeinschaft ohne Recht auf Wiederbepflanzung vorgenommen wurden, und nicht genehmigte Neuanpflanzungen sind zu entfernen. Die zuständige Behörde kann in Einzelfällen zur Vermeidung unbilliger Härten zulassen, daß abweichend von Satz 1 nicht genehmigte Neuanpflanzungen nicht zu entfernen sind.

(2) Die zuständige Behörde soll anordnen, daß Wiederbepflanzungen, die entgegen
1. § 6 Abs. 2 Satz 1,
2. einer Rechtsverordnung nach § 6 Abs. 1 oder 3 Satz 1 oder
3. einer auf Grund einer Rechtsverordnung nach § 6 Abs. 3 Satz 2 getroffenen Anordnung oder ausgesprochenen Zulassung

vorgenommen worden sind, zu entfernen sind.

§ 9 Hektarertrag. (1) Weintrauben, Traubenmost, teilweise gegorener Traubenmost und Wein dürfen nach Maßgabe der folgenden Vorschriften nur in einer Menge an andere abgegeben, verwendet oder verwertet werden, die dem Gesamthektarertrag des Weinbaubetriebes entspricht. Ist in Rechtsverordnungen nach Absatz 2 Satz 1 in Verbindung mit Absatz 3 Satz 1 ein Hektarertrag für
1. einzelne Anbaugebiete oder Teile von Anbaugebieten,
2. Rebsorten oder Rebsortengruppen oder
3. Tafelwein, Qualitätswein b.A. oder Qualitätswein mit Prädikat (Qualitätsgruppen)

gesondert festgesetzt, so ist der Gesamthektarertrag für die entsprechenden Rebflächen jeweils gesondert zu berechnen. Ein Ausgleich zwischen den gesondert zu berechnenden Gesamthektarerträgen ist nicht zulässig. Soweit nach Satz 2 Nr. 3 ein Hektarertrag gesondert festgesetzt worden ist, ist die gesonderte Berechnung der Gesamthektarerträge bis zum 15. Dezember des Erntejahres vorzunehmen. Eine Herabstufung nach diesem Zeitpunkt hat keine Erhöhung der einzelnen Gesamthektarerträge zur Folge.

(2) Die Landesregierungen setzen durch Rechtsverordnung einen Hektarertrag für Weintrauben, Traubenmost oder Wein fest. Wird der Hektarertrag nach Satz 1 für Traubenmost oder Wein festgesetzt, so ist er auf die zu ihrer Herstellung verwandten Erzeugnisse entsprechend anzuwenden.

(3) In Rechtsverordnungen nach Absatz 2 Satz 1 kann über die in den Rechtsakten der Europäischen Gemeinschaft vorgesehenen Kriterien hinaus der Hektarertrag für Qualitätsgruppen unterschiedlich festgesetzt werden.

Wird der Hektarertrag für Qualitätsgruppen unterschiedlich festgesetzt, so darf dieser für Tafelwein 150 Hektoliter nicht übersteigen.

§ 10 Übermenge. (1) Übersteigt in einem Weinbaubetrieb die Erntemenge den Gesamthektarertrag im Sinne des § 9 Abs. 1 Satz 1 oder 2 um nicht mehr als 20 vom Hundert, so darf die übersteigende Menge (Übermenge) nur

1. im eigenen Betrieb zur Weinerzeugung verwendet und über das Erntejahr hinaus gelagert,
2. im eigenen Betrieb zur Herstellung von Qualitätsschaumwein b.A. verwendet und über das Erntejahr hinaus gelagert oder
3. destilliert

werden. Für Mitglieder einer Winzergenossenschaft oder einer Erzeugergemeinschaft anderer Rechtsform können die Weinerzeugung und die Lagerung nach Satz 1 Nr. 1, die Herstellung und die Lagerung von Qualitätsschaumwein b.A. nach Satz 1 Nr. 2 oder die Destillation nach Satz 1 Nr. 3 durch den Erzeugerzusammenschluß vorgenommen werden, soweit die Mitglieder zur Ablieferung der gesamten Ernte einer Rebfläche an den Erzeugerzusammenschluß verpflichtet sind.

(2) Ist in einem der folgenden Erntejahre die Erntemenge des Weinbaubetriebes geringer als der Gesamthektarertrag, so darf abweichend von Absatz 1 eine der Differenz entsprechende Menge aus der gelagerten Übermenge an andere abgegeben, verwendet oder verwertet werden. Eine Übermenge darf auch ganz oder teilweise anstelle des Gesamthektarertrages eines Jahrgangs an andere abgegeben, verwendet oder verwertet werden.

(3) Werden Übermengen mit Mengen aus Gesamthektarerträgen vermischt, so darf nach dem Vermischen der den Gesamthektarerträgen entsprechende Teil der Mischung an andere abgegeben, verwendet oder verwertet werden.

§ 11 Destillation. (1) Übersteigt in einem Weinbaubetrieb die Erntemenge den Gesamthektarertrag im Sinne des § 9 Abs. 1 Satz 1 oder 2 um mehr als 20 vom Hundert, so darf die Menge, die diesen Wert überschreitet, nur zur Weinbereitung im eigenen Betrieb verwendet werden und ist bis zum 15. Dezember des auf die Ernte folgenden Jahres zu destillieren. § 10 Abs. 1 Satz 2 ist entsprechend anzuwenden. Die Destillation ist der zuständigen Behörde zusammen mit der gemeinschaftsrechtlich vorgeschriebenen Bestandsmeldung durch Vorlage einer zollamtlichen Bescheinigung nachzuweisen. Kommt ein Betrieb diesen Verpflichtungen nicht nach, so ist für Erzeugnisse des Betriebes die Erteilung einer amtlichen Prüfungsnummer solange ausgeschlossen, bis der erforderliche Nachweis erbracht ist. Der durch die Destillation hergestellte Alkohol ist ausschließlich zu industriellen Zwecken zu verwenden. Für Mengen, die der Destillationspflicht nach Satz 1 unterliegen, ist die Gewährung von öffentlichen Beihilfen und Prämien ausgeschlossen.

(2) Werden in Absatz 1 Satz 1 genannte Mengen mit Mengen aus Gesamthektarerträgen vermischt, so darf nach dem Vermischen der den Gesamthektarerträgen entsprechende Teil der Mischung an andere abgegeben, verwendet oder verwertet werden.

(3) Die zuständige Behörde kann, zur Vermeidung witterungsbedingter unbilliger Härten in Einzelfällen, abweichend von Absatz 1 Satz 1 und 2 genehmigen, daß die dort genannte Menge ganz oder teilweise an Stelle des Gesamthektarertrages des betreffenden Jahrganges an andere abgegeben, verwendet oder verwertet werden darf. Die Genehmigung nach Satz 1 kann, auch nachträglich, mit Auflagen verbunden werden.

§ 12 Ermächtigungen. (1) Das Bundesministerium für Ernährung, Landwirtschaft und Forsten wird ermächtigt, durch Rechtsverordnung mit Zustimmung des Bundesrates zur Sicherung einer ausreichenden Überwachung Vorschriften zu erlassen über die Voraussetzungen und das Verfahren für

1. die gesonderte Berechnung der Gesamthektarerträge im Sinne des § 9 Abs. 1 Satz 2,
2. die Umrechnung von
   a) Weintraubenmengen in Weinmostmengen und Weinmengen und
   b) Weinmostmengen in Weinmengen,
3. die Weinerzeugung im Sinne des § 10 Abs. 1 und § 11 Abs. 1 Satz 1 oder 2,
4. das Abgeben an andere, das Verwenden und das Verwerten von Übermengen im Sinne des § 10 Abs. 2,
5. das Abgeben an andere, das Verwenden oder das Verwerten des Teiles der Mischung im Sinne des § 10 Abs. 3 und § 11 Abs. 2, der an andere abgegeben, verwendet oder verwertet werden darf, und
6. die Durchführung der Destillation im Sinne des § 10 Abs. 1 Satz 1 Nr. 3 und Satz 2 und § 11 Abs. 1 Satz 1 und 2.

(2) Das Bundesministerium für Ernährung, Landwirtschaft und Forsten wird ermächtigt, abweichend von § 9 Abs. 2 Satz 1 in Verbindung mit § 2 Nr. 8, soweit ein wirtschaftliches Bedürfnis besteht, durch Rechtsverordnung mit Zustimmung des Bundesrates Vorschriften über die Berechnung der für den Gesamthektarertrag maßgeblichen Fläche im Falle von Flurbereinigungen zu erlassen.

(3) Die Landesregierungen können durch Rechtsverordnung

1. zulassen, daß die §§ 9 bis 11 sowie die nach Absatz 1 erlassenen Rechtsverordnungen auf Weinbaubetriebe, die sich gegenüber der zuständigen Behörde schriftlich verpflichten, für mehrere Jahre keinen Qualitätswein b.A., Qualitätsschaumwein b.A., Qualitätslikörwein b.A. oder Qualitätsperlwein b.A. zu erzeugen, für die Dauer der Verpflichtung keine Anwendung finden,
2. in einzelnen Jahren bis zum 31. März des auf die Ernte folgenden Jahres abweichend von § 10 Abs. 1 und § 11 Abs. 1 den jeweils dort genannten Wert auf bis zu 50 vom Hundert erhöhen, wenn
   a) sowohl die Weinqualität als auch die Erntemengen des betreffenden Jahrganges den langjährigen Durchschnitt deutlich übersteigen und
   b) der auf Grund der gemeinschaftsrechtlich vorgeschriebenen Weinerzeugungs- und Bestandsmeldungen berechnete Bestand an Erzeugnissen eines bestimmten Anbaugebietes oder von Teilen eines bestimmten An-

baugebietes die Summe der Gesamthektarerträge des betreffenden Gebietes unterschreitet,
3. zulassen, daß Weinbaubetriebe, die die gesamte Ernte als Weintrauben oder Traubenmost an andere abgeben und nicht über eigene betriebliche Verarbeitungsmöglichkeiten für diese Erzeugnisse verfügen, Mengen, die den Gesamthektarertrag übersteigen, an andere abgeben dürfen,
4. zulassen, daß bei Winzergenossenschaften und Erzeugergemeinschaften anderer Rechtsform alle Rebflächen von Weinbaubetrieben, die ihre gesamte Ernte als Weintrauben oder Traubenmost abzuliefern haben, als ein Betrieb im Sinne der §§ 9 bis 11 sowie des Absatzes 1 und der Nummern 1 bis 3 gelten und haben dabei vorzuschreiben, daß diese Vorschrift nur auf Rebflächen Anwendung findet, die innerhalb eines Bereiches belegen sind,
5. die näheren Voraussetzungen und das Verfahren zur Einhaltung der Vorschriften der §§ 9 bis 11 regeln.

(4) Soweit die Landesregierungen von der Ermächtigung des Absatzes 3 Nr. 4 Gebrauch machen, können sie in der Rechtsverordnung zulassen, daß abweichend von § 9 Abs. 1 Satz 1 und § 10 Abs. 1 Satz 1 die in Absatz 3 Nr. 4 genannten Erzeugerzusammenschlüsse Übermengen zur jährlichen Selbstversorgung der Familien ihrer Mitglieder abgeben dürfen.

(5) Soweit die Landesregierungen von den Ermächtigungen des Absatzes 3 Nr. 1 bis 4 sowie von der Ermächtigung des Absatzes 4 Gebrauch machen, haben sie in den Rechtsverordnungen die näheren Voraussetzungen und das Verfahren zu regeln, um die Einhaltung der Vorschriften der §§ 9 bis 11 zu gewährleisten.

3. Abschnitt · Verarbeitung

§ 13 Behandlungsverfahren und Behandlungsstoffe. (1) Das Anwenden von Behandlungsverfahren und das Zusetzen von Stoffen sind nur zulässig, soweit dies in Rechtsverordnungen auf Grund dieses Gesetzes zugelassen oder durch Rechtsakte der Europäischen Gemeinschaft geregelt ist.

(2) Ein unbeabsichtigtes und bei guter fachlicher Praxis technisch unvermeidbares Übergehen nicht zugelassener Stoffe von Gefäßen, Geräten, Schläuchen und anderen dem Verarbeiten, Abfüllen, Verschließen oder Lagern dienenden Gegenständen auf Erzeugnisse ist kein Zusetzen, soweit es sich um gesundheitlich, geschmacklich und geruchlich unbedenklich geringe Anteile handelt.

(3) Das Bundesministerium für Ernährung, Landwirtschaft und Forsten wird ermächtigt, im Einvernehmen mit dem Bundesministerium für Gesundheit durch Rechtsverordnung mit Zustimmung des Bundesrates zum Schutz der Gesundheit oder zur Erhaltung der Eigenart der Erzeugnisse
1. das Anwenden von Behandlungsverfahren oder das Zusetzen von Stoffen zuzulassen oder einzuschränken,
2. Reinheitsanforderungen für die zugesetzten Stoffe festzulegen,
3. vorzuschreiben, daß in Erzeugnissen bestimmte Stoffe nicht oder nur in bestimmten Mengen enthalten sein dürfen,

4. zu bestimmen,
   a) daß bei Gegenständen aus bestimmten Stoffen das Übergehen eines nicht zugelassenen Stoffes als technisch unvermeidbar oder als verbotenes Zusetzen anzusehen ist,
   b) welche Anteile gering im Sinne des Absatzes 2 sind und
   c) daß bei Gegenständen aus bestimmten Stoffen das Übergehen nicht zugelassener Stoffe nicht als verbotenes Zusetzen anzusehen ist,
5. das Verwenden von Gegenständen aus bestimmten Stoffen zu verbieten, wenn zu befürchten ist, daß gesundheitlich nicht unbedenkliche Anteile eines nicht zugelassenen Stoffes in ein Erzeugnis übergehen.

(4) Soweit auf Grund des Absatzes 3 Nr. 2, 4 oder 5 keine Vorschriften erlassen worden sind, sind die auf Grund des § 12 Abs. 2 Nr. 1, des § 31 Abs. 2 und des § 32 des Lebensmittel- und Bedarfsgegenständegesetzes erlassenen Rechtsverordnungen anzuwenden.

(5) Für Rückstände in und auf Weintrauben sind § 14 Abs. 1 des Lebensmittel- und Bedarfsgegenständegesetzes und die auf Grund des § 9 Abs. 4 und des § 14 Abs. 2 des Lebensmittel- und Bedarfsgegenständegesetzes erlassenen Rechtsverordnungen anzuwenden.

§ 14 Beschaffenheit von Behältnissen und Räumen. Das Bundesministerium für Ernährung, Landwirtschaft und Forsten wird ermächtigt, im Einvernehmen mit dem Bundesministerium für Gesundheit durch Rechtsverordnung mit Zustimmung des Bundesrates, soweit dies zum Schutz der Gesundheit oder zur Erhaltung der Qualität der Erzeugnisse erforderlich ist, vorzuschreiben, daß

1. Behältnisse und sonstige Gegenstände, die für das Verarbeiten, Lagern oder Befördern von Erzeugnissen benutzt werden,
   a) bestimmten hygienischen Anforderungen genügen müssen,
   b) aus Werkstoffen bestimmter Art oder Zusammensetzung nicht verwendet werden dürfen,
   c) soweit sie bereits einmal benutzt worden sind, nur verwendet werden dürfen, wenn sie zuvor ausnahmslos für Lebensmittel oder für bestimmte Lebensmittel benutzt worden sind,
2. Behältnisse eine auf ihre Zweckbestimmung hinweisende dauerhafte Aufschrift tragen müssen,
3. Räume, die für das Verarbeiten oder das Lagern benutzt werden oder dem Inverkehrbringen dienen, bestimmten hygienischen Anforderungen genügen müssen.

§ 15 Erhöhung des Alkoholgehaltes, Süßung. Das Bundesministerium für Ernährung, Landwirtschaft und Forsten wird ermächtigt, durch Rechtsverordnung mit Zustimmung des Bundesrates, soweit dies zur Steigerung der Qualität der Erzeugnisse erforderlich ist,

1. das Erhöhen des vorhandenen oder potentiellen natürlichen Alkoholgehaltes der Erzeugnisse zuzulassen,
2. das Süßen der Erzeugnisse zuzulassen,
3. vorbehaltlich der Nummern 4 bis 6 die Voraussetzungen und Anforderun-

gen an das Erhöhen des Alkoholgehaltes und das Süßen, einschließlich der dazu anwendbaren Methoden, zu regeln,
4. eine durch das Erhöhen des Alkoholgehaltes bedingte Volumenänderung eines Erzeugnisses zu begrenzen,
5. vorzuschreiben, daß das Erhöhen des Alkoholgehaltes eines Erzeugnisses nicht zur Folge haben darf, daß dessen Gesamtalkoholgehalt einen bestimmten Wert übersteigt,
6. den Gesamtalkoholgehalt der zum Süßen verwendeten Erzeugnisse zu begrenzen und vorzuschreiben, daß durch das Süßen der Gesamtalkoholgehalt des gesüßten Erzeugnisses um nicht mehr als 2 Volumenprozent erhöht werden darf,
7. das Umrechnungsverfahren für das Ermitteln der Alkoholgehalte festzulegen.

§ 16 Inverkehrbringen und Verarbeiten. (1) Erzeugnisse dürfen nur in den Verkehr gebracht werden, wenn sie von gesundheitlich unbedenklicher Beschaffenheit und zum Verzehr geeignet sind.

(2) Das Bundesministerium für Ernährung, Landwirtschaft und Forsten wird ermächtigt, durch Rechtsverordnung mit Zustimmung des Bundesrates, soweit ein wirtschaftliches Bedürfnis besteht und Interessen des Verbrauchers nicht entgegenstehen oder es zur Erhaltung der Eigenart der Erzeugnisse erforderlich ist, Vorschriften über das Verarbeiten und das Inverkehrbringen von Erzeugnissen zu erlassen. Es kann dabei insbesondere vorschreiben, daß
1. für das Verarbeiten nur bestimmte Erzeugnisse verwendet werden dürfen,
2. beim Verarbeiten nur bestimmte Lebensmittel, die keine Erzeugnisse sind, zugesetzt werden dürfen,
3. mit dem Verarbeiten erst begonnen werden darf, wenn die für das Verarbeiten bestimmten Erzeugnisse gekennzeichnet und unter Angabe dieser Bestimmung in die Buchführung eingetragen sind,
4. das gesamte Verarbeiten oder bestimmte Verarbeitungsschritte in demselben Betrieb vorzunehmen sind.

(3) Das Bundesministerium für Ernährung, Landwirtschaft und Forsten wird ermächtigt, im Einvernehmen mit dem Bundesministerium für Gesundheit durch Rechtsverordnung mit Zustimmung des Bundesrates,
1. soweit es erforderlich ist, um der Gefahr einer nachteiligen Beeinflussung von Erzeugnissen vorzubeugen, Vorschriften zu erlassen, die eine einwandfreie Beschaffenheit der Erzeugnisse von ihrem Verarbeiten bis zur Abgabe an den Verbraucher sicherstellen,
2. soweit es zum Schutz des Verbrauchers erforderlich ist,
   a) vorzuschreiben, daß Betriebe, die bestimmte Erzeugnisse verarbeiten, befördern, lagern, verwerten oder in den Verkehr bringen, bestimmte betriebseigene Kontrollen und Maßnahmen sowie Unterrichtungen oder Schulungen von Personen in der Lebensmittelhygiene durchzuführen und darüber Nachweise zu führen haben,
   b) vorzuschreiben, daß über das Verarbeiten, das Befördern, das Lagern,

das Verwerten oder das Inverkehrbringen bestimmter Erzeugnisse, über die Reinigung und Desinfektion von Räumen, Anlagen, Einrichtungen oder Beförderungsmitteln, in denen Erzeugnisse verarbeitet, befördert, gelagert, verwertet oder in den Verkehr gebracht werden, Nachweise zu führen sind, sowie

c) das Nähere über Art, Form und Inhalt der Nachweise nach den Buchstaben a und b sowie über die Dauer ihrer Aufbewahrung zu regeln.

4. Abschnitt · Qualitätswein b.A.

§ 17 Qualitätswein b.A. (1) Qualitätswein und Qualitätswein mit den Prädikaten Kabinett, Spätlese oder Auslese müssen mindestens 7 Volumenprozent vorhandenen Alkohol, Qualitätsweine mit den Prädikaten Beerenauslese, Trockenbeerenauslese und Eiswein müssen mindestens 5,5 Volumenprozent vorhandenen Alkohol aufweisen.

(2) Das Bundesministerium für Ernährung, Landwirtschaft und Forsten wird ermächtigt, durch Rechtsverordnung mit Zustimmung des Bundesrates festzulegen, unter welchen Voraussetzungen

1. das Herstellen eines Qualitätsweins b.A. außerhalb des bestimmten Anbaugebietes zulässig ist,
2. das Herabstufen eines Qualitätsweins b.A. auf der Erzeugerstufe vorgenommen werden darf.

(3) Die Landesregierungen bestimmen durch Rechtsverordnung, soweit ein wirtschaftliches Bedürfnis besteht oder dies zur Durchführung der Rechtsakte der Europäischen Gemeinschaft erforderlich ist,

1. die Anbau-, Ernte- und Keltermethoden, die notwendig sind, um eine optimale Qualität von Qualitätswein b.A. zu gewährleisten, insbesondere Erziehungsart, Anschnitt, Ausdünnung, Rebschutz und Düngung; dabei können sie zulassen, daß Rebflächen mit skelettreichen oder flachgründigen Böden und einer Hangneigung von mindestens 30 vom Hundert beregnet werden, wenn die Umweltbedingungen dies rechtfertigen; ferner können sie die Beregnung von nicht im Ertrag stehenden Rebflächen sowie zum Frostschutz zulassen,
2. unter Berücksichtigung von Klima, Bodenbeschaffenheit und Rebsorte die natürlichen Mindestalkoholgehalte für Qualitätswein b.A. und Qualitätswein mit Prädikat; die natürlichen Mindestalkoholgehalte
   a) können für einzelne bestimmte Anbaugebiete oder Teile davon unterschiedlich festgesetzt werden,
   b) dürfen in der Weinbauzone A bei Qualitätswein b.A. nicht unter 7,0 Volumenprozent, bei Qualitätswein mit Prädikat nicht unter 9,5 Volumenprozent liegen; für die bestimmten Anbaugebiete Ahr, Mittelrhein, Mosel-Saar-Ruwer, Saale-Unstrut und Sachsen darf für bestimmte Rebsorten und für bestimmte Rebflächen der natürliche Mindestalkoholgehalt bei Qualitätswein b.A. bis auf 6,0 Volumenprozent, bei Qualitätswein mit Prädikat bis auf 9,0 Volumenprozent herabgesetzt werden,
   c) dürfen in der Weinbauzone B bei Qualitätswein b.A. nicht unter 8,0 Vo-

lumenprozent, bei Qualitätswein mit Prädikat nicht unter 10,0 Volumenprozent liegen,

d) sind bei Qualitätswein mit Prädikat nach dem Prädikat abgestuft festzulegen,

e) für Eiswein müssen mindestens dem im jeweiligen Anbaugebiet für das Prädikat Beerenauslese festgesetzten Mindestalkoholgehalt entsprechen.

(4) Die Landesregierungen stellen durch Rechtsverordnung die Verzeichnisse der zur Herstellung von Qualitätswein b.A. geeigneten Rebsorten auf.

§ 18 Qualitätswein garantierten Ursprungs. (1) Qualitätswein garantierten Ursprungs ist ein Qualitätswein b.A. mit einheitlichem Geschmackstyp, der die in Rechtsverordnungen nach Absatz 2 festgelegten besonderen Erzeugungsvorschriften und besonderen sensorischen und analytischen Anforderungen erfüllt.

(2) Die Landesregierungen können zur Wahrung des typischen Charakters der Weine und der Schaumweine oder, wenn hierfür ein wirtschaftliches Bedürfnis besteht und Interessen des Verbrauchers nicht entgegenstehen, durch Rechtsverordnung jeweils für ein einzelnes geographisches Herkunftsgebiet im Sinne des § 23 Abs. 1 Nr. 1 Buchstabe a und b über die für Qualitätswein b.A. allgemein geltenden Vorschriften hinaus

1. für die Herstellung von Qualitätswein garantierten Ursprungs besondere Erzeugungsvorschriften erlassen und
2. besondere analytische und sensorische Anforderungen an Qualitätswein garantierten Ursprungs festsetzen.

(3) Sind Rechtsverordnungen nach Absatz 2 erlassen worden, dürfen zur Angabe der Herkunft eines Weines und eines Schaumweines oder der zu ihrer Herstellung zu verwendenden Erzeugnisse die in § 23 Abs. 1 Nr. 1 Buchstabe a und b genannten Bezeichnungen nur verwendet werden, wenn der Wein oder der Schaumwein den nach Absatz 2 für sein geographisches Herkunftsgebiet getroffenen Regelungen entspricht.

(4) Das Bundesministerium für Ernährung, Landwirtschaft und Forsten wird ermächtigt, durch Rechtsverordnung mit Zustimmung des Bundesrates, soweit Rechtsverordnungen nach Absatz 2 erlassen worden sind, zuzulassen, daß ein Qualitätswein b.A. als Qualitätswein garantierten Ursprungs bezeichnet werden darf. In Rechtsverordnungen nach Satz 1 kann vorgesehen werden, unter welchen Voraussetzungen und in welcher Art und Weise die Bezeichnung Qualitätswein garantierten Ursprungs verwendet werden darf.

§ 19 Qualitätsprüfung der Qualitätsweine b.A. und bestimmter Qualitätsschaumweine. (1) Abgefüllter inländischer Wein darf als Qualitätswein b.A. oder Qualitätswein, im Inland hergestellter Schaumwein darf als Qualitätsschaumwein b.A. oder Sekt b.A., im Inland hergestellter Likörwein darf als Qualitätslikörwein b.A., im Inland hergestellter Perlwein darf als Qualitätsperlwein b.A. nur bezeichnet werden, wenn für ihn auf Antrag eine amtliche Prüfungsnummer zugeteilt worden ist.

(2) Einem im Inland hergestellten Qualitätsschaumwein oder Sekt, der

mit einer Rebsortenangabe versehen werden soll, kann auf Antrag eine amtliche Prüfungsnummer zugeteilt werden.

(3) Eine amtliche Prüfungsnummer wird einem Erzeugnis nach Absatz 1 oder 2 zugeteilt, wenn es

1. die für dieses Erzeugnis typischen Bewertungsmerkmale aufweist und
2. den Vorschriften der Rechtsakte der Europäischen Gemeinschaft, dieses Gesetzes und der auf Grund dieses Gesetzes erlassenen Rechtsverordnungen entspricht.

Die amtliche Prüfungsnummer ist auf den Behältnissen anzugeben.

§ 20 Qualitätsprüfung der Qualitätsweine mit Prädikat. (1) Inländischer Wein darf als Qualitätswein mit Prädikat in Verbindung mit einem der Begriffe Kabinett, Spätlese, Auslese, Beerenauslese, Trockenbeerenauslese oder Eiswein nur bezeichnet werden, wenn ihm das Prädikat auf Antrag unter Zuteilung einer amtlichen Prüfungsnummer zuerkannt worden ist.

(2) Ein Prädikat wird einem Wein zuerkannt, wenn er

1. die für dieses Prädikat typischen Bewertungsmerkmale aufweist und
2. den Vorschriften der Rechtsakte der Europäischen Gemeinschaft, dieses Gesetzes und der auf Grund dieses Gesetzes erlassenen Rechtsverordnungen entspricht.

Die amtliche Prüfungsnummer ist auf den Behältnissen anzugeben.

(3) Das Prädikat Kabinett wird einem Wein zuerkannt, wenn

1. die zur Weinbereitung verwendeten Weintrauben in einem einzigen Bereich geerntet worden sind und
2. eine Anreicherung nicht vorgenommen worden ist.

(4) Die übrigen Qualitätsweine mit Prädikat müssen zusätzlich zu den Anforderungen nach Absatz 3 aus Lesegut der folgenden Beschaffenheit hergestellt sein:

1. Bei der Spätlese dürfen nur vollreife Weintrauben verwendet werden, die in einer späten Lese geerntet worden sind.
2. Bei der Auslese dürfen nur vollreife oder edelfaule Weintrauben verwendet werden.
3. Bei der Beerenauslese dürfen nur edelfaule oder wenigstens überreife Beeren verwendet werden.
4. Bei der Trockenbeerenauslese dürfen nur weitgehend eingeschrumpfte edelfaule Beeren verwendet werden; ist wegen besonderer Sorteneigenschaft oder besonderer Witterung ausnahmsweise keine Edelfäule eingetreten, genügt auch Überreife der eingeschrumpften Beeren.
5. Bei Eiswein müssen die verwendeten Weintrauben bei ihrer Lese und Kelterung gefroren sein.

(5) Für die Zuerkennung der in Absatz 4 Nr. 3 und 4 genannten Prädikate muß das Erntegut von Hand gelesen worden sein.

(6) Die Landesregierungen können durch Rechtsverordnung zur Sicherung der Qualität oder soweit ein wirtschaftliches Bedürfnis besteht, vorschreiben, daß für die Zuerkennung der Prädikate Auslese oder Eiswein das Erntegut von Hand gelesen worden sein muß.

§ 21 Ermächtigungen. (1) Das Bundesministerium für Ernährung, Landwirtschaft und Forsten wird ermächtigt, durch Rechtsverordnung mit Zustimmung des Bundesrates zur Sicherung und Steigerung der Qualität für Qualitätswein b.A., Qualitätsschaumwein b.A., Qualitätslikörwein b.A., Qualitätsperlwein b.A. und Qualitätswein mit Prädikat

1. vorzuschreiben, unter welchen weiteren Voraussetzungen die amtliche Prüfungsnummer zuzuteilen ist; dabei sind insbesondere die Anforderungen an das Erzeugnis oder seine Vorerzeugnisse und die zulässigen Verarbeitungs- und Behandlungsverfahren zu regeln,
2. vorzuschreiben, daß bei Qualitätswein mit Prädikat der natürliche Alkoholgehalt amtlich festzustellen ist,
3. das Prüfungsverfahren zu regeln,
4. vorzuschreiben, in welcher Weise die amtliche Prüfungsnummer anzugeben ist,
5. vorzuschreiben, unter welchen Voraussetzungen die amtliche Prüfungsnummer zurückzunehmen ist,
6. vorzuschreiben, unter welchen Voraussetzungen ein Quaitätswein b.A. bei der amtlichen Qualitätsweinprüfung zu einem anderen Erzeugnis, insbesondere zu Tafelwein, herabgestuft werden kann.

(2) Das Bundesministerium für Ernährung, Landwirtschaft und Forsten wird ermächtigt, durch Rechtsverordnung mit Zustimmung des Bundesrates, soweit dies den Interessen des Verbrauchers dient oder ein wirtschaftliches Bedürfnis besteht und Interessen des Verbrauchers nicht entgegenstehen, Ausnahmen von § 19 Abs. 1 und § 20 Abs. 1 zuzulassen.

(3) Die Landesregierungen bestimmen für die einzelnen Qualitätsweine b.A. durch Rechtsverordnung über die in auf Grund des Absatzes 1 erlassenen Rechtsverordnungen enthaltenen Voraussetzungen hinaus weitere Grenzwerte für charakteristische Faktoren, soweit dies zur Durchführung von Rechtsakten der Europäischen Gemeinschaft erforderlich ist.

5. Abschnitt · Bezeichnung

§ 22 Landwein. (1) Die Bezeichnung eines Tafelweines als Landwein setzt voraus, daß

1. der Wein ausschließlich aus Weintrauben stammt, die in einem Landweingebiet geerntet worden sind,
2. konzentrierter Traubenmost nicht zugesetzt worden ist und
3. eine Konzentrierung nicht vorgenommen worden ist.

Die Bezeichnung Landwein darf nur verwendet werden, wenn seine Herstellung zugelassen ist.

(2) Die Landesregierungen können durch Rechtsverordnung das Herstellen von Landwein zulassen. In der Rechtsverordnung sind, soweit dies zur Durchführung von Rechtsakten der Europäischen Gemeinschaft erforderlich ist, die Produktionsbedingungen für die einzelnen Landweine festzusetzen. Der natürliche Mindestalkoholgehalt ist unter Berücksichtigung der für Qualitätsweine desselben geographischen Raumes geltenden Werte festzusetzen;

er muß mindestens um 0,5 Volumenprozent höher festgesetzt werden als der für Tafelwein geltende Wert.

§ 23 Geographische Bezeichnungen. (1) Zur Angabe der Herkunft von Erzeugnissen sind nur zulässig

1. bei Qualitätswein b.A. zusätzlich zu dem auf Grund der Rechtsakte der Europäischen Gemeinschaft vorgeschriebenen Namen des bestimmten Anbaugebietes
   a) die Namen von in die Weinbergsrolle eingetragenen Lagen und Bereichen,
   b) Namen von Gemeinden und Ortsteilen,
2. bei Landwein die Namen von Landweingebieten,
3. bei Tafelwein, der nicht Landwein ist, die Namen von Weinbaugebieten und Untergebieten.

(2) Zur Angabe der Herkunft eines Qualitätsschaumweines oder Sektes oder der zu ihrer Herstellung verwendeten Erzeugnisse sind nur die Namen von Weinbaugebieten und Untergebieten zulässig, soweit sie in den Rechtsakten der Europäischen Gemeinschaft aufgeführt sind.

(3) Das Bundesministerium für Ernährung, Landwirtschaft und Forsten wird ermächtigt, durch Rechtsverordnung mit Zustimmung des Bundesrates

1. die Voraussetzungen für die Eintragung und Bezeichnung von Lagen und Bereichen in die Weinbergsrolle festzulegen,
2. Bestimmungen über die Zuordnung von Rebflächen zu treffen, die keiner Lage angehören.

(4) Die Landesregierungen regeln durch Rechtsverordnung die Einrichtung und Führung der Weinbergsrolle; dabei sind für die in Absatz 1 Nr. 1 Buchstabe a genannten geographischen Einheiten

1. die Abgrenzung,
2. das Nähere über die Voraussetzungen und das Verfahren für Eintragungen und Löschungen einschließlich der Feststellung und Festsetzung der Namen,
3. die Antragsberechtigung sowie Inhalt und Form der Anträge nach Absatz 3 Nr. 1 zur Eintragung,
4. die Eintragungen und Löschungen von Amts wegen

festzulegen.

§ 24 Bezeichnungen und sonstige Angaben. (1) Erzeugnisse dürfen mit gesundheitsbezogenen Angaben nur in den Verkehr gebracht, eingeführt oder ausgeführt werden oder zum Gegenstand der Werbung gemacht werden, wenn die Angaben zugelassen sind.

(2) Das Bundesministerium für Ernährung, Landwirtschaft und Forsten wird ermächtigt, durch Rechtsverordnung mit Zustimmung des Bundesrates, soweit ein wirtschaftliches Bedürfnis besteht und Interessen des Verbrauchers nicht entgegenstehen, Vorschriften zu erlassen über

1. die Bezeichnung, die Aufmachung und sonstige Angaben für Erzeugnisse, insbesondere über die Art des Erzeugnisses, die Weinart, Geschmacksangaben, sowie die Angabe von natürlichen oder technischen Produktions-

bedingungen, geographischen Bezeichnungen, Rebsorte, Jahrgang, Auszeichnungen, Verarbeitungsverfahren, Inhaltsstoffen, Erzeuger, Abfüller oder Hersteller der Erzeugnisse oder der zu ihrer Herstellung verwendeten Erzeugnisse,
2. die Voraussetzungen, unter denen bestimmte Bezeichnungen und Angaben zulässig sind,
3. Beschränkungen und Verbote bestimmter Bezeichnungen und Angaben,
4. die Verwendung bestimmter Behältnisformen für bestimmte Erzeugnisse.

(3) Das Bundesministerium für Ernährung, Landwirtschaft und Forsten wird ferner ermächtigt, im Einvernehmen mit dem Bundesministerium für Gesundheit durch Rechtsverordnung mit Zustimmung des Bundesrates zum Schutz des Verbrauchers zu regeln,
1. welche Angaben bei Hinweis auf eine diätetische Eignung erlaubt oder erforderlich sind,
2. welche Beschaffenheit mit diesen Hinweisen versehene Erzeugnisse aufweisen müssen,
3. welche sonstigen gesundheitsbezogenen Angaben verwandt werden dürfen,
4. daß und in welcher Art und Weise Zusätze und Behandlungsverfahren kenntlich zu machen sind,
5. in welcher Weise vorgeschriebene Bezeichnungen und sonstige Angaben auf Behältnissen angebracht sein müssen, in denen Erzeugnisse in den Verkehr gebracht werden, und durch welche die Überwachung ermöglichende Angaben sie ergänzt werden müssen,
6. daß und in welcher Art und Weise Angaben nach Nummer 5 auch auf Verpackungen anzubringen sind, wenn die Behältnisse in ihnen in den Verkehr gebracht werden.

(4) Soweit das Bundesministerium für Ernährung, Landwirtschaft und Forsten von seiner Ermächtigung nach Absatz 2 keinen Gebrauch macht, werden die Landesregierungen ermächtigt, durch Rechtsverordnung
1. Auszeichnungen zuzulassen,
2. die Verwendungsbedingungen für zugelassene Hinweise auf die Herstellungsart, die Art des Erzeugnisses oder eine besondere Farbe des Tafelweins oder des Qualitätsweins b.A. festzulegen.

§ 25 Verbot zum Schutz vor Täuschung. (1) Erzeugnisse dürfen nicht mit irreführenden Bezeichnungen, Hinweisen, sonstigen Angaben oder Aufmachungen in den Verkehr gebracht, eingeführt oder ausgeführt oder zum Gegenstand der Werbung gemacht werden.

(2) Als irreführend ist es insbesondere anzusehen, wenn
1. Bezeichnungen, Hinweise, sonstige Angaben oder Aufmachungen gebraucht werden, ohne daß das Erzeugnis den in Rechtsakten der Europäischen Gemeinschaft, in diesem Gesetz oder in Rechtsverordnungen auf Grund dieses Gesetzes für die betreffende Angabe oder Aufmachung festgesetzten Anforderungen entspricht,

2. Angaben gebraucht werden, die geeignet sind, fälschlich den Eindruck besonderer Qualität zu erwecken.

(3) Als irreführend sind ferner anzusehen:

1. Aufmachungen, Darstellungen oder zutreffende Angaben, die geeignet sind, falsche Vorstellungen über die geographische Herkunft zu erwecken; dies gilt auch dann, wenn das Herstellungsland vorschriftsmäßig angegeben ist,
2. zutreffende Angaben, die geeignet sind, falsche Vorstellungen über das Verarbeiten, Abfüllen oder Lagern, die Beschaffenheit, die Erzeugnisse, die Rebsorte, den Jahrgang oder sonstige Umstände zu erwecken, die für eine Bewertung bestimmend sind,
3. Phantasiebezeichnungen, die
   a) geeignet sind, fälschlich den Eindruck einer geographischen Herkunftsangabe zu erwecken oder
   b) einen geographischen Hinweis enthalten, wenn die nach diesem Gesetz oder nach auf Grund dieses Gesetzes erlassenen Rechtsverordnungen erforderlichen Voraussetzungen für den Gebrauch der entsprechenden geographischen Bezeichnung nicht erfüllt sind.

§ 26 Bezeichnungsschutz, Schutz vor Verwechslung. (1) Für Getränke, die nicht Erzeugnisse sind, dürfen die Worte Wein, Kabinett, Spätlese, Auslese, Beerenauslese, Trockenbeerenauslese und Eiswein allein oder in Verbindung mit anderen Worten nur gebraucht werden, wenn eine bundesrechtliche Regelung dies ausdrücklich vorsieht.

(2) Getränke, die mit Erzeugnissen verwechselt werden können, ohne Erzeugnisse zu sein, dürfen nicht verarbeitet, in den Verkehr gebracht oder eingeführt werden.

(3) Das Bundesministerium für Ernährung, Landwirtschaft und Forsten wird ermächtigt, durch Rechtsverordnung mit Zustimmung des Bundesrates, soweit hierfür ein wirtschaftliches Bedürfnis besteht und Interessen des Verbrauchers nicht entgegenstehen,

1. Ausnahmen von den Verboten der Absätze 1 oder 2 zuzulassen, und dabei zur Sicherung einer ausreichenden Überwachung das Inverkehrbringen von einer Anzeige, Genehmigung oder anderen Voraussetzungen abhängig zu machen sowie
2. zum Schutz vor Täuschung den Gebrauch bestimmter Bezeichnungen, sonstiger Angaben oder Aufmachungen vorzuschreiben.

Rechtsverordnungen nach Satz 1 Nr. 1 ergehen im Einvernehmen mit dem Bundesministerium für Gesundheit.

6. Abschnitt · Überwachung

§ 27 Vorschriftswidrige Erzeugnisse. (1) Erzeugnisse, die den Rechtsakten der Europäischen Gemeinschaft, diesem Gesetz oder den auf Grund dieses Gesetzes erlassenen Rechtsverordnungen nicht entsprechen, dürfen nicht in den Verkehr gebracht, eingeführt oder ausgeführt werden, soweit nichts Abweichendes bestimmt ist. Die in Satz 1 genannten Erzeugnisse dürfen auch nicht verwendet oder verwertet werden, es sei denn, daß ihre Vorschriftswidrigkeit ausschließlich auf der Verletzung von Vorschriften über Bezeichnungen, sonstige Angaben und Aufmachungen beruht.

(2) Das Bundesministerium für Ernährung, Landwirtschaft und Forsten wird ermächtigt, durch Rechtsverordnung mit Zustimmung des Bundesrates, sofern ein wirtschaftliches Bedürfnis besteht und schwerwiegende Interessen des Verbrauchers nicht entgegenstehen, Ausnahmen von Absatz 1 zuzulassen, und dabei insbesondere die Voraussetzungen zu regeln und Vorschriften über die Verarbeitung, Verwendung, Verwertung, Bezeichnung, Aufmachung und das Inverkehrbringen sowie das Verfahren zu erlassen.

§ 28 Besondere Verkehrsverbote. (1) Ein Stoff, der bei der Verarbeitung von Erzeugnissen nicht zugesetzt werden darf, darf nicht mit dem Ziel dieser Verwendung zu gewerblichen Zwecken in den Verkehr gebracht, vermittelt oder zum Gegenstand der Werbung gemacht werden.

(2) Weintrub, ausgenommen Weinhefe zur Herstellung von Weinhefebrand, darf nur nach ausreichender Vergällung in den Verkehr gebracht oder bezogen werden.

(3) Das Bundesministerium für Ernährung, Landwirtschaft und Forsten wird ermächtigt, durch Rechtsverordnung mit Zustimmung des Bundesrates zur Sicherung einer ausreichenden Überwachung vorzuschreiben

1. was als ausreichendes Vergällen im Sinne des Absatzes 2 anzusehen,
2. mit welchen Stoffen das Vergällen vorzunehmen ist oder nicht vorgenommen werden darf,
3. daß bestimmte Stoffe, die verbotswidrig zur Weinbehandlung benutzt werden können, in Weinbaubetrieben und in den Betrieben, in denen Traubenmoste oder nicht abgefüllte Weine lagern, nicht gelagert werden dürfen,
4. daß über den Erwerb und den Verbleib von Stoffen im Sinne der Nummer 3 Nachweis zu führen ist.

§ 29 Weinbuchführung. (1) Das Bundesministerium für Ernährung, Landwirtschaft und Forsten wird ermächtigt, durch Rechtsverordnung mit Zustimmung des Bundesrates zur Sicherung einer ausreichenden Überwachung vorzuschreiben, daß

1. über das Verarbeiten, das Inverkehrbringen, die Einfuhr und die Ausfuhr Buch zu führen ist und die zugehörigen Unterlagen einschließlich der Begleitpapiere aufzubewahren sind,
2. Behältnisse, die Erzeugnisse enthalten, mit Merkzeichen zu versehen und diese Merkzeichen in die Buchführung einzutragen sind,
3. über analytische Untersuchungen von Erzeugnissen Analysenbücher zu führen sind.

Soweit Rechtsverordnungen nach Satz 1 für die in § 1 Abs. 2 genannten Erzeugnisse erlassen werden, ergehen sie im Einvernehmen mit dem Bundesministerium für Gesundheit.

(2) In Rechtsverordnungen nach Absatz 1 können Art und Umfang der Buchführung näher geregelt werden; dabei können insbesondere Eintragungen vorgeschrieben werden über

1. die Rebflächen, ihre Erträge und den Zeitpunkt der Lese,
2. den Gehalt der Erzeugnisse an Zucker, Alkohol, Säure und sonstigen Stoffen,
3. Menge, Art, Herkunft und Beschaffenheit
   a) bezogener, verwendeter, hergestellter oder abgegebener Erzeugnisse,
   b) zugesetzter Stoffe,
   c) bezogener oder abgegebener Stoffe, die beim Verarbeiten von Erzeugnissen zugesetzt werden dürfen oder für deren Verarbeitung in Betracht kommen,
   d) abgegebener oder bezogener Weinhefe,
4. Name (Firma) und Anschrift der Lieferanten und der Abnehmer von Erzeugnissen und sonstigen Stoffen,
5. angewandte Verfahren,
6. Herkunft, Rebsorte, Jahrgang und vorgenommene Verschnitte,
7. das Abfüllen,
8. die Bezeichnungen und sonstigen Angaben, unter denen die Erzeugnisse bezogen oder abgegeben werden,
9. erteilte Ausnahmegenehmigungen und Versuchserlaubnisse sowie das Ausmaß ihrer Ausnutzung.

§ 30 Begleitpapiere. Das Bundesministerium für Ernährung, Landwirtschaft und Forsten wird ermächtigt, durch Rechtsverordnung mit Zustimmung des Bundesrates zur Sicherung einer ausreichenden Überwachung
1. vorzuschreiben, daß Erzeugnisse nur mit einem Begleitpapier in den Verkehr gebracht, eingeführt oder ausgeführt werden dürfen sowie
2. das Nähere über Art, Form, Inhalt und Verwendung von Begleitpapieren zu regeln.

Soweit Rechtsverordnungen nach Satz 1 für die in § 1 Abs. 2 genannten Erzeugnisse erlassen werden, ergehen sie im Einvernehmen mit dem Bundesministerium für Gesundheit.

§ 31 Allgemeine Überwachung. (1) Soweit es zur Überwachung der Einhaltung der Rechtsakte der Europäischen Gemeinschaft, dieses Gesetzes und der auf Grund dieses Gesetzes erlassenen Rechtsverordnungen erforderlich ist, sind die Bediensteten der für die Überwachung zuständigen Behörden einschließlich der Weinkontrolleure, bei Gefahr im Verzuge auch alle Beamten der Polizei, befugt,
1. Grundstücke und Betriebsräume, in oder auf denen Erzeugnisse zu gewerblichen Zwecken erzeugt, verarbeitet, gelagert oder in den Verkehr gebracht werden, sowie die dazugehörigen Geschäftsräume während der üblichen Betriebs- oder Geschäftszeit zu betreten,
2. zur Verhütung dringender Gefahren für die öffentliche Sicherheit und Ordnung
   a) die in Nummer 1 bezeichneten Grundstücke und Räume auch außerhalb der dort genannten Zeiten,
   b) Wohnräume der nach Nummer 5 zur Auskunft Verpflichteten

zu betreten; das Grundrecht der Unverletzlichkeit der Wohnung (Artikel 13 des Grundgesetzes) wird insoweit eingeschränkt,
3. geschäftliche Aufzeichnungen, Frachtbriefe, Begleitpapiere, Einfuhrdokumente, Bücher, Analysenbücher und Verarbeitungsbeschreibungen einzusehen und hieraus Abschriften oder Auszüge anzufertigen oder Ausdrucke von elektronisch gespeicherten Daten zu verlangen sowie Einrichtungen und Geräte zur Beförderung von Erzeugnissen zu besichtigen,
4. Erzeugnisse, sonstige Stoffe, Geräte und geschäftliche Unterlagen vorläufig sicherzustellen, soweit dies zur Durchführung der Überwachung erforderlich ist, und
5. von natürlichen und juristischen Personen und nicht rechtsfähigen Personenvereinigungen alle erforderlichen Auskünfte, insbesondere solche über den Umfang des Betriebes, die Verarbeitung, die zur Verarbeitung gelangenden Stoffe, deren Menge und Herkunft und über vermittelte Geschäfte zu verlangen.

(2) Der zur Erteilung einer Auskunft nach Absatz 1 Nr. 5 Verpflichtete kann die Auskunft auf solche Fragen verweigern, deren Beantwortung ihn selbst oder einen der in § 383 Abs. 1 Nr. 1 bis 3 der Zivilprozeßordnung bezeichneten Angehörigen der Gefahr strafgerichtlicher Verfolgung oder eines Verfahrens nach dem Gesetz über Ordnungswidrigkeiten aussetzen würde.

(3) Zur Unterstützung der für die Überwachung zuständigen Behörden werden in jedem Land Weinsachverständige (Weinkontrolleure) bestellt; sie üben ihre Tätigkeit hauptberuflich und als Verwaltungsangehörige aus; für ihre Befugnisse gilt Absatz 1. Als Weinkontrolleur soll nur bestellt werden, wer in der Sinnenprüfung der von ihm zu überwachenden Erzeugnisse erfahren ist, das Verfahren ihrer Verarbeitung zu beurteilen vermag und mit den einschlägigen Rechtsvorschriften vertraut ist.

(4) Das Bundesministerium für Ernährung, Landwirtschaft und Forsten wird ermächtigt, durch Rechtsverordnung mit Zustimmung des Bundesrates zur Sicherung einer ausreichenden oder gleichmäßigen Überwachung Vorschriften zu erlassen über
1. die Ausgabe und die Verwendung von Kontrollzeichen oder die Anwendung anderer Kontrollverfahren für Erzeugnisse,
2. die fachlichen Anforderungen, die an die Weinkontrolleure zu stellen sind,
3. die Handhabung der Kontrolle in Betrieben und die Zusammenarbeit der Überwachungsorgane.

(5) Die Zolldienststellen sind befugt, den für die Überwachung zuständigen Behörden, einschließlich der Weinkontrolleure, auf deren Verlangen Begleitpapiere, Einfuhrdokumente, Untersuchungszeugnisse und Ursprungszeugnisse sowie sonstige Unterlagen, soweit diese für die Beurteilung der Ware von Bedeutung sein können, zur Einsichtnahme zu überlassen und Auskünfte aus ihnen zu erteilen. Angaben über den Zollwert dürfen nicht mitgeteilt oder zugänglich gemacht werden.

(6) Die Inhaber der in Absatz 1 bezeichneten Grundstücke, Räume, Einrichtungen und Geräte und die von ihnen bestellten Vertreter sowie Personen, die Erzeugnisse auf Märkten, Straßen oder öffentlichen Plätzen oder im

Reiseverkehr zu gewerblichen Zwecken in den Verkehr bringen, sind verpflichtet, die Maßnahmen nach Absatz 1 und die Entnahme der Proben zu dulden und die in der Überwachung tätigen Behörden und Personen bei der Erfüllung ihrer Aufgaben zu unterstützen, insbesondere ihnen auf Verlangen die Räume, Einrichtungen und Geräte zu bezeichnen, Räume und Behältnisse zu öffnen, die Entnahme der Proben zu ermöglichen und ihnen Auskünfte nach Absatz 1 Nr. 5 zu erteilen.

(7) Im übrigen gelten für die Überwachung die §§ 40, 41 Abs. 1 sowie § 42 des Lebensmittel- und Bedarfsgegenständegesetzes entsprechend.

§ 32 Rückstandsbeobachtung bei geernteten Weintrauben. Soweit nach dem Lebensmittel- und Bedarfsgegenständegesetz die Beobachtung der Rückstandssituation bei Lebensmitteln (Lebensmittel-Monitoring) vorgesehen ist, findet dieses auch auf geerntete Weintrauben Anwendung.

§ 33 Meldungen. Das Bundesministerium für Ernährung, Landwirtschaft und Forsten wird ermächtigt, durch Rechtsverordnung mit Zustimmung des Bundesrates zur Sicherung einer ausreichenden Überwachung vorzuschreiben, daß und in welcher Weise

1. Vorhaben, Rebflächen zu roden oder aufzugeben, wiederzubepflanzen oder Reben neu anzupflanzen, sowie erfolgte Rodungen, Aufgaben, Wiederbepflanzungen oder Neuanpflanzungen den zuständigen Behörden zu melden sind,
2. die Rebflächen des Betriebes, die Ertragsrebfläche, die Erntemenge nach Rebsorten und Herkunft und die vorgesehene Differenzierung der Tafelweine, Qualitätsweine und Qualitätsweine mit Prädikat zu melden sind,
3. Ernte, Erzeugung und Bestand an Erzeugnissen zu melden sind; dabei können für Bestandsmeldungen, auch zu Zwecken der Marktbeobachtung, weitere Untergliederungen und Angaben, als in den Rechtsakten der Europäischen Gemeinschaft vorgesehen, vorgeschrieben werden,
4. die Menge der an andere abgegebenen, verwendeten oder verwerteten Erzeugnisse zu melden sind,
5. zur Ausfuhr bestimmte Erzeugnisse, die mit im Inland nicht zulässigen Bezeichnungen, sonstigen Angaben oder Aufmachungen versehen sind, zu melden sind,
6. die Anwendung von Behandlungsverfahren oder der Zusatz von Stoffen zu melden sind,
7. das Herabstufen eines Qualitätsweins b.A. auf der Erzeugerstufe zu melden ist.

§ 34 Verwendung von Einzelangaben. (1) Die erhebenden Behörden sind berechtigt, Einzelangaben in Erklärungen, die nach den für den Weinbau und die Weinwirtschaft unmittelbar anzuwendenden Rechtsakten der Europäischen Gemeinschaft, nach diesem Gesetz oder nach Rechtsverordnungen auf Grund dieses Gesetzes vorgesehenen Flächenerhebungen, Erntemeldungen, Weinerzeugungsmeldungen und Bestandsmeldungen abzugeben sind, an die zuständigen Bundes- und Landesbehörden für behördliche Maßnahmen, soweit dies zur Durchführung der Rechtsakte der Europäischen Gemeinschaft, der §§ 27 bis 33 dieses Gesetzes oder der auf Grund dieses Gesetzes erlassenen Rechtsverordnungen erforderlich ist, weiterzuleiten. Soweit Einzelangaben zu Zwecken der Marktbeobachtung erhoben worden sind, dürfen sie nur in anonymisierter Form weitergegeben werden.

(2) Eine Auswertung der in Absatz 1 genannten Einzelangaben für Zwecke der amtlichen Statistik im Rahmen des Agrarstatistikgesetzes ist zulässig.

7. Abschnitt · Einfuhr

§ 35 Einfuhr. (1) Drittlandserzeugnisse dürfen nur eingeführt werden, wenn

1. sie von gesundheitlich unbedenklicher Beschaffenheit und zum Verzehr geeignet sind,
2. die für sie geltenden Vorschriften der Europäischen Gemeinschaft eingehalten worden sind und
3. sie im Herstellungsland mit der Bestimmung, unverändert verzehrt zu werden, in den Verkehr gebracht werden dürfen.

(2) Das Bundesministerium für Ernährung, Landwirtschaft und Forsten wird ermächtigt, durch Rechtsverordnung im Einvernehmen mit dem Bundesministerium für Gesundheit mit Zustimmung des Bundesrates zum Schutz der Gesundheit oder des Verbrauchers vor Täuschung Voraussetzungen für die Einfuhr von Erzeugnissen festzulegen und dabei insbesondere vorzusehen, daß

1. ihre gesamte Herstellung in demselben Staat vorgenommen worden sein muß,
2. bei ihrer Herstellung bestimmte önologische Verfahren nicht angewendet oder bestimmte Stoffe nicht zugesetzt worden sein dürfen.

§ 36 Überwachung bei der Einfuhr. (1) Das Bundesministerium für Ernährung, Landwirtschaft und Forsten wird ermächtigt, durch Rechtsverordnung mit Zustimmung des Bundesrates zur Sicherung einer ausreichenden Überwachung die Einfuhr von Drittlandserzeugnissen von einer Zulassung abhängig zu machen und das Zulassungsverfahren zu regeln sowie Vorschriften über die Kosten (Gebühren und Auslagen) zu erlassen. In Rechtsverordnungen nach Satz 1 kann insbesondere

1. vorgeschrieben werden, daß die Zulassung nur erteilt wird, nachdem durch eine amtliche Untersuchung und Prüfung im Inland festgestellt ist, daß die Erzeugnisse den Rechtsakten der Europäischen Gemeinschaft, diesem Gesetz und den auf Grund dieses Gesetzes erlassenen Rechtsverordnungen entsprechen,
2. geregelt werden, welche Behörden für die Erteilung der Zulassung zuständig sind,
3. vorgeschrieben werden, daß
   a) die für die Erteilung der Zulassung zuständige Behörde die für die amtliche Untersuchung und Prüfung erforderlichen Muster und Proben unentgeltlich entnehmen darf und der Verfügungsberechtigte die Auslagen für die Verpackung und Beförderung zu tragen hat,

b) der Verfügungsberechtigte die Kosten der amtlichen Untersuchung und Prüfung zu tragen hat und er Kostenschuldner gegenüber den Untersuchungsstellen ist,
c) der Verfügungsberechtigte das Erzeugnis unter Überwachung der für die Zulassung zuständigen Behörde auf seine Kosten
aa) in ein Drittland wiederauszuführen oder
bb) zu vernichten
hat, wenn er auf die Zulassung zur Einfuhr verzichtet hat oder diese versagt worden ist,
d) das Erzeugnis auf Kosten des Verfügungsberechtigten zu vernichten ist, wenn er der Verpflichtung nach Buchstabe c innerhalb einer von der für die Zulassung zuständigen Behörde gesetzten angemessenen Frist nicht nachkommt,
4. zu Anzeigen, zu Auskünften, zur Duldung der Einsichtnahme in geschäftliche Unterlagen, zur Duldung von Besichtigungen und zur Unterstützung verpflichtet und vorgeschrieben werden, daß Erzeugnisse in der Regel von der Einfuhr zurückzuweisen sind, wenn einer dieser Pflichten oder der Pflicht zur Duldung der Entnahme von Mustern oder Proben nicht unverzüglich, unvollständig oder nicht ordnungsgemäß nachgekommen oder eine erforderliche Auskunft unrichtig erteilt wird,
5. bestimmt werden, welche Untersuchungsstellen für die amtliche Untersuchung und Prüfung zuständig sind; für das Obergutachten darf nur eine Stelle bestimmt werden,
6. geregelt werden, in welchen Fällen unter welchen Voraussetzungen Erzeugnisse von der Überwachung bei der Einfuhr befreit sind oder befreit werden können,
7. bestimmt werden, daß zur Erleichterung des zwischenstaatlichen Handelsverkehrs bei Gewährleistung der Gegenseitigkeit eine vorgeschriebene Untersuchung nur stichprobenweise vorzunehmen ist, wenn
a) im Herstellungsland eine amtliche Untersuchung stattgefunden und das Bundesministerium für Ernährung, Landwirtschaft und Forsten eine Untersuchung durch diese Stelle als Ersatz für amtliche Untersuchung und Prüfung im Inland anerkannt hat,
b) die Untersuchung durch ein Zeugnis nachgewiesen wird und
c) das Behältnis eingeführt wird, ohne zwischenzeitlich geöffnet worden zu sein;
dabei kann festgelegt werden, in welchen Fällen, wie oft und wie viele Stichproben vorzunehmen sind, welche Angaben das Zeugnis der Untersuchungsstelle des Drittlandes enthalten und welchem Muster es entsprechen muß, sowie die Zulassung zur Einfuhr von dem Ausgang einer Prüfung anhängig gemacht werden, ob es sich um das Erzeugnis handelt, von dem die Probe für die amtliche Untersuchung im Herstellungsland entnommen worden ist (Nämlichkeitsprüfung).

(2) Bestimmt eine Rechtsverordnung nach Absatz 1, daß die Zolldienststellen über die Zulassung zur Einfuhr entscheiden, kann das Bundesministerium der Finanzen durch Rechtsverordnung ohne Zustimmung des Bun-

desrates die Einzelheiten des Verfahrens bei der Überwachung der Einfuhr regeln und Vorschriften nach Absatz 1 Nr. 4 erlassen. In diesem Rahmen kann es auch allgemeine Verwaltungsvorschriften ohne Zustimmung des Bundesrates erlassen. Es bestimmt die für die Überwachung zuständigen Zolldienststellen.

8. Abschnitt · Absatzförderung

§ 37 Deutscher Weinfonds. (1) Der als Anstalt des öffentlichen Rechts errichtete Deutsche Weinfonds hat die Aufgabe, im Rahmen der ihm zur Verfügung stehenden Mittel, insbesondere des Aufkommens aus der Abgabe,

1. die Qualität des Weines sowie durch Erschließung und Pflege des Marktes den Absatz des Weines zu fördern,
2. auf den Schutz der durch Rechtsvorschriften für inländischen Wein festgelegten Bezeichnungen im In- und Ausland hinzuwirken.

(2) Bei der Durchführung seiner Aufgaben soll sich der Deutsche Weinfonds der Einrichtungen der Wirtschaft bedienen.

(3) Organe des Deutschen Weinfonds sind

1. der Vorstand,
2. der Aufsichtsrat,
3. der Verwaltungsrat.

§ 38 Vorstand. (1) Der Vorstand besteht aus höchstens zwei Personen. Die Mitglieder des Vorstandes werden auf Vorschlag des Aufsichtsrates vom Verwaltungsrat für die Dauer von fünf Jahren bestellt. Eine wiederholte Bestellung ist zulässig. Der Verwaltungsrat kann die Bestellung widerrufen, wenn ein wichtiger Grund vorliegt.

(2) Der Vorstand führt die Geschäfte des Deutschen Weinfonds in eigener Verantwortung nach Maßgabe der Beschlüsse des Aufsichtsrates und des Verwaltungsrates.

(3) Der Vorstand vertritt den Deutschen Weinfonds gerichtlich und außergerichtlich.

(4) Die Mitglieder des Vorstandes sind verpflichtet, ihre Arbeitskraft hauptamtlich nur dem Deutschen Weinfonds zu widmen. Die §§ 64 bis 69 des Bundesbeamtengesetzes und die zu ihrer Ausführung erlassenen Vorschriften finden Anwendung.

§ 39 Aufsichtsrat. (1) Der Aufsichtsrat besteht aus sieben Mitgliedern. Die Mitglieder des Aufsichtsrates üben ihre Tätigkeit ehrenamtlich aus.

(2) Vorsitzender des Aufsichtsrates ist der jeweilige Vorsitzende des Verwaltungsrates. Sein Stellvertreter wird vom Aufsichtsrat aus dessen Mitte gewählt. Zwei Mitglieder des Aufsichtsrates werden von den dem Verwaltungsrat angehörenden Vertretern des Weinbaus aus ihrer Mitte, je ein Mitglied wird von den dem Verwaltungsrat angehörenden Vertretern des Weinhandels und der Winzergenossenschaften jeweils aus ihrer Mitte, die restlichen beiden Mitglieder werden vom Verwaltungsrat aus seiner Mitte gewählt.

(3) Der Aufsichtsrat hat den Vorstand zu überwachen. Er beschließt im Rahmen der ihm vorgegebenen Beschlüsse und Richtlinien des Verwaltungs-

rates nach § 40 Abs. 4 über alle Fragen, die zum Aufgabengebiet des Deutschen Weinfonds gehören. Zudem beschließt er über die Einberufung des Verwaltungsrates und legt dessen Tagesordnung fest.

§ 40 Verwaltungsrat. (1) Der Verwaltungsrat besteht aus 44 Personen, und zwar aus

1. 13 Vertretern des Weinbaus,
2. 5 Vertretern des Weinhandels einschließlich des Ausfuhrhandels,
3. 5 Vertretern der Winzergenossenschaften,
4. 1 Vertreter der Weinkommissionäre,
5. 1 Vertreter der Sektkellereien,
6. 1 Vertreter des Gaststättengewerbes,
7. je 1 Vertreter des Sortimentsgroßhandels und der genossenschaftlichen Großhandels- und Dienstleistungsunternehmen,
8. je 1 Vertreter des Lebensmitteleinzelhandels, der Lebensmittelfilialbetriebe und der Konsumgenossenschaften,
9. 1 Vertreter der landwirtschaftlichen Genossenschaftsverbände,
10. 1 Vertreter der Organisationen zur Förderung der Güte des Weines,
11. 3 Vertretern der Verbraucher,
12. 8 Vertretern der gebietlichen Absatzförderungseinrichtungen.

(2) Die Mitglieder des Verwaltungsrates werden vom Bundesministerium für Ernährung, Landwirtschaft und Forsten berufen und abberufen. Vor der Berufung und Abberufung sind bei den in Absatz 1 Nr. 1 bis 11 genannten Mitgliedern die Organisationen der beteiligten Wirtschaftskreise, bei den in Absatz 1 Nr. 12 genannten Mitgliedern die Landesregierungen anzuhören. Die Berufung erfolgt grundsätzlich für die Dauer von drei Jahren. Zum 1. April eines jeden Jahres scheidet ein Drittel der Mitglieder aus. Die Wiederberufung ist zulässig.

(3) Der Verwaltungsrat wählt alle drei Jahre aus seiner Mitte den Vorsitzenden und den stellvertretenden Vorsitzenden.

(4) Der Verwaltungsrat bestimmt den grundsätzlichen Handlungsrahmen in Fragen, die zum Aufgabengebiet des Deutschen Weinfonds gehören. Er stellt allgemeine Richtlinien für den Vorstand und den Aufsichtsrat auf, die der Genehmigung des Bundesministeriums für Ernährung, Landwirtschaft und Forsten bedürfen.

(5) Der Verwaltungsrat gibt sich und dem Aufsichtsrat eine Geschäftsordnung, die der Genehmigung des Bundesministeriums für Ernährung, Landwirtschaft und Forsten bedarf.

(6) Der Verwaltungsrat beschließt ferner in den ersten sechs Monaten jedes Geschäftsjahres über die Entlastung des Vorstandes und des Aufsichtsrates.

§ 41 Satzung. Der Verwaltungsrat beschließt über die Satzung des Deutschen Weinfonds. Die Satzung bedarf der Genehmigung des Bundesministeriums für Ernährung, Landwirtschaft und Forsten.

§ 42 Aufsicht. (1) Der Deutsche Weinfonds untersteht der Aufsicht des Bundesministeriums für Ernährung, Landwirtschaft und Forsten. Maßnahmen des Deutschen Weinfonds sind auf Verlangen des Bundesministeriums für Ernährung, Landwirtschaft und Forsten aufzuheben, wenn sie gegen gesetzliche Vorschriften oder die Satzung verstoßen oder das öffentliche Wohl verletzen.

(2) Der Deutsche Weinfonds ist verpflichtet, dem Bundesministerium für Ernährung, Landwirtschaft und Forsten und seinen Beauftragten jederzeit Auskunft über seine Tätigkeit zu erteilen.

(3) Beauftragte der Bundesregierung und der für die Weinwirtschaft zuständigen obersten Landesbehörden der weinbautreibenden Bundesländer sind befugt, an den Sitzungen des Aufsichtsrates und des Verwaltungsrates teilzunehmen; ihnen ist jederzeit Gehör zu gewähren.

(4) Kommt der Deutsche Weinfonds den ihm obliegenden Verpflichtungen nicht nach, so ist die Bundesregierung befugt, die Aufgaben durch einen besonderen Beauftragten durchführen zu lassen oder sie selbst durchzuführen.

§ 43 Abgabe für den Deutschen Weinfonds. Zur Beschaffung der für die Durchführung der Aufgaben des Deutschen Weinfonds erforderlichen Mittel sind zu entrichten:

1. von den Eigentümern oder Nutzungsberechtigten eine jährliche Abgabe von 1,30 Deutsche Mark je Ar der Weinbergsfläche, sofern diese mehr als 5 Ar umfaßt, und
2. von Personen und nichtrechtsfähigen Personenvereinigungen, die zu gewerblichen Zwecken Weintrauben (ausgenommen Tafeltrauben), Traubenmaische, Traubenmost oder Wein auf eigene Rechnung kaufen oder sonst zur Verwertung übernehmen, eine Abgabe von 1,30 Deutsche Mark je angefangene 100 Liter erstmals in den Handel gebrachten Traubenmostes oder Weines inländischen Ursprungs, je angefangene 133 Kilogramm erstmals in den Handel gebrachter Weintrauben oder Traubenmaische inländischen Ursprungs; dies gilt nicht für Vereinigungen der Winzer und deren Zusammenschlüsse, sofern sie die genannten Erzeugnisse ausschließlich von ihren Mitgliedern kaufen oder sonst zur Verwertung übernehmen. Kommissionäre haften für die Abgabe, falls sie dem Deutschen Weinfonds auf Verlangen den Kommittenten nicht benennen. Die aufgeführten Erzeugnisse gelten auch dann als erstmals in den Handel gebracht, wenn sie vom Käufer oder Übernehmer aus dem Ausland oder über das Ausland bezogen werden und die Abgabe nicht bereits vorher zu entrichten war.

§ 44 Erhebung der Abgabe. (1) Die Landesregierungen erlassen durch Rechtsverordnung die erforderlichen Vorschriften über die Entstehung und die Fälligkeit der Abgabe nach § 43 Nr. 1 sowie über das Verfahren bei ihrer Erhebung, die Überwachung ihrer Entrichtung und ihre Beitreibung einschließlich der erforderlichen Auskunfts-, Duldungs- und Mitwirkungspflichten. In Rechtsverordnungen nach Satz 1 können insbesondere Mitteilungspflichten hinsichtlich der Bemessungsgrundlagen für die Abgabe und hinsichtlich der Abgabeschuld begründet und die Erhebung von Säumniszuschlägen vorgesehen werden.

(2) Die Erhebung, Festsetzung und Beitreibung der Abgabe nach § 43 Nr. 2 ist Aufgabe des Deutschen Weinfonds. Das Bundesministerium für Ernährung, Landwirtschaft und Forsten erläßt durch Rechtsverordnung, die nicht der Zustimmung des Bundesrates bedarf, die erforderlichen Vorschriften über die Entstehung und die Fälligkeit dieser Abgabe sowie über das Verfahren bei ihrer Erhebung, die Überwachung ihrer Entrichtung und ihre Beitreibung einschließlich der erforderlichen Auskunfts-, Duldungs- und Mitwirkungspflichten. In Rechtsverordnungen nach Satz 2 können insbesondere Mitteilungspflichten hinsichtlich der Bemessungsgrundlagen für die Abgabe und hinsichtlich der Abgabeschuld begründet und die Erhebung von Säumniszuschlägen vorgesehen werden.

§ 45 **Wirtschaftsplan.** Der Deutsche Weinfonds hat für die Bewirtschaftung seiner Mittel einen Wirtschaftsplan aufzustellen. Dieser bedarf der Genehmigung des Bundesministeriums für Ernährung, Landwirtschaft und Forsten.

§ 46 **Abgabe für die gebietliche Absatzförderung.** Die Länder können zur besonderen Förderung des in ihrem Gebiet erzeugten Weines von den nach § 43 Abgabepflichtigen eine Abgabe erheben. Die Abgabe kann für die einzelnen bestimmten Anbaugebiete eines Landes in unterschiedlicher Höhe festgesetzt werden.

§ 47 **Unterrichtung und Abstimmung.** Die gebietlichen Absatzförderungseinrichtungen und der Deutsche Weinfonds unterrichten sich gegenseitig über geplante Absatzförderungsmaßnahmen. Die Maßnahmen selbst sind untereinander und mit dem Deutschen Weinfonds abzustimmen. Die näheren Einzelheiten regelt eine gemeinsame Geschäftsordnung, die die gebietlichen Absatzförderungseinrichtungen und der Deutsche Weinfonds erlassen. Die Geschäftsordnung bedarf der Zustimmung des Bundesministeriums für Ernährung, Landwirtschaft und Forsten.

9. Abschnitt · Straf- und Bußgeldvorschriften

§ 48 **Strafvorschriften.** (1) Mit Freiheitsstrafe bis zu drei Jahren oder mit Geldstrafe wird bestraft, wer

1. in anderen als den in § 49 Nr. 4 oder 5 oder § 50 Abs. 2 Nr. 1 oder 6 bis 10 bezeichneten Fällen entgegen einer Vorschrift dieses Gesetzes ein Erzeugnis oder ein Getränk, das mit einem Erzeugnis verwechselt werden kann, verarbeitet, in den Verkehr bringt, mit anderen Getränken vermischt in den Verkehr bringt, einführt, ausführt, verwendet, verwertet, lagert oder transportiert,
2. einer Rechtsverordnung nach § 13 Abs. 3, § 14 Nr. 1 oder 3, § 15 Nr. 3, § 16 Abs. 2 Satz 1 in Verbindung mit Satz 2 Nr. 1 oder 2, § 17 Abs. 2 Nr. 1, § 22 Abs. 2, § 27 Abs. 2 oder § 35 Abs. 2 zuwiderhandelt, soweit sie für einen bestimmten Tatbestand auf diese Strafvorschrift verweist,
3. in anderen als den in Nummer 4, § 49 Nr. 6 oder 7 bezeichneten Fällen entgegen einer unmittelbar geltenden Vorschrift in Rechtsakten der Europäischen Gemeinschaft eine der in Nummer 1 bezeichneten Handlungen be-

geht, soweit eine Rechtsverordnung nach § 51 für einen bestimmten Tatbestand auf diese Strafvorschrift verweist oder
4. einer unmittelbar geltenden Vorschrift in Rechtsakten der Europäischen Gemeinschaft zuwiderhandelt, die inhaltlich einer Regelung entspricht, zu der die in Nummer 2 genannten Vorschriften ermächtigen, soweit eine Rechtsverordnung nach § 51 für einen bestimmten Tatbestand auf diese Strafvorschrift verweist.

(2) Wer eine der in Absatz 1 bezeichneten Handlungen fahrlässig begeht, wird mit Freiheitsstrafe bis zu einem Jahr oder mit Geldstrafe bestraft, soweit die Handlung nicht nach § 50 Abs. 1a als Ordnungswidrigkeit geahndet wird.

(3) In besonders schweren Fällen ist die Strafe Freiheitsstrafe von sechs Monaten bis zu fünf Jahren. Ein besonders schwerer Fall liegt in der Regel vor, wenn der Täter durch eine der in Absatz 1 bezeichneten Handlungen die Gesundheit einer großen Zahl von Menschen gefährdet oder einen anderen in die Gefahr des Todes oder einer schweren Schädigung an Körper oder Gesundheit bringt.

§ 49 Strafvorschriften. Mit Freiheitsstrafe bis zu einem Jahr oder mit Geldstrafe wird bestraft, wer
1. entgegen § 9 Abs. 1 Satz 4 eine gesonderte Berechnung nicht, nicht richtig oder nicht rechtzeitig vornimmt,
2. entgegen § 11 Abs. 1 Satz 5 den dort genannten Alkohol zu anderen als industriellen Zwecken verwendet,
3. einer Rechtsverordnung nach § 12 Abs. 1 oder 3 Nr. 4, § 15 Nr. 4 bis 6, § 16 Abs. 2 Satz 1 in Verbindung mit Satz 2 Nr. 3, § 17 Abs. 2 Nr. 2 oder Abs. 3 Nr. 1 oder § 26 Abs. 3 Satz 1 Nr. 2 zuwiderhandelt, soweit sie für einen bestimmten Tatbestand auf diese Strafvorschrift verweist,
4. entgegen § 25 Abs. 1 ein Erzeugnis mit irreführenden Bezeichnungen, Hinweisen, sonstigen Angaben oder Aufmachungen in den Verkehr bringt, einführt, ausführt oder zum Gegenstand der Werbung macht,
5. entgegen § 26 Abs. 2 ein Getränk, das mit einem Erzeugnis verwechselt werden kann, ohne ein Erzeugnis zu sein, verarbeitet, in den Verkehr bringt oder einführt,
6. entgegen einer unmittelbar geltenden Vorschrift in Rechtsakten der Europäischen Gemeinschaft ein Erzeugnis mit irreführenden Bezeichnungen, Hinweisen, sonstigen Angaben oder Aufmachungen in den Verkehr bringt, einführt, ausführt oder zum Gegenstand der Werbung macht, soweit eine Rechtsverordnung nach § 51 für einen bestimmten Tatbestand auf diese Strafvorschrift verweist oder
7. einer unmittelbar geltenden Vorschrift in Rechtsakten der Europäischen Gemeinschaft zuwiderhandelt, die inhaltlich einer Regelung entspricht, zu der die in Nummer 3 genannten Vorschriften ermächtigen, soweit eine Rechtsverordnung nach § 51 für einen bestimmten Tatbestand auf diese Strafvorschrift verweist.

§ 50 Bußgeldvorschriften. (1) Ordnungswidrig handelt, wer fahrlässig eine der in § 49 bezeichneten Handlungen begeht.

(1 a) Ordnungwidrig handelt auch, wer fahrlässig entgegen § 9 Abs. 1 Weintrauben, Traubenmost, teilweise gegorenen Traubenmost und Wein in einer Menge an andere abgibt, verwendet oder verwertet, die den Gesamthektarertrag des Weinbaubetriebes übersteigt.

(2) Ordnungswidrig handelt, wer vorsätzlich oder fahrlässig

1. entgegen § 4 Abs. 2 Satz 1 ein dort genanntes Erzeugnis oder entgegen § 11 Abs. 1 Satz 1 die dort genannte Menge nicht rechtzeitig destilliert,
2. der Nachweispflicht nach § 4 Abs. 2 Satz 2 oder § 11 Abs. 1 Satz 3 zuwiderhandelt,
3. entgegen § 6 Abs. 2 Satz 1 ein Wiederbepflanzungsrecht überträgt,
4. einer Rechtsverordnung nach § 6 Abs. 1 oder 3 Satz 1, § 12 Abs. 3 Nr. 5 oder Abs. 5, § 14 Nr. 2, § 16 Abs. 2 Satz 1, auch in Verbindung mit Satz 2 Nr. 4, oder Abs. 3, § 18 Abs. 4, § 21 Abs. 1 Nr. 4, § 24 Abs. 2, 3 oder 4 Nr. 2, § 26 Abs. 3 Satz 1 Nr. 1, § 28 Abs. 3 Nr. 2 bis 4, § 29, § 30, § 31 Abs. 4 Nr. 1, § 33, § 36 Abs. 1 Satz 1 in Verbindung mit Satz 2 Nr. 3 Buchstabe c oder Nr. 4 oder § 44 Abs. 1 oder 2 Satz 2 zuwiderhandelt, soweit sie für einen bestimmten Tatbestand auf diese Bußgeldvorschrift verweist,
5. einer vollziehbaren Anordnung auf Grund einer Rechtsverordnung nach § 6 Abs. 3 Satz 1 zuwiderhandelt,
6. entgegen § 18 Abs. 3 eine dort genannte Bezeichnung verwendet,
7. entgegen § 24 Abs. 1 ein Erzeugnis mit nicht zugelassenen Angaben in den Verkehr bringt, einführt, ausführt oder zum Gegenstand der Werbung macht,
8. entgegen § 26 Abs. 1 für ein Getränk, das kein Erzeugnis ist, eine nicht zugelassene Angabe gebraucht,
9. entgegen § 28 Abs. 1 einen dort genannten Stoff mit dem dort genannten Ziel in den Verkehr bringt, vermittelt oder zum Gegenstand der Werbung macht,
10. entgegen § 28 Abs. 2 Weintrub in den Verkehr bringt oder bezieht,
11. entgegen § 31 Abs. 6 eine Maßnahme nach § 31 Abs. 1 oder eine Entnahme von Proben nicht duldet, eine in der Überwachung tätige Person nicht unterstützt oder eine Auskunft nicht erteilt oder
12. einer unmittelbar geltenden Vorschrift in Rechtsakten der Europäischen Gemeinschaft zuwiderhandelt, die nicht nach § 48 Abs. 1 Nr. 3 oder 4 oder § 49 Nr. 6 oder 7 als Straftat geahndet werden kann, soweit eine Rechtsverordnung nach § 51 für einen bestimmten Tatbestand auf diese Bußgeldvorschrift verweist.

(3) Die Ordnungswidrigkeit kann mit einer Geldbuße bis zu fünfzigtausend Deutsche Mark geahndet werden.

§ 51 Ermächtigungen. Das Bundesministerium für Ernährung, Landwirtschaft und Forsten wird ermächtigt, durch Rechtsverordnung ohne Zustimmung des Bundesrates, soweit dies zur Durchsetzung der Rechtsakte der Europäischen Gemeinschaft erforderlich ist, die Tatbestände zu bezeichnen, die

1. als Straftat nach § 48 Abs. 1 Nr. 3 oder 4 oder § 49 Nr. 6 oder 7 zu ahnden sind oder
2. als Ordnungswidrigkeit nach § 50 Abs. 2 Nr. 12 geahndet werden können.

§ 52 Einziehung. Ist eine Straftat nach § 48 oder § 49 oder eine Ordnungswidrigkeit nach § 50 begangen worden, so können Gegenstände, auf die sich eine solche Straftat oder Ordnungswidrigkeit bezieht, und Gegenstände, die zu ihrer Begehung oder Vorbereitung gebraucht worden oder bestimmt gewesen sind, eingezogen werden. § 74a des Strafgesetzbuches und § 23 des Gesetzes über Ordnungswidrigkeiten sind anzuwenden.

10. Abschnitt · Schlußbestimmungen

§ 53 Rechtsverordnungen zur Durchführung des Gemeinschaftsrechts. (1) Rechtsverordnungen nach diesem Gesetz können auch zur Durchführung von für den Weinbau und die Weinwirtschaft anwendbaren Rechtsakten der Europäischen Gemeinschaft erlassen werden.

(2) Das Bundesministerium für Ernährung, Landwirtschaft und Forsten wird ermächtigt, durch Rechtsverordnung ohne Zustimmung des Bundesrates in den von ihm auf Grund dieses Gesetzes erlassenen Rechtsverordnungen Verweisungen auf Vorschriften in Rechtsakten der Europäischen Gemeinschaft zu ändern, soweit es zur Anpassung an Änderungen dieser Vorschriften erforderlich ist.

§ 54 Übertragung von Ermächtigungen. (1) In den Rechtsverordnungen auf Grund dieses Gesetzes kann die jeweilige Ermächtigung ganz oder teilweise auf die Landesregierungen übertragen werden, soweit dies erforderlich ist, um besonderen regionalen Gegebenheiten Rechnung tragen zu können.

(2) Soweit dieses Gesetz oder eine nach Absatz 1 erlassene Rechtsverordnung die Landesregierungen zum Erlaß von Rechtsverordnungen ermächtigt, sind diese befugt, die Ermächtigung durch Rechtsverordnung ganz oder teilweise auf andere Behörden zu übertragen.

§ 55 Allgemeine Verwaltungsvorschriften. Allgemeine Verwaltungsvorschriften zur Durchführung dieses Gesetzes und der auf Grund dieses Gesetzes erlassenen Rechtsverordnungen erläßt das Bundesministerium für Ernährung, Landwirtschaft und Forsten mit Zustimmung des Bundesrates. Soweit Rechtsverordnungen auf Grund dieses Gesetzes im Einvernehmen mit dem Bundesministerium für Gesundheit zu erlassen sind, ergehen Allgemeine Verwaltungsvorschriften zur Durchführung dieser Rechtsverordnungen im Einvernehmen mit dem Bundesministerium für Gesundheit.

§ 56 Übergangsregelungen. (1) Die Regierungen der Länder Brandenburg, Sachsen, Sachsen-Anhalt und Thüringen können in Rechtsverordnungen nach § 9 Abs. 2 Satz 1 bis zum 31. August 2001 die Hektarerträge auf der Grundlage der dem Jahr der Festsetzung vorangegangenen Ernten, beginnend mit der Ernte 1990, festsetzen.

(2) Abweichend von § 9 Abs. 2 Satz 1 in Verbindung mit § 2 Nr. 8 erfolgt die Berechnung des Hektarertrages hinsichtlich der maßgeblichen Flächen

für die 1994 geernteten Weintrauben nach den bis zum 31. August 1994 geltenden Rechtsvorschriften.

(3) Abweichend von § 10 Abs. 1 Satz 1 und § 11 Abs. 1 Satz 1 darf bis zum 31. August 1995 eine den Gesamthektarertrag übersteigende Menge, die aus vor 1994 geernteten Weintrauben gewonnen wurde, nach den bis zum 31. August 1994 geltenden Rechtsvorschriften an andere abgegeben, verwendet oder verwertet werden; dabei muß die Herstellung zulässiger Erzeugnisse am 31. August 1995 abgeschlossen sein. Die Landesregierungen können durch Rechtsverordnung bestimmen, daß die zuständigen Behörden in Einzelfällen zur Vermeidung unbilliger Härten die Anwendung des Satzes 1 auch für die bis zum 31. Dezember 1994 geernteten Weintrauben genehmigen können.

(4) Abweichend von § 10 Abs. 1 Satz 1 darf eine den dort genannten Wert übersteigende Menge, die aus vor 2002 geernteten Weintrauben gewonnen wurde,

1. im eigenen Betrieb zur Weinerzeugung verwendet und über das Erntejahr hinaus gelagert,
2. im eigenen Betrieb zur Herstellung von Qualitätsschaumwein b.A. verwendet und über das Erntejahr hinaus gelagert oder
3. destilliert

werden; § 11 ist insoweit nicht anzuwenden.

(5) Soweit Einrichtungen zur Beregnung am 1. September 1982 mit behördlicher Genehmigung bestanden haben, können die nach Landesrecht zuständigen Behörden, auch wenn die besonderen Voraussetzungen nach § 17 Abs. 3 Nr. 1 nicht erfüllt sind, bis längstens zum 31. Dezember 2009 ihre Weiterverwendung zulassen, sofern die Umweltbedingungen dies rechtfertigen.

(6) Abweichend von § 19 Abs. 1 dürfen im Inland hergestellter Likörwein oder im Inland hergestellter Perlwein, bei deren Herstellung ausschließlich vor dem 31. August 1995 geerntete Weintrauben verwendet worden sind, als Qualitätslikörwein b.A. oder Qualitätsperlwein b.A. auch bezeichnet werden, wenn ihnen keine amtliche Prüfungsnummer zugeteilt worden ist.

(7) Erzeugnisse, die nach den bis zum 1. September 1994 geltenden Vorschriften hergestellt und gekennzeichnet worden sind, dürfen auch weiterhin in den Verkehr gebracht werden.

(8) Die Allgemeine Verwaltungsvorschrift für die Untersuchung von Wein und ähnlichen alkoholischen Erzeugnissen sowie von Fruchtsäften vom 26. April 1960 (Beilage zum BAnz. Nr. 86 vom 5. Mai 1960), zuletzt geändert am 8. September 1969 (Beilage zum BAnz. Nr. 171 vom 16. September 1969), gilt

1. soweit sie Erzeugnisse mit Ausnahme von Brennwein, der zur Herstellung von Branntwein aus Wein bestimmt ist und unter Angabe dieser Bestimmung in die Weinbuchführung oder die Begleitpapiere eingetragen ist, betrifft, als Allgemeine Verwaltungsvorschrift im Sinne des § 55,
2. für Weinbrand, Weinbrandverschnitt, Weindestillat, Brennwein, der zur Herstellung von Branntwein aus Wein bestimmt ist, weinähnliche und schaumweinähnliche Getränke und Fruchtsäfte als allgemeine Verwal-

tungsvorschrift im Sinne des § 45 des Lebensmittel- und Bedarfsgegenständegesetzes.

(9) Das Weingesetz vom 25. Juli 1930 und seine Ausführungsverordnung gelten für die in seinem § 10 Abs. 1 bezeichneten Getränke und die daraus hergestellten schäumenden Getränke, bis sie durch anderweitige bundesrechtliche Regelungen ersetzt werden.

§ 57 Fortbestehen anderer Vorschriften. (1) Solange noch nicht auf Grund der Ermächtigungen dieses Gesetzes neue Regelungen getroffen worden sind, sind

1. § 3 Abs. 3 und 4, § 4 Abs. 2, die §§ 5 bis 8 Abs. 1 Satz 1 und 2, § 9 Abs. 5, § 10 Abs. 2 Satz 2, Abs. 3, 4 Satz 2 und 3, Abs. 7, 8 Satz 1, Abs. 11, 13 und 14, § 11 Abs. 2 und 5, § 14 Abs. 1, 2 und 4, § 15 Abs. 1 bis 3 und 5, § 17, § 20 Abs. 1 bis 5 und 7, § 22 Abs. 2 Nr. 2 bis 6 erster Halbsatz, § 23 Abs. 2 und 3, § 24 Abs. 2 und 3, § 27 Abs. 2 Nr. 2 bis 5, § 30 Abs. 1 bis 3 Satz 1 Nr. 8, Abs. 5 bis 7, § 31 Abs. 1 bis 4, § 32 Abs. 2 Nr. 2, § 33, § 34, § 51 Abs. 2, § 52 Abs. 2 bis 5, § 54, § 55, § 62 Abs. 1, § 67 Abs. 1 auch in Verbindung mit Anlage 1, Abs. 2 – mit Ausnahme der Verweisung auf § 38 Abs. 2 und 3 Satz 2, § 42 Abs. 3 und § 62a Satz 1 in Verbindung mit Satz 2 Nr. 3 –, Abs. 3 und 4, § 68 Abs. 1 Nr. 2 und 3, Abs. 2 Nr. 1, 2 – mit Ausnahme der Verweisung auf § 37 Abs. 3 und § 62a Satz 1 in Verbindung mit Satz 2 Nr. 1 und 2 –, Nr. 3 und 4 in Verbindung mit Anlage 2, § 69 Abs. 1, 2 Nr. 1, 2 und 7, Abs. 3 – mit Ausnahme der Verweisung auf Absatz 2 Nr. 3 –, Abs. 4 auch in Verbindung mit Anlage 3, Abs. 5 Nr. 1 – mit Ausnahme der Verweisung auf § 41 Abs. 4 und § 62a Satz 1 in Verbindung mit Satz 2 Nr. 4 –, Nr. 2 und 3 in Verbindung mit Anlage 2 und Abs. 6, § 69a und § 70 des Weingesetzes in der Fassung der Bekanntmachung vom 27. August 1982 (BGBl. I S. 1196), das zuletzt durch Artikel 3 der Verordnung vom 17. Januar 1994 (BGBl. I S. 94) geändert worden ist,
2. § 4 Abs. 2, 4 und 6, und § 5 Abs. 1, 3, 5 und 6 und § 25 Abs. 1 Nr. 2 bis 4, Abs. 2 Nr. 1 und 5 und Abs. 3 des Weinwirtschaftsgesetzes in der Fassung der Bekanntmachung vom 29. Oktober 1992 (BGBl. I S. 1824)

jeweils in der bis zum 15. Juli 1994 geltenden Fassung weiter anzuwenden.[1]

(2) Auf Sachverhalte, die vor dem 1. September 1994 entstanden sind, sind die Vorschriften der in Absatz 1 genannten Gesetze hinsichtlich der Verfolgung von Straftaten und Ordnungswidrigkeiten weiter anzuwenden.

(3) Das Bundesministerium für Ernährung, Landwirtschaft und Forsten wird ermächtigt, im Einvernehmen mit dem Bundesministerium für Gesundheit durch Rechtsverordnung mit Zustimmung des Bundesrates, soweit die Ermächtigungen dieses Gesetzes nicht ausreichen, auf Grund der in Absatz 1 genannten Gesetze erlassene bundesrechtliche Vorschriften aufzuheben.

(4) Die Landesregierungen werden ermächtigt, durch Rechtsverordnung, soweit die Ermächtigungen dieses Gesetzes nicht ausreichen, auf Grund der in Absatz 1 genannten Gesetze erlassene landesrechtliche Vorschriften aufzuheben.

---

[1] Nicht mehr anwendbar ab 1. September 1995. Siehe aber § 57 Abs. 2 WeinG für Altfälle.

2. Weinverordnung

In der Fassung der Bekanntmachung vom 28. August 1998[1)]
(BGBl. I S. 2609)

Inhaltsübersicht

1) Neubekanntmachung der WeinVO in der seit 1. 8. 1998 geltenden Fassung.

Abschnitt 1 · Weinanbaugebiet

§ 1 Weinbaugebiete für Tafelwein

(zu § 3 Abs. 2 Satz 1 Nr. 1 des Weingesetzes)

Für Tafelweine werden folgende Weinbaugebiete mit ihren Untergebieten festgelegt:

1. Albrechtsburg,
2. Bayern,
   a) Donau,
   b) Lindau,
   c) Main,
3. Neckar,
4. Oberrhein,
   a) Burgengau,
   b) Römertor,
5. Rhein-Mosel,
   a) Mosel,
   b) Rhein.

§ 2 Landweingebiete

(zu § 3 Abs. 2 Satz 1 Nr. 2 des Weingesetzes)

Für die Bezeichnung von Landwein werden folgende Gebiete festgelegt:

1. Ahrtaler Landwein,
2. Badischer Landwein,
3. Bayerischer Bodensee-Landwein,
4. Fränkischer Landwein,

5. Landwein der Mosel,
6. Landwein der Ruwer,
7. Landwein der Saar,
8. Mitteldeutscher Landwein,
9. Nahegauer Landwein,
10. Pfälzer Landwein,
11. Regensburger Landwein,
12. Rheinburgen-Landwein,
13. Rheingauer Landwein,
14. Rheinischer Landwein,
15. Saarländischer Landwein der Mosel,
16. Sächsischer Landwein,
17. Schwäbischer Landwein,
18. Starkenburger Landwein,
19. Taubertäler Landwein.

Abschnitt 2 · Anbauregeln

§ 3 Genehmigung von Neuanpflanzungen

(zu § 7 Abs. 2 Nr. 1 und 3 des Weingesetzes)

(1) Die Genehmigung für eine Neuanpflanzung darf nur erteilt werden, wenn
1. das Grundstück für die Erzeugung von Qualitätswein b.A. geeignet ist,
2. die Vermarktung des auf dem Grundstück und den sonstigen Grundstükken desselben Nutzungsberechtigten erzeugten Weines gewährleistet ist,
3. das Grundstück die besonderen landesrechtlich festgesetzten Voraussetzungen für die Anbaueignung erfüllt, soweit Regelungen nach § 7 Abs. 4 des Weingesetzes erlassen worden sind.

(2) Die Genehmigung für eine Neuanpflanzung ist nicht erforderlich für nicht weinbergmäßig bepflanzte Flächen, wenn sie zusammen mit anderen derartigen Flächen desselben Nutzungsberechtigten nicht größer als ein Ar sind und nicht in unmittelbarem räumlichen Zusammenhang mit einer weinbergmäßig bepflanzten Fläche stehen.

§ 4 Anbaueignung von Rebflächen

(zu § 7 Abs. 2 Nr. 1 und 2 des Weingesetzes)

Ein Grundstück ist für die Erzeugung von Qualitätswein b.A. geeignet, wenn zu erwarten ist, daß auf dem Grundstück in den in Anlage 1 aufgeführten bestimmten Anbaugebieten oder Bereichen die dort genannten Rebsorten (Vergleichsrebsorten) bei herkömmlichen Anbaumethoden im zehnjährigen Durchschnitt einen Weinmost ergeben, der die in Anlage 1 aufgeführten Mindestgehalte an natürlichem Alkohol (Mindestmostgewichte) erreicht.

§ 5 Vermarktungsnachweis

(zu § 7 Abs. 2 Nr. 1 i.V.m. § 53 Abs. 1 und § 54 Abs. 1 des Weingesetzes)

(1) Die Vermarktung des auf dem Grundstück und den sonstigen Grundstücken desselben Nutzungsberechtigten erzeugten Qualitätsweines b.A. gilt insbesondere als gewährleistet, wenn für die Erträge

1. die Mitgliedschaft in einem Erzeugerzusammenschluß, der bereit und in der Lage ist, die Erträge zu übernehmen,
2. der Abschluß von Lieferverträgen mit einer Dauer von mindestens fünf Jahren, beginnend mit dem zweiten Weinwirtschaftsjahr nach dem der Pflanzung, oder
3. ganz oder überwiegend die Möglichkeit zur Abgabe an Letztverbraucher

nachgewiesen wird. Im Falle des Satzes 1 Nr. 1 muß ferner der Abschluß eines Vertrages mit dem Erzeugerzusammenschluß nachgewiesen werden, wonach die Erträge vom zweiten Weinwirtschaftsjahr nach dem der Pflanzung an für die Dauer von mindestens fünf Jahren an den Erzeugerzusammenschluß abgeliefert werden müssen. In den Fällen des Satzes 1 Nr. 2 und 3 muß ferner die Möglichkeit der Einlagerung und fachgerechten kellerwirtschaftlichen Behandlung nachgewiesen werden. Die Landesregierungen können zur Sicherstellung der Vermarktung durch Rechtsverordnung nähere Voraussetzungen für die Einlagerung und die fachgerechte kellerwirtschaftliche Behandlung festlegen.

(2) Werden die Nachweise nach Absatz 1 nicht mit dem Antrag auf Genehmigung erbracht, so kann die Genehmigung in begründeten Ausnahmefällen ohne diese Nachweise erteilt werden. In diesen Fällen ist die Genehmigung mit dem Vorbehalt zu versehen, daß sie widerrufen werden kann, wenn die Nachweise nicht spätestens zwei Jahre nach Erteilung der Genehmigung erbracht werden.

§ 6 Verfahren

(zu § 7 Abs. 2 Nr. 1 und 4 i.V.m. § 53 Abs. 1 und § 54 Abs. 1 des Weingesetzes)

(1) Vor einer Entscheidung über die Eignung des Grundstücks für die Erzeugung von Qualitätswein b.A. ist ein Sachverständigenausschuß zu hören, dessen Zusammensetzung die Landesregierungen durch Rechtsverordnung regeln.

(2) Bei der Entscheidung sind insbesondere auch Höhenlage, Hangneigung, Hangrichtung, Bodenbeschaffenheit, Frostgefährdung sowie die Werte, die sich aus der Bodenkartierung und Kleinklimakartierung des Grundstücks ergeben, zu berücksichtigen.

(3) Eine Genehmigung nach § 7 Abs. 1 Nr. 3 des Weingesetzes (Versuchsgenehmigung) ist entsprechend dem Zweck des Weinbauversuches zu befristen.

§ 7 Ausnahmen

(zu § 7 Abs. 2 Nr. 3 des Weingesetzes)

(1) In Ausnahmefällen, insbesondere wenn die Form des Geländes es erfordert, kann abweichend von § 7 Abs. 1 Nr. 1 des Weingesetzes die Genehmigung auch für Flächen erteilt werden, die nicht in unmittelbarem räumlichen Zusammenhang mit zulässigerweise mit Reben bepflanzten oder vorübergehend nicht bepflanzten Flächen stehen.

(2) In Ausnahmefällen, insbesondere wenn die Bodenbeschaffenheit es erfordert, kann abweichend von § 7 Abs. 1 Nr. 1 des Weingesetzes die Genehmigung auch für Flächen erteilt werden, die für den Anbau von als Unterlagsreben dienenden Mutterreben bestimmt sind, auch wenn diese Flächen nicht in unmittelbarem räumlichen Zusammenhang mit zulässigerweise mit Reben bepflanzten oder vorübergehend nicht bepflanzten Flächen stehen.

(3) In den Fällen des Absatzes 2
1. ist § 3 Abs. 1 Nr. 2 und 3 nicht anzuwenden,
2. können mit der Genehmigung abweichend von § 4 die Voraussetzungen für die Eignung der für die Neuanpflanzung vorgesehenen Grundstücke festgelegt werden.

(4) Für eine Versuchsgenehmigung kann von der Vermarktungsvoraussetzung nach § 3 Abs. 1 Nr. 2 abgesehen werden, wenn sonst der Weinbauversuch nicht durchgeführt werden kann. Eine Versuchsgenehmigung kann auch für in den Rechtsakten der Europäischen Gemeinschaft nicht in der Klassifizierung geführte Rebsorten oder dort nur vorübergehend zugelassene Rebsorten erteilt werden, wenn die Neuanpflanzung zu einem der folgenden Zwecke erfolgt:
1. Prüfung der Anbaueignung einer Rebsorte,
2. wissenschaftliche Untersuchungen oder
3. Kreuzungs- und Selektionsarbeiten.

§ 8 Anbaueignung von Rebsorten
(zu § 7 Abs. 3 i.V.m. § 53 Abs. 1 und § 54 Abs. 1 des Weingesetzes)

(1) Versuchsanlagen zur Prüfung der Anbaueignung von Rebsorten nach der Verordnung (EWG) Nr. 2314/72 der Kommission vom 30. Oktober 1972 mit Bestimmungen zur Prüfung der Anbaueignung von Rebsorten (ABl. EG Nr. L 248 S. 53) in der jeweils geltenden Fassung sind nach der Langparzellenmethode oder in Blockanlage zu erstellen. Dabei sind die in Satz 1 genannten Parzellen oder Blöcke der Prüfsorte sowie der Vergleichssorte oder der Vergleichssorten unmittelbar nebeneinander anzulegen.

(2) Die Pflanzung der Prüfsorte sowie der Vergleichssorte oder der Vergleichssorten hat zum gleichen Zeitpunkt zu erfolgen. Entsprechend den sortenspezifischen Erfordernissen können bei der Prüfsorte sowie bei der Vergleichssorte oder den Vergleichssorten unterschiedliche Anbaumaßnahmen, insbesondere bei der Wahl der Unterlagssorte, des Standraumes, der Erziehungsart, sowie beim Rebschutz und der Düngung, angewendet werden. Die Prüfsorte sowie die Vergleichssorte oder die Vergleichssorten sind getrennt zu ernten und auszubauen.

(3) Die Landesregierungen legen durch Rechtsverordnung, soweit dies zur Durchführung der Rechtsakte der Europäischen Gemeinschaft erforderlich ist, die weiteren Voraussetzungen und das weitere Verfahren für die Prüfung der Anbaueignung von Rebsorten fest. Sie können durch Rechtsverordnung zusätzliche Voraussetzungen für die Prüfung der Anbaueignung festlegen, soweit es für das Bewahren regionaler Besonderheiten erforderlich ist.

(4) Die nach Landesrecht zuständige Stelle (zuständige Stelle) kann im Einzelfall zulassen, daß abweichend von Absatz 1 Satz 2 die dort genannten Parzellen oder Blöcke der Prüfsorte sowie der Vergleichssorte oder der Vergleichssorten nicht unmittelbar nebeneinander angelegt werden müssen oder abweichend von Absatz 2 Satz 1 die Pflanzung der Prüfsorte sowie der Vergleichssorte oder der Vergleichssorten nicht zum gleichen Zeitpunkt zu erfolgen hat, sofern dies zur Durchführung der Prüfung der Anbaueignung von Rebsorten erforderlich ist und im übrigen die Voraussetzungen der Verordnung (EWG) Nr. 2314/72 vorliegen.

§ 9 Erzeugung von Rebenpflanzgut

(zu § 6 Abs. 1 und § 7 Abs. 2 Nr. 2 i.V.m. § 54 Abs. 1 des Weingesetzes)

Die Landesregierungen können durch Rechtsverordnung zur Sicherung der Versorgung mit Rebenpflanzgut Vorschriften über die Ausübung eines Wiederbepflanzungsrechtes zum Anbau von Mutterreben erlassen und dabei abweichend von § 4 die Voraussetzungen für die Eignung der für die Wiederbepflanzung vorgesehenen Grundstücke festlegen.

§ 10 Hektarertragsregelung

(zu § 12 Abs. 1 Nr. 1, 2 und 5 und Abs. 2 und § 33 Nr. 2 i.V.m. § 54 Abs. 1 des Weingesetzes)

(1) Für die Umrechnung der Mengen nach § 9 Abs. 2 Satz 2 in Verbindung mit § 2 Nr. 8 des Weingesetzes entsprechen
1. 100 Kilogramm Weintrauben = 75 Liter Wein,
2. 100 Liter Traubenmost = 95 Liter Wein.

(2) Die Landesregierungen können durch Rechtsverordnung
1. die Voraussetzungen und das Verfahren für die gesonderte Berechnung der Gesamthektarerträge im Sinne des § 9 Abs. 1 Satz 2 des Weingesetzes regeln,
2. vorschreiben, daß und in welcher Weise die gesonderte Berechnung der Gesamthektarerträge im Sinne des § 9 Abs. 1 Satz 2 des Weingesetzes zu melden ist.

(3) Die Landesregierungen können ferner, abweichend von § 9 Abs. 2 Satz 1 in Verbindung mit § 2 Nr. 8 des Weingesetzes, durch Rechtsverordnung Vorschriften über die Berechnung der für den Gesamthektarertrag maßgeblichen Fläche im Falle von Flurbereinigungen erlassen. Soweit die Landesregierungen von der Ermächtigung des Satzes 1 Gebrauch machen, haben sie vorzuschreiben, daß die vorübergehend nicht zur Ertragsrebfläche gehörenden Rebflächen, die zulässigerweise mit Reben bestockt werden dürfen oder bestockt sind, längstens bis zum Ablauf des Weinwirtschaftsjahres, das der Besitzeinweisung oder dem Abschluß der Arbeiten zur wertgleichen Abfindung folgt, als Ertragsrebfläche im Sinne des § 2 Nr. 7 des Weingesetzes gelten.

Abschnitt 3 · Verarbeitung

§ 11 Behandlungsverfahren und Behandlungsstoffe

(zu § 13 Abs. 3 Nr. 1 und 3 des Weingesetzes)

(1) Solange und soweit nicht auf Grund anderer Rechtsvorschriften etwas Abweichendes bestimmt ist, dürfen bei

1. inländischem Perlwein und inländischem Perlwein mit zugesetzter Kohlensäure sowie
2. im Inland hergestelltem Perlwein und Perlwein mit zugesetzter Kohlensäure, bei deren Herstellung andere als inländische Erzeugnisse verwendet worden sind,

nur die in Artikel 15 der Verordnung (EWG) Nr. 822/87 des Rates vom 16. März 1987 über die gemeinsame Marktorganisation für Wein (ABl. EG Nr. L 84 S. 1) in der jeweils geltenden Fassung genannten Behandlungsverfahren angewendet und die dort aufgeführten Stoffe zugesetzt werden. Bei den zur Herstellung von weinhaltigen Getränken bestimmten Erzeugnissen dürfen vorbehaltlich des Absatzes 5 nur die in Artikel 15 der Verordnung (EWG) Nr. 822/87 genannten Behandlungsverfahren angewendet und die dort aufgeführten Stoffe zugesetzt worden sein.

(2) Solange und soweit nicht auf Grund anderer Rechtsvorschriften etwas Abweichendes bestimmt ist, dürfen vorbehaltlich des Absatzes 5 bei der Behandlung eines in einem Drittland hergestellten Likörweines im Inland nur die in Anhang VI der Verordnung (EWG) Nr. 822/87 aufgeführten Stoffe zugesetzt werden.

(3) (weggefallen)

(4) Bei der Herstellung von aromatisiertem Wein, aromatisierten weinhaltigen Getränken und aromatisierten weinhaltigen Cocktails dürfen vorbehaltlich des Absatzes 7 Satz 1 und 2 neben den in Anlage 4 genannten Stoffen

1. als Konservierungsstoffe im Sinne der Anlage 7 Nr. 1 der Zusatzstoff-Zulassungsverordnung nur Sorbinsäure, Kaliumsorbat und Calciumsorbat,
2. als Trägerstoffe und Trägerlösungsmittel im Sinne der Anlage 7 Nr. 3 der Zusatzstoff-Zulassungsverordnung für Stoffe, die bei ihrer Herstellung zugesetzt werden dürfen, nur die in Anlage 4 der Zusatzstoff-Verkehrsverordnung zugelassenen Stoffe unter den dort festgelegten Bedingungen sowie
3. nur
   a) die durch § 5 Abs. 1 in Verbindung mit Anlage 4 Teil A der Zusatzstoff-Zulassungsverordnung für Lebensmittel allgemein zugelassenen Stoffe und
   b) die in Anlage 2 genannten Stoffe

   zu den sich aus § 5 Abs. 1 in Verbindung mit Anlage 7 Nr. 2 und 4 bis 25 der Zusatzstoff-Zulassungsverordnung ergebenden Zwecken

zugesetzt werden. Bei der Herstellung von weinhaltigen Getränken dürfen vorbehaltlich des Absatzes 7 Satz 1 und 2 neben den in Anlage 4 genannten Stoffen

1. nur
   a) die durch § 5 Abs. 1 in Verbindung mit Anlage 4 Teil A der Zusatzstoff-

Zulassungsverordnung für Lebensmittel allgemein zugelassenen Stoffe und

b) die in Anlage 2 genannten Stoffe

zu den sich aus § 5 Abs. 1 in Verbindung mit Anlage 7 Nr. 2 und 4 bis 25 der Zusatzstoff-Zulassungsverordnung ergebenden Zwecken,

2. als Trägerstoffe und Trägerlösungsmittel im Sinne der Anlage 7 Nr. 3 der Zusatzstoff-Zulassungsverordnung für Stoffe, die bei ihrer Herstellung zugesetzt werden dürfen, nur die durch § 4 in Verbindung mit Anlage 4 der Zusatzstoff-Verkehrsverordnung zugelassenen Stoffe unter den dort festgelegten Bedingungen sowie
3. als Stoffe, die dazu verwendet werden, einem Erzeugnis einen süßen Geschmack zu verleihen (Süßungsmittel), nur die in Anlage 3 genannten Stoffe

zugesetzt werden. Abweichend von Satz 1 Nr. 3 Buchstabe b und Satz 2 Nr. 1 Buchstabe b darf Kohlendioxid den dort genannten Erzeugnissen auch zu anderen als den dort aufgeführten Zwecken zugesetzt werden.

(5) Bei der Herstellung von

1. aromatisierten weinhaltigen Getränken mit Ausnahme von Sangria, Clarea und Zurra,
2. aromatisiertem Wein,
3. aromatisierten weinhaltigen Cocktails,
4. weinhaltigen Getränken,
5. Likörwein und
6. Qualitätslikörwein b.A.

dürfen als Stoffe, die einem Erzeugnis Farbe geben oder die Farbe in einem Erzeugnis wiederherstellen (Farbstoffe), nur die in Anlage 4 genannten Stoffe zugesetzt werden.

(6) Soweit für die bei den in den Absätzen 4 und 5 genannten Stoffen durch § 4 in Verbindung mit Anlage 4 der Zusatzstoff-Verkehrsverordnung oder § 13 Abs. 1 ein Höchstgehalt nicht festgesetzt worden ist, dürfen diese Stoffe gemäß der guten Herstellungspraxis nur in einer Menge zugesetzt werden, die erforderlich ist, um die gewünschte Wirkung zu erzielen. Der Verbraucher darf durch den Zusatz der in Satz 1 genannten Stoffe nicht irregeführt werden. Soweit für Farbstoffe durch § 13 Abs. 1 ein Höchstgehalt festgesetzt worden ist, bezieht sich dieser auf die Menge des färbenden Anteils des Farbstoffs.

(7) Soweit einem zur Herstellung von weinhaltigen Getränken, aromatisierten weinhaltigen Getränken, aromatisierten weinhaltigen Cocktails oder aromatisiertem Wein bestimmten Bestandteil ein Stoff zugesetzt werden darf, der bei diesen Erzeugnissen nicht zugelassen ist, darf dieser Bestandteil bei der Hestellung dieser Erzeugnisse verwendet werden. Einem für die Herstellung von weinhaltigen Getränken, aromatisierten weinhaltigen Getränken, aromatisierten weinhaltigen Cocktails oder aromatisiertem Wein bestimmten Erzeugnis oder Lebensmittel, das kein Erzeugnis ist, dürfen auch die Stoffe zugesetzt werden, die nur bei der Herstellung des jeweiligen Erzeugnisses zugelassen sind. Einem Erzeugnis, das als Zutat für ein anderes Lebensmittel,

das kein Erzeugnis ist, bestimmt ist, dürfen auch die Zusatzstoffe zugesetzt werden, die nur für das andere Lebensmittel zugelassen sind.

(8) Soweit in Rechtsakten der Europäischen Gemeinschaft nichts anderes bestimmt ist, dürfen bei im Inland hergestellten

1. weinhaltigen Getränken (inländische weinhaltige Getränke),
2. aromatisierten weinhaltigen Getränken (inländische aromatisierte weinhaltige Getränke),
3. aromatisierten weinhaltigen Cocktails (inländische aromatisierte weinhaltige Cocktails) und
4. aromatisierten Weinen (inländische aromatisierte Weine) sowie
5. bei der Behandlung von anderen als inländischen weinhaltigen Getränken, aromatisierten weinhaltigen Getränken, aromatisierten weinhaltigen Cocktails und aromatisierten Weinen im Inland

nur Behandlungsverfahren angewendet werden, wenn durch sie kein Stoff zugesetzt wird. Bei der Herstellung der in Satz 1 genannten Getränke dürfen Ionenaustauscher oder ultraviolette oder energiereiche Strahlen nicht angewendet werden.

§ 12 Reinheitsanforderungen

(zu § 13 Abs. 3 Nr. 1 und 2 des Weingesetzes)

Bei der Herstellung von Erzeugnissen dürfen die in Anlage 5 genannten Stoffe nur zugesetzt werden, wenn sie den dort aufgeführten Reinheitsanforderungen entsprechen.

§ 13 Gehalt an Stoffen

(zu § 13 Abs. 3 Nr. 1 und 3 des Weingesetzes)

(1) Solange und soweit nicht auf Grund anderer Rechtsvorschriften etwas Abweichendes bestimmt ist, dürfen Erzeugnisse, wenn sie in den Verkehr gebracht werden, keinen Gehalt an in

1. Anlage 6 oder
2. Anlage 7

aufgeführten Stoffen aufweisen, der die dort jeweils angegebenen Höchstmengen überschreitet.

(2) Soweit nicht nach Absatz 1 Nr. 2 in Verbindung mit der Anlage 7 etwas anderes bestimmt ist, gilt für

1. Erzeugnisse, wenn sie in den Verkehr gebracht werden, vorbehaltlich der Nummer 2 als Gehalt an einem in Anlage 7a genannten Stoff, dessen Höchstmenge nicht überschritten werden darf, der in Anwendung des § 13 Abs. 5 des Weingesetzes für Weintrauben festgesetzte Gehalt
   a) zuzüglich der durch die Herstellung eingetretenen Erhöhung oder
   b) abzüglich der durch die Herstellung eingetretenen Verringerung,
2. Erzeugnisse, soweit sie aus mehreren, aus Weintrauben hergestellten Zutaten bestehen, wenn diese Erzeugnisse in den Verkehr gebracht werden, als Gehalt an einem in Anlage 7a genannten Stoff, dessen Höchstmenge nicht überschritten werden darf, der Gehalt, der sich aus der Summe der für die

einzelnen Zutaten geltenden Gehalte für den Stoff entsprechend dem Anteil der Zutaten an dem jeweiligen Erzeugnis ergibt.

(3) Absatz 2 gilt auch für Erzeugnisse, wenn sie als Zutat für ein anderes Lebensmittel, das kein Erzeugnis ist, in den Verkehr gebracht werden.

§ 13a Herstellung von aromatisierten weinhaltigen Getränken, aromatisierten weinhaltigen Cocktails und aromatisiertem Wein; Gehalt an Stoffen

(zu § 13 Abs. 3 Nr. 1 und 3 und § 16 Abs. 2 Satz 1 des Weingesetzes)

(1) Soweit bei der Herstellung von aromatisierten weinhaltigen Getränken, aromatisierten weinhaltigen Cocktails und aromatisiertem Wein Aromen verwendet werden, gelten § 2 Abs. 1 und § 3 Abs. 1 Nr. 5 bis 7 der Aromenverordnung entsprechend. Die in § 2 Abs. 2 Satz 1 und Abs. 3 Satz 1 der Aromenverordnung genannten Stoffe dürfen bei der Herstellung der in Satz 1 genannten Getränke nicht verwendet werden.

(2) Für aromatisierte weinhaltige Getränke, aromatisierte weinhaltige Cocktails und aromatisierten Wein, die zum offenen Ausschank feilgehalten oder abgefüllt in den Verkehr gebracht werden sollen, gelten

1. § 2 Abs. 2 Satz 2, Abs. 3 Satz 3 und 4 und Abs. 4 Satz 1,
2. § 3 Abs. 2 in Verbindung mit Abs. 1 Nr. 4, soweit dort Stoffe zur Geschmacksbeeinflussung von Aromen zugelassen werden, sowie
3. § 3 Abs. 2 in Verbindung mit Abs. 1 Nr. 5 bis 7

der Aromenverordnung entsprechend. Abweichend von Satz 1 Nr. 1 dürfen die dort genannten Getränke, wenn sie zum offenen Ausschank feilgehalten oder abgefüllt in den Verkehr gebracht werden sollen, keinen Gehalt an Chinarindearoma, Chinin oder seinen Salzen, als Chinin berechnet, aufweisen, der in einem Liter 300 mg übersteigt.

§ 14[1] Hygienische Anforderungen; betriebseigene Maßnahmen und Kontrollen

(zu § 14 Nr. 2 und § 16 Abs. 3 Nr. 1 und 2 Buchstabe a und b des Weingesetzes)

(1) Erzeugnisse dürfen nur unter Beachtung der Anforderungen des

1. § 3 Satz 1 und § 4 Abs. 1 Satz 1 sowie
2. § 3 Satz 2 und § 4 Abs. 1 Satz 2

der Lebensmittelhygiene-Verordnung gewerbsmäßig verarbeitet, befördert, gelagert, verwertet oder in den Verkehr gebracht werden.

(2) Wer Erzeugnisse gewerbsmäßig verarbeitet, befördert, lagert, verwertet oder in den Verkehr bringt, hat, soweit dies erforderlich ist, im Rahmen betriebseigener Maßnahmen zu gewährleisten, daß Personen, die mit Erzeugnissen umgehen, entsprechend ihrer Tätigkeit und unter Berücksichtigung ihrer Ausbildung und Kenntnisse in Fragen der Erzeugnishygiene unterrichtet oder geschult werden.

(3) Für die gewerbsmäßige Beförderung von

1. nicht abgefülltem Schaumwein, Schaumwein mit zugesetzter Kohlen-

---

[1] § 14 in der abgedruckten Fassung ist am 1.2. 1999 in Kraft getreten.

säure, Perlwein, Perlwein mit zugesetzter Kohlensäure und Likörwein sowie

2. nicht abgefüllten weinhaltigen Getränken, aromatisierten Weinen, aromatisierten weinhaltigen Getränken und aromatisierten weinhaltigen Cocktails

als Massengut dürfen nur Tanks, Aufsetztanks, tankähnliche Transporteinrichtungen oder andere Transportgefäße oder Behälter (Transportbehälter) einschließlich dazugehöriger Be- und Entladevorrichtungen verwendet werden, die den Anforderungen des § 2 Abs. 1 der Lebensmitteltransportbehälter-Verordnung entsprechen. Für die Beförderung von flüssigen Ölen und Fetten, die nicht weiter verarbeitet werden und für den menschlichen Verzehr bestimmt sind oder in Frage kommen, auf dem Seeweg in Behältern, die nicht ausschließlich für die Beförderung der in Satz 1 genannten Erzeugnisse bestimmt sind, gilt § 2a der Lebensmitteltransportbehälter-Verordnung entsprechend.

§ 15 Erhöhung des natürlichen Akoholgehalts
(zu § 15 Nr. 1, 3 und 4 des Weingesetzes)

(1) Der im gärfähig befüllten Behältnis festgestellte vorhandene oder potentielle natürliche Alkoholgehalt von gemaischten Rotweintrauben, Traubenmost, teilweise gegorenem Traubenmost und Jungwein, soweit diese Erzeugnisse aus empfohlenen, zugelassenen oder vorübergehend zugelassenen Rebsorten im Sinne des Artikels 13 der Verordnung (EWG) Nr. 822/87 hergestellt worden sind, sowie von zur Gewinnung von Tafelwein geeignetem Wein und Tafelwein darf nach Maßgabe der Artikel 18 und 19 der Verordnung (EWG) Nr. 822/87 erhöht werden.

(2) Der im gärfähig befüllten Behältnis festgestellte vorhandene oder potentielle natürliche Alkoholgehalt von gemaischten Rotweintrauben, Traubenmost, teilweise gegorenem Traubenmost, Jungwein und Wein, soweit diese Erzeugnisse zur Erzeugung von Qualitätswein b.A. geeignet sind, darf nach Maßgabe der Artikel 18 und 19 Abs. 1 bis 5, 7 und 8 der Verordnung (EWG) Nr. 822/87 erhöht werden.

(3) Die Erhöhung des natürlichen Alkoholgehalts darf bei den in Absatz 2 genannten Erzeugnissen nicht mit konzentriertem Traubenmost oder durch Konzentrierung vorgenommen werden.

(4) Die Anreicherung der Cuvée am Herstellungsort der Schaumweine nach Artikel 4 Abs. 1 Unterabs. 2 der Verordnung (EWG) Nr. 2332/92 des Rates vom 13. Juli 1992 über in der Gemeinschaft hergestellte Schaumweine (ABl. EG Nr. L 231 S. 1) in der jeweils geltenden Fassung wird zugelassen.

§ 16 Süßung
(zu § 15 Nr. 2, 3 und 6 des Weingesetzes)

(1) Qualitätswein und Qualitätswein mit Prädikat darf nach Maßgabe des Artikels 9 Abs. 2 der Verordnung (EWG) Nr. 823/87 des Rates vom 16. März 1987 zur Festlegung besonderer Vorschriften für Qualitätsweine bestimmter Anbaugebiete (ABl. EG Nr. L 84 S. 59) in der jeweils geltenden Fassung nur mit Traubenmost gesüßt werden.

(2) Bei Qualitätswein und Qualitätswein mit Prädikat sowie bei Landwein darf zur Süßung von Weißwein nur Traubenmost aus Weißweintrauben, zur Süßung von Rotwein und Roséwein nur Traubenmost aus Rotweintrauben und zur Süßung von Rotling nur Traubenmost derselben Art verwendet werden.

§ 17 Umrechnung von Oechslegraden in Volumenprozent Alkohol
(zu § 15 Nr. 7 des Weingesetzes)

Die Ermittlung des natürlichen Alkoholgehalts in Volumenprozent (%vol) aus den Oechslegraden (°Oe) erfolgt nach der in der Anlage 8 aufgeführten Tabelle. Für andere Umrechnungen ist die Tabelle nicht anzuwenden.

§ 18 Weitere Verarbeitungsregeln
(zu § 15 Nr. 3 und § 16 Abs. 2 des Weingesetzes)

(1) Soweit in Rechtsakten der Europäischen Gemeinschaft nichts anderes bestimmt ist, dürfen Weißweintrauben und die aus ihnen hergestellten Maischen, Moste und Weine nicht mit Rotweintrauben und den aus ihnen hergestellten Maischen, Mosten und Weinen verschnitten werden.

(2) Bei der Herstellung von inländischen weinhaltigen Getränken dürfen nur
1. Wein,
2. Perlwein,
3. Perlwein mit zugesetzter Kohlensäure,
4. Schaumwein,
5. Schaumwein mit zugesetzter Kohlensäure oder
6. Likörwein

verwendet und miteinander verschnitten werden.

(3) Bei der Herstellung von inländischen weinhaltigen Getränken dürfen vorbehaltlich des § 11 Abs. 4 Satz 2, Abs. 5 und 7 Satz 1 und 2 nur Zucker, konzentrierter Traubenmost und in § 47 genannte Getränke, die den dort für die Herstellung und das Inverkehrbringen festgelegten Anforderungen entsprechen, sowie Wasser und kohlensäurehaltiges Wasser zugesetzt werden. Wasser darf nur zugesetzt werden, wenn es den Anforderungen der Trinkwasser-Verordnung entspricht und nicht geeignet ist, das Erzeugnis geschmacklich, geruchlich oder farblich nachteilig zu beeinflussen.

(4) Mit der Herstellung von
1. Perlwein,
2. Perlwein mit zugesetzter Kohlensäure,
3. Schaumwein,
4. Schaumwein mit zugesetzter Kohlensäure,
5. weinhaltigen Getränken,
6. aromatisiertem Wein,
7. aromatisierten weinhaltigen Getränken und
8. aromatisierten weinhaltigen Cocktails

darf, soweit es sich um inländische Erzeugnisse handelt, erst begonnen werden, nachdem die zu ihrer Herstellung bestimmten Erzeugnisse als solche gekennzeichnet und unter Angabe dieser Bestimmung in die zu führenden Bücher eingetragen sind.

(5) Nicht im Inland hergestellter Likörwein wird durch Behandeln oder Verschneiden im Inland nicht zu inländischem Likörwein. Nicht im Inland hergestellte weinhaltige Getränke werden durch Behandeln im Inland nicht zu inländischen weinhaltigen Getränken.

(6) In einem Drittland hergestelltem Likörwein darf im Inland Alkohol und Zucker nicht zugesetzt werden.

(7) Soweit in Rechtsakten der Europäischen Gemeinschaft, im Weingesetz oder in auf Grund des Weingesetzes erlassenen Rechtsverordnungen nichts anderes bestimmt ist, richtet sich die Herstellung und die Vermarktung von inländischem Schaumwein und inländischem Schaumwein mit zugesetzter Kohlensäure, der wegen seiner Beschaffenheit zum Verzehr für Diabetiker geeignet ist, sowie von inländischem Schaumwein mit zugesetzter Kohlensäure nach den Vorschriften der Verordnung (EWG) Nr. 2332/92.

(8) Das gesamte Verarbeiten von inländischem Qualitätsschaumwein b.A., Sekt b.A., Qualitätsschaumwein und Sekt muß in demselben Betrieb vorgenommen werden. Abweichend von Satz 1

1. darf Schaumwein nach Maßgabe des Artikels 10 Abs. 1 Unterabs. 2 Buchstabe a erster bis dritter Anstrich der Verordnung (EWG) Nr. 2333/92 des Rates vom 13. Juli 1992 zur Festlegung der Grundregeln für die Bezeichnung und die Aufmachung von Schaumwein und Schaumwein mit zugesetzter Kohlensäure (ABl. EG Nr. L 231 S. 9) in der jeweils geltenden Fassung in den Verkehr gebracht werden;
2. kann die zuständige Stelle des Landes, in dessen Gebiet mit der Herstellung begonnen worden ist, genehmigen, daß Schaumwein im Sinne des Artikels 10 Abs. 1 Unterabs. 2 Buchstabe b der Verordnung (EWG) Nr. 2333/92 an einen anderen Hersteller von Schaumwein abgegeben wird, soweit dafür ein wirtschaftliches Bedürfnis besteht.

(9) Qualitätsweine und Erzeugnisse, aus denen sie hergestellt werden, dürfen nur miteinander und untereinander verschnitten werden, wenn jeder Verschnittanteil den jeweils vorgeschriebenen natürlichen Mindestalkoholgehalt aufweist. Erzeugnisse, die zur Herstellung von Qualitätswein mit Prädikat bestimmt sind, dürfen nur miteinander verschnitten werden, wenn jeder Verschnittanteil den für das jeweilige Prädikat vorgeschriebenen natürlichen Mindestalkoholgehalt aufweist. Für die Süßung gelten die Sätze 1 und 2 entsprechend.

(10) Qualitätsweine mit dem Prädikat Kabinett dürfen nicht vor dem auf die Ernte der verwendeten Trauben folgenden 1. Januar, andere Qualitätsweine mit Prädikat nicht vor dem auf die Ernte der verwendeten Trauben folgenden 1. März abgefüllt abgegeben werden. Als verwendete Trauben im Sinne des Satzes 1 gelten nicht die zur Süßung verwendeten Erzeugnisse. Satz 1 gilt nicht für Erzeugnisse, die auf dem Seeweg transportiert werden und zur Abgabe an Endverbraucher in Drittländern bestimmt sind.

(11) Bei der Herstellung von inländischem Schaumwein und Schaumwein mit zugesetzter Kohlensäure, der wegen seiner Beschaffenheit zum Verzehr für Diabetiker geeignet ist, darf Fruktose als Bestandteil der Versanddosage zugesetzt werden.

(12) Die Landesregierungen können zur Erhaltung der Eigenart der Weine durch Rechtsverordnung den zulässigen Restzuckergehalt für Wein, der aus in ihrem Gebiet geernteten Weintrauben hergestellt worden ist, den Rebstandorten, Rebsorten und Weinarten entsprechend festlegen.

(13) Wein, dessen Restzuckergehalt den auf Grund einer Rechtsverordnung nach Absatz 12 festgelegten Wert übersteigt, darf nicht zum offenen Ausschank feilgehalten oder abgefüllt in den Verkehr gebracht werden. Bei Verschnitten gilt der für den namengebenden Verschnittanteil maßgebliche Restzuckergehalt und, soweit ein namengebender Verschnittanteil nicht vorhanden ist, der Restzuckergehalt, der sich aus dem gewogenen Mittel der jeweils vorgeschriebenen Restzuckergehalte ergibt.

(14) Ein Erzeugnis, das als Zutat für ein anderes Lebensmittel, das kein Erzeugnis ist, bestimmt ist und dem Zusatzstoffe zugesetzt worden sind, die nur für das andere Lebensmittel zugelassen sind, darf nur mit dieser Zweckbestimmung in den Verkehr gebracht werden.

Abschnitt 4 · Qualitätswein b.A.

§ 19 Herstellen von Qualitätswein b.A. außerhalb des bestimmten Anbaugebietes

(zu § 17 Abs. 2 Nr. 1 des Weingesetzes)

(1) Qualitätswein und Qualitätswein mit Prädikat darf, soweit ein wirtschaftliches Bedürfnis besteht, nach Maßgabe des Artikels 6 Abs. 3 Unterabs. 1 der Verordnung (EWG) Nr. 823/87 in einem Gebiet in unmittelbarer Nähe des bestimmten Anbaugebietes hergestellt werden, in dem die Weintrauben geerntet worden sind.

(2) Qualitätsschaumwein b.A. darf, soweit ein wirtschaftliches Bedürfnis besteht, nach Maßgabe des Artikels 14 Abs. 3 Unterabs. 1 der Verordnung (EWG) Nr. 2332/92 in einem Gebiet in unmittelbarer Nähe des bestimmten Anbaugebietes hergestellt werden, in dem die zu seiner Herstellung verwendeten Weintrauben geerntet worden sind.

(3) Die zuständige Stelle des weinbautreibenden Landes, in dessen Gebiet die Herstellung vorgenommen werden soll, kann nach Maßgabe

1. des Artikels 6 Abs. 3 Unterabs. 2 der Verordnung (EWG) Nr. 823/87 und der zu seiner Durchführung erlassenen Rechtsakte der Europäischen Gemeinschaft genehmigen, daß aus Weintrauben und Traubenmost außerhalb eines Gebietes in unmittelbarer Nähe des betreffenden bestimmten Anbaugebietes, in dem die Weintrauben geerntet worden sind, Qualitätswein oder Qualitätswein mit Prädikat hergestellt werden;
2. des Artikels 14 Abs. 3 Unterabs. 2 der Verordnung (EWG) Nr. 2332/92 und der zu seiner Durchführung erlassenen Rechtsakte der Europäischen Gemeinschaft genehmigen, daß Qualitätsschaumwein b.A. außerhalb eines Gebietes in unmittelbarer Nähe des betreffenden bestimmten Anbau-

gebietes, in dem die zu seiner Herstellung verwendeten Weintrauben geerntet worden sind, hergestellt wird.

(4) Qualitätsperlwein b.A. darf, soweit ein wirtschaftliches Bedürfnis besteht, nach Maßgabe des entsprechend anzuwendenden Artikels 14 Abs. 3 Unterabs. 1 in Verbindung mit Absatz 1 zweiter Anstrich der Verordnung (EWG) Nr. 2332/92 in einem Gebiet in unmittelbarer Nähe des bestimmten Anbaugebietes, in dem die zu seiner Herstellung verwendeten Weintrauben geerntet worden sind, hergestellt werden.

(5) Abweichend von § 2 Nr. 11 des Weingesetzes umfaßt das Herstellen im Sinne des Absatzes 1 und des Absatzes 3 Nr. 1 nur die Arbeitsvorgänge bis zur Trennung der Hefe vom Wein, einschließlich der Erhöhung des natürlichen Alkoholgehalts und der Entsäuerung.

§ 20 Herabstufung auf der Erzeugungsstufe

(zu § 17 Abs. 2 Nr. 2 und § 33 Nr. 7 i.V.m. § 54 des Weingesetzes)

(1) Auf der Erzeugungsstufe kann der Erzeuger gegenüber der Einstufung in der Weinerzeugungsmeldung Qualitätswein und Qualitätswein mit Prädikat zu

1. Tafelwein,
2. Wein, der zur Herstellung von Tafelwein geeignet ist, oder
3. Wein, der weder Tafelwein noch zur Herstellung von Tafelwein geeignet ist,

herabstufen. Die Herabstufung ist nur zulässig, soweit

1. dem Wein eine amtliche Prüfungsnummer nicht zugeteilt werden dürfte oder
2. hierfür ein wirtschaftliches Bedürfnis besteht.

(2) Die Landesregierungen können durch Rechtsverordnung bestimmen, daß der Erzeuger die Herabstufung eines Weines, dem eine amtliche Prüfungsnummer zugeteilt worden ist, der zuständigen Stelle unverzüglich schriftlich zu melden hat.

(3) Eine Herabstufung darf nicht mit dem Ziel vorgenommen werden, das betreffende Erzeugnis nach der Herabstufung an einer begünstigenden Marktordnungsmaßnahme teilnehmen zu lassen, an der es vor der Herabstufung nicht hätte teilnehmen dürfen.

(4) Als Erzeuger im Sinne des Absatzes 1 gilt

1. die natürliche oder juristische Person,
2. die Vereinigung der in Nummer 1 genannten Personen,
3. die nichtrechtsfähige Personenvereinigung,

die aus frischen Weintrauben, Traubenmost, teilweise gegorenem Traubenmost oder nicht abgefülltem Wein, die aus Eigenproduktion stammen oder erworben worden sind, das herabzustufende Erzeugnis erzeugt hat.

§ 20 a Qualitätswein garantierten Ursprungs; Qualitätsschaumwein garantierten Ursprungs

(zu § 18 Abs. 4 und § 24 Abs. 2 Nr. 2 und 3 des Weingesetzes)

(1) Qualitätswein b.A. darf, soweit es sich um inländischen Wein handelt, als Qualitätswein garantierten Ursprungs und, soweit es sich um im Inland

hergestellten Schaumwein handelt, als Qualitätsschaumwein garantierten Ursprungs nur bezeichnet werden, wenn

1. für ihn auf Antrag eine amtliche Prüfungsnummer zugeteilt worden ist und
2. er den von den Landesregierungen nach § 18 Abs. 2 des Weingesetzes über die für Qualitätswein b.A. allgemein geltenden Vorschriften hinaus für seine Herstellung erlassenen besonderen Erzeugungsvorschriften und für ihn festgesetzten besonderen analytischen und sensorischen Anforderungen entspricht.

(2) Wird die Bezeichnung „Qualitätsschaumwein garantierten Ursprungs" gebraucht, darf die Bezeichnung „Qualitätsschaumwein b.A." nicht verwendet werden.

§ 21 Qualitätsprüfung

(zu § 21 Abs. 1 Nr. 1 des Weingesetzes)

(1) Eine Prüfungsnummer wird einem Qualitätswein b.A. zugeteilt, wenn

1. der Traubenmost oder die Maische im gärfähig befüllten Behältnis mindestens den für den jeweiligen Wein vorgeschriebenen natürlichen Mindestalkoholgehalt aufgewiesen hat,
2. er in Aussehen, Geruch und Geschmack frei von Fehlern ist,
3. der Gesamtalkoholgehalt, sofern der festgestellte vorhandene oder potentielle natürliche Alkoholgehalt nach § 15 Abs. 2 erhöht worden ist,
   a) in der Weinbauzone A bei
      aa) Rotwein 13 Volumenprozent,
      bb) anderem Wein 12,5 Volumenprozent und
   b) in der Weinbauzone B bei
      aa) Rotwein 13,5 Volumenprozent,
      bb) anderem Wein 13 Volumenprozent

   nicht übersteigt und,
4. soweit er als Qualitätswein garantierten Ursprungs oder Qualitätsschaumwein garantierten Ursprungs bezeichnet werden soll,
   a) er die für dieses Erzeugnis typischen Bewertungsmerkmale aufweist und
   b) dem in § 18 Abs. 1 des Weingesetzes genannten einheitlichen Geschmackstyp entspricht.

   Die amtliche Prüfungsnummer ist auf den Behältnissen anzugeben.

(2) Abweichend von Absatz 1 Nr. 1 und § 18 Abs. 9 Satz 1 und 2 ist, soweit es sich um Qualitätswein, Qualitätswein mit Prädikat, Qualitätsperlwein b.A. und Qualitätsschaumwein b.A. handelt, bei Verschnitten im gärfähig befüllten Behältnis der für den namengebenden Verschnittanteil vorgeschriebene natürliche Mindestalkoholgehalt und, soweit ein namengebender Verschnittanteil nicht vorhanden ist, der natürliche Mindestalkoholgehalt maßgebend, der sich aus dem gewogenen Mittel der jeweils vorgeschriebenen natürlichen Mindestalkoholgehalte der Verschnittanteile ergibt.

(3) Abweichend von Absatz 1 Nr. 3 darf der Gesamtalkoholgehalt des Weines den dort für ihn jeweils vorgesehenen höchstzulässigen Gesamtalkoholgehalt insoweit übersteigen, als die Überschreitung auf einem seiner Verschnittanteile beruht, deren festgestellter vorhandener oder potentieller natürlicher Alkoholgehalt nicht erhöht worden ist.

(4) Eine amtliche Prüfungsnummer darf einem Wein, bei dem die Bezeichnung „im Barrique gereift“ verwendet werden soll, nicht vor dem 1. September des Jahres zugeteilt werden, das auf das Erntejahr der Weintrauben folgt, aus denen der Wein ganz oder teilweise bereitet worden ist. Satz 1 gilt nicht bei Verschnitten verschiedener Jahrgänge, sofern der Verschnittanteil des älteren Jahrgangs
1. mindestens 75 vom Hundert beträgt und
2. nach Maßgabe des § 32 Abs. 8 Nr. 1 gelagert worden ist.

§ 22 Antrag auf Erteilung einer Prüfungsnummer
(zu § 21 Abs. 1 Nr. 1 und 3 des Weingesetzes)

(1) Eine Prüfungsnummer kann beantragen:
1. für Qualitätswein oder Qualitätswein mit Prädikat der Abfüller, im Falle des Absatzes 5 der Hersteller,
2. für Qualitätsschaumwein b.A., Qualitätslikörwein b.A. und Qualitätsperlwein b.A. der Hersteller.

Der Antrag ist der zuständigen Stelle auf einem Formblatt einzureichen, das die in Anlage 9 Abschnitt I aufgeführten Angaben enthält. Dem Antrag ist unentgeltlich eine Probe von drei Flaschen beizufügen. Die zuständige Stelle kann, soweit die Probe von drei Flaschen zur Beurteilung des Weines nicht ausreicht, weitere unentgeltliche Proben anfordern oder entnehmen lassen. Der Antrag ist mit einer fortlaufenden Nummer zu versehen (Antragsnummer). Die fortlaufende Zählung der Antragsnummern endet mit dem Kalenderjahr. Auf Antrag kann die zuständige Stelle von der fortlaufenden Zählung der Antragsnummern absehen, wenn hierfür ein dringendes Bedürfnis nachgewiesen wird und eine ausreichende Kontrolle gewährleistet ist.

(2) Der Antrag auf Zuteilung einer Prüfungsnummer kann zurückgewiesen werden, wenn für das Erzeugnis die vorgeschriebenen Eintragungen in der Weinbuchführung oder den Begleitpapieren nicht, nicht vollständig oder nicht richtig vorgenommen worden sind, es sei denn, der Antragsteller weist auf andere Weise nach, daß das Erzeugnis den für die Zuteilung der Prüfungsnummer vorgeschriebenen Voraussetzungen entspricht. Der Antrag auf Zuteilung einer Prüfungsnummer für Qualitätswein oder Qualitätswein mit Prädikat ist zurückzuweisen, wenn
1. das Erzeugnis selbst,
2. ein Verschnittanteil des Erzeugnisses oder
3. der Zusatz oder ein Vorerzeugnis des Erzeugnisses

Gegenstand einer in den Rechtsakten der Europäischen Gemeinschaft vorgesehenen Marktordnungsmaßnahme war.

(3) Wird ein Antrag auf Zuteilung einer Prüfungsnummer abgelehnt oder mit Auflagen beschieden, so kann das Erzeugnis nach Ablauf der Widerspruchs- oder Klagefrist erneut zur Qualitätsprüfung angestellt werden. Eine erneute Anstellung ist nicht zulässig, wenn der Wein mit der Ablehnung des Antrages oder nach § 20 vom Erzeuger herabgestuft worden ist.

(4) Von der Probe ist mindestens eine Flasche bis zum Ablauf von zwei Jahren nach Erteilung des Prüfungsbescheides aufzubewahren. Für Quali-

tätswein mit Prädikat kann die zuständige Stelle die Aufbewahrung bis zu vier Jahren anordnen. Die Aufbewahrung kann nach Versiegelung der Flaschen auch dem Antragsteller aufgegeben werden. Nach Ablauf der Aufbewahrungsfrist kann der Antragsteller innerhalb von drei Monaten über die von der zuständigen Stelle aufbewahrte Probe verfügen, soweit sie nicht für Zwecke der Prüfung oder Überwachung verwendet wurde.

(5) Sofern für Qualitätswein b.A. ein Antrag gestellt wird, bevor der Wein abgefüllt ist, ist auch diesem Antrag unentgeltlich eine Probe von drei Flaschen beizufügen. Zur Feststellung der Identität ist nach der Abfüllung eine weitere unentgeltliche Probe von drei Flaschen und ein Untersuchungsbefund nach § 23 Abs. 1 nachzureichen. Abweichend von Satz 2 kann die zuständige Stelle zulassen, daß der nachzureichende Untersuchungsbefund nur die in Anlage 10 genannten Angaben enthalten muß, die zur Feststellung der Identität zwingend erforderlich sind.

(6) Wird der Antrag zurückgenommen oder abgelehnt, oder wird der Prüfungsbescheid aufgehoben, so ist dem Antragsteller die Probe unverzüglich zur Verfügung zu stellen, soweit der von der zuständigen Stelle erlassene Verwaltungsakt nicht angefochten wird. Absatz 4 Satz 4 gilt entsprechend. Die zuständige Stelle kann jedoch die weitere Aufbewahrung der Probe anordnen, wenn sie eine erneute Untersuchung des Erzeugnisses eingeleitet hat.

§ 23 Untersuchungsbefund

(zu § 21 Abs. 1 Nr. 3 i.V.m. § 54 Abs. 1 des Weingesetzes)

(1) Mit dem Antrag auf Erteilung einer Prüfungsnummer ist unbeschadet des § 22 Abs. 5 von dem abgefüllten Erzeugnis ein Untersuchungsbefund eines von der zuständigen Stelle zugelassenen Labors vorzulegen. Der Untersuchungsbefund muß die in Anlage 10 genannten Angaben enthalten.

(2) Die Landesregierungen können durch Rechtsverordnung bestimmen, daß der Untersuchungsbefund für bestimmte Qualitätsweine und Qualitätswein mit dem Prädikat Kabinett, Spätlese, Auslese, Beerenauslese, Trockenbeerenauslese oder Eiswein durch ein amtliches Labor zu erstellen ist.

(3) Die Zulassung des in Absatz 1 Satz 1 genannten Labors setzt eine fachliche Ausbildung der die Untersuchung ausführenden Personen und eine ausreichende Laboreinrichtung voraus. Eine allgemeine Zulassung kann für Labors erfolgen, die gewerblich weinchemische Untersuchungen ausführen. Die Zulassung kann, auch nachträglich, inhaltlich beschränkt oder mit Auflagen verbunden werden. Sie kann versagt, zurückgenommen oder widerrufen werden, wenn das Labor

1. gegen die Weinbuch- oder Analysenbuchführung verstoßen,
2. an der Erschleichung einer Prüfungsnummer mitgewirkt,
3. an der Herstellung verkehrswidriger Erzeugnisse mitgewirkt oder
4. die Fertigung ordnungsgemäßer Analysen gröblich oder wiederholt vernachlässigt

hat.

§ 24 Prüfungsverfahren

(zu § 16 Abs. 2 Satz 1, § 17 Abs. 2 Nr. 2 und § 21 Abs. 1 Nr. 3 und 6 des Weingesetzes)

(1) Die zuständige Stelle hat eine Sinnenprüfung zu veranlassen, sofern nicht bereits auf Grund der vorliegenden Unterlagen der Antrag zurückzuweisen oder abzulehnen ist. Sie trifft ihre Entscheidung nach Überprüfung der eingereichten Unterlagen und dem Ergebnis der Sinnenprüfung. Sie kann

1. eine andere Einstufung als die beantragte vornehmen,
2. eine nochmalige oder eine weitergehende Untersuchung veranlassen sowie
3. die Vorlage weiterer sachdienlicher Unterlagen verlangen.

Für die Sinnenprüfung und ihre Bewertung gilt das in Anlage 9 Abschnitt II angegebene Schema.

(2) Lehnt die zuständige Stelle einen Antrag auf Erteilung einer Prüfungsnummer für einen Qualitätswein oder einen Qualitätswein mit Prädikat ab, hat sie zusammen mit der Ablehnung über die Herabstufung des Weines zu entscheiden. Ein Wein ist dabei zu Tafelwein, zu Wein, der zur Herstellung von Tafelwein geeignet ist, oder zu Wein, der weder Tafelwein noch zur Herstellung von Tafelwein geeignet ist, herabzustufen, wenn er

1. die für ihn typischen Bewertungsmerkmale nicht aufweist oder
2. in Aussehen, Geruch oder Geschmack nicht frei von Fehlern ist

und dies auch künftig nicht zu erwarten ist.

(3) Wird einem im Inland hergestellten Qualitätsschaumwein oder Sekt, der mit einer Rebsortenangabe versehen werden soll, eine amtliche Prüfungsnummer deshalb nicht zugeteilt, weil das Erzeugnis für die angegebene Rebsorte nicht typisch ist, darf es mit einer Rebsortenangabe nicht in den Verkehr gebracht werden.

(4) Wird derselbe Qualitätswein b.A. in mehreren Teilmengen abgefüllt, so kann die Prüfungsnummer der ersten Abfüllung für alle weiteren Abfüllungen verwendet werden. Dies setzt voraus, daß im Zeitpunkt der ersten Antragstellung die gesamte Weinmenge im Betrieb des Antragstellers lagert und jede Teilmenge nach ihrer Herstellung von gleicher Zusammensetzung wie die erste Teilmenge ist. Die Erteilung der Prüfungsnummer ist für jede abgefüllte Teilmenge neu zu beantragen; § 22 und § 23 Abs. 1 und 2 und die Absätze 1 und 2 gelten entsprechend. Die zuständige Stelle kann zulassen, daß statt des Antrags die Abfüllung der Teilmenge lediglich angezeigt wird. In diesem Falle kann die zuständige Stelle eine unentgeltliche Probe von drei Flaschen anfordern. Weichen bei einer Teilmenge Geschmacksrichtung, Qualität oder das Analysenbild nicht nur unwesentlich von der ersten Teilmenge ab, so gilt deren Prüfungsnummer nicht für diese Teilmenge.

(5) Wird derselbe nach Maßgabe des Artikels 6 Abs. 4 Unterabs. 2 der Verordnung (EWG) Nr. 2333/92 hergestellte Qualitätsschaumwein b.A. in mehreren Teilmengen degorgiert, ist Absatz 4 entsprechend anzuwenden.

§ 25 Zuständige Stelle

(zu § 21 Abs. 1 Nr. 3 des Weingesetzes)

(1) Die zuständige Stelle des Landes, in dem die bei der Herstellung des Erzeugnisses verwendeten Weintrauben geerntet worden sind, trifft die nach § 19 Abs. 1 und § 20 Abs. 1 des Weingesetzes und § 20a Abs. 1 erforderlichen Entscheidungen. Sind Weintrauben aus den Gebieten mehrerer Länder verwendet worden, obliegt die Entscheidung der zuständigen Stelle des Landes, aus dem der größte Anteil stammt.

(2) Bei den nach Absatz 1 zuständigen Stellen können zur Mitwirkung an den Prüfungen und Herabstufungen Kommissionen bestellt werden.

§ 26 Prüfungsbescheid

(zu § 21 Abs. 1 Nr. 3 und § 24 Abs. 2 Nr. 1 des Weingesetzes)

(1) Die zuständige Stelle erteilt dem Antragsteller über das Ergebnis der Prüfung einen Prüfungsbescheid mit einer Prüfungsnummer für die beantragte Menge, soweit sie sich zu diesem Zeitpunkt in seiner Verfügungsgewalt befindet. Die Prüfungsnummer setzt sich zusammen aus:

1. einer Nummer für den Betrieb des Antragstellers (Betriebsnummer), die von der zuständigen Stelle zugeteilt wird,
2. der Antragsnummer des Antragstellers,
3. den beiden letzten Ziffern der Jahreszahl der Antragstellung.

Der Prüfungsbescheid und die Prüfungsnummer sind dem Antragsteller innerhalb von zehn Tagen nach der Prüfung schriftlich bekanntzugeben. Der Prüfungsbescheid ist mit einer Rechtsbehelfsbelehrung zu versehen. Soweit sich aus § 21 Abs. 4 nichts anderes ergibt, soll die Bekanntgabe innerhalb von drei Wochen nach dem Eingang des Antrags bei der zuständigen Stelle erfolgen.

(2) Bei Qualitätsschaumwein oder Sekt, dem auf Grund des § 19 Abs. 2 des Weingesetzes eine amtliche Prüfungsnummer zugeteilt worden ist, ist der amtlichen Prüfungsnummer der gemäß Anlage 11 abgekürzte Name des Landes voranzustellen, in dem die für dieErteilung der Prüfungsnummer zuständige Stelle ihren Sitz hat.

§ 27 Rücknahme der Prüfungsnummer

(zu § 17 Abs. 2 Nr. 2 und § 21 Abs. 1 Nr. 3 und 5 des Weingesetzes)

(1) Die Entscheidung über die Erteilung der Prüfungsnummer kann insbesondere zurückgenommen werden, wenn

1. nachträglich ein Umstand bekannt wird, der der Erteilung einer Prüfungsnummer entgegengestanden hätte,
2. für das Erzeugnis die vorgeschriebenen Eintragungen in der Weinbuchführung oder den Begleitpapieren nicht, nicht vollständig oder nicht richtig erfolgt sind, es sei denn, derjenige, der den Antrag auf Zuteilung der Prüfungsnummer seinerzeit gestellt hat, weist auf andere Weise nach, daß das Erzeugnis den für die Zuteilung der Prüfungsnummer vorgeschriebenen Voraussetzungen entspricht,
3. der Antragsteller unrichtige Angaben im Sinne des § 22 Abs. 1 Satz 2 in Verbindung mit Anlage 9 Abschnitt I gemacht hat.

Im übrigen bleiben die Vorschriften über die Rücknahme und den Widerruf von Verwaltungsakten unberührt.

(2) Wird die Entscheidung über die Erteilung einer amtlichen Prüfungsnummer für Qualitätswein oder Qualitätswein mit Prädikat widerrufen, weil nachträglich ein Umstand eintritt, der der Erteilung einer Prüfungsnummer entgegenstehen würde, so hat die zuständige Stelle zusammen mit dem Widerruf der Prüfungsnummer über die Herabstufung des Weines zu entscheiden. Soweit der Wein die Erzeugungsstufe noch nicht verlassen hat, ist § 24 Abs. 2 Satz 2 entsprechend anzuwenden.

§ 28 Ausnahmen

(zu § 16 Abs. 2 Satz 1, § 21 Abs. 2, § 24 Abs. 2, § 29 Abs. 1 Satz 1 Nr. 1 und § 30 Satz 1 Nr. 2 des Weingesetzes)

Abweichend von § 19 Abs. 1 und § 20 Abs. 1 des Weingesetzes und § 20a Abs. 1 dürfen die beantragte Prüfungsnummer und die Bezeichnung Qualitätswein b.A., Qualitätswein, Qualitätswein garantierten Ursprungs, Qualitätswein mit Prädikat in Verbindung mit dem beantragten Prädikat, Qualitätslikörwein b.A., Qualitätsperlwein b.A., Qualitätsschaumwein b.A., Sekt b.A. oder Qualitätsschaumwein garantierten Ursprungs vom Antragsteller schon vor der Zuteilung einer Prüfungsnummer auf dem Behältnis des abgefüllten Erzeugnisses und bei Preisangeboten angegeben werden. Darüber hinaus darf ein in Satz 1 genanntes, nicht zum Verkauf bestimmtes abgefülltes Erzeugnis, dessen Behältnisse mit der beantragten Prüfungsnummer versehen sind, in geringer Menge in den Verkehr gebracht werden. Als gering gilt dabei eine Menge, die insgesamt 3 vom Hundert der Menge, für die ein Antrag auf Erteilung einer amtlichen Prüfungsnummer nach Satz 1 gestellt worden ist, und, soweit diese Menge größer als 100 Liter sein würde, 100 Liter nicht übersteigt. Wer ein in Satz 2 genanntes Erzeugnis in den Verkehr bringt, hat dies unter Angabe der in den Verkehr gebrachten Menge und des Empfängers in die Weinbuchführung einzutragen und auf dem Behältnis deutlich sichtbar und gut lesbar die Angabe „Muster, nicht zum Verkauf bestimmt" anzugeben. Im übrigen darf ein so gekennzeichnetes Erzeugnis erst nach der Zuteilung der Prüfungsnummer und, soweit es sich um Qualitätswein mit Prädikat handelt, erst nach der Zuerkennung des Prädikats in den Verkehr gebracht werden.

Abschnitt 5 · Bezeichnung und Aufmachung

§ 29 Eintragung von Lagen und Bereichen

(zu § 23 Abs. 3 des Weingesetzes)

(1) Eine Lage darf in die Weinbergsrolle nur eingetragen werden, wenn sie insgesamt mindestens fünf Hektar groß ist. Abweichend davon kann die zuständige Behörde eine kleinere Fläche als Lage eintragen, wenn

1. die Bildung einer größeren Lage
   a) wegen der örtlichen Nutzungsverhältnisse oder
   b) wegen der Besonderheit der auf der Fläche gewonnenen Weine

   nicht möglich ist oder

2. der Lagename
   a) durch eine vor dem 19. Juli 1971 eingetragene Marke oder
   b) durch ein vor diesem Zeitpunkt auf Grund markenrechtlicher Vorschriften erworbenes Ausstattungsrecht

geschützt ist.

(2) Als Lagename darf nur ein Name eingetragen werden, der für eine zur Lage gehörende Rebfläche herkömmlich oder in das Flurkataster eingetragen ist oder der sich an einen solchen Namen anlehnt. Abweichend von Satz 1 darf im begründeten Einzelfall, insbesondere wenn bestehende Lagen zusammengefaßt werden sollen, auch ein anderer Name eingetragen werden, wenn hierfür ein wirtschaftliches Bedürfnis besteht und Interessen des Verbrauchers nicht entgegenstehen; der Name muß einen geographischen Bezug aufweisen.

(3) Eine Rebfläche, die keiner Lage angehört, kann in einen Bereich einbezogen werden, wenn die Voraussetzungen nach § 2 Nr. 23 des Weingesetzes erfüllt sind.

§ 30 Auszeichnungen und ähnliche Angaben
(zu § 24 Abs. 2 i.V.m. § 54 Abs. 1 des Weingesetzes)

(1) Bei inländischem Wein, dem eine amtliche Prüfungsnummer zugeteilt worden ist, dürfen als Auszeichnungen im Sinne des Artikels 11 Abs. 2 Buchstabe p der Verordnung (EWG) Nr. 2392/89 des Rates vom 24. Juli 1989 zur Aufstellung allgemeiner Regeln für die Bezeichnung und Aufmachung der Weine und der Traubenmoste (ABl. EG Nr. L 232 S. 13) in der jeweils geltenden Fassung nur angegeben werden:

1. Auszeichnungen
   a) der Deutschen Landwirtschaftsgesellschaft und
   b) der von der Landesregierung eines weinbautreibenden Landes anerkannten Träger von Weinprämiierungen,

   wenn der Wein bei einer in entsprechender Anwendung der Anlage 6 Abschnitt II durchgeführten Sinnenprüfung mindestens die Qualitätszahl 3,50 erhalten hat,
2. folgende Gütezeichen:
   a) „Deutsches Weinsiegel" der Deutschen Landwirtschaftsgesellschaft und
   b) Gütezeichen, die durch Rechtsverordnung der weinbautreibenden Länder zugelassen sind,

   wenn der Wein bei der Sinnenprüfung nach § 24 Abs. 1 oder einer in entsprechender Anwendung der Anlage 6 Abschnitt II gesondert durchgeführten Sinnenprüfung mindestens die Qualitätszahl 2,50 erhalten hat.

(2) Abweichend von Artikel 15 Abs. 1 Unterabs. 2 der Verordnung (EWG) Nr. 3201/90 der Kommission vom 16. Oktober 1990 über Durchführungsbestimmungen für die Bezeichnung und Aufmachung der Weine und der Traubenmoste (ABl. EG Nr. L 309 S. 1) in der jeweils geltenden Fassung dürfen Auszeichnungen verliehen werden, sofern die zur Prüfung angestellten Partien bei

1. Qualitätswein mit dem Prädikat Beerenauslese, Trockenbeerenauslese oder Eiswein jeweils mindestens 100 Liter,

2. Qualitätswein mit dem Prädikat Auslese mindestens 200 Liter,
3. Qualitätswein mit dem Prädikat Spätlese mindestens 400 Liter,
4. Qualitätswein mit dem Prädikat Kabinett und Qualitätswein, der als „Riesling-Hochgewächs" bezeichnet wird, jeweils mindestens 600 Liter,
5. Qualitätswein, bei dem die Bezeichnung „im Barrique gereift" verwendet wird, mindestens 200 Liter,
6. Qualitätswein, bei dem die Bezeichnung „Riesling-Hochgewächs" verwendet wird, abweichend von Nummer 4 mindestens 200 Liter, sofern neben dieser Bezeichnung die Bezeichnung „im Barrique gereift" verwendet wird, oder
7. Qualitätswein mit dem Prädikat Kabinett oder Spätlese, bei dem die Bezeichnung „im Barrique gereift" verwendet wird, abweichend von den Nummern 3 und 4 jeweils mindestens 200 Liter

umfassen.

(3) Die Landesregierungen können durch Rechtsverordnung bestimmen, daß abweichend von Absatz 2 Nr. 1 bis 4 und Artikel 15 Abs. 1 Unterabs. 2 der Verordnung (EWG) Nr. 3201/90 Auszeichnungen im Sinne des Absatzes 1 Nr. 1 Buchstabe b und Gütezeichen im Sinne des Absatzes 1 Nr. 2 Buchstabe b verliehen werden dürfen, sofern die zur Prüfung angestellte Partie mehr als 100 l und weniger als 1000 l umfaßt und im übrigen die Voraussetzungen des Artikels 15 Abs. 1 Unterabs. 3 der genannten Verordnung vorliegen. In den Rechtsverordnungen nach Satz 1 haben die Landesregierungen die Mindestmenge für die einzelnen Weinkategorien festzulegen.

(4) Bei inländischem Qualitätsschaumwein b.A. dürfen als Auszeichnungen im Sinne des Artikels 6 Abs. 10 der Verordnung (EWG) Nr. 2333/92 nur angegeben werden:
1. Auszeichnungen
   a) der Deutschen Landwirtschaftsgesellschaft und
   b) der von der Landesregierung eines weinbautreibenden Landes anerkannten Träger von Sektprämiierungen,

   wenn das Erzeugnis bei einer in entsprechender Anwendung der Anlage 6 Abschnitt II durchgeführten Sinnenprüfung mindestens die Qualitätszahl 3,50 erhalten hat,
2. Gütezeichen, die durch Rechtsverordnung der weinbautreibenden Länder zugelassen sind, wenn das Erzeugnis bei der Sinnenprüfung nach § 24 Abs. 1 oder einer in entsprechender Anwendung der Anlage 6 Abschnitt II gesondert durchgeführten Sinnenprüfung mindestens die Qualitätszahl 2,50 erhalten hat.

(5) Bei
1. inländischem
   a) Perlwein und
   b) Perlwein mit zugesetzter Kohlensäure sowie
2. im Inland hergestelltem
   a) Perlwein und
   b) Perlwein mit zugesetzter Kohlensäure,

   bei deren Herstellung andere als inländische Erzeugnisse verwendet worden sind, dürfen Angaben über die Beschaffenheit, Herstellung und Abfüllung und über die zur Herstellung verwendeten Erzeugnisse, Garantie-, Prüf- und Gütezeichen, Siegel, Medaillen und Hinweise darauf sowie Hinweise auf Prämiierungen, Auszeichnungen oder eine überdurchschnittliche Qualität auf Behältnissen und deren Verpackung sowie auf Getränkekarten und bei Preisangeboten nur gebraucht werden, soweit sie durch das Weingesetz oder in Rechtsverordnungen auf Grund des Weingesetzes zugelassen sind; dies gilt auch für Angaben durch bildliche Darstellung oder durch Zeichen. Satz 1 gilt nicht für Angaben über Aussehen, Geruch und Geschmack auf Getränkekarten und bei Preisangeboten.

(6) Auf Perlwein und Perlwein mit zugesetzter Kohlensäure, der nicht im Inland hergestellt worden ist, ist Absatz 5 mit der Maßgabe anzuwenden, daß an die Stelle der Zulassung durch das Weingesetz oder in Rechtsverordnungen auf Grund des Weingesetzes die ausdrückliche Zulassung durch eine Rechtsvorschrift des Herstellungslandes tritt.

§ 31 Verwendungsempfehlungen

(zu § 24 Abs. 2 des Weingesetzes)

Als Empfehlungen über die Zulassung des Weines zu religiösen Zwecken im Sinne des Artikels 10 Abs. 2 der Verordnung (EWG) Nr. 3201/90 dürfen nur die Bezeichnungen „Abendmahlswein“, „Meßwein“, „Koscherer Wein“ oder „Koscherer Passahwein“ verwendet werden.

§ 32 Angabe von Weinarten; Reifeangaben

(zu § 16 Abs. 2 Satz 1 und § 24 Abs. 2 und 3 Nr. 5 des Weingesetzes)

(1) Bei inländischem Qualitätswein b.A. darf die Bezeichnung

1. Weißwein nur für einen ausschließlich aus Weißweintrauben hergestellten Wein,
2. Rotwein nur für einen ausschließlich aus Rotweintrauben hergestellten Wein und
3. Roséwein nur für einen ausschließlich aus Rotweintrauben hergestellten Wein von blaß- bis hellroter Farbe

verwendet werden.

(2) Die Bezeichnung Rotling darf nur verwendet werden für einen inländischen Wein von blaß- bis hellroter Farbe, der abweichend von § 18 Abs. 1 durch Verschneiden von Weißweintrauben, auch gemaischt, mit Rotweintrauben, auch gemaischt, hergestellt ist. Für Perlwein und Perlwein mit zugesetzter Kohlensäure darf die Bezeichnung Rotling nicht verwendet werden.

(3) Inländischer Tafelwein muß als „Deutscher Tafelwein“ bezeichnet werden, sofern nicht die Bezeichnung „Landwein“ verwendet wird. Bei inländischem Tafelwein, bei dem zur Angabe der Herkunft keine engere geographische Bezeichnung als das Wort „deutsch“ verwendet wird, sind die Bezeichnungen Weißwein oder Rotwein anzugeben. Bei inländischem Perlwein und Perlwein mit zugesetzter Kohlensäure müssen der Verkehrsbezeichnung die Worte „Weißer“ oder „Roter“ vorangestellt werden, wenn zur Angabe der Herkunft keine engere geographische Bezeichnung als das Wort „deutsch“

verwendet wird. Satz 3 gilt für nicht im Inland hergestellten Perlwein und Perlwein mit zugesetzter Kohlensäure entsprechend.

(4) Bei inländischem Wein müssen die Bezeichnungen Roséwein, Rosé oder Rotling angegeben werden; bei Perlwein und Perlwein mit zugesetzter Kohlensäure muß die Bezeichnung Rosé angegeben werden.

(5) Bei inländischem Qualitätswein und Qualitätswein mit Prädikat darf die Bezeichnung Weißherbst nur gebraucht werden, wenn er ausschließlich aus hellgekeltertem Most von Weintrauben einer einzigen roten Rebsorte hergestellt worden ist. Die Rebsorte muß in Verbindung mit der Bezeichnung Weißherbst in Schriftzeichen gleicher Art, Größe und Farbe angegeben werden.

(6) Wird die Bezeichnung Weißherbst gebraucht, darf die Bezeichnung Roséwein nicht verwendet werden.

(7) Bei inländischem Qualitätswein und Qualitätswein mit Prädikat darf statt der Bezeichnung Rotling die Bezeichnung

1. „Schillerwein" nur gebraucht werden, wenn die zur Herstellung des Weines verwendeten Weintrauben ausschließlich in dem bestimmten Anbaugebiet Württemberg geerntet worden sind;
2. „Badisch Rotgold" mit dem Zusatz „Grauburgunder und Spätburgunder" nur gebraucht werden, wenn die zur Herstellung verwendeten Weintrauben ausschließlich in dem bestimmten Anbaugebiet Baden geerntet worden sind.

(8) Bei inländischem Qualitätswein und Qualitätswein mit Prädikat darf die Bezeichnung „im Barrique gereift" nur verwendet werden, wenn

1. zumindest ein Teil des Weines oder der zu seiner Herstellung verwendeten Erzeugnisse in einem Barrique-Faß mit einem Fassungsvermögen von nicht mehr als 350 Litern gelagert worden ist und
2. der Wein zum Zeitpunkt der Zuteilung einer amtlichen Prüfungsnummer die für die Reifung im Barrique-Faß typischen sensorischen Merkmale aufweist.

(9) Bei inländischem Qualitätswein und Qualitätswein mit Prädikat darf die Bezeichnung „im Holzfaß gereift" nur verwendet werden, wenn mindestens 75 vom Hundert des Weines oder der zu seiner Herstellung verwendeten Erzeugnisse mindestens

1. sechs Monate, soweit es sich um Rotwein handelt, oder
2. vier Monate, soweit es sich um anderen als Rotwein handelt,

in einem Holzfaß gelagert worden sind.

(10) Wird die Bezeichnung „im Barrique gereift" gebraucht, darf die Bezeichnung „im Holzfaß gereift" nicht verwendet werden.

§ 33 Liebfrau(en)milch; Moseltaler
(zu § 24 Abs. 2 des Weingesetzes)

(1) Weißer Qualitätswein der bestimmten Anbaugebiete Nahe, Pfalz, Rheingau und Rheinhessen darf als „Liebfrauenmilch" oder „Liebfraumilch" nur bezeichnet werden, wenn

1. er zu mindestens 70 vom Hundert aus Weintrauben der Rebsorten Ries-

ling, Silvaner, Müller-Thurgau oder Kerner hergestellt und von der Geschmacksart dieser Rebsorten bestimmt ist und
2. der Restzuckergehalt innerhalb der nach Artikel 14 Abs. 7 Unterabs. 1 Buchstabe c der Verordnung (EWG) Nr. 3201/90 für die Geschmacksangabe „lieblich“ zulässigen Spanne liegt.

(2) Weißer Qualitätswein des bestimmten Anbaugebietes Mosel-Saar-Ruwer darf als „Moseltaler“ nur bezeichnet werden, wenn er
1. ausschließlich aus Trauben der Rebsorten Riesling, Müller-Thurgau, Elbling oder Kerner hergestellt ist,
2. einen Restzuckergehalt zwischen 15 und 30 Gramm je Liter und
3. einen als Weinsäure berechneten Gesamtsäuregehalt von mindestens 7 Gramm je Liter hat.

(3) Bei den in den Absätzen 1 und 2 genannten Weinen ist die Angabe einer Rebsorte und des Namens einer kleineren geographischen Einheit als des bestimmten Anbaugebietes nicht zulässig.

§ 34 Riesling-Hochgewächs; Der Neue; primeur

(zu § 24 Abs. 2 des Weingesetzes)

(1) Weißer Qualitätswein darf als „Riesling-Hochgewächs“ nur bezeichnet werden, wenn
1. er ausschließlich aus Weintrauben der Rebsorte Riesling hergestellt worden ist,
2. der zur Herstellung verwendete Most einen natürlichen Alkoholgehalt aufgewiesen hat, der mindestens 1,5 Volumenprozent über dem natürlichen Mindestalkoholgehalt liegt, der für das bestimmte Anbaugebiet oder dessen Teil vorgeschrieben ist, in dem die Weintrauben geerntet worden sind, und
3. er in der amtlichen Qualitätsprüfung eine Qualitätszahl von mindestens 3,0 erreicht hat.

(2) Für Landwein, der ausschließlich aus Weintrauben eines Erntejahres gewonnen wurde, darf die Bezeichnung „Der Neue“ nur verwendet werden, wenn das Erntejahr angegeben ist und er nicht vor dem 1. November des Erntejahres an Endverbraucher abgegeben wird.

(3) Für einen in Frankreich geernteten Qualitätswein b.A. des bestimmten Anbaugebietes Beaujolais, für den die geltenden Vorschriften des Herstellungslandes eingehalten worden sind und der nach diesen Vorschriften als primeur bezeichnet werden soll, darf die Bezeichnung primeur nur verwendet werden, wenn er nicht vor dem dritten Donnerstag des Monats November des Erntejahres an Endverbraucher abgegeben wird.

§ 34a Crémant

(zu § 24 Abs. 2 Nr. 1 und 2, auch i.V.m. § 54 Abs. 1, des Weingesetzes)

(1) Für Qualitätsschaumwein b.A. darf die Bezeichnung „Crémant“ nur nach Maßgabe des Artikels 6 Abs. 6 Buchstabe b der Verordnung (EWG) Nr. 2333/92 in Verbindung mit dem Namen des bestimmten Anbaugebietes verwendet werden.

(2) Die Landesregierungen können durch Rechtsverordnung für Qualitätsschaumwein b.A., der aus in ihrem Gebiet geernteten Weintrauben hergestellt worden ist, zusätzliche Voraussetzungen für die Verwendung der Bezeichnung „Crémant" festlegen, soweit dies erforderlich ist, um regionalen Gegebenheiten Rechnung zu tragen. Dabei können sie insbesondere vorschreiben, daß die Bezeichnung „Crémant"
1. nur verwendet werden darf, wenn der Qualitätsschaumwein b.A. aus Weintrauben bestimmter Rebsorten hergestellt worden ist, oder
2. nicht für einen roten Qualitätsschaumwein b.A. verwendet werden darf.

§ 34b Steillage; Terrassenlage
(zu § 24 Abs. 2 Nr. 1, 2 und 3 des Weingesetzes)

(1) Bei inländischem Tafelwein, Qualitätswein und Qualitätswein mit Prädikat darf die Angabe „Steillage" oder „Steillagenwein" in Anwendung von Artikel 17 Abs. 2 Buchstabe b zweiter Anstrich der Verordnung (EWG) Nr. 3201/90 nur verwendet werden, wenn er ausschließlich aus Weintrauben hergestellt worden ist, die von einer Rebfläche stammen, die
1. in einem Gelände belegen ist, dessen Neigung mindestens 30 vom Hundert beträgt, oder,
2. sofern die Neigung des Geländes, in der die Rebfläche belegen ist, weniger als 30 vom Hundert beträgt, eine eigene Geländeneigung von mindestens 30 vom Hundert aufweist.

(2) Bei inländischem Tafelwein, Qualitätswein und Qualitätswein mit Prädikat darf die Angabe „Terrassenlage" oder „Terrassenlagenwein" in Anwendung von Artikel 17 Abs. 2 Buchstabe b zweiter Anstrich der Verordnung (EWG) Nr. 3201/90 nur verwendet werden, wenn er ausschließlich aus Weintrauben hergestellt worden ist, die von einer
1. durch Stützmauern oder Böschungen unterbrochenen oder
2. durch Stützmauern oder Böschungen nicht unterbrochenen, in einem als Terrassenlage bewirtschafteten Gebiet belegenen

Rebfläche stammen, die
3. in einem Gelände belegen ist, dessen Neigung mindestens 30 vom Hundert beträgt, oder,
4. sofern die Neigung des Geländes, in der die Rebfläche belegen ist, weniger als 30 vom Hundert beträgt, eine eigene Geländeneigung von mindestens 30 vom Hundert aufweist.

(3) Die Bezeichnungen nach Absatz 1 und 2 dürfen nicht gleichzeitig verwendet werden.

§ 35 Angaben bei Qualitätswein garantierten Ursprungs
(zu § 24 Abs. 2 i.V.m. § 54 Abs. 1 des Weingesetzes)

Soweit die Landesregierungen nach § 18 Abs. 2 des Weingesetzes für die Herstellung von Qualitätswein garantierten Ursprungs besondere Erzeugungsvorschriften und besondere analytische und sensorische Anforderungen an Qualitätswein garantierten Ursprungs festgesetzt haben, können sie durch Rechtsverordnung vorschreiben, daß nach Maßgabe der Rechtsakte der Europäischen Gemeinschaft, des Weingesetzes und dieser Verordnung ein Qualitätswein garantierten Ursprungs nur in bestimmte Behältnisformen abgefüllt werden darf.

§ 36 Vorgeschriebene Angaben
(zu § 24 Abs. 2 des Weingesetzes)

(1) Perlwein ist als Perlwein zu bezeichnen. Perlwein mit zugesetzter Kohlensäure ist als Perlwein mit zugesetzter Kohlensäure zu bezeichnen.

(2) Weinhaltige Getränke müssen als weinhaltiges Getränk bezeichnet werden. Abweichend von Satz 1 darf ein weinhaltiges Getränk, das durch Vermischen von Wein, Perlwein oder Perlwein mit zugesetzter Kohlensäure mit kohlensäurehaltigem Wasser hergestellt wird, als Schorle bezeichnet werden.

(3) Perlwein und Perlwein mit zugesetzter Kohlensäure, der nicht im Inland hergestellt worden ist, muß mit dem Namen des Herstellungslandes oder dem aus diesem abgeleiteten Eigenschaftswort bezeichnet werden, wenn er ausschließlich aus in diesem Land geernteten Weintrauben hergestellt worden ist; andernfalls ist die Herkunft der zu seiner Herstellung verwendeten Erzeugnisse in absteigender Folge ihrer Anteile anzugeben. Stammen die verwendeten Weintrauben ausschließlich aus einem Gebiet des Herstellungslandes, in dem die deutsche Sprache Staatssprache oder ihr gleichgestellt ist, und ist der Perlwein oder der Perlwein mit zugesetzter Kohlensäure in diesem Gebiet hergestellt worden, kann zusätzlich zu dem Namen des Herstellungslandes der für dieses Gebiet übliche deutsche Name angegeben werden.

(4) Bei im Inland hergestelltem Perlwein und Perlwein mit zugesetzter Kohlensäure, bei deren Herstellung andere als inländische Erzeugnisse verwendet worden sind, ist deren Herkunft in absteigender Folge anzugeben.

(5) In einem Drittland hergestellter Likörwein muß als Likörwein bezeichnet werden. Likörwein, der nicht im Inland hergestellt worden ist, muß mit dem Namen des Herstellungslandes oder dem aus diesem Namen abgeleiteten Eigenschaftswort bezeichnet werden. Eine engere geographische Bezeichnung ist nur zusätzlich und nur dann zulässig, wenn sie den Vorschriften des Herstellungslandes entspricht und der Likörwein im Inland nicht verschnitten ist. Likörwein, der nicht im Inland durch Verschnitt von Erzeugnissen verschiedener Herkunftsländer hergestellt worden ist, muß als ausländischer Likörwein bezeichnet werden.

(6) Abweichend von Absatz 5 Satz 1 können allgemein bekannte Likörweine statt mit der Verkehrsbezeichnung Likörwein mit den für sie üblichen Namen bezeichnet werden.

§ 37 Zugelassene und verbotene Angaben
(zu § 24 Abs. 2 Nr. 1 bis 3 des Weingesetzes)

(1) Die Worte Kabinett, Spätlese, Auslese, Beerenauslese, Trockenbeerenauslese und Eiswein dürfen im geschäftlichen Verkehr allein oder in Verbin-

dung mit anderen Worten für andere Erzeugnisse als Wein nicht gebraucht werden.

(2) Für Qualitätsschaumwein und Sekt sowie Qualitätsschaumwein b.A. und Sekt b.A. darf das Wort „Cabinet" nur verwendet werden, wenn es in dieser Schreibweise deutlich getrennt von der Bezeichnung des Erzeugnisses in Verbindung mit dem Namen (Firma) des Herstellers oder desjenigen benutzt wird, der das Erzeugnis in den Verkehr bringt.

(3) Soweit nach den Rechtsakten der Europäischen Gemeinschaft, nach dem Weingesetz oder einer auf Grund des Weingesetzes erlassenen Rechtsverordnung Bezeichnungen oder sonstige Angaben für ausländische Erzeugnisse nur zulässig sind, wenn die Angabe durch eine Rechtsvorschrift des Herstellungslandes zugelassen ist, gilt diese Voraussetzung nur als erfüllt, wenn die Angabe auch für den Verkehr innerhalb des Herstellungslandes zulässig ist.

§ 38 Hersteller- und Abfüllerangaben

(zu § 24 Abs. 2 des Weingesetzes)

(1) Wird abgefüllter Perlwein, Perlwein mit zugesetzter Kohlensäure oder Likörwein in den Verkehr gebracht, ist der Abfüller anzugeben. Satz 1 gilt nicht, soweit

1. die dort genannten Erzeugnisse im Inland abgefüllt werden,
2. diese unter dem Namen (Firma) eines anderen in der Europäischen Gemeinschaft oder einem Vertragsstaat Ansässigen in den Verkehr gebracht oder ausgeführt werden und
3. dieser zuverlässige schriftliche Unterlagen über den Abfüller besitzt.

Die zusätzliche Angabe des Herstellers ist nur zulässig, wenn dieser eingewilligt hat.

(2) Bei abgefüllten weinhaltigen Getränken, aromatisierten Weinen, aromatisierten weinhaltigen Getränken und aromatisierten weinhaltigen Cocktails ist der Name oder die Firma und die Anschrift des Herstellers, des Abfüllers oder eines in der Europäischen Gemeinschaft oder in einem Vertragsstaat niedergelassenen Verkäufers anzugeben.

(3) Bei nicht abgefülltem Perlwein, Perlwein mit zugesetzter Kohlensäure oder Likörwein sowie bei nicht abgefüllten weinhaltigen Getränken, aromatisierten Weinen, aromatisierten weinhaltigen Getränken und aromatisierten weinhaltigen Cocktails ist, soweit sie in der Europäischen Gemeinschaft oder in einem Vertragsstaat hergestellt worden sind, der Hersteller, soweit sie in Drittländern hergestellt worden sind, der Einführer anzugeben.

(4) Ist bei Likörwein, Perlwein, Perlwein mit zugesetzter Kohlensäure, weinhaltigen Getränken, aromatisiertem Wein, aromatisierten weinhaltigen Getränken oder aromatisierten weinhaltigen Cocktails die Angabe des Herstellers, Einführers oder Abfüllers vorgeschrieben, so ist neben dem Namen (Firma) der Ort des Betriebes oder der Hauptniederlassung anzugeben.

§ 39 Geographische Angaben

(zu § 24 Abs. 2 i.V.m. § 54 Abs. 1 des Weingesetzes)

(1) Wird zur Bezeichnung eines Qualitätsweines b.A. der Name

1. eines Bereichs verwendet, ist diesem, soweit er mit einer sonstigen geographischen Bezeichnung identisch oder verwechselbar ist, die Angabe „Bereich“ in Schriftzeichen gleicher Art, Größe und Farbe voranzustellen,
2. einer Lage verwendet, ist diesem der Name der Gemeinde oder des Ortsteils hinzuzufügen.

Die Angabe „Bereich“ darf durch die Angabe „district“ ersetzt und abweichend von Satz 1 dem Bereichsnamen in Schriftzeichen gleicher Art, Größe und Farbe nachgestellt werden, wenn auch andere Angaben in der Etikettierung in englischer Sprache gemacht werden.

(2) Erstreckt sich eine Lage über mehrere Gemeinden, so bestimmt die Landesregierung durch Rechtsverordnung nach Maßgabe des Artikels 13 Abs. 3 Unterabs. 2 Buchstabe c der Verordnung (EWG) Nr. 2392/89, welcher Gemeindename anzugeben ist; dabei können, wenn unter Berücksichtigung der berechtigten Interessen der Beteiligten ein unabweisbares wirtschaftliches Bedürfnis besteht, auch mehrere Gemeindenamen bestimmt werden, von denen wahlweise einer anzugeben ist.

(3) Ist eine Gemeinde in mehreren bestimmten Anbaugebieten belegen, so kann die Landesregierung durch Rechtsverordnung bestimmen, daß für Weine aus bestimmten Ortsteilen nur der Name des Ortsteils oder der Name des Ortsteils neben dem Gemeindenamen benutzt werden darf.

(4) Bei inländischen weinhaltigen Getränken darf ein Hinweis auf die Herkunft der zu ihrer Herstellung verwendeten Erzeugnisse nicht verwendet werden.

(5) Bei inländischem Perlwein, der nicht als Qualitätsperlwein b.A. bezeichnet werden darf, und inländischem Perlwein mit zugesetzter Kohlensäure dürfen zur Angabe der Herkunft nur

1. die Bezeichnung „deutsch“ oder
2. die Namen von Weinbaugebieten und Untergebieten nach § 1

verwendet werden.

(6) Bei Perlwein und Perlwein mit zugesetzter Kohlensäure, die nicht im Inland hergestellt worden sind, darf eine geographische Bezeichnung, die auf einen engeren Raum als das Herstellungsland hinweist, nur zusätzlich und nur dann gebraucht werden, wenn das Erzeugnis aus diesem Raum stammt und die Bezeichnung innerhalb des Herstellungslandes zur Bezeichnung solcher Erzeugnisse zulässig und auch üblich ist. § 36 Abs. 3 Satz 2 bleibt unberührt. Die engere geographische Bezeichnung ist in einer Sprache anzugeben, die in dem durch die Bezeichnung abgegrenzten Raum als Staatssprache oder als eine einer solchen Staatssprache gleichgestellten Sprache anerkannt ist. Daneben kann die ihr entsprechende deutschsprachige Bezeichnung angegeben werden, sofern sie im Herstellungsland herkömmlich oder üblich ist und Irreführungen des Verbrauchers durch die Übersetzung ausgeschlossen sind.

§ 40 Herkunftsangaben

(zu § 24 Abs. 2 Nr. 1 und 2 des Weingesetzes)

(1) Abweichend von Artikel 13 Abs. 2 und unter den Voraussetzungen des Artikels 16 der Verordnung (EWG) Nr. 2392/89 wird die Angabe des Namens einer kleineren geographischen Einheit als der des bestimmten Anbaugebietes bei inländischem Qualitätswein und Qualitätswein mit Prädikat zugelassen, wenn

1. er mindestens zu 85 vom Hundert aus Weintrauben der angegebenen geographischen Einheit bereitet worden ist und,
2. sofern er gesüßt worden ist, einschließlich des zur Süßung verwendeten Traubenmostes nicht mehr als 25 vom Hundert der zu seiner Herstellung verwendeten Erzeugnisse aus anderen geographischen Einheiten stammen.

(2) Abweichend von Artikel 6 Abs. 1 Unterabs. 2 Buchstabe c der Verordnung (EWG) Nr. 2333/92 und unter den Voraussetzungen des § 44 Abs. 1 ist die Angabe des Namens einer kleineren geographischen Einheit als der des bestimmten Anbaugebietes bei inländischem Qualitätsschaumwein b.A. und Sekt b.A. zugelassen, wenn er mindestens zu 85 vom Hundert aus Weintrauben der angegebenen geographischen Einheit hergestellt worden ist.

(3) Bei inländischem Qualitätsperlwein b.A. und inländischem Qualitätslikörwein b.A. ist unter den Voraussetzungen des § 44 Abs. 3 und 4 die Angabe des Namens einer kleineren geographischen Einheit als der des bestimmten Anbaugebietes zugelassen, wenn

1. er mindestens zu 85 vom Hundert aus Weintrauben der angegebenen geographischen Einheit bereitet worden ist und,
2. sofern er gesüßt worden ist, einschließlich der zur Süßung verwendeten Erzeugnisse nicht mehr als 25 vom Hundert der zu seiner Herstellung verwendeten Erzeugnisse aus anderen geographischen Einheiten stammen.

§ 41 Geschmacksangaben

(zu § 24 Abs. 2 des Weingesetzes)

(1) Die nach Artikel 14 Abs. 7 Unterabs. 1 Buchstabe b der Verordnung (EWG) Nr. 3201/90 zulässige Angabe „halbtrocken" darf nur gebraucht werden, wenn der Restzuckergehalt des Weines

1. den nach Artikel 14 Abs. 7 Unterabs. 1 Buchstabe a zweiter Gedankenstrich für „trocken" festgelegten Wert übersteigt und
2. bis zu höchstens 18 Gramm je Liter beträgt und der in Gramm je Liter Weinsäure ausgedrückte Gesamtsäuregehalt des Weines höchstens 10 Gramm je Liter niedriger ist.

(2) Bei Perlwein und Perlwein mit zugesetzter Kohlensäure dürfen nur die Geschmacksangaben

1. trocken bei einem Restzuckergehalt zwischen 0 und 35 Gramm je Liter,
2. halbtrocken bei einem Restzuckergehalt zwischen 33 und 50 Gramm je Liter oder
3. mild bei einem Restzuckergehalt von mehr als 50 Gramm je Liter

verwendet werden.

(3) Die Bezeichnung Landwein darf nur verwendet werden, wenn der Restzuckergehalt den für die Bezeichnung „halbtrocken" höchstzulässigen Wert nicht übersteigt.

§ 42 Rebsortenangaben

(zu § 24 Abs. 2 des Weingesetzes)

(1) Abweichend von Artikel 5 Abs. 1 und Artikel 14 Abs. 1 und unter den Voraussetzungen der Artikel 7 und 16 der Verordnung (EWG) Nr. 2392/89 werden bei inländischem Wein zugelassen:

1. die Angabe einer Rebsorte, wenn
   a) er mindestens zu 85 vom Hundert aus Weintrauben der angegebenen Rebsorte bereitet worden ist und diese seine Art bestimmt und,
   b) sofern er gesüßt worden ist, einschließlich der zur Süßung verwendeten Erzeugnisse nicht mehr als 25 vom Hundert der zu seiner Herstellung verwendeten Erzeugnisse von anderen Rebsorten stammen;
2. die Angabe zweier Rebsorten, wenn der Wein mit Ausnahme der Erzeugnisse, die gegebenenfalls zum Süßen verwendet wurden, vollständig aus Weintrauben der angegebenen Rebsorten hergestellt ist; die Rebsorten sind ihrem Mengenanteil entsprechend in absteigender Folge anzugeben;
3. die Angabe einer Rebsorte aus Versuchen zur Prüfung der Anbaueignung nach Artikel 13 Abs. 2 der Verordnung (EWG) Nr. 2389/89 des Rates vom 24. Juli 1989 über die Grundregeln für die Klassifizierung der Rebsorten (ABl. EG Nr. L 232 S. 1) in der jeweils geltenden Fassung für die Dauer der Anbaueignungsprüfung
   a) bei Tafelwein, wenn
      aa) der Anbau dieser Rebsorte nur für eine begrenzte Versuchsfläche genehmigt worden ist,
      bb) die für die Genehmigung der Anbaueignungsprüfung zuständigen Landesstellen die Kontrollen nach Artikel 13 Abs. 3 der Verordnung (EWG) Nr. 2389/89 durchführen und
      cc) die Angabe dieser Rebsorte auf dem Etikett zusammen mit der Angabe „aus Versuchsanbau" erfolgt;
   b) bei Qualitätswein b.A., wenn es sich zusätzlich zu den Anforderungen unter Buchstabe a um eine Rebsorte der Art „Vitis vinifera" handelt.

Wird bei inländischem Wein der Name einer einzigen Rebsorte in Anwendung von Artikel 2 Abs. 3 Buchstabe b oder Artikel 11 Abs. 2 Buchstabe n der Verordnung (EWG) Nr. 2392/89 angegeben, darf eine Information nach Artikel 2 Abs. 3 Buchstabe h zweiter Anstrich oder Artikel 11 Abs. 2 Buchstabe t zweiter Anstrich der Verordnung (EWG) Nr. 2392/89 über verwendete weitere Rebsorten in der Etikettierung nicht gebraucht werden.

(2) Abweichend von Artikel 6 Abs. 2 Unterabs. 2 Buchstabe d der Verordnung (EWG) Nr. 2333/92 und unter den Voraussetzungen des § 44 Abs. 1 und 2 werden bei inländischem Qualitätsschaumwein und Sekt und inländischem Qualitätsschaumwein b.A. und Sekt b.A. zugelassen:

1. die Angabe einer Rebsorte, wenn das Erzeugnis, mit Ausnahme der in der Fülldosage und der Versanddosage enthaltenen Erzeugnisse, mindestens

zu 85 vom Hundert aus Weintrauben der angegebenen Rebsorte bereitet worden ist und diese seine Art bestimmt;
2. die Angabe zweier oder dreier Rebsorten, wenn das Erzeugnis, mit Ausnahme der in der Fülldosage und der Versanddosage enthaltenen Erzeugnisse, vollständig aus Weintrauben der angegebenen Rebsorten hergestellt worden ist und die Mischung dieser Rebsorten seine Art bestimmt; die Rebsorten sind ihrem Mengenanteil entsprechend in absteigender Folge anzugeben.

Satz 1 gilt auch für inländischen Schaumwein.

(3) Für inländischen Perlwein und Perlwein mit zugesetzter Kohlensäure sowie für im Inland hergestellten Perlwein und Perlwein mit zugesetzter Kohlensäure, bei deren Herstellung andere als inländische Erzeugnisse verwendet worden sind, und für inländischen Likörwein gilt Absatz 1 Satz 1 Nr. 1 und 2 entsprechend. § 44 Abs. 3 und 4 findet Anwendung.

§ 43 Jahrgangsangaben
(zu § 24 Abs. 2 des Weingesetzes)

(1) Bei inländischem Wein wird abweichend von Artikel 6 Abs. 1 und Artikel 15 Abs. 1 und unter den Voraussetzungen der Artikel 7 und 16 der Verordnung (EWG) Nr. 2392/89 die Angabe eines Jahrgangs zugelassen, wenn
1. das Erzeugnis mindestens zu 85 vom Hundert aus Weintrauben des angegebenen Jahrgangs bereitet worden ist und,
2. sofern es gesüßt worden ist, einschließlich der zur Süßung verwendeten Erzeugnisse nicht mehr als 25 vom Hundert der zu seiner Herstellung verwendeten Erzeugnisse aus anderen Jahrgängen stammen.

(2) Bei inländischem Perlwein und Perlwein mit zugesetzter Kohlensäure wird unter den Voraussetzungen des § 44 Abs. 3 und 4 die Angabe eines Jahrgangs zugelassen, wenn
1. er mindestens zu 85 vom Hundert aus Weintrauben des angegebenen Jahrgangs bereitet worden ist und,
2. sofern er gesüßt worden ist, einschließlich der zur Süßung verwendeten Erzeugnisse nicht mehr als 25 vom Hundert der zu seiner Herstellung verwendeten Erzeugnisse aus anderen Jahrgängen stammen.

(3) Bei inländischem Likörwein wird unter den Voraussetzungen des § 44 Abs. 4 die Angabe eines Jahrgangs zugelassen, wenn
1. er mindestens zu 85 vom Hundert aus Weintrauben des angegebenen Jahrgangs bereitet worden ist und,
2. sofern er gesüßt worden ist, einschließlich der zur Süßung verwendeten Erzeugnisse nicht mehr als 25 vom Hundert der zu seiner Herstellung verwendeten Erzeugnisse aus anderen Jahrgängen stammen.

§ 44 Kumulierungsverbot
(zu § 24 Abs. 2 des Weingesetzes)

(1) § 40 Abs. 2, § 42 Abs. 2 Satz 1 und Artikel 6 Abs. 7 Unterabs. 2 der Verordnung (EWG) Nr. 2333/92 können nur dann gleichzeitig Anwendung finden, wenn mindestens 85 vom Hundert des aus der Mischung hervorge-

gangenen Qualitätsschaumweines b.A. oder Sektes b.A. aus der kleineren geographischen Einheit als dem bestimmten Anbaugebiet, von der Rebsorte und aus dem Jahrgang stammen, mit denen das Erzeugnis bezeichnet wird.

(2) § 42 Abs. 2 Satz 1 und Artikel 6 Abs. 7 Unterabs. 2 der Verordnung (EWG) Nr. 2333/92 können nur dann gleichzeitig Anwendung finden, wenn mindestens 85 vom Hundert des aus der Mischung hervorgegangenen Qualitätsschaumweines oder Sektes von der Rebsorte und aus dem Jahrgang stammen, mit denen das Erzeugnis bezeichnet wird.

(3) § 40 Abs. 3, § 42 Abs. 3 Satz 1 und § 43 Abs. 2 können nur dann gleichzeitig Anwendung finden, wenn mindestens 85 vom Hundert des aus der Mischung hervorgegangenen Qualitätsperlweines b.A. aus der kleineren geographischen Einheit als dem bestimmten Anbaugebiet, von der Rebsorte und aus dem Jahrgang stammen, mit denen das Erzeugnis bezeichnet wird.

(4) § 40 Abs. 3, § 42 Abs. 3 Satz 1 und § 43 Abs. 3 können nur dann gleichzeitig Anwendung finden, wenn mindestens 85 vom Hundert des aus der Mischung hervorgegangenen Qualitätslikörweines b.A. aus der kleineren geographischen Einheit als dem bestimmten Anbaugebiet, von der Rebsorte und aus dem Jahrgang stammen, mit denen das Erzeugnis bezeichnet wird.

(5) Soweit nicht die Absätze 1 bis 4 Anwendung finden, können § 42 Abs. 3 Satz 1 und § 43 Abs. 2 sowie § 42 Abs. 3 Satz 1 und § 43 Abs. 3 nur dann gleichzeitig Anwendung finden, wenn mindestens 85 vom Hundert des aus der Mischung hervorgegangenen Erzeugnisses von der Rebsorte und aus dem Jahrgang stammen, mit denen das Erzeugnis bezeichnet wird.

§ 45 Verwendung von Kennziffern

(zu § 24 Abs. 2 des Weingesetzes)

(1) Als Code im Sinne des Artikels 3 Abs. 4 Buchstabe a der Verordnung (EWG) Nr. 2392/89 ist die amtliche Schlüsselnummer des von den Statistischen Landesämtern herausgegebenen Gemeindeschlüsselverzeichnisses unter Voranstellung des Buchstabens „D“ zu verwenden.

(2) Bei Wein, Perlwein und Perlwein mit zugesetzter Kohlensäure, der im Inland abgefüllt wird, dürfen die Angaben über den Abfüller und den Abfüllungsort oder den Einführer in der Etikettierung mittels einer von der zuständigen Behörde zugeteilten Kennziffer erfolgen, sofern bei

1. Wein die Etikettierung die Angabe eines anderen an der Vermarktung Beteiligten nach Artikel 2 Abs. 2 Buchstabe c, Artikel 11 Abs. 2 Buchstabe d, Artikel 25 Abs. 2 Buchstabe c oder Artikel 26 Abs. 2 Buchstabe h der Verordnung (EWG) Nr. 2392/89 beinhaltet,
2. Perlwein und Perlwein mit zugesetzter Kohlensäure die Etikettierung den Namen eines anderen an der Vermarktung Beteiligten sowie die Gemeinde oder den Ortsteil, in dem er seinen Sitz hat, im vollen Wortlaut enthält.

Der Kennziffer ist das Bundesland mit der Abkürzung gemäß Anlage 11 voranzustellen.

(3) Bei Wein, der im Inland in den Verkehr gebracht wird, können die zuständigen Behörden zulassen, daß die vorgeschriebenen und zulässigen Angaben in den Geschäftspapieren durch eine Kennziffer angegeben werden,

sofern diese die schnelle Feststellung der Bezeichnung des Erzeugnisses gewährleistet.

§ 46 Angabe des Alkoholgehalts bei weinhaltigen Getränken, aromatisiertem Wein, aromatisierten weinhaltigen Getränken und aromatisierten weinhaltigen Cocktails

(zu § 24 Abs. 2 und 3 Nr. 5 des Weingesetzes)

(1) Bei weinhaltigen Getränken, aromatisiertem Wein und aromatisierten weinhaltigen Getränken sowie bei aromatisierten weinhaltigen Cocktails mit einem vorhandenen Alkoholgehalt von mehr als 1,2 Volumenprozent ist der bei 20 Grad Celsius bestimmte vorhandene Alkoholgehalt in Volumenprozenten bis auf höchstens eine Dezimalstelle anzugeben. Dieser Angabe ist das Symbol „%vol" anzufügen. Der Angabe kann das Wort „Alkohol" oder die Abkürzung „alc" vorangestellt werden.

(2) Für die Angabe des vorhandenen Alkoholgehalts ist eine Abweichung bis 0,3 Volumenprozent nach oben oder unten zulässig. Die Abweichung gilt unbeschadet der Toleranzen, die sich aus der für die Bestimmung des Alkoholgehalts verwendeten Analysenmethode ergeben.

§ 46 a Zusatzstoffangaben

(zu § 24 Abs. 2 Nr. 1 und Abs. 3 Nr. 4 des Weingesetzes)

(1) Bei weinhaltigen Getränken ist der Gehalt an

1. einem in Anlage 6 Nr. 10 genannten Stoff durch die Angabe „mit Süßungsmittel",
2. mehreren in Anlage 6 Nr. 10 genannten Stoffen durch die Angabe „mit Süßungsmitteln"

in Verbindung mit der Verkehrsbezeichnung auf den Behältnissen anzugeben.

(2) Bei weinhaltigen Getränken, die Zucker und einen in Anlage 6 Nr. 10 genannten Stoff enthalten, ist dies auf den Behältnissen durch die Angabe „mit einer Zuckerart und Süßungsmittel" in Verbindung mit der Verkehrsbezeichnung anzugeben; soweit sie Zucker und mehrere in Anlage 6 Nr. 10 genannte Stoffe enthalten, ist dies auf den Behältnissen durch die Angabe „mit Zucker und Süßungsmitteln" in Verbindung mit der Verkehrsbezeichnung anzugeben.

(3) Soweit weinhaltige Getränke Aspartam enthalten, ist der Hinweis „enthält eine Phenylalaninquelle" anzubringen.

(4) Für die Angaben nach den Absätzen 1 bis 3 gilt § 9 Abs. 6 Satz 2 Nr. 4 bis 6 und Satz 3 der Zusatzstoff-Zulassungsverordnung entsprechend.

§ 47 Alkoholfreier und alkoholreduzierter Wein

(zu § 26 Abs. 3 Satz 1 des Weingesetzes)

(1) Getränke, die nicht Erzeugnisse im Sinne des Weingesetzes sind, dürfen hergestellt und in den Verkehr gebracht werden, wenn sie

1. aus Wein unter schonender Entgeistung durch thermische Prozesse, Membranprozesse, bei deren Anwendung eine Volumenverminderung des Wei-

nes von höchstens 25 vom Hundert eintreten darf, oder Extraktion mit flüssigem Kohlendioxid hergestellt wurden,
2. weniger als 0,5 Volumenprozent Alkohol enthalten und
3. als „alkoholfreier Wein" auf den Flaschen, Behältnissen, Verpackungen, Getränkekarten und Preislisten bezeichnet sind, soweit die Angabe einer Rebsorte, die Angabe eines Jahrgangs sowie ein Hinweis auf die Herkunft der zu ihrer Herstellung verwendeten Erzeugnisse nicht gebraucht wird; eine Geschmacksangabe nach Maßgabe des Artikels 14 Abs. 7 Unterabs. 1 der Verordnung (EWG) Nr. 3201/90 sowie das aus dem Namen des Landes, aus dem die zur ihrer Herstellung verwendeten Erzeugnisse stammen, abgeleitete Eigenschaftswort als Hinweis auf die Herkunft der zu ihrer Herstellung verwendeten Erzeugnisse dürfen gebraucht werden. Auf dem mit dem Behältnis verbundenen Etikett hat derjenige, der das Etikett anbringt, die Angabe „alkoholfreier Wein" in Schriftzeichen der gleichen Art, Farbe und Größe so anzugeben, daß sie sich deutlich von den anderen Angaben abhebt.

(2) Getränke, die nicht Erzeugnisse im Sinne des Weingesetzes sind, dürfen hergestellt und in den Verkehr gebracht werden, wenn sie
1. aus Wein unter schonender Entgeistung durch thermische Prozesse, Membranprozesse, bei deren Anwendung eine Volumenverminderung des Weines von höchstens 25 vom Hundert eintreten darf, oder Extraktion mit flüssigem Kohlendioxid oder durch Vermischen von entalkoholisiertem Wein mit Wein hergestellt wurden,
2. mindestens 0,5 Volumenprozent und weniger als 4 Volumenprozent Alkohol enthalten und
3. als „alkoholreduzierter Wein" auf den Flaschen, Behältnissen, Verpackungen, Getränkekarten und Preislisten bezeichnet sind, soweit die Angabe eines Jahrgangs sowie ein Hinweis auf die Herkunft der zu ihrer Herstellung verwendeten Erzeugnisse nicht gebraucht wird; die Angabe einer Rebsorte, eine Geschmacksangabe nach Maßgabe des Artikels 14 Abs. 7 Unterabs. 1 der Verordnung (EWG) Nr. 3201/90 sowie das aus dem Namen des Landes, aus dem die zu ihrer Herstellung verwendeten Erzeugnisse stammen, abgeleitete Eigenschaftswort als Hinweis auf die Herkunft der zu ihrer Herstellung verwendeten Erzeugnisse dürfen gebraucht werden. Auf dem mit dem Behältnis verbundenen Etikett hat derjenige, der das Etikett anbringt, die Angabe „alkoholreduzierter Wein" in Schriftzeichen der gleichen Art, Farbe und Größe so anzugeben, daß sie sich deutlich von den anderen Angaben abhebt.

(3) Schäumende Getränke, die durch Vergärung oder unter Zusatz von Kohlensäure aus Getränken, die den Bestimmungen des Absatzes 1 entsprechen, hergestellt sind, dürfen in den Verkehr gebracht werden, wenn sie
1. weniger als 0,5 Volumenprozent Alkohol enthalten und
2. als „Schäumendes Getränk aus alkoholfreiem Wein" auf den Flaschen, Behältnissen, Verpackungen, Getränkekarten und Preislisten bezeichnet sind, soweit die Angabe einer Rebsorte, die Angabe eines Jahrgangs sowie ein Hinweis auf die Herkunft der zu ihrer Herstellung verwendeten Er-

zeugnisse nicht gebraucht wird; eine Geschmacksangabe nach Maßgabe des Artikels 14 Abs. 7 Unterabs. 1 der Verordnung (EWG) Nr. 3201/90 sowie das aus dem Namen des Landes, aus dem die zu ihrer Herstellung verwendeten Erzeugnisse stammen, abgeleitete Eigenschaftswort als Hinweis auf die Herkunft der zu ihrer Herstellung verwendeten Erzeugnisse dürfen gebraucht werden. Auf dem mit dem Behältnis verbundenen Etikett hat derjenige, der das Etikett anbringt, die Angabe „Schäumendes Getränk aus alkoholfreiem Wein" in Schriftzeichen der gleichen Art, Farbe und Größe so anzugeben, daß sie sich deutlich von den anderen Angaben abhebt.

(4) Schäumende Getränke, die durch Vergärung oder unter Zusatz von Kohlensäure aus Getränken, die den Bestimmungen des Absatzes 2 entsprechen, hergestellt sind, dürfen in den Verkehr gebracht werden, wenn sie

1. mehr als 0,5 Volumenprozent und weniger als 4 Volumenprozent Alkohol enthalten und
2. als „Schäumendes Getränk aus alkoholreduziertem Wein" auf den Flaschen, Behältnissen, Verpackungen, Getränkekarten und Preislisten bezeichnet sind, soweit die Angabe eines Jahrgangs sowie ein Hinweis auf die Herkunft der zu ihrer Herstellung verwendeten Erzeugnisse nicht gebraucht wird; die Angabe einer Rebsorte, eine Geschmacksangabe nach Maßgabe des Artikels 14 Abs. 7 Unterabs. 1 der Verordnung (EWG) Nr. 3201/90 sowie das aus dem Namen des Landes, aus dem die zu ihrer Herstellung verwendeten Erzeugnisse stammen, abgeleitete Eigenschaftswort als Hinweis auf die Herkunft der zu ihrer Herstellung verwendeten Erzeugnisse dürfen gebraucht werden. Auf dem mit dem Behältnis verbundenen Etikett hat derjenige, der das Etikett anbringt, die Angabe „Schäumendes Getränk aus alkoholreduziertem Wein" in Schriftzeichen der gleichen Art, Farbe und Größe so anzugeben, daß sie sich deutlich von den anderen Angaben abhebt.

(5) Die in Absatz 1 bis 4 genannten Getränke dürfen nur in den Verkehr gebracht werden, wenn bei ihrer Herstellung Wasser und, soweit sie gesüßt worden sind, zur Süßung ein anderer Stoff als Saccharose oder andere Erzeugnisse als Traubenmost oder rektifiziertes Traubenmostkonzentrat nicht zugesetzt worden sind.

§ 48 Für Diabetiker geeignete Erzeugnisse

(zu § 24 Abs. 3 Nr. 1 und 2 des Weingesetzes)

(1) Wein, Schaumwein und Schaumwein mit zugesetzter Kohlensäure, der wegen seiner Beschaffenheit zum Verzehr für Diabetiker geeignet ist, darf auf Behältnissen, deren Verpackung, Getränkekarten sowie Preisangeboten mit der Angabe „Für Diabetiker geeignet – nur nach Befragen des Arztes" gekennzeichnet werden.

(2) Wein ist als zum Verzehr für Diabetiker geeignet anzusehen, wenn er

1. in einem Liter
   a) höchstens 4 Gramm Glukose,
   b) höchstens 20 Gramm Gesamtzucker, als Invertzucker berechnet, und
   c) höchstens 150 Milligramm gesamte schweflige Säure enthält und

2. einen vorhandenen Alkoholgehalt von höchstens 12 Volumenprozent aufweist.

(3) Schaumwein und Schaumwein mit zugesetzter Kohlensäure ist als zum Verzehr für Diabetiker geeignet anzusehen, wenn er

1. in einem Liter
   a) höchstens 4 Gramm Glukose und keine Saccharose,
   b) höchstens 40 Gramm Fruktose,
   c) höchstens 185 Milligramm gesamte schweflige Säure enthält und
2. einen vorhandenen Alkoholgehalt von höchstens 12 Volumenprozent aufweist.

(4) Bei Erzeugnissen, die nach Absatz 1 gekennzeichnet sind, müssen auf den Behältnissen

1. der Gehalt an Gesamtzucker, als Invertzucker berechnet, in Gramm je Liter und, sofern dieser 4 Gramm je Liter übersteigt, der Gehalt an Glukose und der Gehalt an Fruktose in Gramm und
2. der Brennwert des Alkohols und der physiologische Gesamtbrennwert, jeweils auf einen Liter berechnet,

angegeben werden.

§ 49 Art der Aufmachung
(zu § 21 Abs. 1 Nr. 4 und § 24 Abs. 3 Nr. 5 des Weingesetzes)

(1) Soweit in Rechtsakten der Europäischen Gemeinschaft oder in dieser Verordnung nichts anderes bestimmt ist, sind vorgeschriebene Bezeichnungen und vorgeschriebene sonstige Angaben bei Perlwein, Perlwein mit zugesetzter Kohlensäure, Likörwein, weinhaltigen Getränken, aromatisiertem Wein, aromatisierten weinhaltigen Getränken, aromatisierten weinhaltigen Cocktails sowie für Diabetiker geeignete Erzeugnissen auf Fertigpackungen und auf sonstigen Behältnissen, in denen das Erzeugnis in den Verkehr gebracht wird, oder auf einem mit ihnen verbundenen Etikett an gut sichtbarer Stelle in deutscher Sprache, leicht verständlich, deutlich lesbar und unverwischbar anzubringen. Abweichend von Satz 1 können die Angaben auch in einer anderen leicht verständlichen Sprache angegeben werden, wenn dadurch die Information des Verbrauchers nicht beeinträchtigt wird. Sie dürfen nicht durch andere Angaben oder Bildzeichen verdeckt oder getrennt werden. Die Bezeichnung des Erzeugnisses, die Angabe des vorhandenen Alkoholgehalts sowie die nach dem Eichgesetz und in auf Grund des Eichgesetzes erlassenen Rechtsverordnungen vorgeschriebene Angabe der Nennfüllmenge sind im gleichen Sichtfeld anzubringen.

(2) Bei aromatisierten weinhaltigen Cocktails mit einem vorhandenen Alkoholgehalt von bis zu 1,2 Volumenprozent richtet sich die Zutatenkennzeichnung nach den Vorschriften der Lebensmittel-Kennzeichnungsverordnung.

(3) Für Perlwein, Perlwein mit zugesetzter Kohlensäure, Likörwein, weinhaltige Getränke, aromatisierten Wein, aromatisierte weinhaltige Getränke und aromatisierte weinhaltige Cocktails gilt § 3 Abs. 4 Nr. 1 der Lebensmittel-Kennzeichnungsverordnung entsprechend.

(4) Bei inländischem Qualitätswein b.A. oder Qualitätsschaumwein, dem eine amtliche Prüfungsnummer zugeteilt worden ist, sind der Prüfungsnummer die Worte „Amtliche Prüfungsnummer“ voranzustellen. Anstelle der Worte „Amtliche Prüfungsnummer“ kann die Kurzform „A. P. Nr.“ gebraucht werden.

(5) Bei der Flaschenausstattung, auf Preisangeboten oder in der Werbung darf eine Marke (Wort- oder Bildzeichen) neben der Weinbezeichnung nur verwendet werden, wenn sie von der Weinbezeichnung deutlich abgehoben ist.

§ 50 Angabe des Loses

(zu § 24 Abs. 2 Nr. 1 und 2 und Abs. 3 Nr. 5 des Weingesetzes)

(1) Erzeugnisse dürfen nur in den Verkehr gebracht werden, wenn sie mit einer Angabe gekennzeichnet sind, aus der das Los zu ersehen ist, zu dem sie gehören. Die Angabe muß aus einer Buchstaben-Kombination, Ziffern-Kombination oder Buchstaben-/Ziffern-Kombination bestehen. Der Angabe ist der Buchstabe „L“ voranzustellen, soweit sie sich nicht deutlich von den anderen Angaben der Kennzeichnung unterscheidet.

(2) Ein Los ist die Gesamtheit von Verkaufseinheiten eines Erzeugnisses, das unter praktisch gleichen Bedingungen erzeugt, hergestellt, abgefüllt oder verpackt wurde. Das Los wird vom Erzeuger, Hersteller, Abfüller, Verpacker oder vom ersten im Inland niedergelassenen Verkäufer des betreffenden Erzeugnisses festgelegt.

(3) Absatz 1 gilt, mit Ausnahme weinhaltiger Getränke, aromatisierter Weine, aromatisierter weinhaltiger Getränke und aromatisierter weinhaltiger Cocktails nicht für Erzeugnisse, soweit diese

1. unmittelbar von einem landwirtschaftlichen Betrieb
   a) an Lager-, Aufmachungs-, Abfüll- oder Verpackungsstellen verkauft oder verbracht werden,
   b) an Erzeugerorganisationen weitergeleitet werden oder
   c) zur sofortigen Verwendung in einem in Betrieb befindlichen Zubereitungs- oder Verarbeitungssystem gesammelt werden,
2. erst in der Verkaufsstätte auf Anfrage des Käufers oder im Hinblick auf ihre alsbaldige Abgabe an den Verbraucher abgefüllt oder verpackt und dort abgegeben werden.

(4) Ferner gilt Absatz 1 nicht für Erzeugnisse, die von der Verpflichtung zur Etikettierung befreit sind.

(5) Die Angabe nach Absatz 1 muß gut sichtbar, deutlich lesbar und unverwischbar angebracht sein

1. bei Erzeugnissen in Fertigpackungen auf der Fertigpackung oder einem mit ihr verbundenen Etikett,
2. bei anderen Erzeugnissen auf dem Behältnis oder der Verpackung oder in einem Begleitpapier.

(6) Wird bei inländischem Qualitätswein b.A. oder Qualitätsschaumwein, dem eine amtliche Prüfungsnummer zugeteilt worden ist, die amtliche Prüfungsnummer als Angabe nach Absatz 1 Satz 1 verwendet, muß den Worten

„Amtliche Prüfungsnummer“ oder der Kurzform „A. P. Nr.“ der Buchstabe „L“ vorangestellt werden, soweit sich die amtliche Prüfungsnummer nicht deutlich von den anderen Angaben der Kennzeichnung unterscheidet.

§ 51 Ausnahmen von der Etikettierungspflicht
(zu § 24 Abs. 2 des Weingesetzes)

Abweichend von Artikel 1 Abs. 3 Unterabs. 1 der Verordnung (EWG) Nr. 2392/89 werden von der Verpflichtung zur Etikettierung befreit

1. Erzeugnisse, die zwischen
   a) zwei oder mehreren Anlagen oder
   b) den Rebflächen und den Weinbereitungsanlagen
   ein und desselben Betriebs in der gleichen Gemeinde befördert werden,
2. Traubenmost und Wein in Mengen bis zu fünfzehn Litern je Partie, der nicht zum Verkauf bestimmt ist, sowie
3. Traubenmost und Wein, der zum Eigenverbrauch in den Familien des Erzeugers und seiner Angestellten bestimmt ist.

Abschnitt 6 · Straftaten und Ordnungswidrigkeiten

§ 52 Straftaten

(1) Nach § 48 Abs. 1 Nr. 2, Abs. 2, 3 des Weingesetzes wird bestraft, wer vorsätzlich oder fahrlässig

1. entgegen § 11 Abs. 1 oder 2 ein anderes Behandlungsverfahren anwendet oder einen anderen Stoff zusetzt,
2. entgegen § 11 Abs. 4 Satz 1 oder 2 oder Abs. 5 einen anderen Stoff zusetzt,
3. entgegen § 11 Abs. 8 Satz 1 ein Behandlungsverfahren anwendet, durch das ein Stoff zugesetzt wird,
4. entgegen § 11 Abs. 8 Satz 2 Ionenaustauscher oder ultraviolette oder energiereiche Strahlen anwendet,
5. entgegen § 12 einen Stoff zusetzt,
6. entgegen § 13 a Abs. 1 Satz 2 einen Stoff verwendet,
7. entgegen § 15 Abs. 3 den natürlichen Alkoholgehalt erhöht,
8. entgegen § 16 Abs. 2 oder § 18 Abs. 9 Satz 3 ein Erzeugnis süßt,
9. entgegen § 18 Abs. 1 oder 9 Satz 1 oder 2 ein Erzeugnis verschneidet,
10. entgegen § 18 Abs. 2 ein Erzeugnis verwendet oder verschneidet,
11. entgegen § 18 Abs. 3 Satz 1 ein anderes Erzeugnis, ein anderes Lebensmittel oder einen anderen Stoff zusetzt,
12. entgegen § 18 Abs. 3 Satz 2 Wasser zusetzt oder
13. entgegen § 18 Abs. 6 Alkohol oder Zucker zusetzt.

(2) Nach § 49 Nr. 3 des Weingesetzes wird bestraft, wer

1. entgegen § 18 Abs. 4 mit der Herstellung beginnt,
2. entgegen § 20 Abs. 1 Satz 2 eine Herabstufung vornimmt oder
3. entgegen § 47 Abs. 1 Nr. 3 Satz 2, Abs. 2 Nr. 3 Satz 2, Abs. 3 Nr. 2 Satz 2 oder Abs. 4 Nr. 2 Satz 2 eine Angabe nicht, nicht richtig oder nicht in der vorgeschriebenen Weise macht.

§ 53[1] Ordnungswidrigkeiten

(1) Wer eine in § 52 Abs. 2 bezeichnete Handlung fahrlässig begeht, handelt nach § 50 Abs. 1 des Weingesetzes ordnungswidrig.

(2) Ordnungswidrig im Sinne des § 50 Abs. 2 Nr. 4 des Weingesetzes handelt, wer vorsätzlich oder fahrlässig

1. entgegen § 14 Abs. 1 Nr. 1 ein Erzeugnis gewerbsmäßig verarbeitet, befördert, lagert, verwertet oder in den Verkehr bringt,
2. entgegen § 14 Abs. 2 nicht gewährleistet, daß Personen unterrichtet oder geschult werden,
3. entgegen § 14 Abs. 3 Satz 1 einen Transportbehälter verwendet,
4. entgegen § 18 Abs. 8 Satz 1 eine Verarbeitung nicht in demselben Betrieb vornimmt,
5. entgegen § 18 Abs. 10 Satz 1 ein Erzeugnis abgibt,
6. entgegen § 18 Abs. 14 ein Erzeugnis in den Verkehr bringt,
7. entgegen § 20 a Abs. 1 eine Bezeichnung verwendet,
8. entgegen § 28 Satz 4 eine Eintragung oder eine Angabe nicht, nicht richtig oder nicht in der vorgeschriebenen Weise macht,
9. a) entgegen § 30 Abs. 1 oder 4 eine Auszeichnung angibt oder
   b) entgegen § 30 Abs. 5 Satz 1 oder Abs. 6, § 31, § 32 Abs. 1, 5 Satz 1, Abs. 7, 8 oder 9, § 33 Abs. 1 oder 2, § 34, § 34 a Abs. 1, § 36 Abs. 5 Satz 3, § 39 Abs. 6 Satz 1 oder § 41 Angaben, Bezeichnungen oder Qualitätshinweise verwendet oder gebraucht,

   ohne daß die dort bezeichneten Erzeugnisse den festgelegten Anforderungen entsprechen,
10. entgegen § 32 Abs. 3 Satz 1 bis 3 oder Abs. 4 eine Bezeichnung verwendet, eine Bezeichnung nicht angibt oder die dort genannten Worte nicht voranstellt,
11. entgegen § 32 Abs. 5 Satz 2 eine Angabe nicht oder nicht in der vorgeschriebenen Weise macht,
12. entgegen § 34 b eine Angabe oder eine Bezeichnung verwendet,
13. entgegen § 36 Abs. 1, 2 Satz 1, Abs. 3 Satz 1 oder Abs. 4 oder 5 Satz 1, 2 oder 4 oder § 38 Abs. 1 Satz 1, Abs. 2, 3 oder 4 Bezeichnungen nicht oder nicht richtig verwendet oder Angaben nicht, nicht richtig, nicht vollständig oder nicht in der vorgeschriebenen Weise macht,
14. entgegen § 37 Abs. 1 die dort genannten Worte gebraucht,
15. entgegen § 37 Abs. 2 das Wort „Cabinet" verwendet,
16. entgegen § 39 Abs. 1 Satz 1 eine Angabe oder einen Namen nicht, nicht richtig oder nicht in der vorgeschriebenen Weise voranstellt,
17. entgegen § 39 Abs. 4 einen Hinweis verwendet,
18. entgegen § 39 Abs. 5 eine andere Bezeichnung oder einen anderen Namen verwendet,
19. entgegen § 39 Abs. 6 Satz 3 eine Angabe nicht richtig oder nicht in der vorgeschriebenen Weise macht,

---

[1] § 53 in der hier abgedruckten Fassung ist am 1.2. 1999 in Kraft getreten.

20. entgegen § 42 Abs. 1 Satz 2 eine Information gebraucht,
21. entgegen § 45 Abs. 1 als Code nicht die amtliche Schlüsselnummer unter Voranstellung des Buchstabens „D“ verwendet,
22. entgegen § 45 Abs. 2 Satz 2 der Kennziffer das Bundesland mit der vorgeschriebenen Abkürzung nicht voranstellt,
23. entgegen § 46 Abs. 1 Satz 1 eine Angabe nicht, nicht richtig oder nicht in der vorgeschriebenen Weise macht,
24. entgegen § 46 Abs. 1 Satz 2 ein Symbol nicht oder nicht in der vorgeschriebenen Weise anfügt,
25. entgegen § 48 Abs. 4 eine Angabe nicht, nicht richtig, nicht vollständig oder nicht in der vorgeschriebenen Weise macht,
26. entgegen § 49 Abs. 1 Satz 1, 3 oder 4 eine Bezeichnung oder sonstige Angabe nicht oder nicht in der vorgeschriebenen Weise anbringt,
27. entgegen § 49 Abs. 4 Satz 1 die vorgeschriebenen Worte nicht voranstellt,
28. entgegen § 49 Abs. 5 eine Marke nicht in der vorgeschriebenen Weise verwendet oder
29. entgegen § 50 Abs. 1 in Verbindung mit Abs. 5 ein Erzeugnis in den Verkehr bringt.

Abschnitt 7 · Schlußbestimmungen

§ 54 Übergangsregelungen

(1) Abweichend von § 33 Abs. 1 dürfen Qualitätsweine der bestimmten Anbaugebiete Nahe, Pfalz, Rheingau und Rheinhessen als Liebfrauenmilch (Liebfraumilch) bezeichnet werden, wenn sie überwiegend aus Trauben der Rebsorten Riesling, Silvaner, Müller-Thurgau oder Kerner hergestellt sind, die bis zum 31. August 1990 geerntet worden sind, und die Weine im übrigen den Anforderungen des § 33 Abs. 1 entsprechen.

(2) Abweichend von § 50 dürfen die dort genannten Erzeugnisse, die vor dem 31. Januar 1993

1. in den Verkehr gebracht worden sind, weiter ohne die Angabe nach § 50 Abs. 1,
2. etikettiert worden sind, ohne die Angabe nach § 50 Abs. 1

in den Verkehr gebracht werden.

(3) Soweit in Rechtsakten der Europäischen Gemeinschaft nichts anderes bestimmt ist, dürfen

1. Erzeugnisse, die vor dem 1. September 1995 nach den bis dahin geltenden Vorschriften bezeichnet und aufgemacht worden sind, bis zur Erschöpfung der Bestände in den Verkehr gebracht oder ausgeführt werden,
2. Etiketten, die vor dem 1. September 1995 nach den bis dahin geltenden Vorschriften gedruckt worden sind und deren Verwendung nach den Vorschriften dieser Verordnung nicht mehr zulässig ist, bis zum 31. August 1996 verwendet werden.

(4) Soweit in Rechtsakten der Europäischen Gemeinschaft nichts anderes bestimmt ist, dürfen

1. Erzeugnisse, die vor dem 24. Juli 1996 nach den bis dahin geltenden Vorschriften bezeichnet und aufgemacht worden sind, bis zur Erschöpfung der Bestände in den Verkehr gebracht oder ausgeführt werden,
2. Etiketten, die vor dem 24. Juli 1996 nach den bis dahin geltenden Vorschriften gedruckt worden sind und deren Verwendung nach den Vorschriften dieser Verordnung nicht mehr zulässig ist, bis zum 24. Juli 1997 verwendet werden.

Anlage 1
(zu § 4)

Mindestmostgewichte der Vergleichsrebsorten

Gebiet	Rebsorte	%vol	°Oe
1. Weißer Traubenmost			
Ahr	Riesling	7,5	(60)
Baden	Riesling, Gutedel	9,4	(72)
	Silvaner	9,8	(75)
	Müller-Thurgau	10,3	(78)
	Ruländer	11,3	(84)
Franken	Silvaner	9,4	(72)
	Müller-Thurgau	10,2	(77)
Hessische Bergstraße	Riesling	8,3	(65)
Mittelrhein	Riesling	7,5	(60)
Mosel-Saar-Ruwer: Bereich Obermosel und Moseltor	Müller-Thurgau	8,3	(65)
übrige Bereiche	Riesling	7,5	(60)
Nahe	Riesling	8,3	(65)
Pfalz:			
Bereich Mittelhaardt/ Deutsche Weinstraße	Riesling	9,1	(70)
Bereich Südliche Weinstraße	Silvaner	9,1	(70)
Rheingau	Riesling	9,1	(70)
Rheinhessen	Silvaner	9,1	(70)
Saale-Unstrut	Müller-Thurgau	7,5	(60)
Sachsen	Müller-Thurgau	7,5	(60)
	Riesling	8,3	(65)
	Weißer Burgunder	9,1	(70)
	Gewürztraminer	9,8	(75)
Württemberg	Müller-Thurgau	9,8	(75)
	Silvaner, Riesling	9,4	(72)
	Ruländer, Kerner	10,8	(81)
2. Roter Traubenmost			
Baden	Blauer Spätburgunder	10,8	(81)
Franken	Blauer Spätburgunder	10,6	(80)
Pfalz	Portugieser	8,3	(65)
Rheinhessen	Portugieser	8,3	(65)
Saale-Unstrut	Portugieser	7,5	(60)
Württemberg	Trollinger	8,9	(69)
	Schwarzriesling, Blauer Spätburgunder	10,3	(78)
übrige bestimmte Anbaugebiete	Blauer Spätburgunder	9,1	(70)

Anlage 2
(zu § 11 Abs. 4 Satz 1 Nr. 3 Buchstabe b und Satz 2 Nr. 1 Buchstabe b)

Stoffe, die bei der Herstellung bestimmter Erzeugnisse zugesetzt werden dürfen

Bei der Herstellung von weinhaltigen Getränken, aromatisiertem Wein, aromatisierten weinhaltigen Getränken und aromatisierten weinhaltigen Cocktails dürfen nur

1.	E 290	Kohlendioxid,
2.	(weggefallen)	
3.	(weggefallen)	
4.	(weggefallen)	
5.	E 452	Polyphosphate (Natriumpolyphosphat, Kaliumpolyphosphat, Natriumcalciumpolyphosphat, Calciumpolyphosphat),
6.	E 473	Zuckerester von Speisefettsäuren,
7.	E 474	Zuckerglyceride,
8.	E 626	Guanylsäure,
9.	E 627	Dinatriumguanylat,
10.	E 628	Dikaliumguanylat,
11.	E 629	Calciumguanylat,
12.	E 630	Inosinsäure,
13.	E 631	Dinatriuminosinat,
14.	E 632	Dikaliuminosinat,
15.	E 633	Calciuminosinat,
16.	E 634	Calcium-5'-ribonukleotid,
17.	E 635	Dinatrium-5'-ribonukleotid,
18.	E 938	Argon,
19.	E 939	Helium,
20.	E 941	Stickstoff,
21.	E 942	Distickstoffmonoxid und
22.	E 948	Sauerstoff

zugesetzt werden.

Anlage 3
(zu § 11 Abs. 4 Satz 2 Nr. 3)

Süßungsmittel, die bei der Herstellung weinhaltiger Getränke zugesetzt werden dürfen

Bei der Herstellung von weinhaltigen Getränken dürfen als Süßungsmittel nur

1. E 950 Acesulfam-K,
2. E 951 Aspartam,
3. E 952 Cyclohexansulfamidsäure und ihre Na- und Ca-Salze,

4. E 954 Saccharin und seine Na-, K- und Ca-Salze und
5. E 959 Neohesperidin DC

zugesetzt werden.

Anlage 4
(zu § 11 Abs. 5)

Farbstoffe, die bei der Hestellung bestimmter Erzeugnisse zugesetzt werden dürfen

A. Bei der Herstellung von aromatisierten weinhaltigen Getränken mit Ausnahme von Sangria, Clarea und Zurra sowie aromatisiertem Wein dürfen als Farbstoffe nur
   1. E 150a Einfaches Zuckerkulör,
   2. E 150b Sulfitlaugen-Zuckerkulör,
   3. E 150c Ammoniak-Zuckerkulör und
   4. E 150d Ammonsulfit-Zuckerkulör

   zugesetzt werden.

B. (weggefallen)

C. Bei der Herstellung von Americano dürfen neben den in Buchstabe A genannten Farbstoffen als Farbstoffe nur
   1. E 100 Kurkumin,
   2. E 101 Riboflavin, Riboflavin-5'-Phosphat,
   3. E 102 Tartrazin,
   4. E 104 Chinolingelb,
   5. E 120 Cochenille, Karminsäure, Karmin,
   6. E 122 Azorubin, Carmoisin,
   7. E 123 Amaranth,
   8. E 124 Ponceau 4R und
   9. E 163 Anthocyane

   zugesetzt werden.

D. Bei der Herstellung von Bitter soda und Bitter vino dürfen neben den in Buchstabe A genannten Farbstoffen als Farbstoffe nur
   1. E 100 Kurkumin,
   2. E 101 Riboflavin, Riboflavin-5'-Phosphat,
   3. E 102 Tartrazin,
   4. E 104 Chinolingelb,
   5. E 110 Sunsetgelb FCF, Gelborange S,
   6. E 120 Cochenille, Karminsäure, Karmin,
   7. E 122 Azorubin, Carmoisin,
   8. E 123 Amaranth,
   9. E 124 Ponceau 4R, Cochenillerot A und
   10. E 129 Allurarot AC

   zugesetzt werden.

E. Bei der Herstellung von Likörwein und Qualitätslikörwein b.A. dürfen als Farbstoffe nur

1. E 150a Einfaches Zuckerkulör,
2. E 150b Sulfitlaugen-Zuckerkulör,
3. E 150c Ammoniak-Zuckerkulör,
4. E 150d Ammonsulfit-Zuckerkulör,
5. (weggefallen)

zugesetzt werden.

F. Bei der Herstellung von weinhaltigen Getränken und aromatisierten weinhaltigen Cocktails dürfen als Farbstoffe nur

1. E 101 Riboflavin, Riboflavin-5'-Phosphat,
2. E 140 Chlorophylle und Chlorophylline,
3. E 141 Kupferhaltige Komplexe der Chlorophylle und Chlorophylline,
4. E 150a Einfaches Zuckerkulör,
5. E 150b Sulfitlaugen-Zuckerkulör,
6. E 150c Ammoniak-Zuckerkulör,
7. E 150d Ammonsulfit-Zuckerkulör,
8. E 153 Pflanzenkohle,
9. E 160a Carotine,
10. E 160c Paprikaextrakt, Capsanthin, Capsorubin,
11. E 162 Beetenrot, Betanin,
12. E 163 Anthocyane,
13. E 170 Calciumcarbonat,
14. E 171 Titandioxid und
15. E 172 Eisenoxide und -hydroxide

zugesetzt werden.

G. Bei der Herstellung von aromatisierten weinhaltigen Cocktails dürfen neben den in Buchstabe F genannten Farbstoffen als Farbstoffe nur

1. E 100 Kurkumin,
2. E 102 Tartrazin,
3. E 104 Chinolingelb,
4. E 110 Sunsetgelb FCF, Gelborange S,
5. E 120 Cochenille, Karminsäure, Karmin,
6. E 122 Azorubin, Carmoisin,
7. E 124 Ponceau 4R, Cochenillerot A,
8. E 129 Allurarot AC,
9. E 131 Patentblau V,
10. E 132 Indigotin I, Indigokarmin,
11. E 133 Brillantblau FCF,
12. E 142 Grün S,
13. E 151 Brillantschwarz BN, Schwarz PN,
14. E 155 Braun HT,
15. E 160d Lycopin,
16. E 160e Beta-apo-8'-Carotinal (C30),
17. E 160f Beta-apo-8'-Carotinsäure-Ethylester (C30) und
18. E 161b Lutein

zugesetzt werden.

Anlage 5
(zu § 12)

Reinheitsanforderungen

I. Reinheitsanforderungen für Kaliumhydrogentartrat

Gehalt:	mind. 99,0%
Trockenverlust (105 Grad C):	max. 1,0%
Blei:	max. 5,0 mg/kg
Arsen:	max. 3,0 mg/kg
pH-Wert (0,5%ige wäßrige Lösung):	3,5 bis 4,0

II. Reinheitsanforderungen für Speisegelatine und Speisegelatine in wäßriger Lösung

Speisegelatine ist nur zur Behandlung zugelassen, wenn sie
a) weniger als 2,5 vom Hundert Asche,
b) weniger als 400 mg/kg schweflige Säure,
c) weniger als 2 mg/kg Arsen,
d) weniger als 30 mg/kg Kupfer,
e) weniger als 5 mg/kg Blei
enthält und Wasserstoffperoxid nicht nachweisbar ist. Die aerobe Keimzahl (Nährmedium: Trypton-Hefeextrakt-Glukose-Agar) darf 10 000 in einem Gramm nicht übersteigen. Coliforme Bakterien dürfen in 0,1 Gramm, Clostridien sowie Escherichia coli in einem Gramm nicht nachweisbar sein.

Speisegelatine in wäßriger Lösung ist zur Behandlung nur zugelassen, wenn der Gelatineanteil mindestens 20 vom Hundert beträgt, der Gehalt an schwefliger Säure in einem Liter 2500 mg/l nicht übersteigt und im übrigen die für Speisegelatine in Satz 1 genannten Reinheitsanforderungen erfüllt sind.

III. Reinheitsanforderungen für Bentonit

Bentonit ist nur zur Behandlung zugelassen, wenn folgende Anforderungen erfüllt sind:

1. In 100 Gramm lufttrockenem Bentonit dürfen nicht mehr als
   a) 0,5 Gramm in 1%iger Weinsäure lösliches Natrium (Na),
   b) 0,8 Gramm in 1%iger Weinsäure lösliches Calcium (Ca),
   c) 0,5 Gramm in 1%iger Weinsäure lösliches Magnesium (Mg),
   d) 0,2 Gramm in 1%iger Weinsäure lösliches Eisen (Fe),
   e) 0,2 Milligramm in 1%iger Weinsäure lösliches Arsen (As),
   f) 2,0 Milligramm in 1%iger Weinsäure lösliches Blei (Pb),
   g) 1,0 Gramm Kohlensäure (CO_2), gebunden, (bestimmt nach der „Vorschrift im Internationalen Codex der Weinbehandlungsmittel“ des „Internationalen Amtes für Rebe und Wein“)

   enthalten sein.

Die Untersuchungslösung für die unter den Buchstaben a bis f angegebenen Untersuchungen wird in der Weise hergestellt, daß 2,5 Gramm des lufttrockenen Bentonits in einem 250 Milliliter-Meßkolben mit 1%iger Weinsäurelösung zur Marke aufgefüllt und unter gelegentlichem Umschwenken 24 Stunden stehengelassen wird. Mit der durch Dekantieren oder Zentrifugieren erhaltenen Lösung werden die Untersuchungen auf den Gehalt der angegebenen Elemente durchgeführt.

2. Die Asche der in 1%iger Weinsäure löslichen Stoffe darf den Betrag von 3 Gramm pro 100 Gramm luftrockenen Bentonit nicht übersteigen; die Untersuchungslösung wird wie unter Nummer 1 hergestellt.
3. Der Wirkungswert des Bentonits (nicht luftgetrocknet) muß mindestens 40% betragen; der Wirkungswert wird wie folgt ermittelt:
   a) Herstellung der Modell-Lösung:
      1. 5 Gramm Äpfelsäure, 500 Milligramm Kaliumdisulfit (Kaliumpyrosulfit), 100 Gramm Methanol z. A. werden mit destilliertem Wasser zu 1 Liter gelöst und die Lösung mit Kaliumcarbonat (in fester Form) genau auf ph 3,5 eingestellt,
      2. 500 Milligramm Gelatine weiß (z. B. Merck), Lebensmittelqualität, werden mit der Lösung nach Nummer 1 bei 35 Grad Celsius (im Wasserbad) zu 1 Liter gelöst.

   b) Bestimmungen:
   50 Milliliter der Lösung nach Buchstabe a Nr. 2 werden mit 50 Milligramm des zu untersuchenden Bentonits eine Stunde geschüttelt. Nach dem Schütteln wird die Lösung zentrifugiert. Der klare Überstand wird zur Stickstoffbestimmung verwendet.

   c) Berechnung:

$$\frac{\text{Stickstoffgehalt unbehandelte Probe} \quad \text{minus} \quad \text{Stickstoffgehalt behandelte Probe}}{\text{Stickstoffgehalt unbehandelte Probe}} \times 100$$

IV. Reinheitsanforderungen für Aktivkohle

Aktivkohle ist nur zur Behandlung zugelassen, wenn in 100 Gramm lufttrockener Aktivkohle

1. nicht mehr als
   a) 5 Milligramm in 20%iger Salpetersäure lösliches Blei (Pb),
   b) 150 Milligramm in 20%iger Salpetersäure lösliches Zink (Zn),
   c) 0,5 Milligramm in 20%iger Salpetersäure lösliches Arsen (As)

   enthalten sind. Die Untersuchungslösung wird in der Weise hergestellt, daß etwa 2 Gramm lufttrockene Aktivkohle genau eingewogen, 30 Milliliter 20%iger Salpetersäure 5 Minuten erhitzt und durch ein gehärtetes Filter in einem 100 Milliliter-Meßkolben filtriert werden. Der Rückstand wird mit heißem destilliertem Wasser zur Marke aufgefüllt;
2. Cyanverbindungen, Teerprodukte und polycyclische aromatische Verbindungen nicht nachweisbar sind.

V. Reinheitsanforderungen für Saccharose

Saccharose darf zur Alkoholerhöhung nur verwendet werden, wenn sie technisch rein und nicht färbend ist; sie muß in der Trockensubstanz mindestens 99,5 vom Hundert vergärbaren Zucker enthalten.

Anlage 6
(zu § 13 Abs. 1 Nr. 1)

Gehalt an Stoffen

1. Die nachfolgend genannten Erzeugnisse dürfen, wenn sie in den Verkehr gebracht werden, keinen Gehalt an Sulfaten, als Kaliumsulfat berechnet, aufweisen, der in einem Liter die folgenden Werte übersteigt:
   a) bei inländischem
      aa) Wein 1000 mg/l,
      bb) Perlwein (Perlwein, der im Inland aus ausländischen Weintrauben hergestellt worden ist) 1000 mg/l,
      cc) Perlwein mit zugesetzter Kohlensäure (Perlwein mit zugesetzter Kohlensäure, der im Inland aus ausländischen Weintrauben hergestellt worden ist) 1000 mg/l,
      dd) Schaumwein (Schaumwein, der im Inland hergestellt worden ist) 1500 mg/l,
      ee) Schaumwein mit zugesetzter Kohlensäure (Schaumwein mit zugesetzter Kohlensäure, der im Inland hergestellt worden ist) 1500 mg/l,
      ff) Likörwein (Likörwein, der im Inland hergestellt worden ist) 1500 mg/l,
   b) bei folgenden, im Inland hergestellten Erzeugnissen, bei deren Herstellung andere als inländische Erzeugnisse verwendet worden sind:
      aa) Wein 1000 mg/l,
      bb) Perlwein 1000 mg/l,
      cc) Perlwein mit zugesetzter Kohlensäure 1000 mg/l,
   c) bei folgenden Drittlandserzeugnissen:
      aa) Wein 1000 mg/l,
      bb) Perlwein 1000 mg/l,
      cc) Perlwein mit zugesetzter Kohlensäure 1000 mg/l,
      dd) Schaumwein 1500 mg/l,
      ee) Schaumwein mit zugesetzter Kohlensäure 1500 mg/l,
      ff) Likörwein, ausgenommen Likörwein, der nach den Rechtsvorschriften des Ursprungslandes die Bezeichnung Boberg führen darf, 1500 mg/l,
      gg) Likörwein, der nach den Rechtsvorschriften des Ursprungslandes die Bezeichnung Boberg führen darf, 2500 mg/l.
      hh) bis kk) (weggefallen)
2. Die nachfolgend genannten Erzeugnisse dürfen, wenn sie in den Verkehr gebracht werden, keinen Gehalt an gesamter schwefliger Säure aufweisen, der in einem Liter 260 mg/l übersteigt:
   a) inländischer
      aa) Perlwein,
      bb) Perlwein mit zugesetzter Kohlensäure,
      cc) Schaumwein mit zugesetzter Kohlensäure,
   b) im Inland hergestellter

aa) Perlwein und
bb) Perlwein mit zugesetzter Kohlensäure,
bei deren Herstellung andere als inländische Erzeugnisse verwendet worden sind,

c) folgende Drittlandserzeugnisse:
aa) Perlwein,
bb) Perlwein mit zugesetzter Kohlensäure,
cc) Schaumwein,
dd) Schaumwein mit zugesetzter Kohlensäure.
ee) bis hh) (weggefallen)

3. In einem Drittland hergestellter Likörwein darf, wenn er zum offenen Ausschank feilgehalten oder abgefüllt in den Verkehr gebracht werden soll, keinen Gehalt an gesamter schwefliger Säure aufweisen, der in einem Liter 200 mg/l übersteigt.
4. Zur Gewinnung von Tafelwein geeigneter Wein, Tafelwein, Schaumwein, Schaumwein mit zugesetzter Kohlensäure, Perlwein, Perlwein mit zugesetzter Kohlensäure, Likörwein, Qualitätswein b.A., weinhaltige Getränke, aromatisierte weinhaltige Getränke, aromatisierte weinhaltige Cocktails und aromatisierter Wein dürfen, wenn sie zum offenen Ausschank feilgehalten oder abgefüllt in den Verkehr gebracht werden sollen, keinen Gehalt an Sorbinsäure aufweisen, der in einem Liter 200 mg/l übersteigt.
5. Weinhaltige Getränke, aromatisierter Wein, aromatisierte weinhaltige Getränke und aromatisierte weinhaltige Cocktails dürfen, wenn sie zum offenen Ausschank feilgehalten oder abgefüllt in den Verkehr gebracht werden sollen, keinen Gehalt aufweisen an
   a) E 452 Polyphosphate (Natriumpolyphosphat, Kaliumpolyphosphat, Natriumcalciumpolyphosphat, Calciumpolyphosphat), der in einem Liter insgesamt 1 g/l,
   b) E 473 Zuckerester von Speisefettsäuren und E 474 Zuckerglyceriden, der in einem Liter insgesamt 5 g/l,
   c) folgenden Stoffen, als Guanylsäure berechnet, der in einem Liter insgesamt 500 mg/l übersteigt:
      A. E 626 Guanylsäure,
      B. E 627 Dinatriumguanylat,
      C. E 628 Dikaliumguanylat,
      D. E 629 Calciumguanylat,
      E. E 630 Inosinsäure,
      F. E 631 Dinatriuminosinat,
      G. E 632 Dikaliuminosinat,
      H. E 633 Calciuminosinat,
      I. E 634 Calcium-5'-ribonukleotid und
      J. E 635 Dinatrium-5'-ribonukleotid.
6. Americano darf, wenn er zum offenen Ausschank feilgehalten oder abgefüllt in den Verkehr gebracht werden soll, keinen Gehalt an folgenden Stoffen aufweisen, der in einem Liter insgesamt 100 mg/l übersteigt:

A. E 100 Kurkumin,
B. E 101 Riboflavin, Riboflavin-5'-Phosphat,
C. E 102 Tartrazin,
D. E 104 Chinolingelb,
E. E 120 Cochenille, Karminsäure, Karmin,
F. E 122 Azorubin, Carmoisin,
G. E 123 Amaranth und
H. E 124 Ponceau 4R.

7. Bitter soda und Bitter vino dürfen, wenn sie zum offenen Ausschank feilgehalten oder abgefüllt in den Verkehr gebracht werden sollen, keinen Gehalt an folgenden Stoffen aufweisen, der in einem Liter insgesamt 100 mg/l übersteigt:
A. E 100 Kurkumin,
B. E 101 Riboflavin, Riboflavin-5'-Phosphat,
C. E 102 Tartrazin,
D. E 104 Chinolingelb,
E. E 110 Sunsetgelb FCF, Gelborange S,
F. E 120 Cochenille, Karminsäure, Karmin,
G. E 122 Azorubin, Carmoisin,
H. E 123 Amaranth,
I. E 124 Ponceau 4R, Cochenillerot A und
J. E 129 Allurarot AC.

8. Aromatisierte weinhaltige Cocktails dürfen, wenn sie zum offenen Ausschank feilgehalten oder abgefüllt in den Verkehr gebracht werden sollen, keinen Gehalt an folgenden Stoffen aufweisen, der in einem Liter insgesamt 200 mg/l übersteigt:
A. E 100 Kurkumin,
B. E 102 Tartrazin,
C. E 104 Chinolingelb,
D. E 110 Sunsetgelb FCF, Gelborange S,
E. E 120 Cochenille, Karminsäure, Karmin,
F. E 122 Azorubin, Carmoisin,
G. E 124 Ponceau 4R, Cochenillerot A,
H. E 129 Allurarot AC,
I. E 131 Patentblau V,
J. E 132 Indigotin I, Indigokarmin,
K. E 133 Brillantblau FCF,
L. E 142 Grün S,
M. E 151 Brillantschwarz BN, Schwarz PN,
N. E 155 Braun HT,
O. E 160d Lycopin,
P. E 160e Beta-apo-8'-Carotinal (C30),
Q. E 160f Beta-apo-8'-Carotinsäure-Ethylester (C30) und
R. E 161b Lutein.

9. (weggefallen)

10. Weinhaltige Getränke dürfen, wenn sie zum offenen Ausschank feilge-

halten oder abgefüllt in den Verkehr gebracht werden sollen, keinen Gehalt aufweisen an

a) E 950 Acesulfam-K, der in einem Liter 350 mg/l,
b) E 951 Aspartam, der in einem Liter 600 mg/l,
c) E 952 Cyclohexansulfamidsäure und ihre Na- und Ca-Salze, als freie Säure berechnet, der in einem Liter 250 mg/l,
d) E 954 Saccharin und seine Na-, K- und Ca-Salze, als freies Imid berechnet, der in einem Liter 80 mg/l,
e) E 959 Neohesperidin DC, der in einem Liter 30 mg/l

übersteigt.

Anlage 7
(zu § 13 Abs. 1 Nr. 2)

Gehalt an Stoffen

1. Wein,
2. Traubenmost,
3. teilweise gegorener Traubenmost,
4. Perlwein,
5. Perlwein mit zugesetzter Kohlensäure,
6. Schaumwein,
7. Schaumwein mit zugesetzter Kohlensäure,
8. Likörwein,
9. weinhaltige Getränke,
10. aromatisierte Weine,
11. aromatisierte weinhaltige Getränke und
12. aromatisierte weinhaltige Cocktails

dürfen, wenn sie in den Verkehr gebracht werden, keinen Gehalt an Stoffen aufweisen, der, mit Ausnahme des in Buchstabe h genannten Gehalts bei den in Nummer 2 und 3 aufgeführten Erzeugnissen, folgende Werte übersteigt:

		Milligramm in einem Liter
a)	Aluminium	8,00
b)	Arsen	0,10
c)	Blei	0,25
d)	Bor, berechnet als Borsäure	35,00
e)	Brom, gesamtes	0,50
f)	Fluor	0,50
g)	Cadmium	0,01
h)	Kupfer	2,00
i)	Zink	5,00
j)	Zinn	1,00
k)	Trichlormethan	0,10

l)	Trichlorethen	0,10
m)	Tetrachlorethen	0,10
n)	Trichlormethan, Trichlorethen und Tetrachlorethen zusammen	0,20.

Anlage 7a
(zu § 13 Abs. 2)

Stoffe

1. 2,4,5-T einschließlich Salze und Ester
2. Acephat
3. Aldicarb, Aldicarb-sulfoxid, Aldoxycarb (insgesamt berechnet als Aldicarb)
4. Amitrol
5. Atrazin
6. Azinphos-ethyl
7. Azinphos-methyl
8. Barban, Chlorbufam (insgesamt einschließlich Abbau- und Reaktionsprodukte, soweit sie noch die 3-Chloranilin-Gruppe enthalten, berechnet als 3-Chloranilin)
9. Benalaxyl
10. Benfuracarb
11. Benomyl, Carbendazim, Thiophanat-methyl (insgesamt berechnet als Carbendazim)
12. Binapacryl
13. Bromophos-ethyl
14. Brompropylat
15. Camphechlor (Toxaphen)
16. Captafol
17. Captan, Folpet (insgesamt)
18. Carbaryl
19. Carbofuran, 3-Hydroxycarbofuran (insgesamt berechnet als Carbofuran)
20. Carbosulfan
21. Chinomethionat
22. Chlorbensid
23. Chlorbenzilat
24. Chlorfenvinphos (Summe der E- und Z-Isomere)
25. Chlormequat (berechnet als Chlormequat-Kation)
26. Chloroxuron
27. Chlorpropham
28. Chlorpyrifos
29. Chlorpyrifos-methyl
30. Chlorthalonil
31. Cyfluthrin einschließlich anderer verwandter Isomerengemische (Summe der Isomeren)

32. Cypermethrin einschließlich anderer verwandter Isomerengemische (Summe der Isomeren)
33. Daminozid, 1,1-Dimethylhydrazin (insgesamt berechnet als Daminozid)
34. DDT (Summe aus p,p'-DDT, o,p'-DDT, p,p'-DDE und p,p'-TDE (DDD), berechnet als DDT)
35. Deiquat einschließlich Salze (insgesamt berechnet als Deiquat)
36. Deltamethrin
37. Demeton-S-methyl, Oxydemeton-methyl, Demeton-S-methyl-sulfon (insgesamt berechnet als Demeton-S-methyl)
38. Diallat, Triallat (insgesamt berechnet als Triallat)
39. Diazinon
40. Dibromethan
41. Dichlorfluanid
42. Dichlorprop, Dichlorprop-P einschließlich Salze und Ester (insgesamt berechnet als Dichlorprop)
43. Dichlorvos
44. Dicofol (insgesamt)
45. Dimethoat
46. Dinoseb, Dinosebsalze (insgesamt berechnet als Dinoseb)
47. Dioxathion
48. Disulfoton, Disulfoton-sulfoxid, Disulfoton-sulfon, Disulfoton-oxon, Disulfoton-oxon-sulfoxid, Disulfoton-oxon-sulfon (insgesamt berechnet als Disulfoton)
49. Dodin
50. Endosulfan (α- und β-Isomer), Endosulfansulfat (insgesamt berechnet als Endosulfan)
51. Endrin
52. Ethion
53. Fenarimol
54. Fenbutatinoxid
55. Fenchlorphos einschließlich Fenchlorphos-oxon (insgesamt berechnet als Fenchlorphos)
56. Fenitrothion
57. Fentin, Fentin-acetat, Fentin-chlorid, Fentin-hydroxid (insgesamt berechnet als Fentin)
58. Fenvalerat einschließlich anderer verwandter Isomerengemische (Summe der Isomeren)
59. Formothion
60. Furathiocarb
61. Glyphosat
62. Heptachlor, Heptachlorepoxid (insgesamt berechnet als Heptachlor)
63. Imazalil
64. Iprodion
65. Kupferverbindungen (insgesamt berechnet als Kupfer)
66. Lambda-Cyhalothrin
67. Lindan

68. Malathion, Malaoxon (insgesamt)
69. Maleinsäurehydrazid und seine Konjugate (berechnet als Maleinsäurehydrazid)
70. Maneb, Mancozeb, Metiram, Propineb, Zineb (insgesamt berechnet als Schwefelkohlenstoff)
71. Mecarbam
72. Metalaxyl
73. Methamidophos
74. Methidathion
75. Methomyl, Thiodicarb (insgesamt berechnet als Methomyl)
76. Methoxychlor
77. Methylbromid
78. Mevinphos
79. Omethoat
80. Paraquat einschließlich Salze
81. Parathion, Paraoxon (insgesamt)
82. Parathion-methyl, Paraoxon-methyl (insgesamt)
83. Permethrin (Summe der Isomeren)
84. Phorat, Phorat-sulfoxid, Phorat-sulfon, Phorat-oxon, Phorat-oxon-sulfoxid, Phorat-oxon-sulfon (insgesamt berechnet als Phorat)
85. Phosalon
86. Phosphamidon
87. Procymidon
88. Propiconazol
89. Propoxur
90. Propyzamid
91. Pyrethrine (Summe der Pyrethrine I und II, Cinerine I und II, Allethrin, Barthrin, Cyclethrin, Furethrin)
92. TEPP
93. Thiram
94. Triazophos
95. Trichorfon
96. Vamidothion, Vamidothion-Sulfoxid (insgesamt berechnet als Vamidothion)
97. Vinclozolin einschließlich Abbau- und Reaktionsprodukte, soweit sie noch die 3,5-Dichloranilingruppe enthalten (insgesamt berechnet als Vinclozolin)

Anlage 8
(zu § 17)

Tabelle zur Ermittlung des natürlichen Alkoholgehalts in Volumenprozent aus dem Oechslegrad

°Oe	% vol Alkohol	°Oe	% vol Alkohol	°Oe	% vol Alkohol	°Oe	% vol Alkohol	°Oe	% vol Alkohol	°Oe	% vol Alkohol
40	4,4	59	7,3	78	10,3	97	13,3	116	16,3	135	19,2
41	4,5	60	7,5	79	10,5	98	13,4	117	16,4	136	19,4
42	4,7	61	7,7	80	10,6	99	13,6	118	16,6	137	19,5
43	4,8	62	7,8	81	10,8	100	13,8	119	16,7	138	19,7
44	5,0	63	8,0	82	10,9	101	13,9	120	16,9	139	19,8
45	5,2	64	8,1	83	11,1	102	14,1	121	17,0	140	20,0
46	5,3	65	8,3	84	11,3	103	14,2	122	17,2	141	20,2
47	5,5	66	8,4	85	11,4	104	14,4	123	17,3	142	20,3
48	5,6	67	8,6	86	11,6	105	14,5	124	17,5	143	20,5
49	5,8	68	8,8	87	11,7	106	14,7	125	17,7	144	20,6
50	5,9	69	8,9	88	11,9	107	14,8	126	17,8	145	20,8
51	6,1	70	9,1	89	12,0	108	15,0	127	18,0	146	20,9
52	6,3	71	9,2	90	12,2	109	15,2	128	18,1	147	21,1
53	6,4	72	9,4	91	12,4	110	15,3	129	18,3	148	21,3
54	6,6	73	9,5	92	12,5	111	15,5	130	18,4	149	21,4
55	6,7	74	9,7	93	12,7	112	15,6	131	18,6	150	21,5
56	6,9	75	9,8	94	12,8	113	15,8	132	18,8		
57	7,0	76	10,0	95	13,0	114	15,9	133	18,9		
58	7,2	77	10,2	96	13,1	115	16,1	134	19,1		

Anlage 9
(zu § 22 Abs. 1 und § 24 Abs. 1)

Prüfungsantrag/Sinnenprüfung

Abschnitt I.
Erforderliche Angaben

Der Antrag auf Zuteilung einer Prüfungsnummer nach den §§ 19 und 20 des Weingesetzes muß mindestens folgende Angaben enthalten:

1. Prüfungsbehörde,
2. beantragte Prüfungsnummer,
3. Antragsteller:
   Name/Firma,
   Postleitzahl, Ort,
4. beantragte Bezeichnung des Erzeugnisses:
   Jahrgang,
   bestimmtes Anbaugebiet,
   Gemeinde oder Ortsteil,
   Lage oder Bereich,
   Weinart,

Rebsorte(n),
beantragte Bezeichnung „im Barrique gereift“,
beantragte Qualitätsbezeichnung,
bei Qualitätsschaumwein b.A.: Gärverfahren und Beginn der Lagerzeit,

5. Zusammensetzung des Erzeugnisses:
natürlicher Alkoholgehalt (%vol oder Grad Oe),
Verschnittanteile,
Art und Ausmaß der Anreicherung,
bei Qualitätswein, Qualitätswein mit Prädikat, Qualitätsperlwein b.A.: Anteil und Ausmaß der Süßung,
6. weitere Angaben:
Wein-Nr.,
Gesamtmenge der Wein-Nr.,
Abgefüllte Menge der Wein-Nr.,
Abfülldatum,
wurde eine Prüfung schon einmal beantragt?
wenn ja, unter welcher Antragsnummer?
7. war das Erzeugnis selbst (bei Wein), ein Verschnittanteil des Erzeugnisses (bei Wein), ein Zusatz (bei Wein) oder ein Vorerzeugnis des Erzeugnisses (bei Wein) Gegenstand einer in Rechtsakten der Europäischen Gemeinschaft vorgesehenen Marktordnungsmaßnahme?

Abschnitt II.
Bewertung der Sinnenprüfung

1. Sensorische Vorbedingungen
Die nachfolgenden Vorbedingungen werden auf JA/NEIN-Entscheidung geprüft (zu den Buchstaben a bis e, ob „typisch für“); dabei bedeutet NEIN den Ausschluß von der weiteren Prüfung:
a) bestimmtes Anbaugebiet bzw. Bereich,
b) Prädikat; wenn nicht für das beantragte aber für ein anderes Prädikat typisch, kann der Wein für dieses zugelassen werden,
c) Rebsorte; wenn angegeben aber nicht typisch, kann das Erzeugnis ohne Rebsortenangabe zugelassen werden,
d) Farbe,
e) Klarheit,
f) Mousseux im Falle von Schaumwein und Perlwein.
2. Sensorische Prüfmerkmale und Qualitätszahl
a) Punkteskala

Punkte	Intervalle	Qualitätsbeschreibung
5	4,50–5,00	hervorragend
4	3,50–4,49	sehr gut
3	2,50–3,49	gut
2	1,50–2,49	zufriedenstellend
1	0,50–1,49	nicht zufriedenstellend
0		keine Bewertung, das heißt Ausschluß des Erzeugnisses

b) Sensorische Prüfmerkmale und Möglichkeiten der Punktvergabe

Prüfmerkmal	Möglichkeiten der Punktvergabe										
Geruch	5,0	4,5	4,0	3,5	3,0	2,5	2,0	1,5	1,0	0,5	0
Geschmack	5,0	4,5	4,0	3,5	3,0	2,5	2,0	1,5	1,0	0,5	0
Harmonie	5,0	4,5	4,0	3,5	3,0	2,5	2,0	1,5	1,0	0,5	0

Harmonie ist das Zusammenwirken von Geruch, Geschmack und sensorischen Vorbedingungen. Ihre Bewertung darf gegenüber Geruch und Geschmack um höchstens 1,0 Punkt nach oben abweichen. Sind Geruch und Geschmack unterschiedlich bewertet, so gilt jeweils die höhere Punktzahl. Jedes Prüfmerkmal ist einzeln zu bewerten und seine Punktzahl niederzuschreiben. Nach Bewertung aller Prüfmerkmale dürfen die niedergeschriebenen Punktzahlen noch korrigiert werden. Alle Prüfmerkmale sind gleich wichtig (jeweils Gewichtungsfaktor 1).

c) Mindestpunktzahl und Qualitätszahl
Die Mindestpunktzahl für jedes einzelne Prüfmerkmal ist 1,5. Die durch 3 geteilte Summe der für Geruch, Geschmack und Harmonie erteilten Punkte ergibt die Qualitätszahl. Die Qualitätszahl muß für alle Erzeugnisse mindestens 1,50 betragen.

Anlage 10
(zu § 22 Abs. 5 und § 23 Abs. 1)

Untersuchungsbefund

Der Untersuchungsbefund muß folgende Angaben enthalten:

1. Aussteller des Untersuchungsbefunds,
2. Name (Firma) des Antragstellers,
3. vorgesehene Bezeichnung,
4. sensorischer Befund
   a) bei Wein und Likörwein über Farbe, Klarheit, Geruch und Geschmack,
   b) bei Schaumwein und Perlwein über Farbe, Klarheit, Geruch, Geschmack sowie über die Schaumbildungs- und Perlfähigkeit (Mousseux),
5. die festgestellten analytischen Werte für
   a) Gesamtalkoholgehalt: *Gramm im Liter und Volumenprozent,*
   b) vorhandenen Alkoholgehalt: *Gramm im Liter und Volumenprozent,*
   c) Zuckerfreier Extrakt (indirekt): *Gramm im Liter,*
   d) vergärbarer Zucker
      aa) vor Inversion bei Wein, Likörwein und Perlwein,
      bb) nach Inversion bei Schaumwein,
      berechnet als Invertzucker: *Gramm im Liter,*
   e) Alkohol-Restzucker-Verhältnis, sofern eine Regelung getroffen ist,
   f) Gesamtsäure, berechnet als Weinsäure: *Gramm im Liter,*
   g) freie schweflige Säure: *Milligramm im Liter,*

h) gesamte schweflige Säure: *Milligramm im Liter,*
i) relative Dichte d 20/20 bei Wein,
j) Kohlensäuredruck bei Schaumwein und Perlwein: *Atmosphärenüberdruck bei 20 Grad Celsius.*

Anlage 11
(zu § 26 Abs. 2 und § 45 Abs. 2)

Abkürzungen der Bundesländer bei der Angabe von Kennziffern

Baden-Württemberg:	BW-,
Bayern:	BY-,
Berlin:	BE-,
Brandenburg:	BB-,
Bremen:	HB-,
Hamburg:	HH-,
Hessen:	HE-,
Mecklenburg-Vorpommern:	MV-,
Niedersachsen:	NI-,
Nordrhein-Westfalen:	NW-,
Rheinland-Pfalz:	RP-,
Saarland:	SL-,
Sachsen:	SN-,
Sachsen-Anhalt:	ST-,
Schleswig-Holstein:	SH-,
Thüringen:	TH-,

3. Wein-Überwachungsverordnung

Vom 9. Mai 1995
(BGBl. I S. 630, 655)[1], geändert durch VO vom 3. Juni 1997 (BGBl. I S. 1347, 1350)

Inhaltsübersicht

[1] Die Wein-ÜberwachungsVO ist als Art. 2 der VO zur Durchführung des WeinG v. 9. 5. 1995 (BGBl. I S. 630) verkündet worden und am 1. 9. 1995 in Kraft getreten.

Abschnitt 1 · Überwachung

§ 1 Vorschriftswidrige Erzeugnisse

(zu § 27 Abs. 2 und § 33 Nr. 5 des Weingesetzes)

(1) Wein, dessen Gehalt an flüchtiger Säure den zulässigen Wert übersteigt (essigstichiger Wein), darf zu
1. Weinessig oder
2. Essig

verarbeitet werden. Er darf jedoch nur in den Verkehr gebracht, eingeführt oder ausgeführt werden, wenn er unter Angabe dieser Zweckbestimmung auf dem Behältnis und in dem Begleitpapier als essigstichig gekennzeichnet ist.

(2) Drittlandserzeugnisse dürfen abweichend von § 27 Abs. 1 des Weingesetzes verwendet, verwertet, in den Verkehr gebracht oder ausgeführt werden, wenn sie auf Grund einer inländischen Untersuchung zur Einfuhr zugelassen worden sind; dies gilt nicht, wenn
1. die Erzeugnisse von gesundheitlich bedenklicher Beschaffenheit sind,
2. die Bezeichnung, sonstige Angaben oder Aufmachungen nicht den Vorschriften der Rechtsakte der Europäischen Gemeinschaft, des Weingesetzes oder den auf Grund des Weingesetzes erlassenen Rechtsverordnungen entsprechen,
3. die Vorschriftswidrigkeit auf einem Umstand beruht, der erst nach der Untersuchung eingetreten ist, oder
4. das Ergebnis der Untersuchung oder die Zulassung zur Einfuhr durch unrichtige Angaben oder Proben oder durch unzulässige Einwirkung auf die Untersuchungsstelle oder die Zulassungsbehörde herbeigeführt worden ist.

(3) Erzeugnisse, denen eine amtliche Prüfungsnummer zugeteilt worden ist und die mit den für das geprüfte Erzeugnis vorgeschriebenen und zugelassenen Angaben, soweit diese Gegenstand des Prüfungsverfahrens waren, versehen sind, dürfen abweichend von § 27 Abs. 1 des Weingesetzes in den Verkehr gebracht, ausgeführt, verwendet oder verwertet werden; dies gilt nicht, wenn
1. das Erzeugnis von gesundheitlich bedenklicher Beschaffenheit ist oder
2. die Bezeichnung, sonstige Angaben oder Aufmachungen, soweit sie nicht Gegenstand des Prüfungsverfahrens waren, nicht den Vorschriften der

Rechtsakte der Europäischen Gemeinschaft, des Weingesetzes oder den auf Grund des Weingesetzes erlassenen Rechtsverordnungen entsprechen.

(4) Soweit in Rechtsakten der Europäischen Gemeinschaft nichts anderes bestimmt ist, stehen abweichend von § 27 Abs. 1 Satz 1 des Weingesetzes Bezeichnungen, sonstige Angaben und Aufmachungen, die den Vorschriften der Rechtsakte der Europäischen Gemeinschaft, des Weingesetzes oder einer auf Grund des Weingesetzes erlassenen Rechtsverordnung nicht entsprechen,

1. der Ausfuhr und
2. dem Inverkehrbringen zum Zweck der Ausfuhr

von Erzeugnissen nicht entgegen, wenn die Bezeichnungen, sonstigen Angaben und Aufmachungen nach den Vorschriften des Bestimmungsgebietes Voraussetzung für die Einfuhr der Erzeugnisse in dieses Gebiet sind und öffentliche Interessen nicht entgegenstehen. Zur Ausfuhr bestimmter Erzeugnisse, die mit im Inland nicht zulässigen Bezeichnungen, sonstigen Angaben oder Aufmachungen versehen sind, müssen von dem Hersteller unverzüglich der nach Landesrecht zuständigen Stelle (zuständige Stelle) gemeldet werden. Ist der Hersteller nicht zugleich derjenige, der die Erzeugnisse ausführt, so ist die Meldung außerdem auch von diesem zu erstatten. Aus der Meldung muß sich die Art und Menge der Erzeugnisse sowie die Art der Abweichungen von den geltenden Bezeichnungsvorschriften ergeben.

§ 2 Ausnahmegenehmigung
(zu § 27 Abs. 2 des Weingesetzes)

(1) Die zuständige Stelle kann bei gesundheitlicher Unbedenklichkeit zur Vermeidung unbilliger Härten im Einzelfall durch Ausnahmegenehmigung zulassen, daß vorschriftswidrige Erzeugnisse in den Verkehr gebracht, eingeführt, ausgeführt, verwendet oder verwertet werden, wenn die Abweichung von den geltenden Vorschriften gering ist. Vorschriftswidrig im Sinne des Satzes 1 sind insbesondere Erzeugnisse, deren Bezeichnung oder Aufmachung nicht den Rechtsakten der Europäischen Gemeinschaft, den Vorschriften des Weingesetzes oder der auf Grund des Weingesetzes erlassenen Rechtsverordnungen entspricht. Soweit durch eine Ausnahmegenehmigung nach Satz 1 zugelassen wird, daß Erzeugnisse an andere abgegeben, verwendet oder verwertet werden, bei deren Herstellung Erzeugnisse verwendet worden sind, die aus Trauben von unzulässigerweise angepflanzten Reben stammen, ist diese auf die Menge zu beschränken, die sich nach Abzug der verwendeten Erzeugnisse ergibt.

(2) Die Genehmigung nach Absatz 1 kann, auch nachträglich, inhaltlich beschränkt, mit Auflagen verbunden und befristet werden; sie kann unter dem Vorbehalt des Widerrufs erteilt werden.

(3) Die örtliche Zuständigkeit der in Absatz 1 genannten Stelle richtet sich bei

1. inländischen abgefüllten Erzeugnissen nach dem Ort des Betriebssitzes des Abfüllers,
2. anderen als den in Nummer 1 genannten Erzeugnissen vorbehaltlich der

Nummer 3 nach dem Ort des Betriebssitzes desjenigen, der das Erzeugnis im Inland erstmals in Verkehr gebracht hat, und, soweit ein solcher nicht vorhanden ist, nach dem Ort, an dem die Vorschriftswidrigkeit des Erzeugnisses festgestellt worden ist,

3. Erzeugnissen im Rahmen der Erteilung der Zulassung zur Einfuhr nach dem Ort der Einfuhr.

§ 3 Versuchsgenehmigung

(zu § 27 Abs. 2 des Weingesetzes)

(1) Soweit in Rechtsakten der Europäischen Gemeinschaft nichts anderes bestimmt ist, kann die zuständige Stelle zur Durchführung von Versuchen erlauben, daß bei der Herstellung von Erzeugnissen sowie von Getränken im Sinne des § 26 Abs. 2 des Weingesetzes bestimmte Vorschriften der Rechtsakte der Europäischen Gemeinschaft, des Weingesetzes und der auf Grund des Weingesetzes erlassenen Rechtsverordnungen unberücksichtigt bleiben. Die Erlaubnis ist unter den dem Versuchsziel gemäßen Bedingungen, insbesondere beschränkt auf die für die Versuche erforderliche Zeit und Menge, zu erteilen und amtlich zu überwachen; im übrigen gilt § 2 Abs. 2 entsprechend.

(2) Wein aus Rebsortenversuchen gemäß Artikel 13 Abs. 2 der Verordnung (EWG) Nr. 2389/89 des Rates vom 24. Juli 1989 über die Grundregeln für die Klassifizierung von Rebsorten (ABl. EG Nr. L 232 S. 1) in der jeweils geltenden Fassung kann als Qualitätswein oder Qualitätswein mit Prädikat eingestuft werden, wenn ein Zeugnis der zuständigen Stelle über die Einhaltung der Versuchsbedingungen vorgelegt wird.

§ 4 Vergällung von Weintrub

(zu § 28 Abs. 3 Nr. 1 und 2 des Weingesetzes)

Die Vergällung von Weintrub darf nur mit

1. Lithiumchlorid in einer Menge von mindestens 0,5 Gramm oder
2. Natriumchlorid in einer Menge von mindestens 2 Gramm

in einem Liter vorgenommen werden.

Abschnitt 2 · Buchführung

§ 5 Buchführungspflichtiger Personenkreis

(zu § 29 Abs. 1 Satz 1 Nr. 1 des Weingesetzes)

(1) Über den nach Artikel 11 Abs. 1 Unterabs. 1 der Verordnung (EWG) Nr. 2238/93 der Kommission vom 26. Juli 1993 über die Begleitpapiere für die Beförderung von Weinbauerzeugnissen und die im Weinsektor zu führenden Ein- und Ausgangsbücher (ABl. EG Nr. L 200 S. 10) in der jeweils geltenden Fassung buchführungspflichtigen Personenkreis hinaus, haben auch Geschäftsvermittler, die in Artikel 2 Buchstabe g der Verordnung (EWG) Nr. 2238/93 genannt sind, Ein- und Ausgangsbücher zu führen.

(2) Als Einzelhändler im Sinne des Artikels 2 Buchstabe d der Verordnung (EWG) Nr. 2238/93 gilt, wer im Einzelfall an einen Endverbraucher nicht mehr als 100 Liter Wein abgibt.

(3) Ein- und Ausgangsbücher brauchen nicht geführt zu werden von Personen und Personenvereinigungen, die ausschließlich Erzeugnisse in Behält-

nissen mit einem Nennvolumen von nicht mehr als 5 Litern vorrätig halten oder verkaufen, die mit einem nicht wiederverwendbaren anerkannten Verschluß nach Artikel 2 Buchstabe h der Verordnung (EWG) Nr. 2238/93 versehen sind, sofern die Ein- und Ausgänge sowie die Lagerbestände auf Grund anderer Unterlagen, insbesondere der Finanzbuchhaltung, jederzeit überprüft werden können und die Gesamtmenge der vorrätig gehaltenen oder verkauften Erzeugnisse im Einzelfall

1. bei konzentriertem Traubenmost und rektifiziertem Traubenmostkonzentrat 5 Liter,
2. bei allen anderen Erzeugnissen 100 Liter

nicht übersteigt.

§ 6 Eingangs- und Ausgangsbücher

(zu § 29 Abs. 1 Satz 1 Nr. 1 des Weingesetzes)

Ein- und Ausgangsbücher im Sinne des Titels II der Verordnung (EWG) Nr. 2238/93 sind:

1. das Kellerbuch,
2. das Weinbuch,
3. das Buch des Geschäftsvermittlers und
4. das Stoffbuch.

§ 7 Kellerbuch und Weinbuch

(zu § 29 Abs. 1 Satz 1 Nr. 1 und 2 des Weingesetzes)

(1) Buchführungspflichtige nach Artikel 11 Abs. 1 Unterabs. 1 der Verordnung (EWG) Nr. 2238/93 haben ein Kellerbuch und ein Weinbuch zu führen. Abweichend von Satz 1 haben Buchführungspflichtige, deren jährlicher Zukauf eine Menge von 30 000 l nicht abgefüllter Erzeugnisse des Weinsektors oder 40 000 kg Weintrauben nicht übersteigt, ein Kellerbuch oder ein Weinbuch zu führen.

(2) Das Kellerbuch enthält die Eintragungen nach Artikel 13 Abs. 1 und Artikel 14 der Verordnung (EWG) Nr. 2238/93 in der zeitlichen Reihenfolge der Vorgänge.

(3) Das Weinbuch enthält die Eintragungen nach Artikel 13 Abs. 1 und Artikel 14 der Verordnung (EWG) Nr. 2238/93 in Konten für die einzelnen Erzeugnisse.

(4) Im Weinbuch und im Kellerbuch sind über die nach Artikel 13 Abs. 1 und Artikel 14 der Verordnung (EWG) Nr. 2238/93 vorgeschriebenen Eintragungen hinaus für jedes Erzeugnis einzutragen:

1. die nach den bezeichnungsrechtlichen Vorschriften vorgesehenen Bezeichnungen,
2. eine Nummer für die Erzeugnisse des Weinsektors (Weinnummer); diese Weinnummer muß jedem Erzeugnis nach einer nachvollziehbaren dokumentierten Ordnung zugewiesen und kann durch weitere Angaben ergänzt werden,
3. die Behältnisnummer,
4. die Amtliche Prüfungsnummer,
5. die Losnummer,

6. die Menge, die in der Eingangsmenge des eingetragenen Erzeugnisses enthalten ist und vollständig der angegebenen Bezeichnung entspricht (Originalmenge),
7. die Angabe, daß das Erzeugnis angereichert worden ist; soweit das betreffende Erzeugnis vom Buchführungspflichtigen angereichert worden ist:
   a) der Gesamtalkoholgehalt des Erzeugnisses vor der Anreicherung,
   b) die Anreicherungsspanne,
8. die Angabe, daß das Erzeugnis entsäuert worden ist; soweit das betreffende Erzeugnis vom Buchführungspflichtigen entsäuert worden ist:
   a) der Gesamtsäuregehalt des Erzeugnisses vor der Entsäuerung,
   b) die Entsäuerungsspanne,
9. Die Verwendung folgender Stoffe unter Angabe des Zeitpunktes und der Menge:
   a) DL-Weinsäure,
   b) Kaliumsorbat,
   c) Sorbinsäure,
10. bei der ersten Eintragung des Erzeugnisses nach der Ernte der natürliche Alkoholgehalt (Mostgewicht),
11. Verarbeitungs- und Verwendungsbeschränkungen des Erzeugnisses und
12. erteilte Ausnahmegenehmigungen und Versuchserlaubnisse sowie das Ausmaß ihrer Ausnutzung.

(5) Wer ein Weinbuch nach Artikel 12 Abs. 1 Unterabs. 1 zweiter Gedankenstrich der Verordnung (EWG) Nr. 2238/93 in nicht gebundener Form führt, hat ein Registerbuch zu führen, in das, für jedes Erzeugnis in der zeitlichen Reihenfolge des ersten Vorgangs, einzutragen sind:
1. die Weinnummer,
2. das Datum des ersten Vorganges und
3. die Bezeichnung des Erzeugnisses.

(6) Im Weinbuch und im Kellerbuch kann bei den Eintragungen nach Artikel 13 Abs. 1 der Verordnung (EWG) Nr. 2238/93 anstelle der Bezeichnung des Erzeugnisses die Weinnummer angegeben werden. Ist ein anderes Erzeugnis gleichermaßen von dem Vorgang betroffen, so ist auch dieses Erzeugnis mit seiner Bezeichnung oder seiner Weinnummer anzugeben. Bei Mengenangaben ist zwischen nicht abgefüllten und abgefüllten Erzeugnissen zu unterscheiden. Darüber hinaus sind abgefüllte Erzeugnisse hinsichtlich der Nennfüllmenge der verwendeten Behältnisse zu unterscheiden.

(7) Die Herabstufung eines Qualitätsweines zu Tafelwein, zu Wein, der zur Herstellung von Tafelwein geeignet ist, oder zu Wein, der weder Tafelwein noch zur Herstellung von Tafelwein geeignet ist, ist unter Vergabe einer neuen Weinnummer im Kellerbuch, im Weinbuch und im Registerbuch einzutragen. Wird die Bezeichnung eines Erzeugnisses geändert, so ist das Erzeugnis unter Vergabe einer neuen Weinnummer im Kellerbuch, im Weinbuch und im Registerbuch einzutragen. Im Falle des Satzes 2 ist die Vergabe einer neuen Weinnummer nicht erforderlich, wenn die Bezeichnungsänderung deutlich erkennbar eingetragen wird.

(8) Der Eigenverbrauch des Erzeugers und seiner Familie ist jährlich im Kellerbuch und im Weinbuch einzutragen; unvorhersehbare Änderungen im Volumen eines Erzeugnisses sind als Schwund oder Mehrmenge einzutragen.

(9) Gemäß Artikel 12 Abs. 4 Unterabs. 1 der Verordnung (EWG) Nr. 2238/93 werden für Mengenverluste folgende zulässige Höchstsätze festgesetzt:
1. für Verluste durch Lagerung
   a) im Holzfaß 0,4 vom Hundert und
   b) in anderen Behältnissen mit einem Nennvolumen von mehr als 60 Litern 0,05 vom Hundert

   für jeden Monat der Lagerung,
2. für Verluste durch Änderung der Erzeugnisklasse bei der Verarbeitung von Traubenmost zu Wein 8 vom Hundert,
3. für Verluste durch Behandlungen und Abfüllung 5 vom Hundert.

Mengenverluste, die die in Satz 1 festgesetzten Höchstsätze überschreiten, sind der zuständigen Stelle unverzüglich mitzuteilen.

§ 8 Buch des Geschäftsvermittlers

(zu § 29 Abs. 1 Satz 1 Nr. 1 und 2 des Weingesetzes)

Geschäftsvermittler haben für die von ihnen vermittelten Erzeugnisse ein Buch mit folgenden Angaben zu führen:
1. das Datum des Kaufvertrages,
2. die Nummer des Ankaufes,
3. die Bezugsnummer des Begleitpapieres,
4. die Bezeichnung des Erzeugnisses,
5. die Menge in Litern oder Kilogramm oder die Anzahl der Flaschen unter Angabe der Nennfüllmenge,
6. der Name und die Anschrift des Verkäufers und
7. der Name und die Anschrift des Käufers.

Die Eintragungen können auf die Angabe des Begleitpapiers beschränkt werden, wenn entsprechende Durchschriften oder Abdrucke gesammelt werden und in zeitlicher Reihenfolge geordnet vorliegen.

§ 9 Stoffbuch

(zu § 29 Abs. 1 Satz 1 Nr. 1 und 2 des Weingesetzes)

In das Stoffbuch sind von den in Artikel 15 Abs. 1 Satz 1 der Verordnung (EWG) Nr. 2238/93 genannten Buchführungspflichtigen die dort aufgeführten Erzeugnisse und Stoffe jeweils auf einem gesonderten Konto einzutragen. Jedes Erzeugnis und jeder Stoff ist mit seiner Verkehrsbezeichnung anzugeben und seine Verwendung für jedes betroffene Erzeugnis gesondert einzutragen.

§ 10 Zusätzliche Pflichten

(zu § 29 Abs. 1 Satz 1 Nr. 1 und 2 des Weingesetzes)

(1) Behältnisse, die nicht abgefüllte Erzeugnisse enthalten, und Flaschenstapel sind so mit Merkzeichen zu versehen, daß sie nicht verwechselt werden können. Die Merkzeichen sind an gut sichtbarer Stelle anzubringen. Als

Merkzeichen für Flaschenstapel gilt die Weinnummer oder die genaue Bezeichnung des Erzeugnisses.

(2) Über die Merkzeichen für

1. Behältnisse mit einem Fassungvermögen von mehr als 60 Litern und
2. Flaschenstapel, für die nicht die Weinnummer oder die genaue Bezeichnung des Erzeugnisses als Merkzeichen verwendet werden,

ist Buch zu führen. Die Buchführung über Merkzeichen erfolgt

1. hinsichtlich der Merkzeichen für Behältnisse mit einem Fassungsvermögen von mehr als 60 Litern, die nicht abgefüllte Erzeugnisse enthalten, mittels einer Liste mit folgenden Angaben für jedes Behältnis (Behältnisliste):
   a) die Behältnisnummer,
   b) das Fassungsvermögen,
   c) der Aufstellungsort;
   sind alle Behältnisse in einem Raum aufgestellt, genügt die einmalige Angabe dieses Raumes als Aufstellungsort für alle Behältnisse;
2. hinsichtlich der Merkzeichen für Flaschenstapel durch die Angabe der Weinnummer oder der genauen Bezeichnung des Erzeugnisses.

(3) Die nach Artikel 19 der Verordnung (EWG) Nr. 2238/93 aufzubewahrenden Bücher und Unterlagen einschließlich der Begleitpapiere müssen in den Geschäftsräumen aufbewahrt werden.

(4) Nach anderen Vorschriften bestehende Pflichten zur Buchführung, zur Aufbewahrung von Büchern oder Unterlagen oder zur Meldung oder Eintragung in bestimmte Register bleiben unberührt.

§ 11 Ausnahmen und Erleichterungen

(zu § 29 Abs. 1 Satz 1 Nr. 1 und Abs. 2 erster Halbsatz i.V.m. § 53 Abs. 1 und § 54 Abs. 1 des Weingesetzes)

(1) Soweit Erzeuger selbst erzeugte Trauben abgeben, ohne daß eine der in Artikel 14 Abs. 1 der Verordnung (EWG) Nr. 2238/93 genannten Behandlungen vorgenommen worden ist, gilt die Sammlung der Meldungen nach der Verordnung (EG) Nr. 1294/96 der Kommission vom 4. Juli 1996 mit Durchführungsbestimmungen zur Verordnung (EWG) Nr. 822/87 des Rates betreffend die Ernte-, Erzeugungs- und Bestandsmeldungen für Erzeugnisse des Weinbaus (ABl. EG Nr. L 166 S. 14) in der jeweils geltenden Fassung als Buchführung. Die Landesregierungen können durch Rechtsverordnung vorsehen, daß die Regelung in Satz 1 unter den dort genannten Voraussetzungen auch für selbst erzeugten Traubenmost und Wein gilt.

(2) Bei den in Artikel 12 Abs. 1 Unterabs. 2 Buchstabe a der Verordnung (EWG) Nr. 2238/93 genannten Händlern gilt die Sammlung aller Begleitpapiere als Buchführung.

(3) Die Eintragungen in die Ein- und Ausgangsbücher können unter den Voraussetzungen des Artikels 16 Abs. 1 Unterabs. 2 der Verordnung (EWG) Nr. 2238/93 bis zu 30 Tage nach dem Zeitpunkt des Vorganges erfolgen.

§ 12 Buchführungsverfahren

(zu § 29 Abs. 1 Satz 1 Nr. 1 und Abs. 2 erster Halbsatz i.V.m. § 53 Abs. 1 und § 54 Abs. 1 des Weingesetzes)

(1) Buchführungsverfahren nach Artikel 12 Abs. 1 Unterabs. 1 zweiter Anstrich der Verordnung (EWG) Nr. 2238/93 sind von der zuständigen Stelle auf Antrag zu genehmigen, wenn die Anforderungen, die allgemein an eine Buchführung gestellt werden, und die Anforderungen der Verordnung (EWG) Nr. 2238/93 und dieser Verordnung erfüllt sind. Die zuständige Stelle kann die Genehmigung, auch nachträglich, mit Auflagen verbinden. Sie kann erteilte Genehmigungen widerrufen oder von der Erfüllung weiterer Auflagen abhängig machen.

(2) Die Landesregierungen regeln durch Rechtsverordnung
1. die näheren Voraussetzungen und das Verfahren für die Genehmigung und
2. die Einzelheiten der Buchführungsverfahren nach Absatz 1.

§ 13 Analysenbuchführung

(zu § 29 Abs. 1 Satz 1 Nr. 3 und Abs. 2 erster Halbsatz i.V.m. § 54 Abs. 1 des Weingesetzes)

(1) Wer die für Erzeugnisse vorgeschriebenen analytischen Untersuchungen durchführt, hat ein Analysenbuch zu führen. Aus dem Analysenbuch müssen ersichtlich sein
1. die Art der Untersuchung und, soweit ein Auftrag erteilt worden ist, der Auftraggeber,
2. das analytische Untersuchungsergebnis und die bei der Untersuchung festgestellten sensorischen Merkmale,
3. Zeitpunkt und Inhalt eines Beratungsvorschlages,
4. Art und Menge zu verwendender Behandlungsstoffe und
5. Name und Unterschrift desjenigen, der die Untersuchung durchgeführt oder verantwortlich überwacht hat.

(2) Mit Genehmigung der zuständigen Stelle kann das Analysenbuch auch auf der Grundlage automatisierter Datenverarbeitung geführt werden. Die Landesregierungen regeln durch Rechtsverordnung die Einzelheiten der Analysenbuchführung nach Satz 1.

(3) Das Analysenbuch muß fünf Jahre in den Geschäftsräumen aufbewahrt werden. Die Aufbewahrungsfrist beginnt mit dem Schluß des Kalenderjahres, in dem die letzte Eintragung gemacht worden ist.

§ 14 Herbstbuch, tägliche Erntefeststellung

(zu § 29 Abs. 1 Satz 1 Nr. 1 und Abs. 2 Nr. 1 und 2 i.V.m. § 54 Abs. 1 des Weingesetzes)

(1) Wer Weintrauben erntet, hat täglich
1. den natürlichen Alkoholgehalt,
2. die Erntemenge,
3. die Herkunft und
4. die Rebsorte

des Lesegutes in ein mit seiner Anschrift und seinem Namen versehenes Buch nach einem von den Landesregierungen durch Rechtsverordnung zu bestimmenden Muster (Herbstbuch) einzutragen.

(2) Abweichend von Absatz 1 kann bei Lesegut, das vom Erntenden als Weintrauben verkauft oder an einen Erzeugerzusammenschluß abgeliefert wird, an die Stelle der Eintragung in das Herbstbuch die Kaufbestätigung des Käufers oder die Annahmebestätigung des Erzeugerzusammenschlusses treten, soweit diese die geforderten Angaben enthalten. In diesem Fall sind die Bestätigungen fortlaufend zu numerieren und gesammelt aufzubewahren.

§ 15 Vereinfachte Regelungen
(zu § 29 Abs. 1 Satz 1 Nr. 1 des Weingesetzes)

Die Eintragungen im Herbstbuch können die Eintragungen in das Kellerbuch, das Weinbuch und das Stoffbuch bis zum 15. Dezember des Erntejahres ersetzen, sofern die nach den §§ 7 und 9 erforderlichen Angaben im Herbstbuch erfolgen. Abweichungen, die sich aus der Mengenschätzung am Tag der Ernte ergeben, sind durch Korrekturbuchungen zu bereinigen.

§ 16 Buchführung: Ermächtigungen
(zu § 29 Abs. 1 Satz 1 Nr. 1 und Abs. 2 Nr. 1, 2, 3 Buchstabe a, Nr. 6 und 8 i.V.m. § 54 Abs. 1 des Weingesetzes)

Die Landesregierungen können durch Rechtsverordnung bestimmen, daß die Weinbaubetriebe über die nach dieser Verordnung zu führenden Bücher hinaus Buch über die nach den §§ 9 bis 11 des Weingesetzes an andere abgegebenen, verwendeten, verwerteten oder destillierten Erzeugnisse oder Mengen zu führen haben. Soweit die Landesregierungen von der Befugnis des Satzes 1 Gebrauch machen, haben sie die Einzelheiten der Buchführung, insbesondere die Gestaltung der Bücher sowie die Dauer ihrer Aufbewahrung, zu regeln.

§ 17 Art der Eintragungen
(zu § 29 Abs. 2 erster Halbsatz des Weingesetzes)

Die Angaben in den Ein- und Ausgangsbüchern einschließlich des Registerbuches, im Herbstbuch, im Analysenbuch und in der Behältnisliste müssen vollständig und deutlich lesbar in deutscher Sprache in urkundenfester Schrift eingetragen werden. Eintragungen dürfen nicht unleserlich gemacht oder ohne Sichtbarmachung geändert werden. In die Buchführung dürfen nicht vorgeschriebene Eintragungen nur gemacht werden, soweit dadurch die Übersichtlichkeit nicht leidet.

Abschnitt 3 · Begleitpapiere

§ 18 Ausnahmevorschrift
(zu § 30 Satz 1 Nr. 2 des Weingesetzes)

Ein Begleitpapier braucht nicht ausgestellt zu werden für die Beförderung von Weintrauben, Maische und Most aus eigener Erzeugung der Mitglieder von Erzeugerzusammenschlüssen zur Annahmestation oder Weinbereitungsanlage des Erzeugerzusammenschlusses. Satz 1 gilt bei

1. Erzeugnissen, die zur Bereitung von Qualitätswein b.A. bestimmt sind, nur für die Beförderung innerhalb des bestimmten Anbaugebietes, aus dem die beförderten Erzeugnisse stammen, und der diesem unmittelbar benachbarten Gebiete,
2. anderen Erzeugnissen nur für die Beförderung innerhalb der Weinbauzone, aus der die beförderten Erzeugnisse stammen.

§ 19 Vorgeschriebenes Begleitpapier für nicht abgefüllte Erzeugnisse
(zu § 30 Satz 1 Nr. 2 des Weingesetzes)

Für die Beförderung der in Artikel 3 Abs. 2 Buchstabe b der Verordnung (EWG) Nr. 2238/93 genannten Erzeugnisse in Behältnissen mit einem Nennvolumen von mehr als 60 Litern, die im Inland beginnt, ist ein Begleitpapier nach dem in Anhang III der genannten Verordnung aufgeführten Muster zu verwenden und unter Berücksichtigung des Anhanges II der genannten Verordnung auszustellen.

§ 20 Begleitpapier; Hektarertrag
(zu § 30 Satz 1 Nr. 2 des Weingesetzes)

Wer eine nicht abgefüllte Übermenge eines inländischen Erzeugnisses an andere abgibt, hat in das Begleitpapier deutlich sichtbar und gut lesbar die Worte „Übermenge – nur zur Destillation" einzutragen. Wird die Übermenge aus dem Inland verbracht, so sind die in Satz 1 genannten Angaben zusätzlich in einer am Entladeort leicht verständlichen Sprache einzutragen. Wer ein nicht abgefülltes inländisches Erzeugnis im Rahmen seines zulässigen Hektarertrages an andere abgibt, hat in dem Begleitpapier zu bestätigen, daß die Vorschriften der §§ 9 bis 12 des Weingesetzes eingehalten sind.

§ 21 Ergänzende Vorschriften für den Versand von Teilmengen
(zu § 30 Satz 1 Nr. 2 des Weingesetzes)

Die nach Artikel 6 Abs. 4 Unterabs. 1 Satz 2 der Verordnung (EWG) Nr. 2238/93 erforderlichen Vermerke über Mischungen sind auf dem Begleitpapier deutlich lesbar in urkundenfester Schrift durch die Worte „vermischt mit Teilmenge(n) aus Begleitpapier…" anzubringen. Dabei sind die Bezugsnummern der für jede Teilmenge ausgestellten Begleitpapiere anzugeben. Die Begleitpapiere aller in die Gesamtmenge eingegangenen Teilmengen sind zusammen aufzubewahren. Anstelle dieser Begleitpapiere kann dem Empfänger ein vom Verfügungsberechtigten der Gesamtmenge ausgestelltes Begleitpapier ausgehändigt werden. Der Aussteller hat davon eine Kopie zusammen mit den Begleitpapieren nach Satz 3 aufzubewahren. § 22 Abs. 1 bleibt unberührt.

§ 22 Kontrollvorschriften
(zu § 30 Satz 1 Nr. 2 des Weingesetzes)

(1) Wird ein
1. nicht abgefülltes Erzeugnis, für das ein Begleitpapier nach der Verordnung (EWG) Nr. 2238/93 ausgestellt ist,
2. Erzeugnis, für das ein Dokument nach Artikel 2 Buchstabe d oder e der Verordnung (EWG) Nr. 3590/85 der Kommission vom 18. Dezember 1985

über die Bescheinigung und das Analysebulletin, die bei der Einfuhr von Wein, Traubensaft und Traubenmost vorzulegen sind (ABl. Nr. L 343 S. 20) in der jeweils geltenden Fassung ausgestellt ist,

ins Inland verbracht, hat der inländische Empfänger der nach Landesrecht für den Entladeort zuständigen Stelle eine Kopie des Begleitpapiers oder des Dokuments zu übersenden, bevor das Erzeugnis in den Verkehr gebracht, verwendet oder verwertet wird.

(2) Für die in Artikel 10 der Verordnung (EWG) Nr. 2238/93 genannten Erzeugnisse, deren Beförderung im Inland beginnt, hat der zur Ausstellung des Begleitpapiers Verpflichtete neben der nach Artikel 10 der genannten Verordnung zu versendenden Kopie unverzüglich eine Kopie der für den Verladeort zuständigen Stelle zuzuleiten.

(3) Zusammen mit der in Anwendung des Artikels 10 der Verordnung (EWG) Nr. 2238/93 zu versendenden Kopie hat der Versender, sofern die Beförderung im Inland beginnt und in einem anderen Mitgliedstaat endet, der für den Verladeort zuständigen Stelle Name und Anschrift der für den Entladeort zuständigen Stelle mitzuteilen. Die Verpflichtung des Satzes 1 kann durch einmalige Mitteilung erfüllt werden, wenn die für den Verladeort zuständige Stelle dem zustimmt.

(4) Für die in § 18 Abs. 8 Satz 2 der Weinverordnung genannten Erzeugnisse, deren Beförderung im Inland beginnt, hat der zur Ausstellung des Begleitpapiers nach Artikel 3 Abs. 1 Unterabs. 1 erster Halbsatz der Verordnung (EWG) Nr. 2238/93 Verpflichtete unverzüglich zwei Kopien des nach Artikel 3 Abs. 1 und 2 der Verordnung (EWG) Nr. 2238/93 auszustellenden Begleitpapiers der für den Verladeort zuständigen Stelle zuzuleiten. Diese leitet eine Kopie unverzüglich der für den Entladeort zuständigen Stelle zu. Absatz 3 ist entsprechend anzuwenden.

§ 23 Begleitpapier; Ermächtigungen

(zu § 30 Satz 1 Nr. 2 i.V.m. § 53 Abs. 1 und § 54 Abs. 1 des Weingesetzes)

Die Landesregierungen können, soweit bei der Beförderung von nicht abgefülltem Traubenmost, nicht abgefülltem Tafelwein, nicht abgefüllten Erzeugnissen, die für die Herstellung von Schaumwein, Qualitätsschaumwein oder Qualitätsschaumwein b.A. bestimmt sind, oder nicht abgefülltem Qualitätswein b.A., der aus in ihrem Gebiet geernteten Weintrauben gewonnen worden ist, sowie bei der Beförderung von aus in ihrem Gebiet geernteten Weintrauben ein Begleitpapier auszustellen ist, durch Rechtsverordnung bestimmen, daß der zur Ausstellung des Begleitpapiers Verpflichtete

1. in dem Begleitpapier neben den nach der Verordnung (EWG) Nr. 2238/93 und dieser Verordnung erforderlichen Angaben weitere Angaben zu machen hat,
2. unverzüglich eine oder mehrere Kopien des Begleitpapiers der für den Verladeort zuständigen Stelle zuzuleiten hat.

§ 24 Begleitpapier; ergänzende Vorschrift
(zu § 30 Satz 1 Nr. 2 des Weingesetzes)

Bei unvergorenen Erzeugnissen, die ausschließlich im Inland befördert werden, darf nach Maßgabe des Artikels 18 Abs. 1 Buchstabe d der Verordnung (EWG) Nr. 2238/93 in den Begleitpapieren anstelle der Volumenmasse die Dichte in Grad Oechsle angegeben werden.

Abschnitt 4 · Überwachung

§ 25 Durchführung der Überwachung
(zu § 31 Abs. 4 Nr. 3 des Weingesetzes)

Im Rahmen der Überwachung sind Rückstellproben der amtlichen Qualitätsweinprüfung zur Feststellung der Identität sowie bei der Herbstkontrolle Proben des geernteten Lesegutes zu entnehmen.

§ 26 Handhabung der Überprüfung
(zu § 31 Abs. 4 Nr. 3 des Weingesetzes)

(1) Überprüfungen von Betrieben sind regelmäßig ohne Voranmeldung und so durchzuführen, daß in den Betriegbsablauf nicht über das notwendige Maß hinaus eingegriffen wird.

(2) Unmittelbar zu Beginn einer Überprüfung ist der Betriebsinhaber oder ein an seiner Stelle verantwortlicher Mitarbeiter über die Maßnahme in Kenntnis zu setzen.

§ 27 Entnahme von Proben
(zu § 31 Abs. 4 Nr. 3 des Weingesetzes)

(1) Bei Überprüfungen sind regelmäßig Proben von Erzeugnissen zur analytischen und sensorischen Prüfung zu entnehmen.

(2) Bei der Entnahme von Proben in Erzeuger- und Abfüllbetrieben ist für jede Probe eine Niederschrift anzufertigen; eine Probe ist als Rückstellprobe im Betrieb zu belassen und vom Inhaber des Betriebes bis zur Freigabe durch die zuständige Behörde aufzubewahren. Eine Durchschrift oder eine inhaltsgleiche Mehrausfertigung der Niederschrift ist der zurückzulassenden Probe beizufügen. Der Inhaber des in Satz 1 genannten Betriebes kann auf die Zurücklassung einer Probe verzichten.

§ 28 Zusammenarbeit der Überwachungsbehörden
(zu § 31 Abs. 4 Nr. 3 des Weingesetzes)

(1) Die für die Überwachung zuständigen Stellen haben sich bei Feststellungen von Zuwiderhandlungen gegen weinrechtliche Vorschriften zu unterrichten und sich bei der Ermittlungstätigkeit gegenseitig zu unterstützen. Stellt die ermittelnde Stelle fest, daß sie örtlich unzuständig ist, so hat sie die zuständige Stelle über das Ergebnis ihrer Ermittlungen unmittelbar zu unterrichten.

(2) Bei Gefahr im Verzug können die mit der Überwachung beauftragten Personen unmittelbar an andere Stellen der Überwachung herantreten. Die nächstvorgesetzte Stelle ist hierüber unverzüglich zu unterrichten.

(3) Die zuständigen obersten Landesbehörden bestimmen zur Überwachung von Betrieben mit Niederlassungen in Bereichen mehrerer zuständiger Stellen eines Landes, welche Stelle die Maßnahmen der Überwachung in diesen Betrieben koordiniert.

(4) Ein Austausch von Proben zur sensorischen und analytischen Beurteilung zwischen den zuständigen Stellen verschiedener Länder ist zu gewährleisten.

Abschnitt 5 · Meldungen

§ 29 Meldungen; Hektarerträge

(zu § 33 Nr. 2 und 3 i.V.m. § 54 Abs. 1 des Weingesetzes)

(1) Die Erntemeldung, die Erzeugungsmeldung und die Bestandsmeldung nach der Verordnung (EG) Nr. 1294/96 sind den zuständigen Stellen auf den von diesen ausgegebenen Vordrucken zu erstatten. Die Verwendung von Ausdrucken der elektronischen Datenverarbeitung kann von der zuständigen Stelle gestattet werden, sofern diese Ausdrucke sämtliche erforderlichen Angaben enthalten.

(2) Von der Erntemeldung sind Traubenerzeuger befreit, die

1. ihre gesamte Ernte selbst verarbeiten oder auf ihre Rechnung verarbeiten lassen oder
2. Mitglieder einer Genossenschaftskellerei oder einer Erzeugergemeinschaft sind und ihre gesamte Ernte in Form von Trauben oder Most abliefern.

(3) Die Landesregierungen können zur Sicherung einer ausreichenden Überwachung durch Rechtsverordnung vorschreiben, daß und in welcher Weise die Rebflächen des Betriebes, die Ertragsrebfläche, die Erntemenge nach Rebsorten und Herkunft, die vorgesehene Differenzierung der Tafelweine, Qualitätsweine und Qualitätsweine mit Prädikat oder der Bestand an Erzeugnissen differenziert nach Rebsorte, Herkunft, Tafelwein, Qualitätswein und Qualitätswein mit Prädikat zu melden sind.

(4) Die Meldung über den Hektarertrag nach Art. 4 der Verordnung (EG) Nr. 1294/96 ist

1. im Weinwirtschaftsjahr 1996/1997 spätestens am 10. Dezember,
2. ab dem Weinwirtschaftsjahr 1997/1998 spätestens am 2. Dezember

des Erntejahres zu erstatten. Wird die Meldung einem Geschäftsvermittler gegenüber erstattet, so hat dieser seinem Abnehmer den Hektarertrag zusammen mit einer Nummer, die die Feststellung der Herkunft des Erzeugnisses ermöglicht, auf das sich der Hektarertrag bezieht, unverzüglich schriftlich mitzuteilen. Der Geschäftsvermittler hat Hektarertrag und Nummer in seiner Weinbuchführung einzutragen. Der Abnehmer hat, sofern er aus dem gelieferten Erzeugnis Wein herstellt, in seiner Erzeugungsmeldung auch diese Nummer einzutragen.

(5) Die Landesregierungen können nach Maßgabe des Artikels 5 Abs. 1 der Verordnung (EG) Nr. 1294/96 durch Rechtsverordnung bestimmen, daß

Absatz 4 Satz 1, Satz 2, soweit dieser die Mitteilung des Hektarertrages betrifft, oder Satz 3, soweit dort die Eintragung des Hektarertrages in die Weinbuchführung vorgesehen ist, nicht anzuwenden sind.

(6) Für die Umrechnung der Mengen nach Art. 9 Unterabs. 3 der Verordnung (EG) Nr. 1294/96 entsprechen

1. 100 Kilogramm Weintrauben = 75 Liter Wein,
2. 100 Liter Traubenmost = 95 Liter Wein,
3. 100 Liter konzentrierter Traubenmost oder rektifiziertes Traubenmostkonzentrat = 500 Liter Wein.

(7) Als Einzelhändler im Sinne des Artikels 6 Abs. 2 der Verordnung (EG) Nr. 1294/96 gilt, wer im Einzelfall an einen Endverbraucher nicht mehr als 100 Liter Wein abgibt.

§ 30 Meldefristen

(zu § 33 Nr. 1 des Weingesetzes)

(1) Meldungen über vorgenommene Rodungen, Wiederbepflanzungen oder Neuanpflanzungen nach Artikel 8 Abs. 2 Unterabs. 2 der Verordnung (EWG) Nr. 822/87 des Rates vom 16. März 1987 über die gemeinsame Marktorganisation für Wein (ABl. EG Nr. L 84 S. 1) in der jeweils geltenden Fassung sind den zuständigen Stellen innerhalb einer von ihnen festzusetzenden Frist auf den von ihnen ausgegebenen Vordrucken zu erstatten. Die festzusetzende Frist darf über den nach vorgenommener Rodung, Wiederbepflanzung oder Neuanpflanzung jeweils folgenden 31. Mai nicht hinausgehen.

(2) Die nach Absatz 1 Satz 1 für die Erstattung der Meldungen über vorgenommene Rodungen festgesetzte Frist kann im Einzelfall bis zum der vorgenommenen Rodung folgenden 31. Juli verlängert werden. Ist die in Absatz 1 Satz 1 genannte Frist bereits abgelaufen, so kann sie, auch von Amts wegen oder wenn der Antrag auf Verlängerung der Frist nach deren Ablauf gestellt wird, rückwirkend bis zum der vorgenommenen Rodung folgenden 31. Juli verlängert werden, insbesondere wenn es unbillig wäre, die durch den Fristablauf eingetretenen Rechtsfolgen bestehen zu lassen.

§ 31 Ermächtigungen

(zu § 33 Nr. 2 bis 4 i.V.m. § 54 Abs. 1 des Weingesetzes)

Die Landesregierungen können durch Rechtsverordnung vorschreiben, daß und in welcher Weise die in § 9 Abs. 1 Satz 1 des Weingesetzes genannten Weinbaubetriebe Angaben über den Hektarertrag, die Übermenge oder die Destillation nach den §§ 9 bis 11 des Weingesetzes zu machen haben, soweit dies erforderlich ist, besonderen Gegebenheiten des Weinbaus in ihrem Gebiet Rechnung zu tragen und eine ausreichende Überwachung sicherzustellen. In Rechtsverordnungen nach Satz 1 kann insbesondere bestimmt werden, daß

1. die Rebflächen,
2. der vorhandene Bestand und
3. die Menge der an andere abgegebenen, verwendeten oder verwerteten Erzeugnisse

zu melden sind.

Abschnitt 6 · Einfuhr

§ 32 Zulassung zur Einfuhr, amtliche Untersuchung und Prüfung

(zu § 36 Abs. 1 Satz 1 und 2 Nr. 1 des Weingesetzes)

(1) Wein einschließlich Perlwein und Perlwein mit zugesetzter Kohlensäure, Schaumwein, Schaumwein mit zugesetzter Kohlensäure, Traubenmost, konzentrierter Traubenmost, rektifiziertes Traubenmostkonzentrat, teilweise gegorener Traubenmost, Likörwein, weinhaltige Getränke, aromatisierter Wein, aromatisierte weinhaltige Getränke und aromatisierte weinhaltige Cocktails, dürfen, soweit es sich um Drittlandserzeugnisse handelt, nur eingeführt werden, wenn sie hierfür zugelassen sind (Zulassung zur Einfuhr). Sollen solche Erzeugnisse zur Zollgutlagerung in einem offenen Zollager, zum aktiven Veredelungsverkehr zum Umwandlungsverkehr oder zur Zollgutverwendung abgefertigt werden, so kann die Entscheidung über die Zulassung bis zur Überführung der Erzeugnisse in den zollrechtlich freien Verkehr zurückgestellt werden, wenn sich die für die Weinüberwachung zuständige Behörde auf Antrag des Verfügungsberechtigten damit einverstanden erklärt hat.

(2) Die Zulassung zur Einfuhr wird nur erteilt, nachdem durch eine amtliche Untersuchung und Prüfung im Inland festgestellt ist, daß die Erzeugnisse nach ihrer Zweckbestimmung sowie ihre Behältnisse und ihre Bezeichnung und Aufmachung den Rechtsakten der Europäischen Gemeinschaft, dem Weingesetz und den auf Grund des Weingesetzes erlassenen Rechtsverordnungen entsprechen. Werden Wein einschließlich Perlwein und Perlwein mit zugesetzter Kohlensäure, teilweise gegorener Traubenmost, Schaumwein, Schaumwein mit zugesetzter Kohlensäure, Likörwein, rektifiziertes Traubenmostkonzentrat, weinhaltige Getränke, aromatisierte Weine, aromatisierte weinhaltige Getränke oder aromatisierte weinhaltige Cocktails in etikettierten Behältnissen mit einem Nennvolumen bis 5 Liter eingeführt, kann von einer amtlichen Untersuchung und Prüfung abgesehen werden.

§ 33 Befreiung von der Zulassung zur Einfuhr

(zu § 36 Abs. 1 Satz 1 und 2 Nr. 6 des Weingesetzes)

(1) Von der Zulassung zur Einfuhr sind befreit

1. Erzeugnisse, die als Diplomaten- oder Konsulargut eingeführt werden;
2. Erzeugnisse in Behältnissen mit einem Gesamtnennvolumen bis 30 Liter, sofern sie im persönlichen Gepäck von Reisenden mitgeführt werden;
3. Erzeugnisse bis zu 400 Kilogramm einschließlich Verpackung jährlich, berechnet für jedes der in § 32 Abs. 1 Satz 1 genannten Erzeugnisse, sofern der Verfügungsberechtigte der abfertigenden Zolldienststelle schriftlich erklärt, daß durch die Einfuhr der Erzeugnisse die Grenze von 400 Kilogramm nicht überschritten wird; die Zolldienststelle übersendet eine Ausfertigung der Erklärung der zuständigen Überwachungsbehörde;
4. Erzeugnisse, wenn sie für wissenschaftliche Zwecke oder für Ausstellungen, Messen und ähnliche Veranstaltungen bestimmt sind und der Bedarf von der für die Weinüberwachung zuständigen Behörde anerkannt ist;
5. Muster und Proben von Erzeugnissen in Behältnissen in geringen Mengen;
6. Erzeugnisse, die zum Übersiedlungsgut natürlicher Personen gehören, so-

weit es sich um Mengen handelt, die üblicherweise als Vorrat gehalten werden;
7. Erzeugnisse, die als Mundvorrat auf See- oder Binnenschiffen, als Speisewagenvorräte oder als Bordvorräte in Luftfahrzeugen zum Verbrauch durch das Personal und die Reisenden bestimmt sind;
8. Wein, der nachweislich ausschließlich für kultische Zwecke bestimmt ist.

(2) Absatz 1 gilt nicht für rektifiziertes Traubenmostkonzentrat.

§ 34 Amtliche Untersuchung und Prüfung durch Stichproben
(zu § 36 Abs. 1 Satz 1 und 2 Nr. 7 des Weingesetzes)

Die amtliche Untersuchung und Prüfung kann stichprobenweise vorgenommen werden, wenn das Dokument nach Artikel 2 Buchstabe d oder e der Verordnung (EWG) Nr. 3590/85 vorliegt.

§ 35 Zuständigkeit für die Erteilung der Zulassung
(zu § 36 Abs. 1 Satz 1 und 2 Nr. 2, 3 und 5 des Weingesetzes)

(1) Über die Zulassung zur Einfuhr entscheiden die zuständigen Zolldienststellen. Dabei prüfen sie, ob das Dokument nach Artikel 2 Buchstabe d oder e der Verordnung (EWG) Nr. 3590/85 ordnungsgemäß ausgestellt ist, sich auf die Warensendung bezieht und die darin enthaltenen Angaben mit denen im Zollpapier übereinstimmen.

(2) Für die amtliche Untersuchung und Prüfung holt die Zolldienststelle das Gutachten der für den Empfänger örtlich zuständigen amtlichen Untersuchungsstelle nach Absatz 4 Nr. 1 ein.

(3) Ergibt das Gutachten, daß das Erzeugnis den Voraussetzungen des § 32 Abs. 2 Satz 1 nicht entspricht, unterrichtet die Zolldienststelle den Verfügungsberechtigten; das Gutachten der amtlichen Untersuchungsstelle ist beizufügen. Der Verfügungsberechtigte kann innerhalb von zwei Wochen beantragen, daß eine andere amtliche Untersuchungsstelle mit der Untersuchung und Prüfung sowie der Erstattung eines Zweitgutachtens beauftragt wird. Ein Zweitgutachten kann nicht beantragt werden, wenn das Erzeugnis nach Entnahme der Probe, die dem Erstgutachten zugrunde lag, önologisch behandelt worden ist. In einem solchen Fall haben die Zolldienststellen über das behandelte Erzeugnis erneut ein Erstgutachten einzuholen. Wird der Antrag auf Erstattung eines Zweitgutachtens nicht gestellt, ist das Erzeugnis von der Einfuhr zurückzuweisen; das gleiche gilt, wenn das Zweitgutachten das Erstgutachten im Ergebnis und in mindestens einem die Zurückweisung rechtfertigenden Grund bestätigt. Weicht das Zweitgutachten im Ergebnis vom Erstgutachten ab oder bestätigt es das Erstgutachten zwar im Ergebnis, hält es aber die Zurückweisung aus anderen Gründen für geboten, so hat die Zolldienststelle ein Obergutachten einzuholen. An das Obergutachten ist die Zolldienststelle gebunden.

(4) Für die amtliche Untersuchung und Prüfung werden folgende Untersuchungsstellen bestimmt:
1. für das Erstgutachten die in Anlage 1 aufgeführten Untersuchungsstellen;
2. für das Zweitgutachten die in Anlage 2 aufgeführten Untersuchungsstellen;

3. für das Obergutachten das Bundesinstitut für gesundheitlichen Verbraucherschutz und Veterinärmedizin, das sich dabei der Unterstützung anderer, bei der Erstattung des Erst- und Zweitgutachtens nicht beteiligter Untersuchungsstellen bedienen kann.

(5) Steht der Einfuhr nur die Vorschriftswidrigkeit

1. einer Bezeichnung, sonstigen Angabe oder Aufmachung oder
2. das Fehlen oder die Vorschriftswidrigkeit des Dokuments nach Artikel 2 Buchstabe d oder e der Verordnung (EWG) Nr. 3590/85

entgegen, soll dem Verfügungsberechtigten vor der Entscheidung über die Zulassung zur Einfuhr Gelegenheit zur Behebung des Mangels gegeben werden.

(6) Erzeugnisse, die von der Einfuhr zurückgewiesen worden sind oder auf deren Einfuhr verzichtet worden ist, hat der Verfügungsberechtigte unter zollamtlicher Überwachung auf seine Kosten

1. in ein Drittland wiederauszuführen oder
2. zu vernichten.

Kommt er dieser Verpflichtung innerhalb einer von der Zolldienststelle gesetzten Frist nicht nach, sind sie auf seine Kosten zu vernichten.

§ 36 Probenahme und Kosten
(zu § 36 Abs. 1 Satz 2 Nr. 3 des Weingesetzes)

(1) Die Zolldienststelle darf die für die Untersuchung erforderlichen Muster und Proben unentgeltlich entnehmen.

(2) Die Kosten (Gebühren und Auslagen) der Untersuchung von weinhaltigen Getränken, aromatisierten Weinen, aromatisierten weinhaltigen Getränken und aromatisierten weinhaltigen Cocktails sowie die Auslagen für die Verpackung und Beförderung der Muster und Proben dieser Erzeugnisse trägt der Verfügungsberechtigte; er ist Kostenschuldner gegenüber der Untersuchungsstelle. Sind mehrere Gutachten erforderlich, so werden, soweit der Einfuhr nichts entgegensteht, Kosten nur für das Erstgutachten erhoben. Im übrigen werden Kosten nicht erhoben.

§ 37 Zollanschlüsse, Freihäfen, vorübergehende Ausfuhr
(zu § 36 Abs. 1 Satz 1 und 2 Nr. 6 i.V.m. § 54 Abs. 1 des Weingesetzes)

(1) Die amtliche Untersuchung und Prüfung kann entfallen bei Erzeugnissen, die aus Freihäfen eingeführt werden, wenn nachgewiesen wird, daß die amtliche Untersuchung und Prüfung bereits vorgenommen worden ist und ergeben hat, daß die Erzeugnisse nach ihrer Zweckbestimmung sowie ihre Behältnisse und ihre Bezeichnung und Aufmachung den Rechtsakten der Europäischen Gemeinschaft, dem Weingesetz und den auf Grund des Weingesetzes erlassenen Rechtsverordnungen entsprechen.

(2) Zur Einfuhr bereits zugelassener Erzeugnisse bedürfen bei nur vorübergehender Ausfuhr keiner erneuten Zulassung, wenn nachgewiesen ist, daß sie zwischenzeitlich weder behandelt noch umgefüllt worden sind.

(3) Die Zulassung zur Einfuhr entfällt bei den in Zollanschlüssen hergestellten Erzeugnissen, wenn sie unmittelbar aus dem Zollanschluß eingeführt werden.

(4) Die Landesregierung des an den Zollanschluß angrenzenden Landes kann durch Rechtsverordnung bestimmen, daß, soweit nach Absatz 3 die Zulassung entfällt, in Zollanschlüssen hergestellte Erzeugnisse nur eingeführt werden dürfen, wenn nachgewiesen oder glaubhaft gemacht wird, daß die Erzeugnisse den in § 32 Abs. 2 Satz 1 genannten Voraussetzungen entsprechen.

§ 38 Einfuhr weinhaltiger Getränke
(zu § 35 Abs. 2 des Weingesetzes)

(1) In einem Drittland hergestellte weinhaltige Getränke dürfen nur eingeführt werden, wenn die gesamte Herstellung in demselben Staat nach den dort geltenden Vorschriften vorgenommen worden ist. Der Einfuhr steht nicht entgegen, daß das weinhaltige Getränk zur Erhaltung seiner Lager- oder Transportfähigkeit außerhalb seines Herstellungslandes behandelt worden ist, sofern die im Herstellungsland dafür geltenden Rechtsvorschriften eingehalten worden sind.

(2) In einem Drittland hergestellte weinhaltige Getränke dürfen nicht eingeführt werden, wenn bei den zu ihrer Herstellung verwendeten Erzeugnissen andere als die in Anhang VI der Verordnung (EWG) Nr. 822/87 zugelassenen önologischen Verfahren und Behandlungen angewendet worden sind.

Abschnitt 7 · Straftaten und Ordnungswidrigkeiten

§ 39 Straftaten

Nach § 48 Abs. 1 Nr. 2, Abs. 2, 3 des Weingesetzes wird bestraft, wer vorsätzlich oder fahrlässig

1. entgegen § 1 Abs. 1 Satz 2 Wein in den Verkehr bringt, einführt oder ausführt oder
2. entgegen § 38 Abs. 1 Satz 1 oder Abs. 2 ein weinhaltiges Getränk einführt.

§ 40 Ordnungswidrigkeiten

Ordnungswidrig im Sinne des § 50 Abs. 2 Nr. 4 des Weingesetzes handelt, wer vorsätzlich oder fahrlässig

1. entgegen § 1 Abs. 4 Satz 2 bis 4 eine Meldung nicht, nicht richtig, nicht vollständig oder nicht rechtzeitig erstattet,
2. entgegen § 4 die Vergällung von Weintrub vornimmt,
3. entgegen § 5 Abs. 1 Ein- und Ausgangsbücher nicht führt,
4. entgegen § 7 Abs. 5 ein Registerbuch nicht führt oder eine Eintragung nicht, nicht richtig, nicht vollständig oder nicht in der vorgeschriebenen Weise macht,
5. entgegen § 7 Abs. 4, 7 Satz 2 oder Abs. 8 eine Eintragung nicht, nicht richtig, nicht vollständig, nicht in der vorschriebenen Weise oder nicht jährlich macht,
6. entgegen § 8 Satz 1 oder § 10 Abs. 2 ein Buch nicht, nicht richtig oder nicht vollständig führt,
7. entgegen § 10 Abs. 1 Satz 1 Behältnisse oder Flaschenstapel nicht oder nicht in der vorgeschriebenen Weise mit Merkzeichen versieht,

8. entgegen § 10 Abs. 3 Bücher, Unterlagen oder Begleitpapiere nicht oder nicht in der vorgeschriebenen Weise aufbewahrt,
9. entgegen § 13 Abs. 1 oder 3 Satz 1 ein Analysenbuch nicht, nicht richtig oder nicht vollständig führt oder nicht fünf Jahre aufbewahrt,
10. entgegen § 14 Abs. 1 eine Eintragung nicht, nicht richtig, nicht vollständig oder nicht in der vorschriebenen Weise macht,
11. entgegen § 17 Satz 1 oder 2 Eintragungen nicht, nicht richtig, nicht vollständig oder nicht in der vorgeschriebenen Weise macht oder eine Eintragung unleserlich macht oder ohne Sichtbarmachung ändert,
12. entgegen § 19 ein Begleitpapier nicht oder nicht nach dem vorgeschriebenen Muster verwendet oder nicht oder nicht richtig ausstellt,
13. entgegen § 20 eine Eintragung oder eine Bestätigung nicht, nicht richtig, nicht vollständig oder nicht in der vorgeschriebenen Weise macht,
14. entgegen § 21 Satz 1 einen Vermerk nicht oder nicht in der vorgeschriebenen Weise anbringt, entgegen § 21 Satz 2 eine Angabe nicht, nicht richtig oder nicht vollständig macht oder entgegen § 21 Satz 3 oder 5 ein Begleitpapier oder eine Kopie nicht oder nicht in der vorgeschriebenen Weise aufbewahrt oder
15. entgegen § 22 Abs. 1, 2 oder 4 Satz 1 eine Kopie nicht oder nicht rechtzeitig übersendet oder zuleitet.

Abschnitt 8 · Schlußbestimmungen

§ 41 Fortbestehen anderer Vorschriften

Bis zum 31. August 1997 ist § 2 Abs. 1 der Wein-Überwachungs-Verordnung vom 14. Januar 1991 (BGBl. I S. 78), die zuletzt durch Artikel 6 § 3 des Gesetzes vom 24. Juni 1994 (BGBl. I S. 1416) geändert worden ist, in der bis zum 17. Mai 1995 geltenden Fassung weiter anzuwenden. § 1 Abs. 4 Nr. 1 bis 3 und 5, Abs. 5 und 7 bis 9 sowie die Anlagen 1 bis 5 und 7 der Wein-Überwachungs-Verordnung vom 15. Juli 1971 (BGBl. I S. 951), die zuletzt durch Artikel 3 der Verordnung vom 14. Januar 1977 (BGBl. I S. 117) geändert worden ist, sind, soweit die Landesregierungen die Einzelheiten der Weinbuchführung am 17. Mai 1995 nicht gemäß § 2 Abs. 1 der Wein-Überwachungs-Verordnung vom 14. Januar 1991 in der bis dahin geltenden Fassung durch Rechtsverordnung geregelt haben, bis zum 31. August 1997 weiter anzuwenden.

Anlage 1
(zu § 35 Abs. 4 Nr. 1)

Untersuchungsstellen für das Erstgutachten bei Einfuhruntersuchungen

1. Berliner Betrieb für Zentrale Gesundheitliche Aufgaben – Institut für Lebensmittel, Arzneimittel und Tierseuchen,
2. Staatliches Lebensmitteluntersuchungsamt Braunschweig,
3. Landesuntersuchungsamt für Chemie, Hygiene und Veterinärmedizin, Bremen,

4. Landesuntersuchungsanstalt für das Gesundheits- und Veterinärwesen Sachsen, Standort Dresden,
5. Thüringer Medizinal-, Lebensmittel- und Veterinäruntersuchungsamt, Erfurt,
6. Staatliches Veterinär- und Lebensmitteluntersuchungsamt Frankfurt (Oder),
7. Landesveterinär- und Lebensmitteluntersuchungsamt Halle,
8. Chemische und Lebensmitteluntersuchungsanstalt im Hygienischen Institut der Freien und Hansestadt Hamburg,
9. Chemische Landesuntersuchungsanstalt Karlsruhe,
10. Institut für Lebensmittel- und Wasseruntersuchungen der Stadt Köln,
11. Lebensmittel- und Veterinäruntersuchungsamt des Landes Schleswig-Holstein, Außenstelle Lübeck,
12. Chemisches Untersuchungsamt Mainz,
13. Chemisches Landes- und Staatliches Veterinäruntersuchungsamt, Münster,
14. Landesuntersuchungsamt für das Gesundheitswesen Südbayern, Oberschleißheim,
15. Landesveterinär- und Lebensmitteluntersuchungsamt Rostock,
16. Staatliches Institut für Gesundheit und Umwelt, Abteilung G Lebensmittelchemie, Arzneimittel, Saarbrücken,
17. Chemisches Untersuchungsamt Speyer,
18. Chemische Landesuntersuchungsanstalt Stuttgart,
19. Chemisches Untersuchungsamt Trier,
20. Staatliches Medizinal-, Lebensmittel- und Veterinäruntersuchungsamt Südhessen, Abteilung III, Wiesbaden,
21. Landesuntersuchungsamt für das Gesundheitswesen Nordbayern – Abteilung VI Würzburg –.

Anlage 2
(zu § 35 Abs. 4 Nr. 2)

Untersuchungsstellen für das Zweitgutachten bei Einfuhruntersuchungen

1. Chemische und Lebensmitteluntersuchungsanstalt im Hygienischen Institut der Freien und Hansestadt Hamburg,
2. Chemisches Landes- und Staatliches Veterinäruntersuchungsamt, Münster,
3. Chemisches Untersuchungsamt Speyer,
4. Landesuntersuchungsanstalt für das Gesundheits- und Veterinärwesen Sachsen, Standort Dresden,
5. Landesuntersuchungsamt für das Gesundheitswesen Nordbayern – Abteilung VI Würzburg –.

Buchanzeigen

Modernes Leben

SO VIELFÄLTIG SIND IHRE RECHTE

Freizeit und Gesundheit

Bartl
Reise- und Freizeitrecht

Recht der Touristik und Freizeitanlagen: Veranstalter, Vermittler, Vereine, Hotels, Fluggesellschaften, Trainer, Freizeitparks, Sport, Hobby.
Praktische Hinweise und Checklisten.

2.A.1991. 287 S.
DM 10,80. dtv 5246

Führich
Reiserecht von A–Z

Reisevertrag und Beförderung, Vermittlung und Versicherung, Mängel und Rücktrittskosten.
Mit Gesetzestexten, Reisebedingungen und Tabelle zur Reisepreisminderung.

1.A.1995. 249 S.
DM 12,90. dtv 5643

Führich
Mein Recht bei Pauschalreisen

Mit Checklisten, Musterbriefen, Urteilen, Gesetzestexten.

1.A.1997. 206 S.
DM 15,90. dtv 5656

Lorz
Mein Haustier

Die Rechte und Pflichten bei Erwerb und Verlust, Haltung, Reisen, Versicherung, Steuer, Tierarzt, Tierseuchen, Tierschutz, Jagdschutz und gegenüber Vermietern und Nachbarn.

2.A.1992. 159 S.
DM 8,80. dtv 5241

Pfister/Steiner
Sportrecht von A–Z

Vereine und Verbände, Sportanlagen, Arbeitsrecht und Besteuerung, Unfallhaftung, Sponsoring, Sportförderung, Gerichtsbarkeit.

1.A.1995. 309 S.
DM 14,90. dtv 5608

Das Buch zur ZDF-Serie „Wie würden Sie entscheiden?“

Dambeck/Töpper
Meine Rechte beim Wintersport

Verkehrssicherungspflichten auf der Piste, die 10 FIS-Verhaltensregeln für Skifahrer und Snowboarder u.v.m.

1.A.1999. 220 S.
DM 18,90. dtv 5670

GesundheitsR · Gesundheitsrecht

Bundes-SeuchenG, HIV-HilfeG, Embryonenschutz G, Schwangerschaftskonfilkt G, RöntgenVO, MedizingeräteVO, TierseuchenG u.a.

Textausgabe.
3.A.1996. 326 S.
DM 12,90. dtv 5555

GOÄ/GOZ · Gebührenordnung für Ärzte und Zahnärzte

mit Gebührenverzeichnissen für ärztliche und zahnärztliche Leistungen.

Textausgabe.
4.A.1996. 486 S.
DM 14,90. dtv 5551

Narr/Rehborn
Arzt – Patient – Krankenhaus

Kassenärztliche Versorgung, Behandlungsvertrag, Privatliquidation, Aufklärungspflicht, Haftung, Schweigepflicht, Sterbehilfe, Schwangerschaftsabbruch.

2.A.1991. 319 S.
DM 11,80. dtv 5091

Brühl
Drogenrecht

Informationen für Betroffene und Helfer. Alkohol, Cocain, Haschisch, Heroin. Strafrecht, Sozialrecht, Privatrecht, Berufsrecht.

1.A.1992. 370 S.
DM 14,80. dtv 5269

Lips
Wegweiser durch das Lebensmittelrecht

Inhalt und Anwendung lebensmittelrechtlicher Vorschriften.
Eine Darstellung für die Praxis der Hersteller, des Handels und der Lebensmittelüberwachung sowie für den Verbraucher.

4.A.1994. 196 S.
DM 10,90. dtv 5219

Koch
Wein und Recht von A–Z

„Wein und Recht von A–Z" ist das erste Lexikon, das sowohl dem Weinliebhaber wie dem Weinfachmann allgemein verständlich Auskunft über Herstellung, Bezeichnung, Vermarktung und Überwachung gibt.
Es werden Fragen zum Weinbau, zur Kellerwirtschaft und zum Weinmarketing beantwortet, ergänzend die wichtigsten in Deutschland angebauten Rebsorten vorgestellt. Ein Muster-Weinetikett erklärt, welche Angaben darauf enthalten sein müssen bzw. wie sie zu verstehen sind.

1.A.1999. Rd. 200 S.
Ca. DM 16,90. dtv 5637

In Vorbereitung für März 1999

Straße und Auto

StVR · Straßenverkehrsrecht

StraßenverkehrsG, Straßenverkehrs-Ordnung mit farbiger Wiedergabe der Verkehrszeichen und Straßenverkehrs-Zulassungs-Ordnung, PflichtversicherungsG, Verwarnungsgeldkatalog und Bußgeldkatalog. Mit FahrerlaubnisVO (Auszug) und StVG-Änderungen zum 1.1.1999.

Textausgabe.
35.A.1998. 560 S.
DM 14,90. dtv 5015

Verwarnungs- und Bußgeldkataloge

Verwarnungsgeldkatalog, Bußgeldkatalog in der bundeseinheitlichen und bayerischen Fassung, Mehrfachtäter-Punktsystem und weitere Vorschriften des Straßenverkehrsrechts.

Textausgabe.
4.A.1994. 311 S.
DM 14,90. dtv 5039

Händel
Straßenverkehrsrecht von A–Z

Mit der neuen Fahrerlaubnis-Verordnung.
Dieses praktische Lexikon erläutert rund 400 Sach- und Rechtsbegriffe aus dem Straßenverkehrsrecht und dokumentiert wichtige Gesetzestexte.
Die Neuauflage berücksichtigt bereits die neue Fahrerlaubnis-Verordnung, die zum 1.1.1999 in Kraft trat.

9.A.1999. Rd. 440 S.
Ca. DM 19,90. dtv 5050

In Vorbereitung für Frühjahr 1999

Brüseken/Krumbholz/Manthey
Rechtsfragen rund um mein Auto

Autokauf und Reparatur · Fahrerlaubnis · Steuer und Versicherung · Strafe und Bußgeld · Verkehrsunfall.
Mit einem Vorwort von Prof. Herbert Rosendorfer.

1.A.1997. 383 S.
DM 16,90. dtv 5660

Testsieger »Computer-Bild«!

Viefhues/Diepmans
Rund ums Auto

Rechtsfragen beim Auto erkennt man als juristischer Laie oft erst, wenn es fast zu spät ist. Mit dieser CD sind Sie sofort im Bilde, ob bei Kauf und Verkauf, Leasing, Verkehrsunfall, Straf- und Ordnungswidrigkeiten oder Kfz-Versicherung. Sie können die CD zeitsparend nutzen, indem Sie ein Stichwort eingeben und sofort die entsprechende Textstelle einsehen können. Zusätzlich bietet Ihnen diese CD-ROM, mit Hypertext nur einen Maus-Klick entfernt: Gesetzestexte, Musterverträge, Musterschreiben, Adreßverzeichnisse, Gerichtsurteile.

1. Edition 1996.
CD-ROM für Windows.
Mit 19 S. Programmanleitung.
DM 49,90 (unverbindliche Preisempfehlung incl. 16% MwSt.) dtv 51007

Meine Führerscheinprüfung

Die Richtlinien für die Prüfung der Bewerber um eine Erlaubnis zum Führen von Kraftfahrzeugen und für die Prüfung über die Beherrschung der Grundzüge der energiesparenden Fahrweise mit allen Prüfungsfragen und Antworten sowie farbiger Wiedergabe der Verkehrszeichen und Bilder.

23.A.1998. 322 S.
DM 19,90. dtv 5666

Bode
Ratgeber Führerschein

Erwerben · Wiedererlangen · Umtauschen.
Der Ratgeber gibt einen systematischen und leichtverständlichen Überblick über die Rechte und Pflichten bei der Beantragung und dem Besitz einer Fahrerlaubnis.

4.A.1999. Rd. 300 S.
Ca. DM 16,90. dtv 5286

In Vorbereitung für Frühjahr 1999

Natur und Umwelt

UmwR · Umweltrecht

Wichtige Gesetze und Verordnungen zum Schutz der Umwelt.

Textausgabe.
11.A.1998. 904 S.
DM 19,90. dtv 5533

NatSchR · Naturschutzrecht

BundesnaturschutzG, Washingtoner Artenschutzübereinkommen mit ZustimmungsG und allgemeinen Verwaltungsvorschriften, BundesartenschutzVO, Landesnaturschutzgesetze.

Textausgabe.
8.A.1999. Rd. 800 S.
Ca. DM 20,90. dtv 5528

In Vorbereitung für Frühjahr 1999

TierSchR · Tierschutzrecht

Tierhaltung, Tiertransport, Schlachttiere, Versuchstiere.

Textausgabe.
1.A.1999. dtv 5576

In Vorbereitung für März 1999

BImSchG · Bundes-Immissionsschutzgesetz

mit Durchführungsverordnungen, TA Luft und TA Lärm.

Textausgabe.
3.A.1997. 439 S.
DM 16,90. dtv 5575

AbfR · Abfallrecht

Kreislaufwirtschafts- und AbfallG mit Verordnungen, AbfallverbringungsR, TA Abfall, TA Siedlungsabfall.

Textausgabe.
4.A.1998. 526 S.
DM 16,90. dtv 5569

Versteyl
Abfall und Altlasten

Abfallrecht, Altlasten, Betriebsbeauftragte, Chemikalien, Deponie, EG-Vorschriften, Gefahrstoffe, Haftung, Müllvermeidung, Recycling, Transporte, Umweltstrafrecht, Versicherungsfragen, zukünftige Entwicklungen.

1.A.1993. 365 S.
DM 16,90. dtv 5603

Computerrecht und Telekommunikation

ComputerR · Computerrecht

Zivilrecht, Strafrecht, Urheberrecht, Bundesdatenschutzgesetz, Halbleiterschutzgesetz, Besondere Vertragsbedingungen.

Textausgabe.
3.A.1999. Rd. 380 S.
Ca. DM 14,90. dtv 5562

In Vorbereitung für März 1999

von Gravenreuth
Computerrecht von A–Z

Abnahme, Ausspähen von Daten, Computerbetrug, Computerviren, Copyrightvermerk, Datenschutz, Gewährleistung, Halbleiterschutzrecht, Miete, Patentrecht, Public-Domain-Software, Sicherungskopien, Urheberrecht, Wartungsvertrag, Zusicherung.

1.A.1993. 325 S.
DM 16,80. dtv 5072

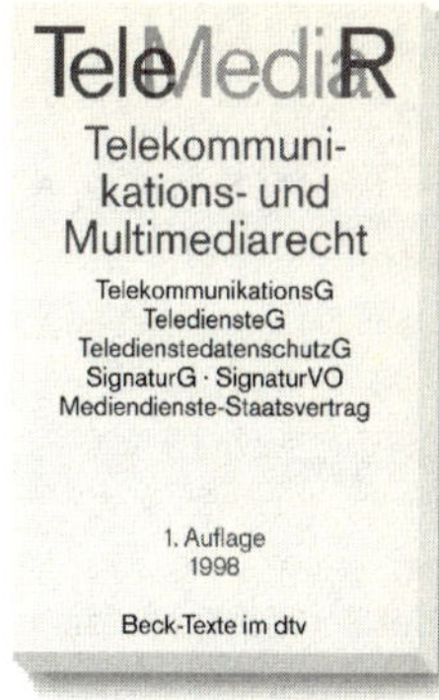

Roßnagel/Geppert
TeleMediaR · Telekommunikations- und Multimediarecht

Telekommunikationsgesetz, Telekommunikations-KundenschutzVO, NetzzugangsVO, Teledienstegesetz, Teledienstedatenschutzgesetz, Signaturgesetz, SignaturVO, Mediendienste-Staatsvertrag u.a.m.

1998. 352 S.
DM 24,90. dtv 5598

Nasemann

Mein Weg zum neuen Mietvertrag

Praktische Hinweise und Rechtsfragen zu Wohnungssuche und Makler, Abschluß des Mietvertrages, Wohngeld und Umzug.

2.A.1998. 130 S.
DM 10,90. dtv 50618

Blank

Miete und Pacht

Ratgeber mit Mustern für gewerbliche und private Mieter und Vermieter, Pächter und Verpächter.

11.A.1999. Rd. 650 S.
Ca. DM 19,90. dtv 5099

In Vorbereitung

Schmitz

Was tun bei Wohnungskündigung?

Alles was ich wissen muß zu Kündigungsschutz und Beendigung eines Mietverhältnisses.

2.A.1997. 160 S.
DM 9,90. dtv 50615

Böhmer/Wicke

Energiesparen im Haushalt

So schonen Sie Umwelt und Geldbeutel. Reduzierung der Heizenergie und des Stromverbrauchs, Energiesparen im Verkehr, Berechnung des Sparerfolgs.

1.A.1998. 221 S.
DM 16,90. dtv 50813

Falk/von Lüpke

Energie und Wohnen

Ein Ratgeber für die Nutzung regenerativer Energien im Eigenheim. Technische Möglichkeiten, Beurteilung der Wirtschaftlichkeit, Finanzierungsbeispiele, Vertragsmuster und Checklisten.

1.A.1998. 239 S.
DM 18,90. dtv 50821

Kaufen

GrundstR · Grundstücksrecht

u.a. mit BGB (Auszug), BeurkundungsG, MiethöheG, ErbbauVO, WohnungseigentumsG, Baugesetzbuch (Auszug), Grundbuchordnung, Zivilprozeßordnung (Auszug), Gesetz über die Zwangsversteigerung und Zwangsverwaltung, GrunderwerbsteuerG, GrundsteuerG.

Textausgabe.
2.A.1999. Rd. 670 S.
Ca. DM 19,90. dtv 5586

In Vorbereitung für März 1999

Grundstücksrecht Ost

u.a. mit EGBGB, SachenrechtsbereinigungsG, SchuldrechtsanpassungsG, BodensonderungsG, GrundbuchbereinigungsG, NutzungsentgeltVO, Grundstücksverkehrsordnung.

Textausgabe.
2.A.1997. 538 S.
DM 18,90. dtv 5580

Bub/Schmid

Grundstücke – erwerben, besitzen, belasten und verkaufen

Die Rechte an Immobilien und ihre Übertragung, Nutzung, Besteuerung, staatliche Förderung.

7.A.1996. 295 S.
DM 11,90. dtv 5082

Herrling/Detzel/Gaisbauer
Immobilien aus zweiter Hand
Ihr Ratgeber für Erwerb und Besitz.
1.A.1997. 255 S.
DM 16,90. dtv 5887

Johns
Immobilien-Lexikon
Recht und Steuern für Haus und Grund.
647 Stichwörter aus den Bereichen Immobilienrecht und -besteuerung, Grundstückswirtschaft, Wohnungseigentum und Bautechnik.
1.A.1998. 241 S. mit Abb.
DM 14,90. dtv 5669

Herrling/Federspiel
Wege zum Wohneigentum
Ihr Ratgeber für den Immobilienerwerb.
5.A.1998. 359 S.
DM 19,90. dtv 5834

Bub
Wohnungseigentum von A–Z
Antworten auf alle Fragen des Wohnungseigentums.
7.A. dtv 5054
In Vorbereitung

Seuß
Die Eigentumswohnung
Herstellung, Erwerb, Finanzierung, Verwaltung, Nutzung, Vermietung, Versicherung, gerichtliches Verfahren, Besonderheiten in den neuen Bundesländern.
Mit zahlreichen Mustern, Tabellen und Berechnungsbeispielen.
11.A.1999. Rd. 1000 S.
Ca. DM 24,90. dtv 5096
In Vorbereitung

Bauen

BauGB · Baugesetzbuch
mit Verordnung über Grundsätze für die Ermittlung der Verkehrswerte von Grundstücken, BaunutzungsVO, PlanzeichenVO, RaumordnungsG, RaumordnungsVO.
Textausgabe.
30.A.1999. Rd. 440 S.
Ca. DM 10,90. dtv 5018
In Vorbereitung für März 1999

VOB · Verdingungsordnung für Bauleistungen Teil A und B
Mit EWG-Richtlinien von 1973, BGB (Auszug), AGB-Gesetz, Verordnung über die Honorare für Leistungen der Architekten und der Ingenieure (HOAI), Makler- und BauträgerVO, Gesetz über die Sicherung von Bauforderungen.
Textausgabe.
19.A.1999. Rd. 370 S.
Ca. DM 12,90. dtv 5596
Erscheint im Februar 1999

VgR · Vergaberecht

VOB · Verdingungsordnung für Bauleistungen Teil A und B,
VOL · Verdingungsordnung für Leistungen Teil A und B,
VOF · Verdingungsordnung für freiberufliche Leistungen
mit HaushaltsgrundsätzeG §§ 57 a-c, VergaberechtsänderungsG, NachprüfungsVO, Nachprüfungsverfahren der Länder, VergabeVO, Gesetz gegen Wettbewerbsbeschränkungen (GWB).

Textausgabe.
2.A.1999. 468 S.
DM 23,90. dtv 5595

Alheit
Nachbarrecht von A–Z

Ansprüche und Duldungspflichten unter Nachbarn, Immissionsschutz in Haus und Garten, Freizeit und Gewerbe.

7.A.1999. Rd. 300 S.
Ca. DM 13,90. dtv 5067

In Vorbereitung für Frühjahr 1999

Hauth
Vom Bauleitplan zur Baugenehmigung

Bauplanungsrecht, Bauordnungsrecht, Baunachbarrecht: Abstandsflächen, Baugenehmigung, Bebauungsplan, Bestandsschutz, Erschließungsvertrag, Innenbereich, Klage, Nachbarschutz, Nutzungsänderung, Rücksichtnahmegebot, Sofortvollzug, Vorbescheid, Widerspruch.
Mit Gesetzestexten.

5.A.1998. 375 S.
DM 16,90. dtv 5615

Werner/Pastor
Rechtsfragen beim Bauen

Das Recht der Bauherren und ihrer Vertragspartner.

10.A.1998. 357 S.
DM 11,90. dtv 5095

Pauk/Lüdecke
Schlüsselfertiges Bauen

Vertrag, Planung, Durchführung, Checklisten, Formulare.

3.A.1999. Rd. 280 S.
Ca. DM 17,90. dtv 5857

In Vorbereitung für Sommer 1999

Schabel
Architektenrecht von A–Z

Vertragsabschluß, Haftung, Honorar, Urheberrecht, Architektenwettbewerb, Berufs- und Standesrecht.

2.A.1996. 239 S.
DM 12,90. dtv 5069

Finanzieren

Schiebel
So finanziere ich Haus und Wohnung

Die Kunst, Vermögen zu bilden.
Finanzieren = immer wieder Geld beschaffen.
Finanzierungsplan, Kreditaufnahme, Erben, Umfinanzieren, Verkaufen, Wahlmöglichkeiten, steuerliche Vorteile, Geld vom Staat.

8.A.1996. 532 S.
DM 19,90. dtv 5222

Wilde
Die Eigenheimförderung

mit Beispielen, Tips und Hinweisen, Musterantrag, Prüfungsschemata.
Zahlreiche Beispiele und Fallgestaltungen erleichtern das Verständnis der neuen Wohneigentumsförderung.

1.A.1997. 183 S.
DM 12,90. dtv 5663

Dornbusch
Steuervorteile durch Haus- und Wohnbesitz

Anschaffung – Besitz – Veräußerung.
Optimale Steuergestaltung beim Ansparen, Bauen, Kaufen, Bewohnen, Vermieten, Veräußern, Verschenken und Vererben.
Mit der neuen Grundstücksbewertung.

8.A.1998. 231 S.
DM 14,90. dtv 5240

Schiebel
Bausparen – Hilfe zur Selbsthilfe

Vertragsgestaltung und Tarife, Staatliche Förderungsmöglichkeiten, Wartezeiten, Zwischenfinanzierung.

3.A.1997. 337 S.
DM 16,90. dtv 5279

Mit der neuen Wohneigentums-förderung

Przysiecki
BauWin · Baufinanzierung am PC

Bauen, Kaufen, Finanzieren, Steuern sparen.
Schenken Sie Ihr Geld bei Wohnungsbau oder -kauf weder den Banken noch dem Finanzamt.

Diskettenwerk.
3.A.1997.
2 Disketten 9 cm (3 1/2")
für Windows.
Mit 130 Seiten Programmanleitung.
DM 98,– (unverbindliche Preisempfehlung incl. 16% MwSt.). dtv 50557

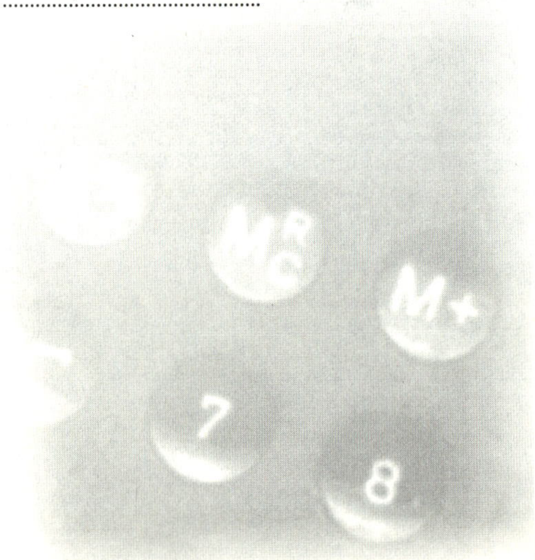